会计学国家级教学团队系列教材

KJ 暨南大学成人教育会计本科系列教材

中国税制

Tax System of China

张 珊 编著

暨南大学出版社
JINAN UNIVERSITY PRESS

中国·广州

图书在版编目（CIP）数据

中国税制/张珊编著. —广州：暨南大学出版社，2013. 6
（暨南大学成人教育会计本科系列教材）
ISBN 978 - 7 - 5668 - 0550 - 8

Ⅰ. ①中… Ⅱ. ①张… Ⅲ. ①税收制度—中国—高等学校—教材 Ⅳ. ①F812. 422

中国版本图书馆 CIP 数据核字(2013)第 086885 号

出版发行：暨南大学出版社

地　址：中国广州暨南大学
电　话：总编室（8620）85221601
营销部（8620）85225284　85228291　85228292（邮购）
传　真：（8620）85221583（办公室）　85223774（营销部）
邮　编：510630
网　址：http：//www. jnupress. com　http：//press. jnu. edu. cn

排　版：广州市天河星辰文化发展部照排中心
印　刷：佛山市浩文彩色印刷有限公司

开　本：787mm × 1092mm　1/16
印　张：18. 875
字　数：450 千
版　次：2013 年 6 月第 1 版
印　次：2013 年 6 月第 1 次
印　数：1—3000 册

定　价：39. 80 元

总　序

会计作为经济信息系统的重要组成部分和一种国际商业语言，将会计主体的财务信息真实、完整、及时地传递给外部财务信息使用者和内部财务信息使用者，并满足这些财务信息使用者决策的需要，其对政府、投资者、债权人、管理者来说是非常重要的。近年来，我国资本市场的诞生、规范和发展，彻底改变了我国企业传统的财务管理理念与方法，企业的投融资管理面临新的环境、方式和方法。财务与会计执业者所面临的各种外部环境（包括经济、政治、法律、文化环境等）发生了深刻变化，在经济全球化和管理信息复杂化的时代，会计人才不仅应具有系统、完备的有关我国会计与公司理财等方面的知识和技能，而且还必须具备国际视野，全面掌握国际会计准则，懂得国外主要经济体的相关会计法规、国际资本市场运行规律和其他相关知识与技能。在这种背景下，为了满足会计人员不断学习、及时更新知识的需要，暨南大学会计学系、暨南大学教育学院、暨南大学出版社共同筹划了“暨南大学成人教育会计本科系列教材”，邀请暨南大学会计学系在各个学科具有丰富教学经验、有影响力的专家组成教材编写委员会，组织编写该系列教材，力求推出一套“理论与实务并重，本土化与国际化相融合，能够反映当前学科发展前沿水平，符合成人教育会计学本科特点的精品系列教材”。

“理论与实务并重”就是要针对会计学是实务性很强的经济管理科学这一特点，研究各成教会计教材所涉及的相关理论、方法及其应用，分析每一本教材的特点、难易程度和导读规律，既要讲清楚理论概念，又要设计必要的实例，通过案例教学，培养学生的实务操作能力。

“本土化与国际化相融合”就是要针对会计准则国际趋同化与财务管理国际市场化等趋势，在教材中充分借鉴国际标准、国外知名企业的先进管理理念和方法，并充分体现中国会计的特色和经验，力争做到本土化与国际化的有机结合。

“能够反映当前学科发展前沿水平”是指本系列教材应该在继承现有教材的优点和特色的基础上，吸收当前相关理论和实务操作的最新研究成果和发展动态，补充和修改相关教材体系与内容，其目的是使本系列教材能够更好地适应新的环境变化，满足学生获取更多知识、增强专业技能的要求。

成人教育会计本科系列教材建设是一项长期且十分艰巨的任务，多年来我们为此作了不懈的努力。我国经济发展与改革日新月异，环境变化多样且复杂，相关理论和实务操作的研究成果不断涌现，由于我们的水平有限，本系列教材不周之处在所难免，恳请读者批评指正。

暨南大学成人教育会计本科系列教材编审委员会

2011 年 3 月

前　言

税收制度是国家用以体现其宏观调控政策，引导经济运行，调整产业结构和优化社会资源配置的重要经济、法律手段，国家通过不同的税制规定可产生不同的调节效果。税收制度使国家确立了参与社会产品分配的合法权利。国家通过分配关系将一部分社会产品从企业单位或个人向国家转移，根据纳税人的税收负担能力征纳不同的税收。在当今社会中，税收已渗透到经济生活的方方面面。因此，了解税收知识，掌握税收理论，操作税收实务，已经成为经济工作者必备的技能。

自中共中央十六届三中全会通过《关于完善社会主义市场经济体制若干问题的决定》以来，为了建立一套适应完善的社会主义市场经济体制的税制体系，充分发挥税收在社会主义市场经济中的作用，我国按照“简税制、宽税基、低税率、严征管”的原则，推行了一系列税收制度改革。

我国的税收制度正处在一个新的变革与发展时期，近年来推出了许多重大税制改革举措：统一各类企业税收制度，改革出口退税制度，增值税由生产型转为消费型，完善消费税，适当扩大税基，改革资源税，改进个人所得税制，试行房产税改革，营业税改征增值税等。这一系列的税制改革极大地丰富和完善了我国的税收制度，满足了我国改革发展的需要，也促进了我国财政收入的大幅增长。

本教材在写作过程中，仔细查考了近年来税收法规的最新规定，充分吸收了税制改革的精神和理论精髓，体现了本教材的时效性和前瞻性。但是需要指出的是，我国税制改革正处在一个分步推进的时期，许多税种的改革正在酝酿中或处在改革进程中，教材中的部分内容必然会失去其“时效性”，因此在教学中应注意税制改革的最新动向，以便与时俱进。

本书是一本适用于经济类和管理类本科学生的中国税制教材，以税种为基本分类准则，主要讲解中国税收政策与制度的理论和实务、各主要税种的具体规定与应用，以便读者能通过本教材掌握中国税制的基本理论和实务操作，应对工作之需，进一步提升相关知识。

本书是作者集二十多年的教学经验，参考国内外同类教材和最新税收法规，结合本科教育的特点，精心写作而成。本书内容涵盖的范围和深度以适用为原则，在诠释税收理论和实务操作的过程中辅以每章的学习要点、小结、关键术语和概念、复习思考题、拓展阅读等，增加了教材的趣味性和实用性。

本教材在写作过程中参考了大量的教材和文献，在此对相关作者表示深深的谢意！同时对暨南大学出版社潘雅琴主任对本书的仔细编审表示衷心的感谢！

由于编者水平有限，书中难免存在不足之处，敬请专家、读者批评指正。

张　珊

2013 年 3 月

目　录

第一章　税收制度总论

【学习要点】

◈税收制度的概念与特征

◈税收制度的构成要素

◈税制原则理论

◈我国现行税收制度

第一节　税收制度的概念

一、税收制度的概念

税收制度，简称“税制”，是国家征收税款的各种法令法规以及税收管理体制的总称。

税收是政府为了满足社会公共需要，凭借政治权力，强制、无偿地取得财政收入的一种形式。国家为了履行其职能，必须有一定的财政收入作为保障，取得财政收入的方式多种多样，但目前大部分国家取得财政收入的方式主要是税收。国家通过征税，参与社会产品的分配，将一部分社会产品由纳税人所有转变为国家所有，国家利用征集的税款，履行其公共职能，提供公共产品，调节经济运行，促进公平分配。

为了维护正常的税收秩序，保证国家的税收收入，保障国家利益和纳税人的合法权益，国家通过制定税法，构建国家与纳税人依法征税、依法纳税的行为准则，规范税收分配活动中征纳双方所应遵守的行为。税法是税收制度的核心内容，是国家制定的用以调整国家与纳税人之间在征纳税方面权利及义务关系的法律规范的总称。

税收制度有广义和狭义之分。广义的税收制度指国家设置的所有税种组成的税收体系及各项征收管理制度。内容包括税收基本法规，税收征收管理制度，税务机构和税务人员制度，税收计划、会计、统计制度等。狭义的税收制度指国家设置某一具体税种的课征制度。它由纳税人、课税对象、税率、纳税环节、纳税期限、减税免税、违章处理等基本要素构成。国家设置税种征税，必须对这些要素以法律或制度的形式作出明确的规定。

国家税收制度的确立，要根据本国具体的政治、经济条件而定。由于各国的政治、经济条件不同，其税收制度也不尽相同。就同一个国家而言，其各个时期不同的政治、经济条件也使得各个时期的税收制度有所差异。可见，因时因地而异地制定适合一国国情的税收制度非常重要。

二、税收制度的特征

税收是国家依据政治权力参与社会分配，取得财政收入的一种形式。税收具有无偿性、强制性和固定性的特征，这是税收分配形式不同于其他分配形式的本质区别。

（一）税收的无偿性

税收的无偿性是指国家征税后不需要对具体的纳税人有直接的偿还，也不需要支付任何直接形式的报酬，纳税人从政府支出所获收益与其支付的税款不存在对应的比例关系。无偿性是税收的关键特征，这也是税收明显区别于其他财政收入的根本特征。

（二）税收的强制性

税收的强制性是指税收是国家凭借政治权力，通过法律形式参与社会产品的强制性分配，而非纳税人的自愿缴纳，纳税人必须依法纳税，否则会受到法律制裁。强制性是国家权力在税收上的法律体现，是国家取得税收收入的根本前提。

（三）税收的固定性

税收的固定性是指国家征税是通过法律形式预先规定了对什么征税、对谁征税、征收比例等税制要素，并保持相对连续性和稳定性。国家征税一定是依据已经制定颁布的法律法规执行。

三、税收制度的意义

（一）税收制度是国家取得财政收入的保证

国家为了保证日常工作的正常运转和应付不时之需，为了提供公共产品的需要和促进国民经济协调发展，需要筹集大量资金，即组织国家的财政收入。长期以来，我国财政收入主要通过税收形式取得，税收收入占财政收入的比重基本维持在90%以上。为了保证税收的职能发挥，国家必须通过制定税法，以法律的形式确定国家与纳税人的征纳关系，征税的税种、税目和税额等，以保证及时、足额地取得财政收入，保证国家依法征税，纳税人依法纳税。

（二）税收制度是国家实现调控经济的法律手段

国家通过税收制度体现其宏观调控政策，运用经济、法律的手段引导经济运行，调整产业结构和优化社会资源配置，国家通过不同的税制规定产生了不同的调节效果。例如，规定对烟、酒等特殊消费品征税，可以调节这些消费品的消费及生产，从而可以调整产业结构，优化社会资源配置。

（三）税收制度可促进社会公平竞争

税收制度使国家确立了参与社会产品分配的合法权利。国家通过分配关系将一部分社会产品从企业单位或个人向国家转移，根据纳税人的税收负担能力征纳不同的税收，如规定对企业和个人征收所得税，可以调节社会成员的收入水平，公平纳税人的税收负担，平衡社会财富，鼓励公平竞争。

（四）税收制度可保护纳税人的合法权益

征税是国家税务机关依法向纳税人征收税款，纳税是各企业单位或个人依法履行纳税义务。税收制度就是税收征纳工作的法律依据。税收制度在确定税务机关征税权力和纳税人纳税义务的同时，相应地规定了税务机关应尽的义务和纳税人享有的权利，严格规定了对税务机关执法行为的监督制约制度。因此，税收制度也是纳税人保护自身合法权益的重要法律依据。

第二节　税收制度的构成要素

税收制度的构成要素是指各种单行税法所具有的共同的基本要素的总称。税收制度的构成要素一般包括总则、纳税人、征税对象、税目、税率、纳税环节、纳税期限、减税免税、罚则、附则等内容。

一、总则

总则主要包括立法依据、立法目的、适用原则等。

二、纳税人

纳税人即纳税义务人，又称纳税主体，是税法规定的直接负有纳税义务的单位和个人。每个税种首先要解决的就是对谁征税的问题。纳税人是税收制度最基本的要素之一。

从法律角度划分，纳税人分为法人和自然人两种。法人是指按照法律程序设立，具备必要的生产经营条件，实行独立经济核算并能独立承担经济责任和行使经济权利的单位。我国的法人主要有四种：机关法人、事业法人、企业法人和社团法人。自然人是指基于自然规律出生的，有民事权利并承担民事义务的主体，包括本国公民，也包括外国人和无国籍人。

各项税收一般由纳税人直接申报缴纳或由税务机关直接征收，但为了简化纳税手续，方便征收管理，有效控制税源，税法还规定了代扣代缴义务人和代收代缴义务人。

代扣代缴义务人是指按税法规定在向纳税人支付收入、结算货款、收取费用时有义务代扣代缴其应纳税款的单位和个人，如企事业单位代扣代缴个人工资薪金所得的个人所得税。代收代缴义务人是指按税法规定在向纳税人收取商品或劳务收入时，有义务代收代缴其应纳税款的单位和个人。如委托加工应税消费品，由受托方在向委托方交货时代收代缴委托方应缴纳的消费税。代收代缴和代扣代缴义务人虽不承担纳税义务，但必须履行代收代缴或代扣代缴义务，否则也应承担法律责任。

另一个与纳税人有关的概念是负税人。负税人一般是指实际负担税款的人。在实际生活中，有的税收由纳税人自己负担，纳税人本身是负税人；有的税收虽然由纳税人交纳，但纳税人可将其所缴纳的税款通过各种方式转移给他人负担，纳税人本身不负担税款，即通常所说的税负转嫁。因此纳税人并不一定就是负税人。

三、征税对象

征税对象是税法规定的征税的目的物，亦称课税对象、征税客体。

征税对象是一个税种区别于另一个税种的主要标志，是税收制度的基本要素之一。国家为了筹集财政资金和调节经济的需要，可以根据客观的经济需要选择多种多样的征税对象。

征税对象体现着一个税种征税的基本界限，决定了某一税种的基本征税范围，同时也决定了各个不同税种的名称。如消费税的征税对象是消费税条例所列举的应税消费品，个人所得税的征税对象是个人取得的各项所得，关税的征税对象是进出我国国境的货物和物品。这些税种因征税对象不同，性质不同，税名也就不同。

税基是与征税对象相关的一个概念。税基又称计税依据，是据以计算征税对象应纳税款的直接数量依据，是对征税对象的量的规定。如企业所得税的计税依据，即税基，是应纳税所得额。计税依据按照计量单位的性质划分，有价值形态和物理形态两种。价值形态包括销售收入、营业收入、应纳税所得额等，以价值形态为税基计税称为从价计征方法；物理形态包括面积、体积、容积、重量等，以物理形态为税基计税称为从量计征方法。

四、税目

税目是征税对象的具体项目，它具体规定一个税种的征税范围，体现了征税的广度。有些税种征税对象简单、明确，没有必要另行规定税目。有些税种征税对象复杂，或者需要针对不同的征税对象设置不同的税率，这就需要规定税目。如消费税以消费品为征税对象，但对哪些消费品征税，就需要通过税目来规定。营业税以应税劳务为征税对象，但需根据不同行业的应税劳务设置不同的税率，因此对应税劳务设置了 7 个税目。

设置税目有两种基本方法：一种是列举法，即按照每一种商品或经营项目分别设计税目，必要时还可在税目之下再划分若干个细目；另一种是概括法，即按照商品大类或行业设计税目。列举法的优点是界限清楚，便于掌握，对号入座；概括法的优点是税目较少，简单明了。

五、税率

税率是应纳税额与征税对象之间的比例，是应纳税额计算的尺度。它既体现了征税的深度，也是衡量税负轻重的重要标志。我国现行的税率分为以下几种：

（一）比例税率

比例税率是对同一征税对象不论数额大小，规定相同的征收比例。我国的增值税、营业税、城市维护建设税、企业所得税目前采用的是比例税率。比例税率在具体运用上可分为以下几种：

1. 单一比例税率

单一比例税率是指对同一征税对象的所有纳税人都适用同一比例税率，即一种税只采用一种税率。

2. 差别比例税率

差别比例税率是指对同一征税对象的不同纳税人适用不同的比例税率。具体又分为三种类型：

（1）产品差别比例税率。

产品差别比例税率是对不同产品分别规定不同税率，同一产品采用同一税率，我国的消费税、关税采用此税率。

（2）行业差别比例税率。

行业差别比例税率是对不同行业分别规定不同的税率，同一行业采用同一税率，我国的营业税采用此税率。

（3）地区差别比例税率。

地区差别比例税率是对不同地区分别适用不同的税率，同一地区采用同一税率，如我国的城市维护建设税就是按纳税义务人所在地区的不同来设置不同的税率。

3. 幅度比例税率

幅度比例税率是指对同一征税对象，税法中规定一个税率的幅度，各地可以根据本地区实际情况，在税法规定的幅度内确定具体的适用税率，我国营业税的娱乐业税目采用此税率。

比例税率的优点是同一征税对象不同纳税人的税收负担相同，税负比较均衡合理，有利于纳税人在同等条件下公平竞争；计算简便，税负透明度高，有利于税收的征收管理，符合税收效率原则。但是比例税率的税收负担与纳税人的负担能力不相适应，不能体现负担能力强者多征、负担能力弱者少征的原则，税收负担程度不尽合理，在调节纳税人的收入水平方面存在局限性。

（二）累进税率

累进税率是指按征税对象数额的大小划分若干等级，不同等级的课税数额分别适用不同税率，征税对象数额越大，适用税率越高。累进税率因计算方法和依据的不同，又可分为以下几种：

1. 全额累进税率

全额累进税率是把征税对象的数额划分若干等级，对每个等级分别规定相应税率，当征税对象数额达到某一级距时，对征税对象全额都按该级距的相应税率征税。

2. 超额累进税率

超额累进税率是把征税对象按数额大小划分为若干等级，每个等级由低到高地规定相应的税率，当征税对象数额提高一个级距时，只对超过部分按照提高一级的税率征税，每个等级分别按该等级的税率计税。我国的个人所得税工资薪金税目采用此税率。

3. 超率累进税率

它与超额累进税率的原理相同，只是税率累进的依据不是征税对象的数额，而是征税对象的某种比率。

超率累进税率是以征税对象数额的相对率划分若干级距，分别规定相应的差别税率，相对率每超过一个级距时，对超过的部分就按高一级的税率计算征税。目前我国的土地增值税采用此税率。

累进税率一般适合在所得税中使用，优点是可以充分体现对纳税人收入多的多征、收入少的少征、无收入的不征的税收原则，从而有效调节纳税人的收入水平，正确处理税收负担的纵向公平问题。全额累进税率的计算简便，但在两个级距的临界点，税负不合理。超额累进税率和超率累进税率的计算比较复杂，但累进程度缓和，税收负担较为合理。

（三）定额税率

定额税率是按照征税对象的计量单位直接规定一个固定税额，一般适用于从量计征的税种。

定额税率的优点是计算简便，税额不受征税对象价格变化的影响，负担相对稳定。但是，由于税额一般不随征税对象价值的增长而增长，不能使国家财政收入随国民收入的增长而同步增长，所以在调节收入和适用范围上有局限性。

（四）名义税率与实际税率、边际税率与平均税率

为了分析的需要，税率还可分为名义税率与实际税率、边际税率与平均税率等。

名义税率即法定税率，也就是税法规定的税率；实际税率是税收实际负担率。由于存在税前扣除、税收优惠、通货膨胀等因素，名义税率与实际税率之间会产生较大的差异。

边际税率是指最后一个计税依据所适用的税率，平均税率是全部应纳税额与计税依据总额的比率。边际税率与平均税率之间存在着紧密的联系。在累进税率情况下，平均税率随边际税率的提高而提高，但平均税率低于边际税率；在比例税率情况下，边际税率就是平均税率。

六、纳税环节

纳税环节是指税法规定的征税对象从生产到消费的流转过程中应当缴纳税款的环节，如流转税在生产和流通环节纳税，所得税在分配环节纳税。任何一种税都要确定纳税环节，以便明确纳税责任和方便征收管理。按照某种税征税环节的多少，可以将税种分为一次课征制和多次课征制。

七、纳税期限

纳税期限是税法规定的纳税人缴纳税款的期限。从原则上讲，纳税人在取得应税收入或发生纳税义务后，应当立即向国家缴纳税款。但是，由于纳税人取得应税收入或发生纳税义务有阶段性，不可能每取得一次应税收入或发生一次纳税义务就立即缴纳一次税款。为了简化纳税手续，便于纳税人经营管理，同时保证税款及时纳入国库，国家有必要根据各种税的不同特点和纳税人的具体情况分别规定不同的纳税期限。

税法对于纳税期限的规定涉及三个概念：一是纳税义务发生时间，即应税行为发生的时间；二是纳税期限，即按期纳税或按次纳税；三是缴库期限，即税法规定的纳税期满后，纳税人将应纳税款缴入国库的期限。

八、减税免税

减税免税是对某些纳税人和课税对象采取减少征税或者免予征税的特殊规定。减税是

对应纳税额少征收一部分，免税是对应纳税额全部免征。减税免税包括以下三项内容：

1. 起征点

起征点是课税对象的数额达到征税数额开始征税的界限。课税对象的数额未达到起征点的不征税，达到或超过起征点的就要对课税对象的全部数额征税。

2. 免征额

免征额是在课税对象总额中免予征税的数额。它是按照一定标准从全部课税对象总额中预先减除的部分。免征额部分不征税，只就超过免征额的部分征税。

3. 减税免税规定

减税免税规定是对特定的纳税人和特定的课税对象所作的某种程度的减征税款或全部免征税款的规定。在具体运用上，减税免税规定一般可分为两种类型：一种是根据国家的政策需要所作的统一的减免税规定，这类减免在税法中有明确的范围和期限，通常是列举项目，统一实行；另一种是针对某些纳税人的临时性或个别性的减税免税规定，这类减税免税多属于统一减税免税规定所不能解决的特殊问题，不宜在税法中作出具体规定或统一规定，并且随着客观情况的发展变化，需要及时作出调整和补充，以保证减税免税的机动性和灵活性。

九、罚则

罚则主要是指对纳税人违反税法的行为而采取的处罚措施。

十、附则

附则一般是规定与该法紧密相关的内容，如该法的解释权、生效时间等。

第三节　税制原则理论

在长期的经济发展过程中，各国逐渐形成了一定的经济理论和经济思想，同时也相应地形成了一定的税收制度理论。一国的经济政策体现统治阶级的意志和利益，并制约着国家的经济制度。税制理论受一定的经济政策的制约，也必然要体现各自国家的经济政策，并随着国家不同时期的经济政策、客观经济条件和经济管理制度的变化而不断变化发展。

税制原则理论的核心表现，是制定税收制度必须遵循的准则。任何一个国家要建立适用本国政治、经济情况的科学、合理的税收制度，使税收制度发挥对社会政治、经济的积极推进作用，就必须遵循一定的原则。

一、西方国家的税收原则理论

（一）威廉·配第的税收原则理论

一般认为，最早提出税收原则理论的是英国古典政治经济学创始人威廉·配第（1623—1687），他在其最著名的代表作《赋税论》和《政治算术》中首次较深入地阐明了税收原则理论问题。

威廉·配第的税收原则核心是公平负担税收。他认为，税收应当贯彻公平、简便、节省三项原则：公平就是政府征税要对任何人、任何事物一视同仁，无所偏袒，税负也不能过重；简便就是要征税方法简便透明，征税手续便利；而节省是指征税费用应尽量节约。威廉·配第主张税收应重视经济效果，应在国民经济的运行过程中把握住税收的经济效果，根据税收经济效果的优劣相应地决定税制结构，反对重税负。

（二）亚当·斯密的税收原则理论

税收学界普遍认为，第一次将税收原则提升到理论高度的是英国古典政治学家亚当·斯密（1723—1790）。亚当·斯密在其1776年出版的名著《国民财富的性质和原因的研究》中提出了税收的四项原则：平等原则、确定原则、便利原则和最少征收费用原则，并明确系统地加以阐述。

1. 平等原则

平等原则是指国家征税应考虑纳税人的负担能力，根据个人能力征收税款，以使国家可凭借税赋维持政府的运转，而人民也可以在国家的保护下享有收入的比例。

2. 确定原则

确定原则是指政府征税应事先明确征税的日期、方法、数额，不得随意变更，应当让人民十分清楚完税的手续和计税方法。否则，每个纳税人或多或少会为税吏的权力所左右。

3. 便利原则

便利原则强调各种赋税完纳的日期以及完纳的方法，均须以纳税人最大的便利为重。在时间上，应在纳税人收入丰裕的时候征税；在方法上，应力求简便易行；在地点上，应将税务机关设在交通方便的场所；在形式上，应尽量采用货币形式。

4. 最少征收费用原则

最少征收费用原则强调在征税过程中，应尽量减少不必要的费用开支，所征税款应尽量归入国库，使国库收入与人民缴纳的差额最小化。即一切赋税的征收，须使人民所付出的尽可能等于国家所得的。减少征收费用，提高征税效果。

（三）瓦格纳的税收原则理论

阿道夫·瓦格纳（1835—1917）是德国社会政策学派代表人物，他的研究使税收原则理论得到进一步发展。瓦格纳将税收原则归纳为四大项九小点，亦称“四项九端原则”。

1. 财政收入原则

财政收入原则指税收要以保证财政支出、满足国家实现其职能的经费需要为主要目的。具体包括收入充分原则和收入弹性原则。

2. 国民经济原则

国民经济原则强调国家征税要有长远考虑，要有利于国民经济的健康发展，不能急功近利，危害税源。具体包括慎选税源原则和慎选税种原则。

3. 社会公平原则

社会公平原则是指国家要利用税收杠杆矫正社会财富分配不均、贫富两极分化的弊端，从而缓和阶级矛盾，构建和谐社会环境。这一原则又分为普遍原则和平等原则。

4. 税务行政原则

税务行政原则包括确定、便利、节省三个具体原则。这一原则是对亚当·斯密税收原则的继承和发展。

二、我国的税收原则

税收原则是税收法律制度建立的基础，是税收立法、执法、司法的一切税收活动均应遵守的行为规范。我国税收制度应确立的原则为以下四个。

（一）税收法定原则

税收法定原则是指税法主体的权利、义务必须由法律加以规定，税法的各类构成要素也必须由法律予以明确。税收制度的建立属于法律范畴，具有严肃性。税收立法需经法定程序，税务机关征收税款也必须依法进行，无法律依据不得征税，无法律规定不得随意减征、免征或停征。

（二）财政收入原则

财政收入原则是指国家通过税收取得财政收入的原则，它的核心内容是兼顾需要与可能。这条原则吸收了古代“量入为出”和“量出制入”的理财治税思想。“需要”是指国家财政支出的需要，征收税款是为了维持国家机器运转所需的支出；“可能”是指人民负担的能力，即征税需有度。建立税收制度，必须考虑国家的需要，否则，国家职能就难以实现；但也必须考虑人民负担的可能，不能因税收影响人民的基本生活水平。

（三）税收公平原则

税收公平原则是指国家征税要使各个纳税人承受的税收负担与其经济状况相适应，并使各个纳税人之间的负担水平保持均衡。一般认为，税收公平原则应包含税收横向公平和税收纵向公平两方面。简单地说，就是所有纳税人都应该得到公平公正的对待，纳税能力相同的纳税人应当负担相同的税款，这就是横向公平；纳税能力不同的纳税人应当负担不同的税款，能力强者多纳税，能力弱者少纳税，这就是纵向公平。

税收公平原则是国家设计和实施税收制度的重要原则，它体现了税制的合理性。税收的公平性对于维持税收制度的正常运转必不可少，同时，对于调节收入水平，平衡社会财富，甚至对于维护社会稳定，避免社会动乱都具有举足轻重的作用。

（四）税收效率原则

税收效率原则包含两方面：一是经济效率，二是行政效率。前者要求国家征税要有利于资源的有效配置和经济机制的有效运行，税收制度的设计应使税收的额外负担最小化和使税收的额外收益最大化；后者要求提高税务行政的管理效率，节约税收征管成本，减少税收成本占税收收入的比重，以最小的税收成本取得最大的税收收入。

第四节　我国现行税收制度

一、税收制度概述

一个国家在其既定的管理体制下设置的税种以及与这些税种的征收、管理有关的，具有法律效力的各级成文法律、行政法规、部门规章等的总和，称为税收制度，简称税制。也就是说，一国的税收制度是由该国的各种税收法律、法规构成的税法体系总和。

一个国家为了有效取得财政收入和调节经济运行，在一定时期一定体制下会根据其经济条件和经济发展的要求，设置若干税种，各国设置的税种可能存在很大差异，但一般都包括所得税类如企业所得税、个人所得税，流转税类如增值税、消费税，财产税类如房地产税、车船税等。每个税种的征收和缴纳办法都有具体规定，包括征税对象和范围、纳税人、纳税时间、纳税地点、纳税申报、违章处罚等，这些不同的税种就构成了一国的税收制度。税种的设置及每种税的征收办法，一般以法律形式确定，这就是我们所说的税法。

国家设置的税种，应从总体考虑，使各税种之间相互联结、相互协调、相互补充，以形成一个合理的税制总体格局。

新中国成立以后，我国逐步建立起自己的税收体制，并经历了一个由繁到简，由简到繁，再由繁到简的发展过程。党的十一届三中全会以后，我国进行了一系列改革，确立了建立社会主义市场经济的改革目标。国家对原有税制结构进行了全面改革，逐步形成了现有的税制结构。经过几次较大的税制改革和调整以后，尤其是 20 世纪 80 年代初的两步“利改税”使我国的税制结构发生了质的变化：由过去单一的税制结构变为多种税、多环节、多层次的复合税结构；由过去以流转税为主体税的税制结构，变为流转税与所得税并重的税制结构。实践证明，这种税制结构，在保证财政收入和调节各地区、各部门以及各种经济成分之间的利益关系等方面都发挥了重要作用。

二、税收立法机关

我国《宪法》第五十八条规定：“全国人民代表大会和全国人民代表大会常务委员会行使国家立法权。”根据此规定，我国税收法律的立法权由全国人大及其常务委员会行使，其他任何机关都没有制定税收法律的权力。在国家税收中，凡是基本的、全局性的问题，都需要由全国人大及其常务委员会以税收法律的形式制定实施，并且在全国范围内普遍适用。我国现行税法中的《企业所得税法》、《个人所得税法》、《车船税法》、《税收征收管理法》都是税收法律。

全国人民代表大会及其常务委员会可根据需要授权国务院制定某些具有法律效力的暂行规定或者条例。国务院经授权立法所制定的规定或条例等具有国家法律的性质和地位，它的法律效力高于行政法规，在立法程序上还需报全国人大常务委员会备案。我国现行税法中的《增值税法》、《消费税法》、《营业税法》、《城市维护建设税法》、《关税法》、《资源税法》、《土地增值税法》、《房产税法》、《城镇土地使用税法》、《耕地占用税法》、《车辆购置税法》、《印花税法》和《契税法》等都是国务院经授权立法制定和公布实施的暂行条例。

我国《宪法》规定，国务院可根据宪法和法律，规定行政措施，制定行政法规，发布决定和命令。行政法规的立法目的在于保证宪法和法律的有效实施，行政法规的地位低于宪法、法律，高于地方法规、部门规章，行政法规不得与宪法、法律相抵触，否则无效。国务院发布的《企业所得税法实施条例》、《个人所得税法实施条例》、《税收征收管理法实施细则》等都是税收行政法规。

此外，地方人民代表大会及其常务委员会，在不与宪法、法律、行政法规相抵触的前提下，有权制定地方性法规，但要报全国人大常委会和国务院备案；民族自治地方的人大有权依照当地民族政治、经济和文化的特点，制定自治条例和单行条例。

三、我国现行税收制度

每个国家的政治体制和经济政策、发展状况不同，其税收制度也不尽相同，即使是同一税种，其征税范围、征税办法也有很大的差异。就同一个国家而言，在不同时期，根据不同的政策和条件，税收制度也有变化。我国现行税收制度是以流转税和所得税并重，其他税类为辅助税种的复税制体系，按征税对象划分，大致分为以下五类。

（一）流转税类

流转税类包括增值税、消费税、营业税和关税。这类税种主要在生产、流通或者服务领域发挥调节作用。

（二）所得税类

所得税类包括企业所得税和个人所得税。这类税种主要是在分配阶段对生产经营者的利润和个人的纯收入发挥调节作用。

（三）财产税类

财产税类包括房产税、契税、车船税、遗产税与赠与税等。这类税种主要是对纳税人拥有的某些财产的价值进行征税，发挥对财产资源的调节作用。

（四）资源税类

资源税类包括资源税、城镇土地使用税和土地增值税。这类税种主要是对因开发和利用自然资源差异而形成的级差收入发挥调节作用。

（五）行为目的税类

行为目的税类包括证券交易税、印花税、城市维护建设税、固定资产投资方向调节税、耕地占用税、筵席税、屠宰税、农（牧）业税、农业特产税、车辆购置税。这类税种主要是为了达到特定调控目的，对特定对象和特定行为发挥调节作用。

我国现行税制由以上23个实体法税种组成，其中固定资产投资方向调节税、筵席税、屠宰税已停征，农（牧）业税已取消。在23个税种中，除企业所得税、个人所得税、车船税是以国家法律的形式发布实施外，其他各税种都是经全国人民代表大会授权立法，由国务院以暂行条例的形式发布实施的。除税收实体法外，我国还设置了对税收征收管理适用的程序法，包括《税收征收管理法》，执行对税务机关负责征收的税种的征收管理；《海关法》和《进出口关税条例》，执行对海关负责征收的税种的征收管理。

我国的税收分别由财政、税务、海关等系统负责征收管理。海关系统负责征收和管理关税、行李和邮递物品进口税，同时负责代征进出口环节的增值税和消费税。其他税种由税务机关负责征收管理。1996 年以前财政机关的农税部门负责征收管理耕地占用税和契税，1996 年以后改由税务部门负责征收，但部分省市仍由财政机关负责征收。

我国的税制体系及各税种收入在中央和地方之间的划分情况，如表 1－1 所示。

表 1－1　我国的税制体系及各税种收入在中央和地方之间的划分情况

种类	税种	中央税	地方税	共享税	备注
流转税类	增值税			√	中央 75%，地方 25%
	消费税	√			
	营业税		√		按部门划分
	关税	√			含海关代征的工商税收
所得税类	企业所得税			√	中央 60%，地方 40%
	个人所得税			√	中央 60%，地方 40%
财产税类	房产税		√		
	契税		√		
	车船税		√		
	遗产税与赠与税		√		未开征
资源税类	资源税		√		海洋石油资源税划归中央
	城镇土地使用税		√		
	土地增值税		√		
行为目的税类	证券交易税			√	未开征
	印花税		√		证券交易印花税 94% 归中央
	城市维护建设税		√		
	固定资产投资方向调节税		√		已停征
	耕地占用税		√		
	筵席税		√		已停征
	屠宰税		√		已停征
	农（牧）业税		√		已取消
	农业特产税		√		财政部门负责，2004 年起取消除烟叶税外的农业特产税
	车辆购置税	√			

第五节　我国税收制度的变革历程

中华人民共和国成立60多年来，国家政治、经济形势的发展经历了一个曲折的过程，与之相伴的税收制度的建立和发展也经历了跌宕起伏的变革历程。概括起来，我国税收制度先后进行了五次重大的改革。从新中国成立初期的统一全国税政，建立新税制，到现在比较完善的以流转税、所得税为主体，其他税种相配合的复合税制结构，我国税制随着经济的发展不断完善。

一、1950 年开始统一全国税政，建立新税制

新中国成立初期，为了统一全国税政，建立新税制，中央人民政府于1949年11月在北京召开了首届全国税务会议。会议制定了《全国税政实施要则》，并于1950年1月公布实施。

《全国税政实施要则》明确规定了新中国的税收政策、制度、管理体制、组织机构等一系列重要内容。除农业税外，全国开征14种税，即货物税、工商业税、盐税、关税、存款利息所得税、薪给报酬所得税、印花税、遗产税、交易税、屠宰税、房产税、地产税、特种消费行为税、使用牌照税。随后，中央人民政府相继公布了各种税的税法，在全国范围内统一执行。后来，又公布了《中华人民共和国契税暂行条例》，开征契税。

1950年7月，中央政府对税收作了进一步调整。调整的内容主要包括：①减并税种。决定暂不开征薪给报酬所得税；将地产税和房产税合并为城市房地产税。②减并税目。减并货物税和印花税的税目。③调低税率。盐税按原定税额减半征收；货物税、利息所得税及房地产税不同程度地调低了税率；工商业税中的所得税也增加了累进级数和级距，降低了税收负担。④改进征管。改进了工商税收的征税办法和纳税手续。

1951年4月，为了配合棉纱统购统销政策，开征了棉纱统销税。

1952年9月，公布施行了《中华人民共和国船舶吨位税暂行办法》。

经过上述的统一和调整，我国基本建立起多种税、多次征收的复税制的工商税收制度。

1950年9月，中央人民政府政务院公布了《新解放区农业税暂行条例》，建立了农业税制。

随着国民经济的恢复和发展，社会主义经济在整个国民经济中的比重不断提高，原有税收制度已经不能适应变化了的经济形势。为了促进经济发展，保证财政收入，从1953年1月起，国家本着“保证税收，简化手续”的原则对税收制度进行了修正。这次修正的主要内容有：试行商品流通税，调整货物税，调整屠宰税，修订工商业税，简化交易税，取消特种消费行为税。

二、1958 年改革工商税制，统一全国农业税制

1958年9月，针对社会经济结构的改变，中央对工商税收制度进行了改革。这次改革

的主要内容是把原来的货物税、商品流通税、营业税、印花税加以合并，试行工商统一税。工商统一税采用比例税率，基本上每个税目不同的税率。工商统一税并不是四种税的简单合并，它与原来四种税相比，发生了以下变化：

（1）简化了纳税环节。对工、农业产品基本上实行两次课征制，改变了过去工、农产品批发一次就征一次税的办法。

（2）简化了征税办法。一是简化计税价格，工业产品一律改为按销售收入计税；二是减少对中间产品的征税。

（3）在原税负基础上，对个别利润过大或过小的产品适当调整了税率。

（4）对协作生产、新兴企业作了某些减税、免税照顾。

经过这次改革，除农业税外，我国实际开征的种税有 9 个：工商统一税、工商所得税、关税、盐税、牲畜交易税、城市房地产税、车船牌照使用税、屠宰税、契税等。改革后，原来多种税、多次征的状况进一步发生了变化，税种大大减少。纳税环节统一实行两次课征制，使税制进一步简化。

1958 年 6 月，国务院统一了全国农业税制度，公布了《中华人民共和国农业税条例》，废除了原来的农业税制。

三、1973 年简化税制，合并税种

1973 年税制改革的原则是在基本上保持原税负的前提下，合并税种，简化征税办法。改革的主要内容是把企业原来交纳的工商统一税及其附加、城市维护税、车船使用牌照税、屠宰税、盐税合并为工商税，但盐税仍执行原征税办法。

改革后的工商税与原工商统一税及其附加、城市房地产税、车船使用牌照税、屠宰税相比，有以下几点变化：

（1）把原工商统一税的税目由 108 个减为 44 个，税率由 141 个减为 82 个。

（2）在基本保持原税负的基础上，对少数税率作了调整。

（3）简化了连续生产的中间产品、委托加工产品的征税办法和手续。

经过这次改革，除农业税外，我国实际只开征 8 种税，即工商税、工商所得税、牲畜交易税、城市房地产税、车船使用牌照税、屠宰税、关税、契税。改革后的税制体系与结构并未发生大的变动。但是，企业交纳的税种大为减少。国营企业只征工商税，集体企业只征工商税与工商所得税两种税。

这次改革过度地简化税制、合并税种，使税收无法更好地发挥经济杠杆的调节作用。工商税一般按经营的行业分别设计税目、税率，要求一个企业只适用一两个税率，不适用客观经济情况，因此在实际执行中，又不得不逐渐恢复按产品规定不同的税率。

四、1984 年全面改革工商税制，国营企业实行“利改税”

1978 年十一届三中全会以后，党和国家把工作重心转移到社会主义现代化建设上来，同时，实行对外改革开放政策，引进外资和技术，发展我国与其他国家的经济技术交往。1979 年开始，国家贯彻“调整、改革、整顿、提高”方针，对经济结构进行重大调整，

对经济体制进行重大改革。

随着改革开放政策的推进，我国社会经济结构、部门结构和产业结构均发生重大变化，国家对经济的管理方式也由原来的以直接控制为主转变为以间接控制为主，对外经济交往日益发展，也急需建立相应的涉外税法。这样，必须对原来的过于简化的税收制度进行一次全面的改革。

这一轮税制改革的主要内容，涉及流转税、资源税、所得税、特别行为税等，是一次全面的税制改革。

（一）改革流转税

（1）1984年10月，将原工商税按征税对象性质划分为产品税、增值税、营业税和盐税四种税。

（2）修订关税。①1980年1月，先后对涉及200多个税号的进口税税率作了较大调整。1980年至1987年，对多种产品的出口关税进行了调整。②1985年3月，制定了《中华人民共和国进出口关税条例》，同时，以国际上通行的《海关合作理事会商品分类目录》为基础，修订了《中华人民共和国海关进出口税则》，较大范围地调整了关税税率，降低了税率水平。

（二）建立资源税

1984年10月，对开发原油、天然气、煤炭等自然资源的企业开征了资源税。1986年，又改进了征税办法，由按产品销售利润率计征改为从量定额征收。

资源税和盐税的开征，初步形成了我国的资源课税体系。

（三）建立、完善收益税

（1）实行国营企业利改税，开征国营企业所得税和调节税。

1983年，在全国范围内进行第一步利改税改革。对有赢利的国营企业普遍征收所得税，大中型企业征收所得税后的利润，一部分按核定的留利水平留给企业，其余部分根据企业不同情况分别采取不同办法上交国家；小型企业征收所得税后的利润归企业。1984年10月，进行了第二步利改税改革。大中型企业征收所得税后，利润超过核定留利水平的，交纳调节税；小型企业税后利润归企业支配，实行自负盈亏。

（2）将工商所得税改为集体企业所得税。

1980年10月，对工商所得税进行了调整。1985年，将工商所得税改为集体企业所得税，同时调整了税率，减轻了集体企业税收负担。

（3）1986年1月，开征城乡个体工商业户所得税。城乡个体工商业户不再按集体企业所得税办法纳税。

（4）1987年1月，开征个人收入调节税。

（5）1988年，开征私营企业所得税。

（6）调整农业税。

1983年，对农林特产收入征收农业税作了统一规定。1985年，农业税由征收实物改为折征代金。

（四）建立涉外税收体系

（1）1980 年 9 月，开征了中外合资经营企业所得税。同时，对在我国境内居住的外国人取得的各项所得，开征了个人所得税。1982 年 1 月，对我国境内的外国企业，开征外国企业所得税。

（2）对经济特区、经济开发区和沿海开放城市，规定了一些特殊的税收优惠办法。

（3）1991 年 7 月，将中外合资经营企业所得税与外国企业所得税合并为外商投资企业和外国企业所得税。新税法在原来的基础上实现了三个统一：统一税率、统一税收优惠待遇、统一税收管辖权。

（五）建立特别行为税体系

从 1982 年 7 月至 1989 年 2 月，我国陆续开征了烧油特别税、固定资产投资方向调节税、国营企业奖金税、集体企业资金税、事业单位奖金税、国营企业工资调节税、耕地占用税、印花税、筵席税、特别消费税等，建立起我国的特别行为税体系。

在此期间，我国的地方税也得以逐步完善，包括制定了全国统一的《牲畜交易税暂行条例》，开征城市维护建设税和城镇土地使用税，恢复开征房产税和车船税等。

经过这轮全面的税制改革，我国的税种主要有产品税、增值税、营业税、关税、进口调节税、船舶吨税、城市维护建设税、资源税、盐税、国营企业所得税、国营企业调节税、集体企业所得税、私营企业所得税、城乡个体工商业户所得税、农（牧）业税、个人收入调节税、外商投资企业和外国企业所得税、个人所得税、烧油特别税、固定资产投资方向调节税、国营企业工资调节税、国营企业奖金税、集体企业奖金税、事业单位奖金税、印花税、特别消费税、筵席税、屠宰税、集市交易税、牲畜交易税、房产税、土地使用税、耕地占用税、车船税、城市房地产税、车船使用牌照税等。此外，对外商投资企业实行工商统一税征税办法。

五、1994 年全面改革工商税制和所得税制

1984 年工商税制全面改革和国营企业第二步利改税后建立的税制体系，对于促进对外开放和经济发展、加强宏观调控、改善国家和企业之间的分配关系、保证财政收入的持续增长等方面，都起到了积极作用。

随着改革的深入和经济的发展，原有的税制已经不能适应新的经济形势。1992 年 9 月党的十四大提出了建立社会主义市场经济体制的改革目标。1993 年中共中央、国务院作出了加强宏观调控，加快税制改革的重要决策，党的十四届三中全会明确提出了税制改革的原则和主要内容。

1994 年税制改革的指导思想是统一税法、公平税负、简化税制、合理分权、理顺分配关系、规范分配方式、保障财政收入，建立符合社会主义市场经济要求的税制体系。

1994 年税制改革的主要内容包括：

（1）全面改革流转税制，实行以增值税为主体，消费税、营业税并行，内外统一的流转税制。取消对内资企业征收的产品税以及对外商投资企业和外国企业征收的工商统一税。原征收产品税的农林牧水产品，改为征收农业特产税和屠宰税。

（2）改革企业所得税制，将对原来国营企业、集体企业和私营企业分别征收的多种所得税合并为统一的内资企业所得税。从1994年1月1日起，内资企业按《中华人民共和国企业所得税暂行条例》缴纳企业所得税，外资企业仍按1991年实施的《中华人民共和国外商投资企业和外国企业所得税法》缴纳企业所得税。

（3）改革个人所得税制，将原来对外国人征收的个人所得税、对中国人征收的个人收入调节税和个体工商户所得税合并为统一的个人所得税。1993年10月八届人大通过《中华人民共和国个人所得税法（修正案）》并于1994年1月1日起实施。

（4）其他税种也作了大幅度调整。扩大了资源税征收范围，将盐税并入资源税中，取消了盐税、奖金税、集市交易税等7个税种，将特别消费税和烧油特别税并入消费税，取消城市房地产税和车船使用牌照税，实行统一的房产税和车船税，开征了土地增值税，新设了证券交易税和遗产税（一直没有立法开征），将屠宰税的管理权下放到省级地方政府。

经过1994年税制改革后，全部工商税种由31个减少到18个，具体包括增值税、消费税、营业税、企业所得税、外商投资企业和外国企业所得税、个人所得税、资源税、土地增值税、城市维护建设税、土地使用税、房产税、车船税、证券交易税、印花税、遗产税和赠与税、固定资产投资方向调节税、屠宰税、筵席税。

在税制改革的同时，税收征管制度也进行着相应的改革，逐步建立起以自行申报纳税和优化服务为基础，以计算机网络为依托，简化征收，重点稽查的新征管模式。

六、2003年以后的税制改革

2003年党的十六届三中全会提出了“简税制、宽税基、低税率、严征管”的原则，推行了新一轮的税制改革。改革的主要内容有以下几个方面。

（一）取消农业税

2004年6月财政部、国家税务总局下发了《关于取消除烟叶税外的农业特产税的通知》，2006年1月1日起，废止了《中华人民共和国农业税条例》。我国从此告别了历史悠久的农业税。

（二）消费税调整

2006年4月1日起，对消费税税目、税率及相关政策进行调整，税目由原来的11个调整为14个。

（三）增值税转型

2009年1月1日起开始实施修订后的《中华人民共和国增值税暂行条例》、《中华人民共和国消费税暂行条例》和《中华人民共和国营业税暂行条例》，实现了增值税由生产型向消费型的转型改革，同时对原消费税条例和营业税条例进行相应的修订。

（四）个人所得税调整

2005年12月，十届全国人大常委会通过《关于修改〈中华人民共和国个人所得税法〉的决定》，从2006年1月1日起，工资、薪金所得费用扣除标准从每月800元提高到1 600元。2007年6月全国人大常委会再次将此项扣除标准提高到每月2 000元。2011年

6月30日第十一届全国人民代表大会常务委员会对个人所得税法进行第六次修订，决定从2011年9月1日起，将工资、薪金费用扣除标准进一步提高到每月3 500元，并调整工薪所得税率结构，由9级调整为7级，取消了15%和40%两档税率，最低一档税率由5%降为3%。这些调整提高了对高收入者的税收调节力度，减轻了中低收入者的税收负担。

（五）统一内外资税法

2007年1月，第十届全国人民代表大会第五次会议通过了《中华人民共和国企业所得税法》，新税法从2008年1月1日起施行，统一适用于内、外资企业，实现了内外资企业所得税法的合并。随后，于2010年10月，国务院发布了《关于统一内外资企业和个人城市维护建设税和教育费附加制度的通知》，决定对内外资企业和个人统一征收城市维护建设税和教育费附加。内外资企业税制的统一创造了公平税负、平等竞争的外部经营环境。

在新一轮的税制改革中，也着力于提高依法治税水平。2009年以来，国家税务总局先后发布了《关于纳税人权利与义务公告》，《关于公布全文失效废止、部分条款失效废止的税收规范性文件目录的公告》，《税收规范性文件制定管理办法》和《税务行政复议规则》等法律文件，推动了我国税法体系的规范化和科学化进程，进一步提高了我国依法治税的水平。

本章小结

本章概括了税收制度的基本理论和基本知识，包括税收制度的概念、税制构成要素、税制原则、税制结构等，并简要介绍了我国现行税收制度和我国税制的变革历程。通过本章的学习，可以对我国的税制有一个大概的了解，对纳税人、征税对象、税率等税制要素有充分的理论认识，为学习后面各具体税种打下坚实的基础。税收制度是与一国的经济发展紧密相关的，在不同时期，国家根据其经济状况、经济发展水平和发展需要制定相适应的税法，因此，税收制度不是一成不变的，我们应该用发展的眼光来学习税收制度，并将理论与实际相结合，与时俱进，以掌握税收制度的精髓。

关键术语和概念

税收制度　比例税率　累进税率　定额税率　超额累进税率　超率累进税率　名义税率　实际税率　边际税率　平均税率　税目　起征点　免征额

复习思考题

1. 什么是税制构成要素？税制构成要素一般包括哪些内容？
2. 税率种类有哪些？它们各有什么优缺点？
3. 什么是税收公平原则？什么是税收效率原则？
4. 简述我国税收的立法机关。
5. 简述我国税收制度的变革历程。

【拓展阅读】

我国的宏观税负

一、近年来宏观税负状况

宏观税负通常是指一个国家在一定期间内税收收入占当期国内生产总值（GDP）的比重，是反映一个国家税收的总体负担水平的重要指标。从税收与 GDP 关系看，税收主要来源于 GDP 中的第二、三产业增加值。通过对一个国家在不同时期宏观税负水平的纵向比较，可以分析税收制度的完善与国家经济发展的协调状况；通过对不同国家之间宏观税负水平的横向比较，可以分析一国税收制度与其他国家或国际通行税制的差异。宏观税负水平既是税收与经济互相作用的结果，又影响着经济的发展变化和政府掌控资源的规模，进而影响政府的宏观调控能力。因此，确定适度、合理的宏观税负水平，是我国政府通过税收筹集财政资金的立足点，也是调控经济和调节分配的出发点。

自 1995 年开始，我国宏观税负持续上升，在 2009 年略有下降。1995—2010 年各年宏观税负依次为：9.8%、9.9%、10.4%、10.8%、11.5%、12.8%、13.8%、14.1%、15.1%、16.1%、16.7%、17.4%、18.6%、18.4%、18.5%、19.4%。2005—2007 年是我国宏观税负上升较快的时期，平均每年提升近 1 个百分点（此处计算税负所使用的“税收收入”包括由我国税务部门组织征收的各项税收，不包括关税、船舶吨税、农业税、牧业税、农业特产税、耕地占用税、契税，未扣减出口退税。税收数据来源于国家税务总局核算数据）。

二、影响宏观税负的主要因素

影响和拉动宏观税负上升的因素是多方面的，在税制相对稳定的条件下，主要是经济和税收征管两大因素。经济因素对宏观税负的影响是最主要的，具体表现在两个方面：一是产业结构和行业结构的变化。以“十一五”期间为例，在“十一五”期间，第二产业（特别是冶金、石化、有色金属、机械制造、煤炭、电力等行业）发展速度相对比较快，工业增加值累计完成 627 376 亿元，年均增长 15.7%，快于 GDP 的增长速度，占 GDP 的比重为 40.9%。由于第二产业税负高于其他两次产业税负，因此，第二产业的快速发展使得税收的增长速度快于 GDP 的增长速度，从而拉动宏观税负水平的上升。二是经济运行质量的提高。在经济发展速度一定的条件下，经济运行质量越高，企业的税收贡献额就越多，从而使宏观税负水平也相应提高；反之亦然。税收征管是影响宏观税负水平的重要因素。征管水平高，征收率就高，宏观税负也就相应提高。近年来，随着征管机制的不断完善和征管手段的逐步现代化，征管质量和效率与 1994 年税改时相比，发生了显著的变化，税收的总体征收率也大大提高，成为拉动宏观税负逐年上升的直接原因。

三、宏观税负的国际比较

我国宏观税负水平虽逐年提升，但与国际宏观税负水平相比仍属于较低水平。如选取 42 个国家进行比较，并把纳入比较范围的国家划分为两组：一组是发达国家，共 24 个；另一组是发展中国家，共 18 个。按照国际货币基金组织（IMF）和经济合作与发展组织（OECD）关于宏观税负的定义，此处区分了两种宏观税负口径：一是以不含社会保障缴款的全国税收收入与 GDP 的比值来定义宏观税负，二是以含社会保障缴款的全国税收收入与 GDP 的比值来定义宏观税负。按照国际惯例，在计算各国“全国税收收入”时均包括中央（或联邦）税收与各级地方政府税收收入，其中含关税，扣除出口退税，不包括行政性收费等非税收收入。为与此口径保持一致，计算我国“全国税收收入”时也对口径进行调整，具体是：将包含农业税、农业特产税、牧业税、耕地占用税、契税、关税和船舶吨税等各项税收全部纳入“全部税收收入”中，且扣除出口退税。外国税收收入、社会保障缴款等数据来源于国际货币基金组织（IMF）出版的《政府财政统计年鉴》、经济合作与发展组织（OECD）网站、世界银行数据库等。

比较之一：中国与发达国家、发展中国家宏观税负（不含社会保障缴款）比较。

从宏观税负（不含社会保障缴款）的发展变化趋势看，从 1994—2006 年的 13 年中，发达国家的宏观税负基本在22%～25%之间波动，发展中国家的宏观税负基本在17%～24%之间波动，我国的宏观税负（不含社会保障缴款）基本在10%～17%之间波动，详见图1－1。

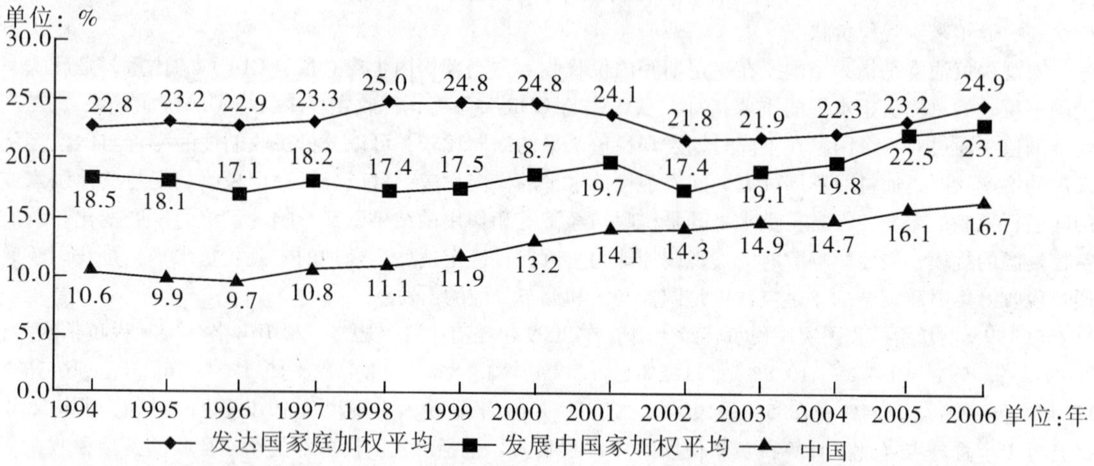

图1－1　中国与发达国家、发展中国家宏观税负（不含社会保障缴款）走势对比

以2005年为例，与宏观税负水平较高的发达国家丹麦相比，我国宏观税负水平低33.6个百分点；与宏观税负水平较低的国家日本相比，我国宏观税负水平低1.65个百分点。与发展中国家宏观税负较高的国家南非相比，我国宏观税负低19个百分点；与宏观税负较低的国家秘鲁相比，我国宏观税负高1.85个百分点。

比较之二：中国与发达国家、发展中国家宏观税负（含社会保障缴款）比较。

从宏观税负（含社会保障缴款）的发展趋势看，从1994—2006年的13年中，发达国家的宏观税负基本在31%～35%之间波动，发展中国家宏观税负基本在20%～29%之间波动。我国的宏观税负（含社会保障缴款）基本在11%～20%之间波动，详见图1－2。

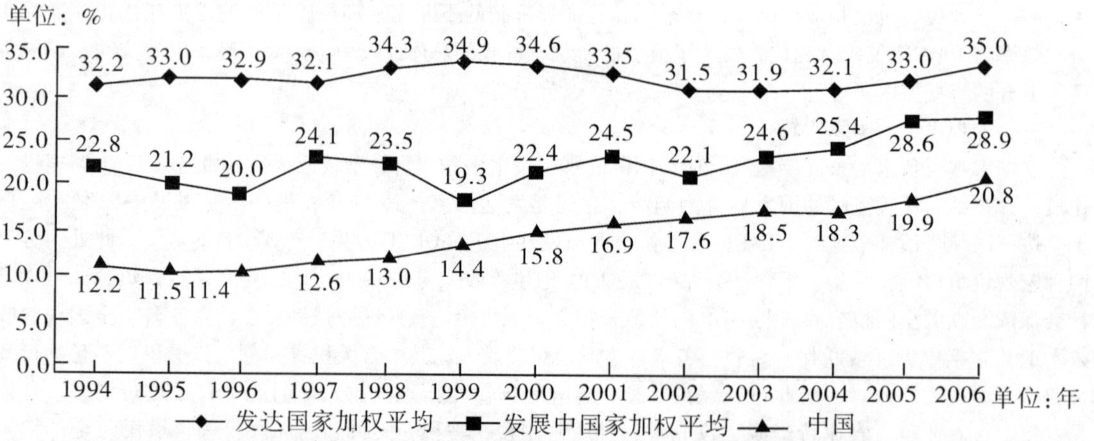

图1－2　中国与发达国家、发展中国家宏观税负（含社会保障缴款）走势对比

以2005年为例，与发达国家含社会保障缴款的宏观税负水平较高的国家瑞典相比，我国同口径宏观税负低31个百分点；与发达国家含社会保障缴款的宏观税负较低的国家美国、日本相比，我国也低8个百分点左右。与发展中国家含社会保障缴款的宏观税负水平较高的国家匈牙利相比，我国同口径宏观税负低18个百分点；与发展中国家含社会保障缴款的宏观税负较低的国家秘鲁相比，我国高出4个百分点。

通过上述对中外宏观税负的比较分析，可以得出以下结论：目前我国在世界上仍处于宏观税负水平较低的国家行列。

在分析税收负担并作国际比较时，不能脱离不同国家所处的发展阶段和政府职能范围，宏观税负水平没有放之四海皆适用的统一标准，有些机构将税率简单加总比较各国的税负痛苦指数是不妥的。因此，在进行国际税负比较的过程中，应注意和避免以下几个问题：一是国与国之间税制结构有较大的差异，不能简单对比。比如美国的销售税，税率为5%左右，以销售额为税基；我国对应的增值税，税率为17%，但是以增加值为税基，两者是不同的。如据此认为我国增值税负担是美国销售税的3倍多，显然不对。二是用最高名义税率直接作为税负计算，不考虑税基大小和税收实际收入。如我国新修订的《个人所得税法》规定7档税率，最低为3%，最高为45%，能够适用45%的纳税人很少。如果取个人所得税最高档税率45%直接作为税负计算显然是不准确的。三是只考虑名义税率，不考虑实际收入。我国税法中减免税规定较多，数额比较大，实际征收率往往低于名义税率。另外，各国征管水平不同，使得实际征收率有所差异。因此，分析税收负担并作国际比较时，不能只看若干税种的税率高低，应用国际通行的办法比较税收收入占国内生产总值的比重，即宏观税负情况。

上述各个国家之间的比较，仅是对税收负担而言的宏观比较。从目前我国的实际情况看，纳税人除了按照国家的税收法律法规缴纳税款外，还要向有关政府部门缴纳部分基金和收费。如果将税和费共同计入总体负担进行比较，则我国企业和居民的负担水平会有一定的变化，与其他国家的比较也会随之改变。但由于有关部门目前尚无对费的全面规范统计，无法就此进行比较。为了进一步优化政府收入结构，应当推进税费改革，使国家参与国民收入的分配更加规范、更加有效。

资料来源：国家税务总局，http：//www. chinatax. gov. cn/n8136506/n8136608/n8138877/n11897203/11901181. html.

第二章 增值税

【学习要点】

◆增值税与增值额的概念

◆增值税的类型

◆增值税的征税范围与纳税人

◆增值税的税率与征收率

◆增值税的计算

◆出口货物退（免）税

◆增值税的税收优惠

第一节 增值税概述

增值税是以增值额为课税对象所征收的一种流转税。1954 年法国首先推行增值税，由于其具有税不重征的特点而得到广泛的认可和接受，至今世界上已有数十个国家和地区开征增值税。

我国从 1979 年开始在部分城市试行增值税，1993 年 12 月 13 日国务院发布了《中华人民共和国增值税暂行条例》，并自 1994 年 1 月 1 日起施行，建立起了增值税、消费税、营业税互相配合的新的流转税体系。2008 年 11 月 10 日国务院发布修订后的《中华人民共和国增值税暂行条例》（以下简称《增值税暂行条例》），同年 12 月 15 日，财政部、国家税务总局制定了《中华人民共和国增值税暂行条例实施细则》（以下简称《增值税暂行条例实施细则》），两者于 2009 年 1 月 1 日起施行，从而实现了增值税从生产型向消费型的转型改革，进一步完善了税制。

一、增值税及增值额的概念

按照我国增值税法的规定，增值税是对在我国境内销售货物或者提供加工、修理修配劳务以及进口货物的企业单位和个人，就其货物销售或提供劳务的增值额和货物进口金额为计税依据而课征的一种流转税。

增值额是因提供应税商品或劳务而取得的收入价格与该项商品或劳务的外购成本价格之间的差额。其中，收入价格和成本价格均不包含增值税。

从一个企业商品或劳务的生产经营全过程来看，增值额是指该企业商品或劳务的销售额扣除外购商品或劳务金额之后的余额，也就是这个企业新创造的价值额。就全社会而言，全部商品的增值额，大体上等于从社会商品总价值中扣除生产经营中消耗掉的补偿价值后的余额，包括工资、利润、利息、租金和其他增值性的因素。

各个国家在实行增值税时，基于本国的经济发展水平和国家财政收入需要，在增值税制度设计上，对增值额计算时的扣除范围宽窄限定不尽相同，因此，一个国家据以征税的增值额并不完全等于理论上的增值额。一国的增值税应以该国的法定增值额为课税对象征收。

二、增值税的类型

在增值额的计算中，对于扣除项目的规定，各国不尽一致。一般来说，用于生产商品或劳务的外购投入物品包括：①原材料及辅助材料；②燃料、动力；③包装物品；④低值易耗品；⑤外购劳务；⑥固定资产。各国增值税制度通常允许将①至⑤项列入扣除项目，从商品或劳务的销售额中予以扣除。而对于第⑥项即外购固定资产价值是否可列入扣除，则因国情而异，有的允许全额抵扣，有的允许部分抵扣，有的则不予抵扣，由此，各国增值税因扣除范围的不同可以分为以下三种类型：

（一）生产型增值税

这种类型增值税的计税依据等于工资、利润、利息、地租和折旧额之和。从国民经济整体看，因计税基数就是国内生产总值（GDP），故称其为生产型增值税。由于这种类型增值税的扣除范围不包括固定资产，它在一定程度上仍带有重复征税的问题，不利于投资较大的生产企业的专业化分工与协作，但对资本有机构成低的行业、企业和劳动密集型生产有利。采用这种类型增值税的国家较少，主要是一部分发展中国家。

具体来说，在计算增值税时，生产型增值税只允许扣除上述①至⑤项目，而不允许将外购固定资产的价款（包括年度折旧）从商品或劳务的销售额中抵扣。其增值额的计算公式为：

增值额 = 销售收入 − 外购商品及劳务支出（付现成本）
　　　 = 折旧 + 工资 + 利润 + 其他增值性收入

（二）收入型增值税

这种类型的增值税是以销售收入减去投入生产的中间性产品价值和固定资产折旧额后的余额为计税依据的一种增值税。就国民经济整体来说，计税依据相当于国民收入（V + M），故称其为收入型增值税。其税基较生产型增值税稍窄，对经济增长的影响呈中性。

具体来说，在计算增值税时，收入型增值税除允许扣除上述①至⑤项目外，还允许将当期固定资产折旧从商品和劳务的销售额中予以扣除。其增值额的计算公式为：

增值额 = 销售额 − 外购商品及劳务支出（付现成本）− 折旧
　　　 = 工资 + 利润 + 其他增值性收入

（三）消费型增值税

这种类型的增值税是以销售收入减去投入生产的中间性产品价值和同期购入固定资产后的余额为计税依据的一种增值税。这种类型的增值税准许扣除当期购入的全部固定资产的已纳税款，即对所有外购项目价值（非本企业新创造的价值）都实行彻底的购进扣税法。因此，它最能体现增值税的计税原理，是最典型的增值税。从国民经济整体来说，国内生产总值的C+V+M中扣除了C及V+M中用于积累的部分，其税基相当于全部消费品的价值，不包括原材料、固定资产等一切投资转移价值，故称其为消费型增值税。这种增值税税基较窄，具有抑制消费、刺激投资、促进资本形成和经济增长的作用。

具体来说，在计算增值税时，消费型增值税除允许扣除上述①至⑤项目外，还允许从商品和劳务销售额中扣除当期购进固定资产总额。其增值额的计算公式为：

增值额＝销售额－全部外购商品及劳务支出

＝工资＋利润＋其他增值性收入

三、增值税的特点

与其他税种相比，增值税具有明显的特点。

（一）普遍征收，道道征税

我国增值税的征税范围涉及从事工业生产、商业经营等所有货物销售和部分劳务提供，因此增值税在商品增值的各个生产流通环节向生产经营者普遍征收，征收范围广。

（二）实行税款抵扣制，对增值额征税

增值税虽道道征税，但在每个环节只对该环节的增值额征税，具体计算时采取每道环节的销项税额扣除商品在以前环节已负担的进项税额，一般实行凭购货发票进行抵扣，避免重复征税。

（三）实行比例税率

由于增值税实行税款抵扣，计算有一定的复杂性，为使征收管理尽量简便易行，实施增值税的国家普遍采用比例税率，但为了体现对某些行业或产品实行不同的政策，一般都规定基本税率和优惠税率（或称低税率）。

（四）实行价外税

增值税以不含增值税税额的销售额为计税依据，税额在价外单独体现，这是增值税与其他流转税的一个重要区别，其他流转税如消费税、营业税是以全部流转额即含税销售额为计税依据计算应纳税额。

（五）税收负担具有转嫁性

虽然增值税是向销售商品或提供劳务的经营者征收，但经营者可以通过价格将税收负担转嫁给下一购买者，直至最终销售环节，最终由消费者承担了增值税。因此增值税是一种典型的间接税。

四、增值税的计税原理

增值税以增值额为计税依据，而增值额从相加的角度来说相当于工资加上利润，从相减的角度来说等于产出减去投入。因此，增值税可以采用以下四种计税方法：

直接相加法：应纳增值税额 =（工资 + 利润）× 税率

间接相加法：应纳增值税额 = 工资 × 税率 + 利润 × 税率

直接减除法：应纳增值税额 =（产出 − 投入）× 税率

间接减除法：应纳增值税额 = 产出 × 税率 − 投入 × 税率

上述四种计税方法中，直接相加法和间接相加法需要直接依据利润、利息、租金等增值性项目计算增值税。由于这些项目的认定极为细致，计算存在困难，不便于增值税的准确计算和及时征收。直接减除法虽然不存在上述困难，但在依据进销差额确定增值额时，有些项目需要减税，且税款计算又涉及成本、费用核算，操作有一定难度。

间接减除法又称扣税法，其计税原理为：在每一计税环节，对销售商品或提供劳务所产生的相应计税基础，按适用税率计算销项税额，然后减去外购或投入的商品或劳务成本中的进项税额，即为应纳增值税额。扣税法采用凭发票注明税款进行扣税来计算增值税，不仅计税科学、严谨，而且简便、易行。因此，世界各国大多实行间接减除法。

我国现行增值税实行凭增值税专用发票注明税款进行抵扣的扣税法。

第二节　增值税的征税范围及纳税义务人

一、增值税的征税范围

世界上实行增值税的国家对增值税征税范围的界定各有不同，有些仅限于工业制造环节，有些包括工业制造和货物批发两个环节，也有包括工业制造、货物批发和货物零售三个环节的，还有一些国家除上述三个环节外，把征税范围延伸到服务业。一般来说，增值税覆盖的范围越宽，越能解决重复征税的问题。我国自实行增值税以来，通过不断总结经验和调整修改，征税范围已经覆盖整个工业生产领域、商品流通领域以及部分劳务服务领域。

根据《增值税暂行条例》的规定，在中华人民共和国境内销售货物或者提供加工、修理修配劳务以及进口货物的单位和个人，为增值税的纳税义务人。现行增值税征税范围的具体规定如下：

（一）销售或者进口的货物

货物是指有形动产，包括电力、热力、气体在内。不包括土地、房屋和其他建筑物等不动产。销售货物是指有偿转让货物的所有权，凡是在我国境内销售货物，不论是从受让方取得货币，还是获得货物或其他经济利益，均应视为有偿转让货物的销售行为。进口货物是指经国境进入我国境内的货物。

（二）应税劳务

增值税应税劳务是指提供的加工、修理修配劳务。加工是指受托加工货物，即委托方提供原料及主要材料，受托方按照委托方的要求制造货物并收取加工费的业务；修理修配是指受托方对损伤和丧失功能的货物进行修复，使其恢复原状和功能的业务。

提供修理修配劳务是指有偿提供加工、修理修配劳务。单位或者个体工商户聘用的员工为本单位或者雇主提供加工、修理修配劳务不包括在内。有偿是指从购买方取得货币、货物或者其他经济利益。

（三）视同销售的货物

一般来说，有偿转让货物所有权即为销售货物，应征收增值税。但在实际经营活动中，有时转让货物是无偿的，或者货物转移给另一方但产权并未转移。为了平衡各类经营方式或各类货物之间的税收负担，防止逃避税款行为，也为了保证增值税税款抵扣制度的实施，税法规定，单位或者个体工商户的下列行为，视同销售货物：

（1）将货物交付其他单位或者个人代销。

（2）销售代销货物。

（3）设有两个以上机构并实行统一核算的纳税人，将货物从一个机构移送到其他机构用于销售，但相关机构设在同一县（市）的除外。

"用于销售"是指受货机构发生以下情形之一的经营行为：①向购货方开具发票；②向购货方收取货款。

受货机构的货物移送行为发生上述两种情形之一的，应当向所在地税务机关缴纳增值税；未发生上述两种情形的，则应由总机构统一缴纳增值税。如果受货机构只是就部分货物向购买方开具发票或收取货款，则应区别不同情况计算并分别向总机构所在地或分支机构所在地缴纳税款。

（4）将自产或者委托加工的货物用于非增值税应税项目。

（5）将自产、委托加工的货物用于集体福利或者个人消费。

（6）将自产、委托加工或者购进的货物作为投资，提供给其他单位或者个体工商户。

（7）将自产、委托加工或者购进的货物分配给股东或者投资者。

（8）将自产、委托加工或者购进的货物无偿赠送其他单位或者个人。

以上8种行为应该确定为视同销售货物行为，均应征收增值税。

（四）混合销售行为

混合销售是指既涉及货物又涉及非增值税应税劳务的销售行为。由于销售货物属于增值税征税范围，而提供非增值税应税劳务属于营业税征税范围，如交通运输业、建筑业、金融保险业、邮电通信业、文化体育业、娱乐业、服务业等非增值税应税劳务属于营业税征税范围。因此，对于混合销售行为如何征税的问题，需划清征税界限。

根据《增值税暂行条例实施细则》的规定，除细则第六条规定外，从事货物生产、批发或者零售的企业、企业性单位和个体工商户的混合销售行为，视为销售货物，应当缴纳增值税；其他单位和个人的混合销售行为，视为销售非增值税应税劳务，不缴增值税。

这里所指的“从事货物生产、批发或者零售的企业、企业性单位和个体工商户”，包括以从事货物的生产、批发或者零售为主，并兼营非应税劳务的企业、企业性单位和个体工商户。具体来说，是指纳税人的年货物销售额与非增值税应税劳务营业额的合计数中，年货物销售额超过50%，非增值税应税劳务营业额不到50%。在上述范围以外的其他单位和个人的混合销售行为，视为销售非增值税应税劳务，不征收增值税，征收营业税。

混合销售行为如果依照上述税务处理属于应当征收增值税的，其销售额应是货物与非应税劳务的销售额的合计，该非应税劳务的销售额应视同含税销售额处理；且该混合销售行为涉及的非增值税应税劳务所用购进货物的进项税额，凡符合条例规定的，在计算该混合销售行为增值税时，准予从销项税额中抵扣。例如，一家电器销售公司销售一批电视机，同时提供安装调试服务，这是一种混合销售行为。由于电器销售公司属于货物销售企业，其发生的混合销售行为应视为销售货物，对取得的销售款和安装调试费用一并征收增值税。又如，一家卡拉OK歌舞厅在从事娱乐业经营的过程中，同时销售酒水饮料取得销售收入，这也是一种混合销售行为。由于歌舞厅本身不是从事货物生产销售的企业，其混合销售行为应视为销售非增值税应税劳务，不征收增值税，而应将娱乐业收入与酒水饮料收入一并征收营业税。

对以从事非增值税应税劳务为主，并兼营货物销售的单位和个人，虽然其混合销售行为应视为销售非应税劳务，不征收增值税。但如果其设立单独机构经营货物并单独核算，则该机构应视为从事货物生产、批发或零售的企业、企业性单位，该单位发生前述混合销售行为时应当征收增值税。从事运输业务的单位与个人，发生销售货物并负责运输所售货物的混合销售行为，应当征收增值税。

《增值税暂行条例实施细则》第六条规定，纳税人的下列混合销售行为，应当分别核算货物的销售额和非增值税应税劳务的营业额，并根据其销售货物的销售额计算缴纳增值税，非增值税应税劳务的营业额不缴纳增值税；未分别核算的，由主管税务机关核定其货物的销售额：

（1）销售自产货物并同时提供建筑业劳务的行为；

（2）财政部、国家税务总局规定的其他情形。

（五）兼营非增值税应税劳务

兼营非增值税应税劳务是指增值税纳税人在从事应税货物销售或者提供应税劳务的同时，还从事非增值税应税劳务（即营业税征收范围的劳务项目），且从事的非增值税应税劳务与某一项销售货物或提供应税劳务并无直接的联系或从属关系。

纳税人兼营非增值税应税项目的，应分别核算货物或者应税劳务的销售额和非增值税应税项目的营业额；未分别核算的，由主管税务机关核定货物或者应税劳务的销售额。

根据《增值税暂行条例实施细则》的规定，一般纳税人兼营免税项目或者非增值税应税劳务而无法划分不得抵扣的进项税额的，按下列公式计算不得抵扣的进项税额：

$$\text{不得抵扣进项税额}=\text{当月无法划分的全部进项税额}\times\frac{\text{当月免税项目销售额}+\text{非增值税应税劳务营业额}}{\text{当月全部销售额营业额合计}}$$

（六）特殊项目的征税规定

在增值税征税范围的界定上，有时会遇到一些特殊情况，实务中某些特殊项目或行为介于增值税与营业税经营范围中，难以确定应属于增值税的征税范围还是营业税的征税范围，对此需作出具体规定。

（1）货物期货（包括商品期货和贵金属期货），应当征收增值税。

（2）银行销售金银的业务，应当征收增值税。

（3）典当业的死当物品销售业务和寄售业代委托人销售寄售物品的业务，均应征收增值税。

（4）邮政部门发行报刊，征收营业税；其他单位和个人发行报刊，征收增值税。

（5）集邮商品（如邮票、首日封、邮折等）的生产以及邮政部门以外的其他单位和个人销售的，均征收增值税。

（6）电力公司向发电企业收取的过网费，应当征收增值税，不征收营业税。

（7）除经中国人民银行和商务部批准经营融资租赁业务的单位所从事的融资租赁业务外，其他单位从事的融资租赁业务，租赁的货物的所有权转让给承租方，征收增值税；租赁的货物的所有权未转让给承租方，不征收增值税。

（8）转让企业全部产权涉及的应税货物的转让，不属于增值税的征税范围，不征收增值税。

（9）对从事热力、电力、燃气、自来水等公用事业的增值税纳税人收取的一次性费用，凡与货物的销售数量有直接关系的，征收增值税；凡与货物的销售数量无直接关系的，不征收增值税。

（10）纳税人代有关行政管理部门收取的费用，凡同时符合以下条件的，不属于价外费用，不征收增值税。

①经国务院、国务院有关部门或省级政府批准；

②开具经财政部门批准使用的行政事业收费专用票据；

③所收款项全额上缴财政或虽不上缴财政但由政府部门监管，专款专用。

（11）纳税人销售货物的同时代办保险而向购买方收取的保险费，以及从事汽车销售的纳税人向购买方收取的代购买方缴纳的车辆购置税、牌照费，不作为价外费用征收增值税。

（12）纳税人销售软件产品并随同销售一并收取的软件安装费、维护费、培训费等收入，应按照增值税混合销售的有关规定征收增值税，并可享受软件产品增值税即征即退政策。

对软件产品交付使用后，按期或按次收取的维护、技术服务费、培训费等不征收增值税。

纳税人受托开发软件产品，著作权属于受托方的征收增值税，著作权属于委托方或属于双方共同拥有的不征收增值税。

（13）印刷企业接受出版单位委托，自行购买纸张，印刷有统一刊号（CN）以及采用国际标准书号编序的图书、报纸和杂志，按货物销售征收增值税。

（14）对增值税纳税人收取的会员费收入不征收增值税。

（15）纳税人转让土地使用权或者销售不动产的同时一并销售的附着于土地或者不动产上的固定资产中，凡属于增值税应税货物的，应计算缴纳增值税；凡属于不动产的，应按照“销售不动产”税目计算缴纳营业税。

纳税人应分别核算增值税应税货物和不动产的销售额，未分别核算或核算不清的，由主管税务机关核定其增值税应税货物的销售额和不动产的销售额。

（16）纳税人在资产重组过程中，通过合并、分立、出售、置换等方式，将全部或者部分实物资产以及与其相关联的债权、负债和劳动力一并转让给其他单位和个人，不属于增值税的征税范围，其中涉及的货物转让，不征收增值税。

二、增值税的纳税人

根据《增值税暂行条例》的规定，凡在中华人民共和国境内销售或者进口货物、提供应税劳务的单位和个人都是增值税纳税义务人。

单位是指企业、行政单位、事业单位、军事单位、社会团体及其他单位。

个人是指个体工商户和其他个人。

单位租赁或者承包给其他单位或者个人经营的，以承租人或者承包人为纳税人。

中华人民共和国境外的单位或者个人在境内提供应税劳务，在境内未设有经营机构的，以其境内代理人为扣缴义务人；在境内没有代理人的，以购买方为扣缴义务人。

在我国的实际经济活动中，增值税适用范围广，纳税人众多，既有实力强劲的大中型企业，也有弱小的小企业和个人。他们的会计核算水平参差不齐，大量的小企业和个人还不具备健全的会计核算制度和能力，不具备用专用发票抵扣税款的条件。为了适应不同纳税人的需要，简化增值税的计算和征收，我国于2010年3月20日起施行《增值税一般纳税人资格认定管理办法》，将增值税纳税人按经营规模和会计核算水平的不同分为一般纳税人和小规模纳税人两类，分别采用不同的增值税计算方法。

（一）一般纳税人的认定和管理

一般纳税人是指年应征增值税销售额超过财政部、国家税务总局规定的小规模纳税人标准的企业和企业性单位。年应税销售额是指纳税人在连续不超过12个月的经营期内累计应征增值税销售额。经营期是指在纳税人存续期内的连续经营期间，包括未取得销售收入的月份。

年应税销售额未超过财政部、国家税务总局规定的小规模纳税人标准以及新开业的纳税人，可以向主管税务机关申请一般纳税人资格认定。对提出申请并且同时符合下列条件的纳税人，主管税务机关应当为其办理一般纳税人资格认定：

（1）有固定的生产经营场所；

（2）能够按照国家统一的会计制度规定设置账簿，根据合法、有效凭证核算，能够提供准确的税务资料。

纳税人应当向其机构所在地主管税务机关申请一般纳税人资格认定。一般纳税人资格认定的权限，在县（市、区）国家税务局或者同级别的税务分局。

纳税人自认定机关认定为一般纳税人的次月起，按照《中华人民共和国增值税暂行条例》第四条的规定计算应纳税额，并按照规定领购、使用增值税专用发票。

下列纳税人可不办理一般纳税人资格认定：个体工商户以外的其他个人，选择按照小规模纳税人纳税的非企业性单位和不经常发生应税行为的企业。其他个人是指自然人；非企业性单位是指行政单位、事业单位、军事单位、社会团体和其他单位；不经常发生应税行为的企业是指非增值税纳税人；不经常发生应税行为是指其偶然发生增值税应税行为。

（二）小规模纳税人的认定和管理

小规模纳税人是指年销售额在规定标准以下，并且会计核算不健全，不能按规定报送有关税务资料的增值税纳税人。会计核算不健全是指不能正确核算增值税的销项税额、进项税额和应纳税额。

小规模纳税人的认定标准是：

（1）从事货物生产或者提供应税劳务的纳税人，以及以从事货物生产或者提供应税劳务为主，并兼营货物批发或者零售的纳税人，年应征增值税销售额在50万元以下的；“以从事货物生产或者提供应税劳务为主”是指纳税人的年货物生产或者提供应税劳务的销售额占年应税销售额的比重在50%以上。

（2）对上述规定以外的纳税人，年应税销售额在80万元以下的。

（3）年应税销售额超过小规模纳税人标准的其他个人按小规模纳税人纳税。

（4）非企业性单位、不经常发生应税行为的企业可选择按小规模纳税人纳税。

小规模纳税人会计核算健全，能够提供准确税务资料的，可以向主管税务机关申请资格认定，不作为小规模纳税人。

年应税销售额未超过财政部、国家税务总局规定的小规模纳税人标准以及新开业的纳税人，可以向主管税务机关申请一般纳税人资格认定。

除国家税务总局另有规定外，纳税人一经认定为一般纳税人以后，不得转为小规模纳税人。

第三节　增值税税率与征收率

我国增值税采用比例税率，税率分两档：基本税率17%和低税率13%。对一些需要照顾的特殊行业或产品适用低税率，其他行业或产品则一律适用单一的基本税率，以发挥增值税的中性作用。对出口产品实行零税率。增值税采用简易征收办法计税时适用征收率。

一、基本税率

我国现行增值税的基本税率为17%。增值税一般纳税人销售或者进口货物，提供加工、修理修配劳务，除低税率适用范围和销售个别旧货适用低税率外，一律适用17%的基本税率。

自2009年1月1日起，部分金属矿、非金属矿采选产品的增值税税率由原来的13%

低税率恢复到17%，如铜矿砂及其精矿（非黄金价值部分）、镍矿砂及其精矿（非黄金价值部分）、纯氯化钠、未焙烧的黄铁矿、石英、云母粉、天然硫酸钡（重晶石）等。

二、低税率

我国现行增值税的低税率为13%。增值税一般纳税人销售或者进口下列货物，适用13%的低税率。

（1）粮食、食用植物油。

（2）自来水、暖气、冷气、热水、煤气、石油液化气、天然气、沼气、居民用煤炭制品。

（3）图书、报纸、杂志。

（4）饲料、化肥、农药、农机、农膜。

（5）国务院规定的其他货物：

①农产品。农产品是指种植业、养殖业、林业、牧业、水产业生产的各种植物、动物的初级产品。具体征税范围暂继续按照《财政部、国家税务总局关于印发（农业产品征税范围注释）的通知》（财税字〔1995〕52号）及现行相关规定执行。

②音像制品（自2007年1月1日起）。

③电子出版物（自2007年1月1日起）。

④二甲醚（自2008年1月1日起）。

纳税人兼营不同税率的货物或者应税劳务，应当分别核算不同税率货物或者应税劳务的销售额；未分别核算销售额的，从高适用税率。

纳税人销售不同税率货物或者劳务，并兼营应属一并征收增值税的非应税劳务的，其非应税劳务应从高适用税率。

三、零税率

纳税人出口货物，税率为零，国务院另有规定的除外。

零税率是指对出口产品在出口时完全不含增值税税款，以无税负担进入国际市场，以增强出口产品的国际竞争力。这样，对出口货物除了在出口环节不征收增值税外，还要对该产品在出口前已经缴纳的增值税进行退税，从而使该产品达到不含税状态。零税率与免税不同，出口货物免税仅指在出口环节不征增值税，不存在退税。不过我国目前并非对全部出口产品都实行零税率，而是根据经济形势的变化和调节出口产品结构的需要规定出口退税率，对大部分出口产品实行零税率。

四、征收率

增值税的征收率，是指货物或应税劳务在某一生产流通环节应纳税额与销售额的比率，是计算纳税人销售货物或提供应税劳务在该征税环节应纳税额的尺度。增值税采用简易征收办法征税时适用征收率计算应纳税额。

（一）小规模纳税人适用征收率一般规定

小规模纳税人经营规模小，且会计核算不健全，难以正确计算和提供增值税销项税额和进项税额，像一般纳税人一样实行税款抵扣制，因此实行按销售额与征收率计算应纳税额的简易办法。自2009年1月1日起，小规模纳税人增值税征收率由过去的工业6%、商业4%统一调整为3%，不再分行业设置。

（二）其他适用征收率的规定

增值税除对小规模纳税人采用简易征收办法适用征收率外，对其他一些实行简易征收办法征收增值税的行为也会采用征收率，而不管纳税人是一般纳税人还是小规模纳税人。

下列情况按简易办法征收增值税，不得抵扣进项税额。

（1）纳税人销售自己使用过的物品，应分别按不同情况处理：

①一般纳税人销售自己使用过的属于《增值税暂行条例》第十条规定不得抵扣且未抵扣进项税额的固定资产，按简易办法依4%征收率减半征收增值税。一般纳税人销售自己使用过的除固定资产以外的物品，应当按照适用税率征收增值税。

②小规模纳税人（除其他个人外，下同）销售自己使用过的固定资产，按2%征收率征收增值税。小规模纳税人销售自己使用过的除固定资产以外的物品，应按3%的征收率征收增值税。

（2）纳税人销售旧货，按照简易办法依照4%征收率减半征收增值税。

旧货是指进入二次流通的具有部分使用价值的货物，包括旧汽车、旧摩托车和旧游艇，但不包括自己使用过的物品。

①一般纳税人销售自己使用过的物品和旧货，按简易办法依照4%征收率减半征收增值税政策，计算公式如下：

销售额＝含税销售额÷（1＋4%）

应纳税额＝销售额×4%÷2

②小规模纳税人销售自己使用过的固定资产和旧货，按下列公式计算缴纳增值税：

销售额＝含税销售额÷（1＋3%）

应纳税额＝销售额×2%

（3）一般纳税人销售货物属于下列情形之一的，暂按简易办法依照4%征收率计算缴纳增值税：

①寄售商店代销寄售物品（包括居民寄售的物品在内）；

②典当业销售典当物品；

③经国务院或国务院授权机关批准的免税商店零售的免税品。

（4）一般纳税人销售自产的下列货物，可选择按照简易办法依照6%征收率计算缴纳增值税：

①县级及县级以下小型水力发电单位生产的电力。

②建筑和生产建筑材料所用的沙、土、石料。

③以自己采掘的沙、土、石料或其他矿物连续生产的砖、瓦、石灰（不含黏土实心砖、瓦）。

④用微生物、微生物代谢产物、动物毒素、人或动物的血液或组织制成的生物制品。

⑤自来水。对属于一般纳税人的自来水公司销售自来水按简易办法依照6%征收率征收增值税的，不得抵扣其购进自来水取得增值税扣税凭证上注明的增值税税款。

⑥商品混凝土（仅限于以水泥为原料生产的水泥混凝土）。

⑦属于增值税一般纳税人的单采血浆站销售非临床用人体血液，可以按照简易办法依照6%征收率计算应纳税额，但不得对外开具增值税专用发票；也可以按照销项税额抵扣进项税额的办法依照增值税适用税率计算应纳税额。

一般纳税人选择简易办法计算缴纳增值税后，36个月内不得变更。

第四节　一般纳税人增值税的计算

我国目前对增值税一般纳税人采用国际上通行的购进扣税法计算应纳增值税，即一般纳税人销售货物或者提供应税劳务，应纳税额为当期销项税额抵扣当期进项税额后的余额。计算公式为：

当期应纳税额＝当期销项税额－当期进项税额

　　　　　　＝当期销售额×适用税率－当期进项税额

一、销项税额的确定

销项税额是指纳税人销售货物或者提供应税劳务，按照销售额或者应税劳务收入和法定的适用税率计算，并向购买方收取的增值税税额。计算公式为：

销项税额＝销售额×适用税率

（一）销售额的一般规定

销售额是指纳税人销售货物或者提供应税劳务向购买方收取的全部价款和价外费用，包括价外向购买方收取的手续费、补贴、基金、集资费、返还利润、奖励费、违约金、滞纳金、延期付款利息、赔偿金、代收款项、代垫款项、包装费、包装物租金、储备费、优质费、运输装卸费以及其他各种性质的价外收费。但下列项目不包括在内：

（1）受托加工应征消费税的消费品所代收代缴的消费税；

（2）同时符合以下条件的代垫运输费用：

①承运部门的运输费用发票开具给购买方的；

②纳税人将该项发票转交给购买方的。

（3）同时符合以下条件代为收取的政府性基金或者行政事业性收费：

①由国务院或者财政部批准设立的政府性基金，由国务院或者省级人民政府及其财政、价格主管部门批准设立的行政事业性收费；

②收取时开具省级以上财政部门印制的财政票据；

③所收款项全额上缴财政。

（4）销售货物的同时代办保险等而向购买方收取的保险费，以及向购买方收取的代购买方缴纳的车辆购置税、车辆牌照费。

除上述4项收费允许不计入价外费用外，凡随同销售货物或提供应税劳务向购买方收取的价外费用，无论其会计制度如何核算，均应并入销售额计算应纳税额。

需要注意的是，由于增值税采用价外计税方式，计税依据不含税价，因而销售额中不包括向购买方收取的销项税额。对增值税一般纳税人向购买方收取的价外费用和逾期包装物押金，应视为含税收入，在征税时换算成不含税收入再并入销售额计税。

销售额以人民币计算。纳税人以人民币以外的货币结算销售额的，应当折合成人民币计算。

（二）价款和税款合并收取情况下销售额的换算

我国增值税实行价外税，计税价格中不含增值税额。一般纳税人销售货物或者应税劳务，如果开具的是增值税专用发票，并在专用发票上分别注明销售额和销项税额，则可直接按照专用发票上的不含税销售额计税。但如果开具的是普通发票，采取销售额和销项税额合并定价的，应将含税销售额换算为不含税销售额计算应纳增值税。换算公式为：

$$\text{销售额}=\frac{\text{含税销售额}}{1+\text{税率}}$$

公式中的税率为纳税人销售货物或者应税劳务所适用的增值税税率。

（三）特殊销售方式的销售额

在现实销售活动中，经营者为了扩大销售、占领市场，在竞争中处于领先地位，经常会采取灵活多样的销售方式。不同销售方式下，销售者取得的销售额会有所不同。对于各种销售方式如何确定计税销售额，税法分别作了规定：

1. 折扣销售、销售折扣及销售折让

折扣销售是指销货方在销售货物或应税劳务时，因购货方购货数量较大等原因而给予购货方的价格优惠。根据税法规定，纳税人销售货物并向购买方开具增值税专用发票后，由于购货方在一定时期内累计购买货物达到一定数量，或者由于市场价格下降等原因，销货方给予购货方相应的价格优惠或补偿等折扣、折让行为，销货方可按现行《增值税专用发票使用规定》的有关规定开具红字增值税专用发票。

按照规定，“纳税人采取折扣方式销售货物，如果销售额和折扣额在同一张发票上分别注明的，可按折扣后的销售额征收增值税”。这是指销售额和折扣额在同一张发票上的“金额”栏分别注明的，可按折扣后的销售额征收增值税；未在同一张发票“金额”栏注明折扣额，而仅在发票的“备注”栏注明折扣额的，折扣额不得从销售额中减除。

需要注意的是，折扣销售仅限于货物价格的折扣，如果销货者将自产、委托加工和购买的货物用于实物折扣的，则该实物款额不能从货物销售额中减除，且该实物应按《增值税暂行条例》“视同销售货物”中的“赠送他人”计算征收增值税。

销售折扣是指销货方在销售货物或应税劳务后，为了鼓励购货方及早偿还货款而给予购货方的一种折扣优待。销售折扣发生在销货之后，是一种融资性质的理财费用，因此，销售折扣不得从销售额中减除。

销售折让是指货物销售后，由于其品种、质量等不符合合同要求，但购货方愿意接受货物，销货方因此给予购货方的一种价格折让。销售折让虽然也是在货物销售后发生的，但销售折让是由于货物的品种或质量引起的销售额减少，因此，可以扣减销售折让后的货款为销售额。

2. 以旧换新

以旧换新是指纳税人在销售货物时，折价收回同类旧货物，并以折价款部分冲抵货物价款的一种销售方式。税法规定，采取以旧换新方式销售货物的，应按新货物的同期销售价格确定销售额，不得扣减旧货物的收购价格。

对金银首饰以旧换新业务，可以按销售方实际收取的不含增值税的全部价款征收增值税。

3. 还本销售

还本销售是指纳税人在销售货物后，按约定的时间，由销售方一次或分次将购货款部分或全部退还给购货方，退还的货款即为还本支出。这实际上是一种筹资方式，是以货物换取资金的使用价值，到期还本不付息的方法。税法规定，采取还本销售方式销售货物，其销售额就是货物的销售价格，不得从销售额中减除还本支出。

4. 以物易物

以物易物是指购销双方的购销活动不是以货币结算，而是以同等价款的货物相互结算，实现货物购销的一种方式。税法规定，以物易物的双方都应作购销处理，以各自发出的货物核算销售额并计算销项税额，以各自收到的货物按规定核算购货额并计算进项税额。应注意，在以物易物活动中，应分别开具合法的票据，如收到的货物不能取得相应的增值税专用发票或其他合法票据的，不能抵扣进项税额。

5. 包装物租金及押金

包装物是指纳税人包装本单位货物的各种物品。纳税人销售货物时可能会另外收取包装物租金或包装物押金。纳税人销售货物收取包装物租金的，应将包装物租金在销货时作为价外费用并入销售额计算销项税额。

对于包装物的押金的计税问题，税法规定，纳税人为销售货物而出租、出借包装物收取的押金，单独记账核算的，时间在 1 年以内，又未过期的，不并入销售额征税，但对因逾期未收回包装物不再退还的押金，应按所包装货物的适用税率计算销项税额。“逾期”是指按合同约定实际逾期或以 1 年为期限，对收取 1 年以上的押金，无论是否退还均并入销售额征税。在将包装物押金并入销售额征税时，需要先将该押金换算为不含税价，再并入销售额征税。

国家税务总局规定，从1995年6月1日起，对销售除啤酒、黄酒外的其他酒类产品而收取的包装物押金，无论是否返还以及会计上如何核算，均应并入当期销售额征税。对销售啤酒、黄酒所收取的押金，按上述一般押金的规定处理。

（四）销售已使用过的固定资产的纳税规定

我国从2009年1月1日起实行消费型增值税，与原生产型增值税相比，主要区别是对固定资产的税务处理不同。因此，自2009年1月1日起，纳税人销售自己使用过的固定资产，应区分不同情形征收增值税：

（1）销售自己使用过的2009年1月1日以后购进或者自制的固定资产，按照适用税率征收增值税。

（2）2008年12月31日以前未纳入扩大增值税抵扣范围试点的纳税人，销售自己使用过的2008年12月31日以前购进或者自制的固定资产，按照4%征收率减半征收增值税。

（3）2008年12月31日以前已纳入扩大增值税抵扣范围试点的纳税人，销售自己使用过的在本地区扩大增值税抵扣范围试点以前购进或者自制的固定资产，按照4%征收率减半征收增值税；销售自己使用过的在本地区扩大增值税抵扣范围试点以后购进或者自制的固定资产，按照适用税率征收增值税。

（4）发生固定资产视同销售行为，对已使用过的固定资产无法确定销售额的，以固定资产净值为销售额。

上述“已使用过的固定资产”是指纳税人根据财务会计制度已经计提折旧的固定资产。

（五）售价明显偏低且无正当理由及视同销售货物行为的销售额的确定

纳税人销售货物或应税劳务的价格明显偏低并无正当理由的，或者发生了视同销售货物行为而无销售额者，主管税务机关有权按下列顺序确定其销售额：

（1）按纳税人最近时期同类货物的平均销售价格确定；

（2）按其他纳税人最近时期同类货物的平均销售价格确定；

（3）按组成计税价格确定。组成计税价格的公式为：

组成计税价格＝成本×（1＋成本利润率）

属于应征消费税的货物，其组成计税价格中应加计消费税额。

组成计税价格＝成本×（1＋成本利润率）＋消费税

公式中的成本，对于销售自产货物的为实际生产成本，对于销售外购货物的为实际采购成本。公式中的成本利润率由国家税务总局确定。一般情况下，成本利润率为10%，但属于从价定率征收消费税的货物，其成本利润率见“消费税”一章。

二、进项税额的确定

进项税额是指纳税人购进货物或者接受应税劳务支付或者负担的增值税额。进项税额是与销项税额相对应的一个概念，购货方支付的进项税额就是销货方收取的销项税额。

税法对可抵扣和不可抵扣的进项税额有明确规定。如果纳税人购进的货物或接受的应税劳务用于增值税应税项目，其进项税额才可以从销项税额中抵扣。如果纳税人购进的货物或接受的应税劳务用于非应税项目、免税项目、集体福利、个人消费等情况，其支付的进项税额就不能从销项税额中抵扣。

（一）准予抵扣的进项税额

根据《增值税暂行条例》的规定，准予从销项税额中抵扣的进项税额，限于两种情况：一是增值税扣税凭证上注明的增值税税额；二是虽未取得增值税扣税凭证，但可按规定的扣除率计算扣除的进项税额。具体如下：

（1）从销售方取得的增值税专用发票上注明的增值税额。

（2）从海关取得的海关进口增值税专用缴款书上注明的增值税额。

（3）购进农产品，按照农产品收购发票或者销售发票上注明的农产品买价和13%的扣除率计算的进项税额。计算公式为：

进项税额＝买价×扣除率

这里的农产品是指直接从事植物的种植、收割和动物的饲养、捕捞的单位和个人销售的自产而且免征增值税的农业产品。

购买农业产品的买价，包括纳税人购进农产品在农产品收购发票或者销售发票上注明的价款和按规定缴纳的烟叶税。对烟叶税纳税人按规定缴纳的烟叶税，准予并入烟叶产品的买价计算增值税的进项税额，并在计算缴纳增值税时予以抵扣。计算公式如下：

烟叶收购金额＝烟叶收购价款×（1＋10%）

烟叶税应纳税额＝烟叶收购金额×税率（20%）

准予抵扣的进项税额＝（烟叶收购金额＋烟叶税应纳税额）×扣除率

其中：10%为价格补贴。

（4）购进或者销售货物以及在生产经营过程中支付运输费用的，按照运输费用结算单据上注明的运输费用金额和7%的扣除率计算的进项税额。计算公式为：

进项税额＝运输费用金额×扣除率

对于运输费用的进项税额抵扣，需注意以下几点：

①购买或销售免税货物（购进免税农业产品除外）所发生的运输费用，不得计算进项

税额抵扣。

②准予作为抵扣凭证的运费结算单据（普通发票），是指国有铁路、民用航空、公路和水上运输单位开具的货票，以及从事货物运输的非国有运输单位开具的套印全国统一发票监制章的货票。

③准予计算进项税额抵扣的货物运费金额是指运输费用结算单据上注明的运输费用（包括铁路临管线及铁路专线运输费用）、建设基金，不包括装卸费、保险费等其他杂费。

④从 2003 年 11 月 1 日起，公路、内河货物运输业发票的印制、领购、开具、取得、保管、缴销均由地方税务局管理和监督。

⑤从 2003 年 12 月 1 日起，国家税务局将对增值税一般纳税人申请抵扣的所有运输发票与营业税纳税人开具的货物运输业发票进行比对。凡比对不符的，一律不予抵扣。

⑥增值税一般纳税人在申报抵扣 2003 年 11 月 1 日起取得的运输发票增值税进项税额时，应向国家税务局填报《增值税运输发票抵扣清单》纸制文件及电子信息，未报送的其进项税额不得抵扣。

⑦纳税人取得的 2003 年 10 月 31 日以后开具的运输发票，应当自发票开具之日起 90 天内向主管国家税务局申报抵扣，超过 90 天的不得抵扣。增值税一般纳税人取得 2010 年 1 月 1 日以后开具公路内河货物运输业统一发票，应在发票开具之日起 180 日内到税务机关办理认证，并在认证通过的次月申报期内，向主管税务机关申报抵扣进项税额。

⑧一般纳税人在生产经营过程中所支付的运输费用，允许计算抵扣进项税额。

⑨一般纳税人取得的国际货物运输代理业发票和国际货物运输发票，不得计算抵扣进项税额。

⑩一般纳税人取得的汇总开具的运输发票，凡附有运输企业开具并加盖财务专用章或发票专用章的运输清单，允许计算抵扣进项税额。

⑪一般纳税人取得的项目填写不齐全的运输发票（附有运输清单的汇总开具的运输发票除外）不得计算抵扣进项税额。

⑫自 2007 年 1 月 1 日起，增值税一般纳税人购进或销售货物，取得的作为增值税扣税凭证的货运发票，必须是通过货运发票税控系统开具的新版货运发票。

（二）不得抵扣的进项税额

下列项目的进项税额不得从销项税额中抵扣：

（1）用于非增值税应税项目、免征增值税项目、集体福利或者个人消费的购进货物或者应税劳务。其中：

购进货物不包括既用于增值税应税项目（不含免征增值税项目），也用于非增值税应税项目、免征增值税项目、集体福利或者个人消费的固定资产。

固定资产是指使用期限超过 12 个月的机器、机械、运输工具以及其他与生产经营有关的设备、工具、器具等。

个人消费包括纳税人的交际应酬消费。

非增值税应税项目是指提供非增值税应税劳务、转让无形资产、销售不动产和不动产在建工程。

不动产是指不能移动或者移动后会引起性质、形状改变的财产，包括建筑物、构筑物和其他土地附着物。建筑物是指供人们在其内生产、生活和其他活动的房屋或者场所；构筑物是指人们不在其内生产、生活的人工建造物；其他土地附着物是指矿产资源及土地上生长的植物。以建筑物或者构筑物为载体的附属设备和配套设施，无论在会计处理上是否单独记账与核算，均应作为建筑物或者构筑物的组成部分，其进项税额不得在销项税额中抵扣。附属设备和配套设施是指：排水、采暖、卫生、通风、照明、通信、煤气、消防、中央空调、电梯、电气、智能化楼宇设备和配套设施。

纳税人新建、改建、扩建、修缮、装饰不动产，均属于不动产在建工程。

（2）非正常损失的购进货物及相关的应税劳务。

非正常损失是指因管理不善造成被盗、丢失、霉烂变质等损失。

（3）非正常损失的在产品、产成品所耗用的购进货物或者应税劳务。

（4）国务院财政、税务主管部门规定的纳税人自用消费品。

纳税人自用的应征消费税的摩托车、汽车、游艇，其进项税额不得从销项税额中抵扣。

（5）上述第（1）项至第（4）项规定的货物的运输费用和销售免税货物的运输费用。

（6）一般纳税人兼营免税项目或者非增值税应税劳务而无法划分不得抵扣的进项税额的，按下列公式计算不得抵扣的进项税额：

$$\text{不得抵扣的进项税额}=\text{当月无法划分的全部进项税额}\times\frac{\text{当月免税项目销售额}+\text{非增值税应税劳务营业额}}{\text{当月全部销售额、营业额合计}}$$

此外，纳税人购进货物或者应税劳务，取得的增值税扣税凭证不符合法律、行政法规或者国务院税务主管部门有关规定的，其进项税额不得从销项税额中抵扣。

三、应纳税额的计算

增值税一般纳税人实行税款抵扣制，其应纳税额计算公式为：

$$\text{应纳税额}=\text{当期销项税额}-\text{当期进项税额}$$

“当期”是个重要的时间限定，具体是指税务机关依照税法规定对纳税人确定的纳税期限。只有在纳税期限内实际发生的销项税额、进项税额，才是法定的当期销项税额或当期进项税额。

1. 当期销项税额

当期销项税额是指在纳税期限内各种销售结算方式下按规定的纳税义务产生时间确定的销项税额。对于销售货物或应税劳务计入当期销项税额的纳税义务发生时间，详见本章第九节“增值税征收管理”中的“纳税义务发生时间”。

2. 当期进项税额

当期进项税额是指在纳税期限内满足进项税额申报抵扣时间所抵扣的进项税额。税法规定，增值税一般纳税人购进货物或应税劳务，其进项税额申报抵扣的时间如下：

（1）增值税一般纳税人申报抵扣2010年1月1日以后取得防伪税控系统开具的增值税专用发票、公路内河货物运输业统一发票和机动车销售统一发票，必须在发票开具之日起180日内到税务机关认证，并在认证通过的次月申报期内，向主管税务机关申报抵扣进项税额；否则，不予抵扣进项税额。

（2）增值税一般纳税人申报抵扣2010年1月1日以后开具的海关缴款书，应当在开具之日起180日内向主管税务机关申请稽核比对，未实行海关缴款书“先比对后抵扣”管理办法的一般纳税人应当在开具之日起180日后的第一个纳税申报期结束以前，向主管税务机关申报抵扣进项税额。逾期不得抵扣进项税额。

在实际计算应纳税额时，一些纳税人可能发生购销不平衡，出现当期进项税额大于当期销项税额，导致当期进项税额不足抵扣的情况。《增值税暂行条例》规定，当期进项税额不足抵扣的部分可以结转下期继续抵扣。

如果已抵扣进项税额的购进货物或应税劳务事后改变用途，用于非增值税应税项目、免税项目、集体福利或者个人消费、购进货物发生非正常损失、在产品或产成品发生非正常损失等，进项税额不得抵扣，应当将该项购进货物或者应税劳务的进项税额从当期的进项税额中扣减；无法确定该项进项税额的，按当期实际成本计算应扣减的进项税额。实际成本计算公式为：

实际成本＝进价＋运费＋保险费＋其他有关费用

前述实际成本的计算公式，如果计算对象是进口货物，则完全适用；如果计算对象是国内购进的货物，则主要包括进价和运费两部分。

3. 销货退回或折让涉及销项税额和进项税额扣减的税务处理

一般纳税人销售货物或者应税劳务，开具增值税专用发票后，发生销售货物退回或者折让、开具发票有误等情形，应按国家税务总局的规定开具红字增值税专用发票。未按规定开具红字增值税专用发票的，增值税额不得从销项税额中扣减。

按照《增值税暂行条例》及其实施细则规定，增值税一般纳税人因销售货物退回或者折让而退还给购买方的增值税额，应从发生销售货物退回或者折让当期的销项税额中扣减；因购进货物退出或者折让而收回的增值税额，应从发生购进货物退出或者折让当期的进项税额中扣减。因此，纳税人在货物购销活动中，因货物质量、规格等原因发生销货退回或销售折让时，销货方和购货方均应相应对当期的销项税额或进项税额进行调整。

【例2－1】某增值税一般纳税人生产销售洗衣机，出厂不含税单价为680元/台。2012年5月末留抵税额3 000元，6月该厂购销情况如下：

（1）销售给某大商场500台，开具增值税专用发票，商场当月付清货款后，厂家给予6%的现金折扣。

（2）销售给外地经销商300台，支付运输单位运杂费8 000元，运费发票上注明运费7 000元，装卸费1 000元。

（3）销售本厂自用5年的小轿车一辆，取得含税收入72 800元，该小轿车购进时未抵扣进项税额。

（4）购进洗衣机原材料、零部件而取得的增值税专用发票上注明金额120 000元，增值税额20 400元。

（5）从小规模纳税人处购进洗衣机零件，支付价税合计金额82 400元，取得税务机关代开的增值税专用发票。

（6）当月发出包装物收取押金50 000元，本月没收逾期未收回的包装物押金58 500元。

假定应该认证的发票均已通过认证。请计算该洗衣机厂以下税额：

（1）当期准予抵扣的进项税额总额；

（2）当期的销项税额总额；

（3）当期应缴纳的增值税额。

【解答】

支付运费可抵扣进项税额 = 7 000 × 7% = 490（元）

购进零部件等可抵扣的进项税额 = 20 400 + 82 400 ÷（1 + 3%）× 3% = 22 800（万元）

上期留抵税额3 000元

当期准予抵扣的进项税额总额 = 490 + 22 800 + 3 000 = 26 290（元）

（2）销售洗衣机销项税额 =（500 × 680 + 300 × 680）× 17% = 92 480（元）

没收押金销项税额 = 58 500 ÷（1 + 17%）× 17% = 8 500（元）

现金折扣不应减少销售额。

当期销项税额总额 = 92 480 + 8 500 = 100 980（元）

（3）该厂销售使用过的小轿车，该小轿车购进时未抵扣进项税额，应按4%征收率减半征收增值税：

72 800 ÷（1 + 4%）× 4% ÷ 2 = 1 400（元）

当期应缴纳的增值税额 = 100 980 − 26 290 + 1 400 = 76 090（元）

第五节 小规模纳税人应纳税额的计算

一、应纳税额的计算

小规模纳税人销售货物或者应税劳务，实行简易办法计算缴纳增值税，不得抵扣进项税额。其应纳税额计算公式为：

应纳税额 = 销售额 × 征收率

小规模纳税人计税的销售额与一般纳税人计税的销售额规定是一致的，即包含销售货物或提供应税劳务向购买方收取的全部价款和价外费用，但不包含按3%的征收率收取的增值税额，即不含税销售额。

从2009年1月1日起，小规模纳税人的征收率统一调整为3%，不再为工业和商业设置6%和4%两档征收率。小规模纳税人3%征收率的设置已经考虑了与一般纳税人按照17%和13%两档税率征收，实行税款抵扣之后税负水平的平衡，因此不能再抵扣进项税额。并且小规模纳税人简易计税办法设计的初衷，就是考虑到其会计核算不健全，不能准确核算销项税额和进项税额，不能满足按照税款抵扣制计算增值税的条件，而采取简易办法计税。如果小规模纳税人健全其会计核算制度，符合一般纳税人申请条件，应申请成为一般纳税人，按照销项税额抵扣进项税额计算应纳税额的税款抵扣制度计税。

二、含税销售额的换算

根据国家税务总局1993年12月30日制定并于1994年1月1日起执行的《增值税专用发票使用规定》（2007年修订），专用发票是增值税一般纳税人销售货物或者提供应税劳务开具的发票，是购买方支付增值税额并可按照增值税有关规定据以抵扣增值税进项税额的凭证。换言之，小规模纳税人不能使用专用发票。那么小规模纳税人在销售货物或提供应税劳务时，一般只能开具普通发票，取得的销售收入均为含税销售额。按照增值税价外税的特点，小规模纳税人必须将含税销售额换算为不含税销售额来计算应纳税额。

小规模纳税人含税销售额换算的公式为：

$$不含税销售额 = \frac{含税销售额}{1 + 税率}$$

【例2-2】某商店为小规模纳税人，10月份购进商品取得增值税专用发票，发票上注明价款60 000元，税额10 200元；当月零售收入总额109 180元。请计算该商店10月份应缴纳的增值税额。

【解答】

该商店为小规模纳税人，应采用简易征收办法计税，其购进商品的进项税额不得抵扣。

不含税销售额 = 109 180 ÷（1 + 3%）= 106 000（元）

应纳税额 = 106 000 × 3% = 3 180（元）

第六节　进口货物应纳增值税的计算

一、进口货物的征税范围及纳税人

（一）进口货物的征税范围

根据《增值税暂行条例》的规定，申报进入中华人民共和国海关境内的货物，均应缴纳增值税。

增值税征税范围内的货物，只要报关进口，不分产地、用途、购买还是捐赠，均应按规定缴纳进口环节的增值税，特殊情况除外。

国家在规定对进口货物征税的同时，对某些进口货物制定了减免税的特殊规定。如属于“来料加工、进料加工”贸易方式进口国外的原材料、零部件等在国内加工后复出口的，对进口的料、件按规定给予免税或减税，但这些进口免、减税的料件若不能加工复出口，而是销往国内的，就要补税。

（二）进口货物的纳税义务人

进口货物增值税的纳税义务人为进口货物的收货人或办理报关手续的单位和个人。

二、进口货物的适用税率

进口货物增值税税率与本章第三节的内容相同。

三、进口货物应纳税额的计算

纳税人进口货物，按照组成计税价格和规定的税率计算进口环节应纳的增值税税额，不得抵扣任何税额。

进口货物增值税组成计税价格和应纳税额的计算公式为：

组成计税价格＝关税完税价格＋关税＋消费税

应纳税额＝组成计税价格×税率

进口货物增值税的组成计税价格中包括已纳关税税额，如果进口货物属于应征消费税的商品，其组成计税价格中还要包括进口环节已纳的消费税税额。

对于进口货物征收增值税，不允许抵扣任何税额，这是因为世界上大部分的国家对本国出口商品实行免税或退税政策，使其以不含税价格进入国际市场，因此，进口商品本身不含税，无税可扣。即使有少数国家的出口商品价格中含有商品劳务税，但根据国际惯例，进口国政府有权不予抵扣；否则，就会形成进口国对出口国商品的财政补贴。

【例2－3】某进出口公司8月从国外进口照相机一批，海关核定的关税完税价格为100 000元，进口关税税率为20%。当月不含税销售收入为160 000元，请计算该公司当月进口环节应纳的增值税额和国内销售环节应纳的增值税额。

【解答】

进口环节增值税组成计税价格＝100 000×（1＋20%）＝120 000（元）

进口环节应纳增值税额＝120 000×17%＝20 400（元）

国内销售环节销项税额＝160 000×17%＝27 200（元）

国内销售环节应纳增值税额＝27 200－20 400＝6 800（元）

第七节　出口货物退（免）税

对出口货物实行退（免）税是国际通行的惯例，也是符合世贸组织规则的一项税收制度。我国的出口货物退（免）税是指在国际经济贸易业务中，对我国报关出口的货物退还或免征其在国内各生产和流转环节按税法规定缴纳的增值税和消费税，即对出口货物实行增值税零税率、消费税免税政策。

增值税出口货物零税率是指对出口货物在出口环节免征增值税，还要退还该出口货物在前面环节缴纳的进项税额。但是，由于各种货物在出口前涉及的征免税情况各不相同，且国家对少数货物有限制出口政策，因此，国家针对出口货物的不同情况，在遵循“征多少，退多少”、“未征不退和彻底退税”基本原则的基础上，制定了不同的退税规则。

一、出口货物退（免）税的基本政策和退税率

目前，我国的出口货物税收政策有三种形式。

（一）出口免税并退税

出口免税是指对货物在出口环节不征增值税、消费税，这是把货物出口环节与出口前的销售环节同样视为一个征税环节；出口退税是指对货物在出口前实际承担的税收负担，按规定的退税率计算后予以退还。

（二）出口免税不退税

出口免税与上述第一项含义相同。出口不退税是指适用这一政策的出口货物因在前一道生产、销售环节或进口环节是免税的，因此出口时该货物的价格中本身就不含税，也无需退税。

（三）出口不免税也不退税

出口不免税是指对国家限制或禁止出口的某些货物在出口环节视同内销环节照常征税，不予免税；出口不退税是指对这些出口货物不退还其出口前所负担的税款。适用此政策的主要是税法列举限制或禁止出口的货物，如天然牛黄、麝香、白银等。

根据《增值税暂行条例》规定，企业产品出口后，凡符合退税政策和条件，属于退税范围的出口商品，税务部门应按照出口商品的进项税额为企业办理退税，但由于国家经济政策和出口产品享受税收减免等原因，商品的进项税额不一定就是其负担的实际税额，于是国家规定了各类出口商品的退税率。

出口货物的退税率是出口货物的实际退税额与退税计税依据的比例。现行出口货物的增值税退税率有17%、15%、14%、13%、11%、9%、8%、6%、5%等。

二、出口货物退（免）税的适用范围

1994年，国家税务总局制定实施了《出口货物退（免）税管理办法》，具体规定了出

口货物退（免）税的范围、退税率、出口退税的税额计算方法等。根据此办法的规定，可以退（免）税的出口货物一般应具备以下条件：

（1）必须是属于增值税、消费税征税范围的货物。这两种税的具体征收范围及其划分，按照增值税、消费税条例的规定执行。

（2）必须是报关离境的货物。这是认定货物是否应退（免）税的主要标准之一。所谓报关离境，即出口。凡是报关不离境的货物，不论企业以外汇结算还是以人民币结算，也不论企业财务上如何处理，均不能视为出口货物而予以退（免）税。

（3）必须是财务上作销售处理的货物。现行外贸企业财务会计制度规定：出口商品销售时必须取得单据并向银行办理交单后才能作为销售收入的实现。单据的要求是：陆运要求取得承运货物收据或铁路联运运单，海运要求取得出口货物的装船提单，空运要求取得空运单。

（4）必须是出口收汇并已核销的货物。将出口退税与出口收汇核销挂钩可以有效防止出口企业高报出口价格，有助于提高出口收汇率。

对出口的凡属于已征增值税、消费税的货物，满足以上四个条件，除国家明确规定不予退（免）税的货物和出口企业从小规模纳税人购进并持普通发票的部分企业外，都是出口货物退（免）税的范围，均应予以退还已征增值税、消费税或免征应征的增值税、消费税。

（一）免税并退税的出口货物

享受出口免税并退税的货物有：

（1）生产企业自营出口或委托外贸企业代理出口的自产货物。

（2）有出口经营权的外贸企业收购后直接出口或委托其他外贸企业代理出口的货物。

（3）特准退（免）税的出口货物。有些出口货物，虽然不能同时具备上述条件，但由于这些货物的特殊性，国家特准退还或免征其增值税和消费税。

（二）免税不退税的出口货物

部分出口货物实行免税、不予退税的管理办法，主要包括以下货物：

（1）属于生产企业的小规模纳税人自营出口或委托外贸企业代理出口的自产货物。

（2）外贸企业从小规模纳税人购进并持普通发票的货物出口，免税但不予退税。但对规定中列举的12类出口货物特准退税。

（3）外贸企业直接购进国家规定的免税货物（包括免税农产品）出口的，免税但不予退税。

（4）来料加工复出口的货物，由于原材料进口免税，加工自制的货物出口则不退税。

（5）避孕药品和用具、古旧图书，内销免税，出口也免税。

（6）出口卷烟。有出口经营权的企业出口国家卷烟计划内的卷烟，在生产环节免征增值税、消费税，出口环节不办理退税。

（7）军品以及军队系列企业出口军需工厂生产或军需部门调拨的货物免税。

（8）国家规定的其他免税货物。

出口享受免征增值税的货物，其耗用的原材料、零部件等支付的进项税额，包括相应运输费用所含进项税额，不能从内销货物的销项税额中抵扣，应计入产品成本处理。

（三）不免税也不退税的出口货物

国家规定下列出口货物不予退还或免征增值税、消费税：

（1）国家计划外出口的原油。

（2）援外出口的货物。

（3）国家禁止出口的货物，包括天然牛黄、麝香、铜及铜基合金等。

（四）对生产企业出口的下列四类产品，视同自产产品给予退（免）税

（1）生产企业出口外购的产品，凡同时符合以下条件的，可视同自产货物办理退税：

①与本企业生产的产品名称、性能相同；

②使用本企业注册商标或外商提供给本企业使用的商标；

③出口给进口本企业自产产品的外商。

（2）生产企业外购的与本企业所生产的产品配套出口的产品，若出口给进口本企业自产产品的外商，符合下列条件的，可视同自产产品办理退税：

①用于维修本企业出口的自产产品的工具、零部件、配件；

②不经过本企业加工或组装，出口后能直接与本企业自产产品组合成成套产品的。

（3）凡同时符合下列条件的，主管出口退税的税务机关可认定为集团成员，集团公司收购成员企业生产的产品，可视同自产产品办理退（免）税：

①经县级以上政府主管部门批准为集团公司成员的企业，或由集团公司控股的生产企业；

②集团公司及其成员企业均实行生产企业财务会计制度；

③集团公司必须将有关成员企业的证明材料报送给主管出口退税的税务机关。

（4）生产企业委托加工收回的产品，同时符合下列条件的，可视同自产产品办理退税：

①必须与本企业生产的产品名称、性能相同，或者是用本企业生产的产品再委托深加工收回的产品。

②出口给进口本企业自产产品的外商。

③委托方执行的是生产企业财务会计制度。

④委托方与受托方必须签订委托加工协议。主要原材料必须由委托方提供，受托方不垫付资金，只收取加工费，开具加工费（含代垫的辅助材料）的增值税专用发票。

上述外购货物可以退税的比例、退税计算办法以及所需要的凭证等，按《国家税务总局关于明确生产企业出口视同自产产品实现免、抵、退税办法的通知》（国税发〔2002〕152号）文件执行。

三、出口货物应退税额的计算

我国《出口货物退（免）税管理办法》中规定了两种退税计算办法：一是“免、抵、退”办法，主要适用于自营和委托出口自产货物的生产企业；二是“先征后退”办法，目前主要用于收购货物出口的外（工）贸企业。

（一）“免、抵、退”税的计算方法

生产企业自营或委托外贸企业代理出口自产货物，除另有规定外，增值税一律实行“免、抵、退”税管理办法。这里所称的生产企业是指独立核算，经主管国税机关认定为一般增值税纳税人，并且具有实际生产能力的企业和企业集团。增值税小规模纳税人出口自产货物继续实行免征增值税办法。生产企业出口自产的属于应征消费税的产品，实行免征消费税办法。

“免、抵、退”税是指对生产企业的出口货物在生产销售环节实行免税，其进项税额先抵顶内销货物的销项税额，不足抵扣部分给予退税。具体来说，实行“免、抵、退”税管理办法的“免”税是指对生产企业出口的自产货物，在出口时免征本企业生产销售环节增值税；“抵”税是指生产企业出口自产货物所耗用的原材料、零部件、燃料、动力等所含应予退还的进项税额，抵顶内销货物的应纳税额；“退”税是指生产企业出口的自产货物在当月内应抵顶的进项税额大于应纳税额时，对未抵顶完的部分予以退税。

1. 当期应纳税额的计算

当期应纳税额 = 当期内销货物的销项税额 -（当期进项税额 - 当期免抵退税不得免征和抵扣税额）- 上期留抵税额

其中，

当期免抵退税不得免征和抵扣税额 = 出口货物离岸价 × 外汇人民币牌价 ×（出口货物征税率 - 出口货物退税率）- 免抵退税不得免征和抵扣税额抵减额

（1）出口货物离岸价（FOB）以出口发票计算的离岸价为准。出口发票不能如实反映实际离岸价的，企业必须按照实际离岸价向主管国税机关申报，同时主管税务机关有权依照《中华人民共和国税收征收管理法》、《中华人民共和国增值税暂行条例》等有关规定予以核定。

（2）当期免抵退税不得免征和抵扣税额抵减额的计算公式为：

免抵退税不得免征和抵扣税额抵减额 = 免税购进原材料价格 ×（出口货物征税率 - 出口货物退税率）

免税购进原材料包括从国内购进免税原材料和进料加工免税进口料件，其中进料加工免税进口料件的价格为组成计税价格。

进料加工免税进口料件的组成计税价格 = 货物到岸价 + 海关实征关税和消费税

如果当期没有免税购进原材料价格，前述公式中的免抵退税不得免征和抵扣税额抵减额，后面公式中的免抵退税额抵减额也就不用计算。

2. 免抵退税额的计算

免抵退税额 = 出口货物离岸价 × 外汇人民币牌价 × 出口货物退税率 - 免抵退税额抵减额

其中，

免抵退税额抵减额 = 免税购进原材料价格 × 出口货物退税率

公式中计算的“免抵退税额”就是名义应退税额或者免抵退制度下的可抵顶进项税额。“免抵退税额抵减额”的实质含义是，若有免税购进的原材料，其本身是不含进项税额的，所以在计算免抵退税额时就不应该退还这部分原本不存在的税额，此项需要剔除。

3. 当期应退税额和免抵税额的计算

（1）如当期期末留抵税额≤当期免抵退税额，则：

当期应退税额 = 当期期末留抵税额

当期免抵税额 = 当期免抵退税额 - 当期应退税额

（2）如当期期末留抵税额 > 当期免抵退税额，则：

当期应退税额 = 当期免抵退税额

当期免抵税额 = 0

当期期末留抵税额根据当期增值税纳税申报表中“期末留抵税额”来确定。

【例 2 - 4】某自营出口的生产企业为增值税一般纳税人，适用的增值税税率为 17%，退税率为 13%。2012 年 6 月发生的有关经营业务有：购进原材料一批，取得增值税专用发票注明的价款 380 万元，进项税额 64.6 万元通过认证。上月末留抵税款 4 万元，本月内销货物取得不含税销售额 220 万元，另收取销项税额 37.4 万元，本月出口货物的销售额折合人民币 360 万元。请计算该企业当期的“免、抵、退”税额。

【解答】

（1）当期免抵退税不得免征和抵扣税额 = 360 ×（17% - 13%）= 14.4（万元）

（2）当期应纳税额 = 220 × 17% -（64.6 - 14.4）- 4 = 37.4 - 50.2 - 4

= - 16.8（万元）

（3）出口货物“免、抵、退”税额 = 360 × 13% = 46.8（万元）

（4）当期期末留抵税额 16.8 万元≤当期免抵退税额 46.8 万元，则：

当期应退税额 = 当期期末留抵税额 = 16.8 万元

（5）当期免抵税额 = 当期免抵退税额 - 当期应退税额

= 46.8 - 16.8

=30（万元）

（二）“先征后退”的计算方法

收购货物出口的外（工）贸企业，出口货物增值税实行“先征后退”的管理办法。

1. 外贸企业一般贸易的退税

“先征后退”是指外贸企业以及实行外贸企业财务制度的工贸企业收购货物出口，其出口销售环节的增值税免征；其收购货物的成本部分，因外贸企业在支付收购货款的同时也支付了生产经营该类商品的企业已纳的增值税款，因此，在货物出口后按收购成本与退税率计算退税退还给外贸企业，征、退税之差计入企业成本。

外贸企业出口货物增值税的计算应依据购进出口货物增值税专用发票上所注明的购进金额和退税率计算。计算公式为：

应退税额=外贸收购不含增值税购进金额×退税率

2. 外贸企业收购小规模纳税人货物出口的退税

①凡从小规模纳税人购进持普通发票特准退税的抽纱、工艺品、香料油、山货、草柳竹藤制品、渔网渔具、松香、五倍子、生漆、鬃尾、山羊板皮、纸制品12类出口货物，考虑到其占出口比重较大及生产、采购等特殊原因，同样实行销售出口货物的收入免税，并退还出口货物进项税额的办法。其计算公式为：

应退税额=普通发票所列销售金额÷（1+征收率）×6%或5%

对出口企业购进小规模纳税人特准的12类货物出口，提供的普通发票应符合我国发票管理办法的有关规定，否则不予办理退税。

②凡从小规模纳税人购进税务机关代开的增值税专用发票的出口货物，按以下公式计算退税：

应退税额=增值税专用发票注明的金额×6%或5%

3. 外贸企业委托生产企业加工出口货物的退税

外贸企业委托生产企业加工收回后报关出口的货物，按购进国内原辅材料的增值税专用发票上注明的进项金额，依照原辅材料的退税率计算原辅材料应退税额。支付的加工费，按照出口产品的退税率，计算应退税额。

【例2-5】某外贸公司3月份购进电饭锅500个，不含税单价120元/个，取得增值税专用发票。本月将该批电饭锅报关出口，已收汇并作销售处理。假设电饭锅退税率为15%，请计算该项出口业务应退增值税额。

【解答】

应退增值税=500×120×15%=9 000（元）

第八节　增值税税收优惠

一、《增值税暂行条例》规定的税收优惠

（一）增值税免税项目

（1）农业生产者销售的自产农产品。农业是指种植业、养殖业、林业、牧业、水产业。农业生产者包括从事农业生产的单位和个人。农产品是指初级农产品，具体范围由财政部、国家税务总局确定。

（2）避孕药品和用具。

（3）古旧图书，即向社会收购的古书和旧书。

（4）直接用于科学研究、科学试验和教学的进口仪器、设备。

（5）外国政府、国际组织无偿援助的进口物资和设备。

（6）由残疾人组织直接进口供残疾人专用的物品。

（7）销售自己使用过的物品。自己使用过的物品是指其他个人自己使用过的物品。

除前款规定外，增值税的免税、减税项目由国务院规定。任何地区、部门均不得规定免税、减税项目。

（二）增值税起征点

增值税起征点的规定实际上也涉及征税范围的大小。纳税人销售额未达到起征点的，免征增值税；达到起征点的，按销售额全额计算缴纳增值税。

增值税起征点的适用范围限于个人。增值税起征点的幅度规定如下：

（1）销售货物的，为月销售额 5 000 ~ 20 000 元；

（2）销售应税劳务的，为月销售额 5 000 ~ 20 000 元；

（3）按次纳税的，为每次（日）销售额 300 ~ 500 元。

上述所称的销售额，是指小规模纳税人的不含税销售额。

《增值税暂行条例实施细则》规定了起征点的幅度，各省、自治区、直辖市财政厅（局）和国家税务局应在规定的幅度内，根据实际情况确定本地区适用的起征点，并报财政部、国家税务总局备案。

二、财政部、国家税务总局规定的税收优惠

为了进一步推动资源综合利用工作，促进节能减排，2008 年财政部、国家税务总局发布了《关于资源综合利用及其他产品增值税政策的通知》（财税〔2008〕156 号），2009 年又发布了补充通知，调整和完善部分资源综合利用产品的增值税政策。

（一）资源综合利用及其他产品的增值税政策

（1）对销售下列自产货物实行免征增值税政策：

①再生水；

②以废旧轮胎为全部生产原料生产的胶粉；

③翻新轮胎；

④生产原料中掺兑废渣比例不低于30%的特定建材产品。

（2）对污水处理劳务免征增值税。

（3）对销售下列自产货物实行增值税即征即退的政策：

①以工业废气为原料生产的高纯度二氧化碳产品；

②以垃圾为燃料生产的电力或者热力；

③以煤炭开采过程中伴生的舍弃物油母页岩为原料生产的页岩油；

④以废旧沥青混凝土为原料生产的再生沥青混凝土；

⑤采用旋窑法工艺生产并且生产原料中掺兑废渣比例不低于30%的水泥（包括水泥熟料）。

（4）销售下列自产货物实现的增值税实行即征即退50%的政策：

①以退役军用发射药为原料生产的涂料硝化棉粉；

②对燃煤发电厂及各类工业企业产生的烟气、高硫天然气进行脱硫生产的副产品；

③以废弃酒糟和酿酒底锅水为原料生产的蒸汽、活性炭、白炭黑、乳酸、乳酸钙、沼气；

④以煤矸石、煤泥、石煤、油母页岩为燃料生产的电力和热力；

⑤利用风力生产的电力；

⑥部分新型墙体材料产品。

（5）对销售自产的综合利用生物柴油实行增值税先征后退政策。

（6）对增值税一般纳税人生产的黏土实心砖、瓦，一律按适用税率征收增值税，不得采取简易办法征收增值税。自2008年7月1日起，以立窑法工艺生产的水泥（包括水泥熟料），一律不得享受本通知规定的增值税即征即退政策。

（二）调整完善资源综合利用产品及劳务的增值税政策

1. 免征增值税的产品、劳务

（1）销售自产的以建（构）筑废物、煤矸石为原料生产的建筑砂石骨料。

（2）垃圾处理、污泥处理处置劳务。

2. 即征即退100%增值税的自产货物

销售下列自产货物实行增值税即征即退100%的政策：

（1）利用工业生产过程中产生的余热、余压生产的电力或热力。

（2）以餐厨垃圾、禽畜粪便、稻壳、花生壳、玉米芯、棉籽壳、三剩物、次小薪材、含油污水、有机废水、污水处理后产生的污泥、油田采油过程中产生的油污泥为原料生产的电力、热力、燃料。

（3）以污水处理后产生的污泥为原料生产的干化污泥、燃料。

（4）以废弃的动物油、植物油为原料生产的饲料级混合油。

（5）以回收的废矿物油为原料生产的润滑油、基础油、汽油、柴油等工业油料。

（6）以油田采油过程中产生的油污泥为原料生产的乳化油调和剂及防水卷材辅料

产品。

（7）以人发为原料生产的假发。

3. 即征即退80%增值税的自产货物

销售下列自产货物实行增值税即征即退80%的政策：

以三剩物、次小薪材和农作物秸秆等3类农林剩余物为原料生产的木（竹、秸秆）纤维板、木（竹、秸秆）刨花板、细木工板、活性炭、栲胶、水解酒精、碳棒；以沙柳为原料生产的箱板纸。

4. 即征即退50%增值税的货物

销售下列自产货物实行增值税即征即退50%的政策：

（1）以蔗渣为原料生产的蔗渣浆、蔗渣刨花板及各类纸制品。

（2）以粉煤灰、煤矸石为原料生产的氧化铝、活性硅酸钙。

（3）利用污泥生产的污泥微生物蛋白。

（4）以煤矸石为原料生产的瓷绝缘子、煅烧高岭土。

（5）以废旧电池、废感光材料、废彩色显影液、废催化剂、废灯泡（管）、电解废弃物、电镀废弃物、废线路板、树脂废弃物、烟尘灰、湿法泥、熔炼渣、河底淤泥、废旧电机、报废汽车为原料生产的金、银、钯、铑、铜、铅、汞、锡、铋、碲、铟、硒、铂族金属。

（6）以废塑料、废旧聚氯乙烯（PVC）制品、废橡胶制品及废塑料复合纸包装材料为原料生产的汽油、柴油、废塑料（橡胶）油等产品。

（7）以废弃天然纤维、化学纤维及其制品为原料生产的纤维纱及织布、无纺布、毡、黏合剂及再生聚酯产品。

（8）以废旧石墨为原料生产的石墨异性件、石墨块、石墨粉和石墨增碳剂。

（三）特定行业、业务、产品税收政策

1. 文化企业优惠政策

（1）广播电影电视行政主管部门按照各自职能权限批准从事电影制片、发行、放映的电影集团公司、电影制片厂及其他电影企业取得的从事电影拷贝收入、转让电影版权收入、电影发行收入以及在农村取得的电影放映收入免征增值税和营业税。

（2）出口图书、报纸、期刊、音像制品、电子出版物、电影和电视完成片按规定享受增值税出口退税政策。

（3）党报、党刊将其发行、印刷业务及相应的经营性资产剥离组建的文化企业，自注册之日起所取得的党报、党刊发行收入和印刷收入免征增值税。

2. 动漫产业优惠政策

对属于增值税一般纳税人的动漫企业销售其自主开发生产的动漫软件，按17%的税率征收增值税后，对其增值税实际税负超过3%的部分，实行即征即退政策。

3. 飞机维修业务优惠政策

对承揽国内、国外航空公司飞机维修业务的企业所从事的国外航空公司飞机维修业务，实行免征本环节增值税应纳税额、直接退还相应增值税进项税额的办法。

4. 软件产品优惠政策

（1）增值税一般纳税人销售其自行开发生产的软件产品，按17%税率征收增值税后，对其增值税实际税负超过3%的部分实行即征即退政策。

（2）增值税一般纳税人将进口软件产品进行本地化改造后对外销售，其销售的软件产品可享受增值税即征即退政策。

5. 制种行业优惠政策

制种企业在下列生产经营模式下生产、销售种子，属于农业生产者销售自产农业产品，免征增值税。

（1）制种企业利用自有土地或承租土地，雇佣农户或雇工进行种子繁育，再经烘干、脱粒、风筛等深加工后销售种子。

（2）制种企业提供亲本种子委托农户繁育并从农户手中收回，再经烘干、脱粒、风筛等深加工后销售种子。

6. 粕类产品、有机肥产品、蔬菜优惠政策

豆粕属于征收增值税的饲料产品，除豆粕以外的其他粕类饲料产品免征增值税。自2008年6月1日起，纳税人生产销售和批发、零售有机肥产品免征增值税。自2012年1月1日起，蔬菜流通环节免征增值税。

（四）其他优惠政策

（1）按债转股企业与金融资产管理公司签订的债转股协议，债转股原企业将货物资产作为投资提供给债转股新公司的，免征增值税。

（2）2010年6月1日起，对符合条件的国内企业为生产国家支持发展的大型环保和资源综合利用设备、应急柴油发电机组、机场行李自动分拣系统、重型模锻液压机而确有必要进口部分关键零部件、原材料的，免征进口关税和进口环节增值税。

（3）个人（不含个体工商户）销售自己使用过的废旧物品免征增值税。

三、税收优惠政策的其他规定

（1）纳税人兼营免税、减税项目的，应当分别核算免税、减税项目的销售额；未分别核算销售额的，不得免税、减税。

（2）纳税人销售货物或者应税劳务适用免税规定的，可以放弃免税，依照条例规定缴纳增值税。放弃免税后，36个月内不得再申请免税。

第九节　增值税征收管理

一、纳税义务发生时间

纳税义务发生时间是指纳税人发生应税行为应当承担纳税义务的起始时间。纳税义务发生时间明确了企业在计算应纳税额时，对“当期销项税额”时间的限定，是增值税计税

和征收管理中重要的规定。

《增值税暂行条例实施细则》明确规定了增值税纳税义务的发生时间：销售货物或者应税劳务，为收讫销售款项或者取得索取销售款项凭据的当天；先开具发票的，为开具发票的当天；进口货物，为报关进口的当天。增值税扣缴义务发生时间为纳税人增值税纳税义务发生的当天。

纳税人收讫销售款项或者取得索取销售款项凭据的当天，按照结算方式的不同，具体为：

（1）采取直接收款方式销售货物的，不论货物是否发出，均为收到销售款或者取得索取销售款凭据的当天。

（2）采取托收承付和委托银行收款方式销售货物的，为发出货物并办妥托收手续的当天。

（3）采取赊销和分期收款方式销售货物的，为书面合同约定的收款日期的当天；无书面合同的或者书面合同没有约定收款日期的，为货物发出的当天。

（4）采取预收货款方式销售货物的，为货物发出的当天；但生产销售生产工期超过12个月的大型机械设备、船舶、飞机等货物，为收到预收款或者书面合同约定的收款日期的当天。

（5）委托其他纳税人代销货物的，为收到代销单位的代销清单或者收到全部或者部分货款的当天；未收到代销清单及货款的，为发出代销货物满180天的当天。

（6）销售应税劳务的，为提供劳务同时收讫销售款或者取得索取销售款的凭据的当天。

（7）纳税人发生《增值税暂行条例实施细则》第四条第（三）项至第（八）项所列视同销售货物行为的，为货物移送的当天。

二、纳税期限

为保证纳税人按期缴纳税款，《增值税暂行条例》规定，增值税的纳税期限分别为1日、3日、5日、10日、15日、1个月或者1个季度。纳税人的具体纳税期限，由主管税务机关根据纳税人应纳税额的大小分别核定；不能按照固定期限纳税的，可以按次纳税。以1个季度为纳税期限的规定仅适用于小规模纳税人。小规模纳税人的具体纳税期限，由主管税务机关根据其应纳税额的大小分别核定。

纳税人以1个月或者1个季度为1个纳税期的，自期满之日起15日内申报纳税；以1日、3日、5日、10日或者15日为1个纳税期的，自期满之日起5日内预缴税款，于次月1日起15日内申报纳税并结清上月应纳税款。

扣缴义务人解缴税款的期限，依照前两款规定执行。

纳税人进口货物，应当自海关填发海关进口增值税专用缴款书之日起15日内缴纳税款。

纳税人出口货物适用退（免）税规定的，应当向海关办理出口手续，凭出口报关单等有关凭证，在规定的出口退（免）税申报期内按月向主管税务机关申报办理该项出口货物的退（免）税。具体办法由国务院财政、税务主管部门制定。

出口货物办理退税后发生退货或者退关的，纳税人应当依法补缴已退的税款。

三、纳税地点

增值税由税务机关征收，进口货物的增值税由海关代征。个人携带或者邮寄进境自用物品的增值税，连同关税一并计征。具体办法由国务院关税税则委员会会同有关部门制定。

为了保证纳税人按期申报纳税，《增值税暂行条例规定》具体规定了增值税的纳税地点：

（1）固定业户应当向其机构所在地的主管税务机关申报纳税。总机构和分支机构不在同一县（市）的，应当分别向各自所在地的主管税务机关申报纳税；经国务院财政、税务主管部门或者其授权的财政、税务机关批准，可以由总机构汇总向总机构所在地的主管税务机关申报纳税。

（2）固定业户到外县（市）销售货物或者应税劳务，应当向其机构所在地的主管税务机关申请开具外出经营活动税收管理证明，并向其机构所在地的主管税务机关申报纳税；未开具证明的，应当向销售地或者劳务发生地的主管税务机关申报纳税；未向销售地或者劳务发生地的主管税务机关申报纳税的，由其机构所在地的主管税务机关补征税款。

（3）非固定业户销售货物或者应税劳务，应当向销售地或者劳务发生地的主管税务机关申报纳税；未向销售地或者劳务发生地的主管税务机关申报纳税的，由其机构所在地或者居住地的主管税务机关补征税款。

（4）进口货物，应当向报关地海关申报纳税。

（5）扣缴义务人应当向其机构所在地或者居住地的主管税务机关申报缴纳其扣缴的税款。

本章小结

增值税是对在我国境内销售货物或者提供加工、修理修配劳务以及进口货物的企业单位和个人，就其货物销售或提供劳务的增值额和货物进口金额为计税依据而课征的一种流转税。增值税仅就增值额征税，具有普遍征收，多环节征税，但税不重征的特点。增值税采用价外计税方式，计税依据是不含税价，因而销售额中不包括向购买方收取的销项税额。增值税一般纳税人实行税款抵扣制，以当期销项税额减当期进项税额为应纳税额。小规模纳税人实行简易办法计算缴纳增值税，不得抵扣进项税额。

凡申报进入中华人民共和国海关境内的货物，均应缴纳增值税。对我国报关出口的货物退还或免征其在国内各生产和流转环节按税法规定缴纳的增值税和消费税。

关键术语和概念

增值税　增值额　生产型增值税　收入型增值税　消费型增值税　销项税额　进项税额　基本税率　低税率　征收率　零税率

复习思考题

1. 什么是视同销售货物？增值税的视同销售货物有哪些？
2. 什么是混合销售？混合销售行为应如何纳税？
3. 什么叫兼营非应税劳务？税法规定兼营非应税劳务应如何纳税？
4. 一般纳税人和小规模纳税人如何认定？
5. 对各种特殊销售方式下的销售额税法是如何规定的？
6. 哪些进项税额准予从销项税额中抵扣？
7. 哪些进项税额不得从销项税额中抵扣？
8. 什么是出口货物的“免、抵、退”计算方法？它适用于什么企业？
9. 什么是出口货物的“先征后退”计算方法？它适用于什么企业？
10. 简述增值税的纳税义务发生时间规定。

【拓展阅读】

营业税改征增值税试点方案

财税〔2011〕110号

根据党的十七届五中全会精神，按照《中华人民共和国国民经济和社会发展第十二个五年规划纲要》确定的税制改革目标和2011年《政府工作报告》的要求，制定本方案。

一、指导思想和基本原则

（一）指导思想

建立健全有利于科学发展的税收制度，促进经济结构调整，支持现代服务业发展。

（二）基本原则

（1）统筹设计、分步实施。正确处理改革、发展、稳定的关系，统筹兼顾经济社会发展要求，结合全面推行改革需要和当前实际，科学设计，稳步推进。

（2）规范税制、合理负担。在保证增值税规范运行的前提下，根据财政承受能力和不同行业发展特点，合理设置税制要素，改革试点行业总体税负不增加或略有下降，基本消除重复征税。

（3）全面协调、平稳过渡。妥善处理试点前后增值税与营业税政策的衔接、试点纳税人与非试点纳税人税制的协调，建立健全适应第三产业发展的增值税管理体系，确保改革试点有序运行。

二、改革试点的主要内容

（一）改革试点的范围与时间

（1）试点地区。综合考虑服务业发展状况、财政承受能力、征管基础条件等因素，先期选择经济辐射效应明显、改革示范作用较强的地区开展试点。

（2）试点行业。试点地区先在交通运输业、部分现代服务业等生产性服务业开展试点，逐步推广至其他行业。条件成熟时，可选择部分行业在全国范围内进行全行业试点。

（3）试点时间。2012年1月1日开始试点，并根据情况及时完善方案，择机扩大试点范围。

（二）改革试点的主要税制安排

（1）税率。在现行增值税17%标准税率和13%低税率基础上，新增11%和6%两档低税率。租赁有形动产等适用17%税率，交通运输业、建筑业等适用11%税率，其他部分现代服务业适用6%税率。

（2）计税方式。交通运输业、建筑业、邮电通信业、现代服务业、文化体育业、销售不动产和转让无形资产，原则上适用增值税一般计税方法。金融保险业和生活性服务业，原则上适用增值税简易计税方法。

（3）计税依据。纳税人计税依据原则上为发生应税交易取得的全部收入。对一些存在大量代收转付或代垫资金的行业，其代收代垫金额可予以合理扣除。

（4）服务贸易进出口。服务贸易进口在国内环节征收增值税，出口实行零税率或免税制度。

（三）改革试点期间过渡性政策安排

（1）税收收入归属。试点期间保持现行财政体制基本稳定，原归属试点地区的营业税收入，改征增值税后收入仍归属试点地区，税款分别入库。因试点产生的财政减收，按现行财政体制由中央和地方分别负担。

（2）税收优惠政策过渡。国家给予试点行业的原营业税优惠政策可以延续，但对于通过改革能够解决重复征税问题的，予以取消。试点期间针对具体情况采取适当的过渡政策。

（3）跨地区税种协调。试点纳税人以机构所在地作为增值税纳税地点，其在异地缴纳的营业税，允许在计算缴纳增值税时抵减。非试点纳税人在试点地区从事经营活动的，继续按照现行营业税有关规定申报缴纳营业税。

（4）增值税抵扣政策的衔接。现有增值税纳税人向试点纳税人购买服务取得的增值税专用发票，可按现行规定抵扣进项税额。

三、组织实施

（1）财政部和国家税务总局根据本方案制定具体实施办法、相关政策和预算管理及缴库规定，做好政策宣传和解释工作。经国务院同意，选择确定试点地区和行业。

（2）营业税改征的增值税，由国家税务局负责征管。国家税务总局负责制定改革试点的征管办法，扩展增值税管理信息系统和税收征管信息系统，设计并统一印制货物运输业增值税专用发票，全面做好相关征管准备和实施工作。

财政部国家税务总局

2011年11月16日

资料来源：国家税务总局网站，http：//www. chinatax. gov. cn/n8136506/n8136593/n8137537/n 8138502/11735466. html.

第三章　消费税

【学习要点】

◆消费税的概念及特点

◆消费税的征税范围及纳税环节

◆消费税的税目与税率

◆消费税的计税方法

◆外购与委托加工应税消费品已纳税款的扣除

第一节　消费税概述

一、消费税的概念

消费税是以特定消费品或消费行为为课税对象征收的一种税，属于商品税、劳务税的范畴。我国在 1994 年的税制改革中增加了消费税税种，它是与增值税相互配合而设置的，是在货物普遍征收增值税的基础上，再选定一些需要特殊调节的消费品征收的一种税。

消费税作为流转税的主体税种，不仅可以保证国家财政收入的稳定增长，而且还可以引导消费方向，调节消费结构和产业结构，限制某些奢侈品、高能耗品的生产，调节支付能力，缓解社会分配不公，同时，它也体现了一个国家的产业政策和消费政策。消费税发展至今，已成为世界各国普遍征收的税种。目前，世界上已有一百多个国家开征了这一税种或类似税种，如韩国开征的特种消费税，德国开征的联邦消费税，欧洲许多国家开征的烟税、酒精饮料类税等，均属消费税的范围。

二、消费税的起源

消费税是一个古老的税种，最早产生于古罗马帝国时期。当时，由于农业、手工业的发展，城市的兴起与商业的繁荣，相继开征了盐税、酒税等产品税，这就是消费税的雏形。

在我国，对消费品课税的历史悠久。周代就开征了“山泽之赋”，春秋时开征了渔税、齿角税。春秋时代的管仲首创盐铁专卖，对盐铁实行时而专卖时而征税的制度。汉朝的时候开征了酒税，清末各省征收烟酒税捐。唐朝开始征收茶税，宋、元、明、清都开征过茶税。北洋政府曾经征收过烟税、酒税、茶税和糖税等消费税性质的税种。抗日时期，为了应对庞大的军费开支，国民党政府开征了“战时消费税”。

新中国成立以后，我国也曾开征和废止过消费税。1951 年政务院颁布了《特种消费行为税暂行条例》，确定对电影戏剧及娱乐、舞厅、筵席、冷食、旅馆等 5 种特种消费行为征收消费税。1953 年 1 月，该税被取消，其中的电影、戏剧及娱乐部分的税目改征文化娱乐税，其余的税目并入营业税征收。1989 年国家开征了彩色电视机特别消费税和小轿车特别消费税。

1994 年我国全面改革流转税制，当时为了配合增值税的开征，国家决定开征消费税，同时废止彩色电视机特别消费税和小轿车特别消费税。1993 年 12 月 31 日，国务院发布了《消费税暂行条例》，自 1994 年 1 月 1 日起实施。

我国现行消费税制是 1994 年税改后基本确定的。2006 年 4 月 1 日，我国对消费税进行了一次较大的调整，消费税税目由原来的 11 个调整为 14 个，新增了木制一次性筷子、实木地板、游艇、高尔夫球及球具、高档手表、成品油等 6 个税目，取消了护肤护发品税目，将汽油和柴油税目合并为成品油税目，对小汽车、酒、摩托车、汽车轮胎、化妆品等部分税目税率也进行了一定程度的调整。2008 年我国对增值税进行转型改革，颁布了新的增值税条例，从 2009 年开始施行消费型增值税，同时也对消费税条例作了修订。

三、消费税的特点

消费税与其他税种相比，具有以下几个特点：

（一）征税范围具有限制性

消费税仅以特定消费需要进行特殊调节的部分最终消费品为课税对象。列举征税的税目只有 14 个，可以分为五大类：第一类是过度消费会对人类健康、社会秩序、生态环境等造成危害的特殊消费品，如烟、酒及酒精、鞭炮焰火、实木地板和木制一次性筷子等；第二类是奢侈品、非生活必需品，如化妆品、贵重首饰及珠宝玉石、高档手表、高尔夫球及球具等；第三类是高能耗及高档消费品，如小汽车、摩托车、游艇等；第四类是不可再生和替代的石油类消费品，如成品油；第五类是具有财政意义的消费品，如汽车轮胎。除此之外，对其他消费品和消费行为不征收消费税。

（二）征税环节具有单一性

跟增值税普遍征收、多环节征税不同的是，消费税是起调节作用的税种，一般在应税消费品的生产环节、委托加工环节或进口环节征税。无论在哪个环节征税，都实行单一环节征收。个别消费品的纳税环节为零售环节。以零售环节为纳税环节的应税消费品，在零售环节以前的诸环节都不征收消费税。

（三）税率（税额）具有差异性

消费税属于国家运用税收杠杆对某些消费品进行特殊调节的税种。选择的应税消费品大多属于高档消费品，消费税的平均税率水平一般定得比较高，并且不同征税项目的税负差异较大，对需要限制或控制消费的消费品，通常税率较高，以达到抑制消费，引导消费方向的目的。

（四）征收方法具有灵活性

消费税根据每一课税对象的不同特点确定不同的征收方法，分别采取从价定率征收方法，从量定额征收方法，从价定率和从量定额复合征收方法。

（五）税负具有转嫁性

消费税虽以应税消费品的生产经营者为纳税人，于进口环节或产制、销售环节或零售环节缴纳税款，但其实行价内税方式，使税额成为商品价格的一个组成部分而向购买者转移，消费者成为税负的最终归宿。

第二节　消费税的纳税义务人和征税范围

一、消费税的纳税义务人

消费税的纳税义务人为在中华人民共和国境内生产、委托加工和进口《消费税暂行条例》所规定的消费品的单位和个人，以及国务院确定的销售《消费税暂行条例》所规定的消费品的其他单位和个人。具体包括以下几种类型：

（1）生产销售除金银首饰以外的其他应税消费品的单位和个人；

（2）批发卷烟的单位和个人；

（3）零售金银首饰、钻石和钻石饰品的单位和个人；

（4）委托加工应税消费品的单位和个人；

（5）进口应税消费品的单位和个人。

单位是指企业、行政单位、事业单位、军事单位、社会团体及其他单位。

个人是指个体工商户及其他个人。

“在中华人民共和国境内”是指生产、委托加工和进口属于应当缴纳消费税的消费品的起运地或者所在地在境内。

二、消费税的征税范围

消费税的征税范围为在中华人民共和国境内生产、委托加工、进口的应税消费品，以及国务院确定的应税消费品。应税消费品凡采用以下方式生产经营，且起运地在我国境内的，均属于消费税的征税范围。目前，消费税的征税范围分布于以下五个环节。

（一）生产销售应税消费品

生产销售应税消费品，包括纳税人将生产的应税消费品用于换取生产资料、消费资料、投资入股、抵偿债务，以及用于继续生产应税消费品以外的其他方面都应缴纳消费税。销售是指有偿转让应税消费品及其所有权的行为。生产销售应税消费品是消费税征收的主要环节，因消费税具有单一环节征税的特点（卷烟除外），在生产销售环节征税以后，货物在以后的流通环节无需再缴纳消费税。

（二）批发应税消费品

自2009年5月1日起，在卷烟批发环节加征一道从价税，在中华人民共和国境内从事卷烟批发业务的单位和个人，批发销售的所有牌号规格的卷烟，按其销售额（不含增值税）征收5%的消费税。目前，卷烟是唯一一种在生产销售和批发两道环节双重征税的消费品。卷烟消费税在生产和批发两个环节征收后，批发企业在计算纳税时不得扣除已含的生产环节的消费税税款。

（三）委托加工应税消费品

委托加工应税消费品是指委托方提供原料和主要材料，受托方只收取加工费和代垫部分辅助材料加工的应税消费品。对于由受托方提供原料生产的应税消费品，或者受托方将原材料卖给委托方，然后再接受加工的应税消费品，以及由受托方以委托方名义购进原材料生产的应税消费品，不论纳税人在财务上是否作销售处理，都不得作为委托加工的应税消费品。委托加工的应税消费品收回后，再继续用于生产应税消费品销售的，其加工环节缴纳的消费税款可以扣除。

（四）进口应税消费品

单位和个人由境外报关进口的应税消费品，在进口环节需要缴纳消费税。进口环节应缴纳的消费税由海关代征。

（五）零售应税消费品

自1995年1月1日起，金银首饰消费税由生产销售环节征收改为零售环节征收，适用税率为5%，计税依据是不含增值税的销售额。改在零售环节征收消费税的金银首饰仅限于金基、银基合金首饰以及金、银和金基、银基合金的镶嵌首饰。

第三节　消费税的税目和税率

一、消费税的税目

消费税是在对货物普遍征收增值税的基础上，选择部分消费品征收的一种税。消费税的征收范围是根据目前我国消费水平和消费政策及财政需要确定的。1994年我国实施的《消费税暂行条例》规定了11个税目，2006年3月调整后，确定征收消费税的有烟、酒及酒精、化妆品等14个税目，有的税目还进一步划分若干子目。

（一）烟

凡是以烟叶为原料加工生产的产品，不论使用何种辅料，均属于本税目的征收范围。包括卷烟、雪茄烟和烟丝，并分设了三个对应的子目。

“卷烟”又分“甲类卷烟”和“乙类卷烟”。甲类卷烟，是指每标准条（200支，下同）调拨价格在70元（不含增值税）以上（含70元）的卷烟；乙类卷烟，是指每标准条调拨价格在70元（不含增值税）以下的卷烟。

（二）酒及酒精

酒是酒精度在1度以上的各种酒类饮料。酒精又名乙醇，是指用蒸馏或合成方法生产的酒精度在95度以上的无色透明液体。酒类包括粮食白酒、薯类白酒、黄酒、啤酒和其他酒。酒精包括各种工业酒精、医用酒精和食用酒精。

本税目下设白酒、黄酒、啤酒、其他酒及酒精5个子目。

对饮食业、商业、娱乐业举办的啤酒屋（啤酒坊）利用啤酒生产设备生产的啤酒，应当征收消费税。

（三）化妆品

本税目征收范围包括各类美容、修饰类化妆品、高档护肤类化妆品和成套化妆品。

美容、修饰类化妆品是指香水、香水精、香粉、口红、指甲油、胭脂、眉笔、唇笔、蓝眼油、眼睫毛以及成套化妆品。

舞台、戏剧、影视演员化妆用的上妆油、卸装油、油彩，不属于本税目的征收范围。

高档护肤类化妆品征收范围另行制定。

（四）贵重首饰及珠宝玉石

本税目征收范围包括凡以金、银、白金、宝石、珍珠、钻石、翡翠、珊瑚、玛瑙等高贵稀有物质以及其他金属、人造宝石等制作的各种纯金银首饰及镶嵌首饰和经采掘、打磨、加工的各种珠宝玉石。

对出国人员免税商店销售的金银首饰征收消费税。

（五）鞭炮、焰火

本税目征收范围包括各种鞭炮、焰火。

体育上用的发令纸、鞭炮药引线，不按本税目征收。

（六）成品油

本税目包括汽油、柴油、石脑油、溶剂油、航空煤油、润滑油、燃料油7个子目。

1. 汽油

汽油是指用原油或其他原料加工生产的辛烷值不小于66的可用作汽油发动机燃料的各种轻质油。含铅汽油是指铅含量每升超过0.013克的汽油。汽油分为车用汽油和航空汽油。

以汽油、汽油组分调和生产的甲醇汽油、乙醇汽油也属于本税目征收范围。

2. 柴油

柴油是指用原油或其他原料加工生产的倾点或凝点在-50号至30号的可用作柴油发动机燃料的各种轻质油和以柴油组分为主、经调和精制可用作柴油发动机燃料的非标油。

以柴油、柴油组分调和生产的生物柴油也属于本税目征收范围。

3. 石脑油

石脑油又叫化工轻油，是以原油或其他原料加工生产的用于化工原料的轻质油。

石脑油的征收范围包括除汽油、柴油、航空煤油、溶剂油以外的各种轻质油。非标汽油、重整生成油、拔头油、戊烷原料油、轻裂解料（减压柴油VGO和常压柴油AGO）、重裂解料、加氢裂化尾油、芳烃抽余油均属轻质油，属于石脑油征收范围。

4. 溶剂油

溶剂油是用原油或其他原料加工生产的用于涂料、油漆、食用油、印刷油墨、皮革、农药、橡胶、化妆品生产和机械清洗、胶粘行业的轻质油。

橡胶填充油、溶剂油原料，属于溶剂油征收范围。

5. 航空煤油

航空煤油也叫喷气燃料，是用原油或其他原料加工生产的用作喷气发动机和喷气推进系统燃料的各种轻质油。

6. 润滑油

润滑油是用原油或其他原料加工生产的用于内燃机、机械加工过程的润滑产品。

润滑油的征收范围包括矿物性润滑油、矿物性润滑油基础油、植物性润滑油、动物性润滑油和化工原料合成润滑油。以植物性、动物性和矿物性基础油（或矿物性润滑油）混合掺配而成的“混合性”润滑油，不论矿物性基础油（或矿物性润滑油）所占比例高低，均属润滑油的征收范围。另外，用原油或其他原料加工生产的用于内燃机、机械加工过程的润滑产品均属于润滑油征收范围。润滑脂是润滑产品，应当征收消费税。

7. 燃料油

燃料油也称重油、渣油，是用原油或其他原料加工生产，主要用作电厂发电、锅炉用燃料、加热炉燃料、冶金和其他工业炉燃料。腊油、船用重油、常压重油、减压重油、180CTS 燃料油、7 号燃料油、糠醛油、工业燃料、4～6 号燃料油等油品也属于燃料油征收范围。

（七）汽车轮胎

本税目征收范围包括的汽车轮胎是指用于各种汽车、挂车、专用车和其他机动车上的内、外轮胎，不包括农用拖拉机、收割机、手扶拖拉机的专用轮胎。

自 2001 年 1 月 1 日起，子午线轮胎免征消费税，翻新轮胎停止征收消费税。

自 2010 年 12 月 1 日起，农用拖拉机、收割机和手扶拖拉机专用轮胎不属于《消费税暂行条例》规定的应征消费税的“汽车轮胎”范围，不征收消费税。

（八）小汽车

小汽车是指由动力驱动，具有四个或四个以上车轮的非轨道承载的车辆。

本税目征收范围包括：含驾驶员座位在内最多不超过 9 个座位（含 9 座）的，在设计和技术特性上用于载运乘客和货物的各类乘用车；含驾驶员座位在内的座位数在 10～23 座（含 23 座）的，在设计和技术特性上用于载运乘客和货物的各类中轻型商用客车。

用排气量小于 1.5 升（含 1.5 升）的乘用车底盘（车架）改装、改制的车辆属于乘用车征收范围。用排气量大于 1.5 升的乘用车底盘（车架）或用中轻型商用客车底盘（车架）改装、改制的车辆属于中轻型商用客车征收范围。

含驾驶员人数（额定载客）为区间值（如 8～10 人、17～26 人）的小汽车，按其区间值下限人数确定征收范围。

电动汽车不属于本税目征收范围。

车身长度大于7米（含7米），并且座位在10~23座（含23座）的商用客车，不属于中轻型商用客车征收范围，不征收消费税。

沙滩车、雪地车、卡丁车、高尔夫车不属于消费税征收范围，不征收消费税。

（九）摩托车

摩托车包括轻便摩托车和摩托车两种。对最大设计车速不超过50km/h，发动机汽缸总工作容量不超过50ml的三轮摩托车不征收消费税。

（十）高尔夫球及球具

高尔夫球及球具是指从事高尔夫球运动所需的各种专用装备，包括高尔夫球、高尔夫球杆及高尔夫球包（袋）等。

高尔夫球是指重量不超过45.93g、直径不超过42.67mm的高尔夫球运动比赛、练习用球；高尔夫球杆是指被设计用来打高尔夫球的工具，由杆头、杆身和握把三部分组成；高尔夫球包（袋）是指专用于盛装高尔夫球及球杆的包（袋）。

本税目征收范围包括高尔夫球、高尔夫球杆、高尔夫球包（袋）。高尔夫球杆的杆头、杆身和握把属于本税目的征收范围。

（十一）高档手表

高档手表是指销售价格（不含增值税）每只在10 000元（含）以上的各类手表。

本税目征收范围包括符合以上标准的各类手表。

（十二）游艇

游艇是指长度大于8米小于90米，船体由玻璃钢、钢、铝合金、塑料等多种材料制作，可以在水上移动的水上浮载体。按照动力划分，游艇分为无动力艇、帆艇和机动艇。

本税目征收范围包括艇身长度大于8米（含8米）小于90米（含90米），内置发动机，可以在水上移动，一般为私人或团体购置，主要用于水上运动和休闲娱乐等非牟利活动的各类机动艇。

（十三）木制一次性筷子

木制一次性筷子，又称卫生筷子，是指以木材为原料经过锯段、浸泡、旋切、刨切、烘干、筛选、打磨、倒角、包装等环节加工而成的各类供一次性使用的筷子。

本税目征收范围包括各种规格的木制一次性筷子。未经打磨、倒角的木制一次性筷子属于本税目征收范围。

（十四）实木地板

实木地板是指以木材为原料，经锯割、干燥、刨光、截断、开榫、涂漆等工序加工而成的块状或条状的地面装饰材料。实木地板按生产工艺的不同，可分为独板（块）实木地板、实木指接地板、实木复合地板三类；按表面处理状态的不同，可分为未涂饰地板（白坯板、素板）和漆饰地板两类。

本税目征收范围包括各类规格的实木地板、实木指接地板、实木复合地板及用于装饰墙壁、天棚的侧端面为榫、槽的实木装饰板。未经涂饰的素板也属于本税目征收范围。

二、消费税的税率

消费税采用比例税率和定额税率两种形式，根据不同的税目或子目确定相应的比例税率或单位税额。采用比例税率的应税消费品，包括雪茄烟和烟丝、除黄酒和啤酒以外的应税酒、化妆品、鞭炮焰火、贵重首饰、汽车轮胎、摩托车、小汽车等。采用定额税率的应税消费品包括黄酒、啤酒和成品油，采用复合税率的应税消费品包括白酒和卷烟。消费税税目、税率见表3－1。

表3－1　消费税税目、税率（税额）表

税目	税率（税额）	全国平均成本利润率
一、烟		
1. 卷烟＊		
（1）甲类卷烟	56%加0.003元/支	10%
（2）乙类卷烟	36%加0.003元/支	5%
（3）批发环节	5%	
2. 雪茄烟	36%	5%
3. 烟丝	30%	5%
二、酒及酒精		
1. 白酒	20%加	
（1）粮食白酒	0.5元/500克	10%
（2）薯类白酒	（或者500毫升）	5%
2. 黄酒		
3. 啤酒＊＊	240元/吨	
（1）甲类啤酒	250元/吨	
（2）乙类啤酒	220元/吨	
4. 其他酒	10%	5%
5. 酒精	5%	5%
三、化妆品	30%	5%
四、贵重首饰及珠宝玉石		
1. 金银首饰、铂金首饰和钻石及钻石饰品	5%	6%
2. 其他贵重首饰和珠宝玉石	10%	
五、鞭炮、焰火	15%	5%

（续上表）

税目	税率（税额）	全国平均成本利润率
六、成品油		
1. 汽油		
（1）含铅汽油	1.40 元/升	
（2）无铅汽油	1.00 元/升	
2. 柴油	0.80 元/升	
3. 石脑油	0.80 元/升	
4. 溶剂油	1.00 元/升	
5. 航空煤油	1.00 元/升	
6. 润滑油	1.00 元/升	
7. 燃料油	0.80 元/升	
七、汽车轮胎	3%	5%6%
八、小汽车		
1. 乘用车		8%
（1）汽缸容量（排气量，下同）在 1.0 升（含 1.0 升）以下的	1%	
（2）汽缸容量在 1.0 升以上至 1.5 升（含 1.5 升）的	3%	
（3）汽缸容量在 1.5 升以上至 2.0 升（含 2.0 升）的	5%	
（4）汽缸容量在 2.0 升以上至 2.5 升（含 2.5 升）的	9%	
（5）汽缸容量在 2.5 升以上至 3.0 升（含 3.0 升）的	12%	
（6）汽缸容量在 3.0 升以上至 4.0 升（含 4.0 升）的	25%	
（7）汽缸容量在 4.0 升以上的	40%	
2. 中轻型商用客车	5%	5%
九、摩托车		
1. 汽缸容量（排气量）在 250 毫升（含）以下的	3%	
2. 汽缸容量在 250 毫升以上的	10%	
十、高尔夫球及球具	10%	10%
十一、高档手表	20%	20%
十二、游艇	10%	10%
十三、木制一次性筷子	5%	5%
十四、实木地板	5%	5%

注：* 甲类卷烟，是指每标准条（200 支，下同）调拨价格在 70 元（不含增值税）以上（含 70 元）的卷烟；乙类卷烟，是指每标准条调拨价格在 70 元（不含增值税）以下的卷烟。

* * 甲类啤酒，是指每吨啤酒出厂价格（含包装物及包装物押金）在 3 000 元（含 3 000 元，不含增值税）以上的啤酒；乙类啤酒，是指每吨啤酒出厂价格在 3 000 元（不含 3 000 元，不含增值税）以下的啤酒。

在适用税率上，应注意以下问题：纳税人生产销售两种税率以上的应税消费品，即兼营不同税率的应税消费品，应当分别核算不同税率应税消费品的销售额、销售数量。未分别核算销售额、销售数量，或者将不同税率的应税消费品组成成套消费品销售的，从高适用税率。

所谓“从高适用税率”，就是对兼营高低不同税率的应税消费品，当不能分别核算销售额、销售数量，或者将不同税率的应税消费品组成成套消费品销售的，就以应税消费品中适用的高税率与混合在一起的销售额、销售数量相乘，得出应纳消费税额。

将不同税率的应税消费品组成成套消费品销售，或者将应税与非应税消费品组成成套消费品销售的，应将应税消费品中适用的高税率与混合在一起的销售额、销售数量相乘，计算应纳消费税。

第四节 消费税应纳税额的计算

一、消费税的计税方法

针对不同应税消费品的价格差异、供求矛盾等情况，现行消费税法规定，消费税应纳税额的计算分别采用从价计征、从量计征和从价从量复合计征三种方法。

（一）从价定率计算应纳税额的方法

从价定率计算方法是指以应税消费品的价格为计税依据，乘以适用的比例税率计算应纳消费税额的方法。现行消费税条例中大部分应税消费品采用从价定率计算方法。计算公式为：

应纳税额＝应税消费品的销售额×比例税率

销售额为纳税人销售应税消费品向购买方收取的全部价款和价外费用。价外费用是指价外向购买方收取的手续费、补贴、基金、集资费、返还利润、奖励费、违约金、滞纳金、延期付款利息、赔偿金、代收款项、代垫款项、包装费、包装物租金、储备费、优质费、运输装卸费以及其他各种性质的价外收费。但符合下列条件的项目不包括在内。

（1）同时符合以下条件的代垫运输费用：

①承运部门的运输费用发票开具给购买方的；

②纳税人将该项发票转交给购买方的。

（2）同时符合以下条件代为收取的政府性基金或者行政事业性收费：

①由国务院或者财政部批准设立的政府性基金，由国务院或者省级人民政府及其财政、价格主管部门批准设立的行政事业性收费；

②收取时开具省级以上财政部门印制的财政票据；

③所收款项全额上缴财政。

其他价外费用，无论是否属于纳税人的收入，均应并入销售额计算征税。

应税消费品的销售额不包括应向购货方收取的增值税税款。如果纳税人应税消费品的销售额中包含增值税税款，应将含增值税的销售额换算为不含增值税的销售额。换算公式为：

$$应税消费品的销售额=\frac{含增值税的销售额}{(1+增值税税率或征收率)}$$

应税消费品连同包装物销售的，无论包装物是否单独计价以及在会计上如何核算，均应并入应税消费品的销售额中征收消费税。如果包装物不作价随同产品一起销售，而是收取押金，则此项押金不应并入应税消费品的销售额中征税。但对因逾期未收回的包装物不再退还的或者已收取的时间超过12个月的押金，应并入应税消费品的销售额，按照应税消费品的适用税率缴纳消费税。

对既作价随同应税消费品销售，又另外收取包装物押金的，凡纳税人在规定的期限内没有退还的，均应并入应税消费品的销售额，按照应税消费品的适用税率缴纳消费税。

纳税人销售的应税消费品，以人民币计算销售额。以外汇结算的销售额，纳税人可以选择结算当天或者当月1日的国家外汇牌价（原则上为中间价）折合为人民币销售额。纳税人应在事先确定采取何种折合率，确定后1年内不得变更。

（二）从量定额计算应纳税额的方法

从量定额计算方法是指以应税消费品的销售数量为计税依据，乘以规定的定额税率计算应纳消费税额的方法。目前仅对黄酒、啤酒、成品油实行从量定额计算方法。计算公式为：

$$应纳税额=应税消费品的销售数量\times定额税率$$

销售数量是指纳税人生产、加工和进口应税消费品的数量。具体规定为：

（1）销售应税消费品的，为应税消费品的销售数量；

（2）自产自用应税消费品的，为应税消费品的移送使用数量；

（3）委托加工应税消费品的，为纳税人收回的应税消费品的数量；

（4）进口应税消费品的，为海关核定的应税消费品进口征税数量。

按照税法规定，黄酒、啤酒以吨为计税单位，成品油以升为计税单位，并规范了吨与升两个计量单位的计税换算标准，见表3－2。

表3-2 吨、升换算表

序号	应税消费品名称	计量单位的换算标准
1	黄酒	1吨=962升
2	啤酒	1吨=988升
3	汽油	1吨=1 388升
4	柴油	1吨=1 176升
5	石脑油	1吨=1 385升
6	溶剂油	1吨=1 282升
7	航空煤油	1吨=1 246升
8	润滑油	1吨=1 126升
9	燃料油	1吨=1 015升

（三）复合计税方法

复合计税方法是指对应税消费品按从价定率方法计算一个从价税，又按从量定额方法计算一个从量税，两者之和为应纳的消费税税额。目前仅对卷烟、白酒采用复合计税方法。计算公式为：

应纳税额=销售额×比例税率+销售数量×定额税率

（四）计税依据的特殊规定

1. 计税价格的核定

纳税人应税消费品的计税价格明显偏低并无正当理由的，由主管税务机关核定其计税价格。应税消费品的计税价格的核定权限规定如下：

（1）卷烟、白酒和小汽车的计税价格由国家税务总局核定，送财政部备案；

（2）其他应税消费品的计税价格由省、自治区和直辖市国家税务局核定；

（3）进口的应税消费品的计税价格由海关核定。

2. 自设非独立核算门市部计税的规定

纳税人通过自设非独立核算门市部销售的自产应税消费品，应当按照门市部对外销售额或者销售数量征收消费税。

3. 适用最高售价计税的规定

纳税人用于换取生产资料和消费资料，投资入股和抵偿债务等方面的应税消费品，应当以纳税人同类应税消费品的最高销售价格作为计税依据计算消费税。

4. 酒类关联企业间关联交易消费税处理的规定

根据《税收征收管理法实施细则》的规定，纳税人与关联企业之间的购销业务，不按照独立企业之间的业务往来作价的，税务机关可以按照下列方法调整其计税收入额或者所得额，核定其应纳税额：

（1）按照独立企业之间进行相同或者类似业务活动的价格；

（2）按照再销售给无关联关系的第三者的价格所取得的收入和利润水平；

（3）按照成本加合理的费用和利润；

（4）按照其他合理的方法。

白酒生产企业向商业销售单位收取的“品牌使用费”是随着应税白酒的销售而向购货方收取的，属于应税白酒销售价款的组成部分，因此，不论企业采取何种方式或以何种名义收取价款，均应并入白酒的销售额中缴纳消费税。

5. 零售金银首饰计税的规定

对既销售金银首饰，又销售非金银首饰的生产、经营单位，应将两类商品划分清楚，分别核算销售额。凡划分不清楚或不能分别核算，在生产环节销售的，一律从高适用税率征收消费税；在零售环节销售的，一律按金银首饰征收消费税。

金银首饰与其他产品组成成套消费品销售的，应按销售额全额征收消费税。

金银首饰连同包装物销售的，无论包装物是否单独计价，也无论会计上如何核算，均应并入金银首饰的销售额，计征消费税。

带料加工的金银首饰，应按受托方销售同类金银首饰的销售价格确定计税依据征收消费税。没有同类金银首饰销售价格的，按照组成计税价格计算纳税。

纳税人采用以旧换新（含翻新改制）方式销售的金银首饰，应按实际收取的不含增值税的全部价款确定计税依据征收消费税。

二、生产销售应税消费品的计税方法

纳税人生产应税消费品直接对外销售的，按照其适用的从价、从量、复合计税方法，以销售额或者销售数量为计税依据，计算应纳消费税税额。

【例 3－1】某化妆品厂生产化妆品，2012 年 8 月销售化妆品取得含税销售收入 280 800元。化妆品消费税税率为 30%。请计算该厂 8 月份应纳的消费税税额。

【解答】

销售化妆品的计税销售额 = 280 800 ÷（1 + 17%）= 240 000（元）

应纳税额 = 240 000 × 30% = 72 000（元）

【例 3－2】某啤酒厂 2012 年 6 月生产啤酒 80 吨对外销售，每吨啤酒不含税出厂价为 3 000 元。该啤酒消费税定额税率为 250 元/吨。请计算该批啤酒应纳的消费税税额。

【解答】

应纳税额 = 80 × 250 = 20 000（元）

【例 3－3】某白酒生产企业为增值税一般纳税人，2012 年 10 月生产销售白酒 60 吨，取得不含税销售额 230 万元，白酒适用比例税率 20%，定额税率 0.5 元/500 克。请计算该白酒企业 10 月份应缴纳的消费税税额。

【解答】

应纳税额 = 60 × 1 000 × 2 × 0.000 05 + 230 × 20% = 52（万元）

三、自产自用应税消费品的计税方法

自产自用是指纳税人生产应税消费品后，不是直接对外销售，而是用于自己连续生产应税消费品或用于其他方面。这两种自产自用的形式在消费税的处理上有不同的规定。

1. 用于连续生产应税消费品

税法规定，纳税人自产自用的应税消费品，用于连续生产应税消费品的，不纳税。这体现了消费税单一环节计税，不重复征税的原则。

“纳税人自产自用的应税消费品，用于连续生产应税消费品的”，是指纳税人将自产自用的应税消费品作为直接材料生产最终应税消费品，自产自用应税消费品构成最终应税消费品的实体。例如，酒厂生产出酒精，酒精已是应税消费品，酒厂再用生产出的酒精连续生产白酒，那么，用于连续生产白酒的酒精就不缴纳消费税，只对生产的白酒征收消费税。

2. 用于其他方面的应税消费品

纳税人自产自用的应税消费品，除用于连续生产应税消费品外，凡用于其他方面的，于移送使用时纳税。

“用于其他方面的”是指纳税人用于生产非应税消费品，用于在建工程，用于管理部门、非生产机构，提供劳务，以及用于馈赠、赞助、集资、广告、样品、职工福利、奖励等方面。

“用于生产非应税消费品”是指把自产的应税消费品用于生产消费税条例税目税率表所列 14 类产品以外的产品。“用于在建工程”是指把自产的应税消费品用于本单位的各项建设工程。“用于管理部门、非生产机构”是指把自己生产的应税消费品用于与本单位有隶属关系的管理部门或非生产机构。“用于馈赠、赞助、集资、广告、样品、职工福利、奖励”是指把自己生产的应税消费品无偿赠送给他人或以资金的形式投资于外单位某些事业或作为商品广告、经销样品或以福利、奖励的形式发给职工。例如，鞭炮厂将自己生产的鞭炮焰火用于赞助跨年焰火晚会，化妆品厂将自己生产的化妆品作为职工福利发给职工等，虽然没有用于销售或连续生产应税消费品，但用在了税法规定的征税范围，则要视同销售，计算缴纳消费税。

3. 组成计税价格的确定

纳税人自产自用的应税消费品，凡用于税法规定的其他方面应当纳税的，按照纳税人生产的同类消费品的销售价格计算纳税。同类消费品的销售价格是指纳税人当月销售的同类消费品的销售价格，如果当月同类消费品各期销售价格高低不同，应按销售数量加权平均计算。但销售的应税消费品销售价格明显偏低又无正当理由的或者无销售价格的，不得列入加权平均计算。

如果当月无销售或者当月未完结，应按照同类消费品上月或者最近月份的销售价格计算纳税。

没有同类消费品销售价格的，按照组成计税价格计算纳税。

实行从价定率办法计算纳税的组成计税价格，计算公式为：

组成计税价格 =（成本 + 利润）÷（1 - 比例税率）
应纳税额 = 组成计税价格 × 比例税率

实行复合计税办法计算纳税的组成计税价格，计算公式为：

组成计税价格 =（成本 + 利润 + 自产自用数量 × 定额税率）÷（1 - 比例税率）
应纳税额 = 组成计税价格 × 比例税率 + 自产自用数量 × 定额税率

其中，“成本”是指应税消费品的产品生产成本。“利润”是指根据应税消费品的全国平均成本利润率计算的利润。应税消费品全国平均成本利润率由国家税务总局确定。具体规定见表 3 - 1“消费税税目、税率（税额）表”。

【例 3 - 4】某摩托车厂将 10 辆气缸容量为 500 毫升的摩托车赞助给拉力赛组委会。每辆摩托车成本为 6 480 元，成本利润率为 6%，消费税税率为 10%。本企业无同类产品销售价格，请计算该批摩托车应纳的消费税税额。

【解答】

（1）组成计税价格 = 6 480 × 10 ×（1 + 6%）÷（1 - 10%）
= 76 320（元）

（2）应纳税额 = 76 320 × 10%
= 7 632（元）

【例 3 - 5】某酒厂将自产粮食白酒 10 000 克用于新年联欢活动，每 500 克白酒成本 28 元，无同类产品售价。粮食白酒比例税率为 20%，定额税率每 500 克 0.5 元，成本利润率为 10%。请计算该批白酒应纳的消费税税额。

【解答】

（1）$\text{组成计税价格} = \dfrac{(10\,000 \div 500) \times 28 \times (1 + 10\%) + (10\,000 \div 500) \times 0.5}{1 - 20\%}$

= 782.5（元）

从价征收的消费税 = 782.5 × 20% = 156.5（元）

（2）从量征收的消费税 = 10 000 ÷ 500 × 0.5 = 10（元）

（3）应纳消费税税额 = 156.5 + 10 = 166.5（元）

四、委托加工应税消费品的计税方法

（一）委托加工应税消费品缴纳税款的规定

委托加工的应税消费品是指由委托方提供原料和主要材料，受托方只收取加工费和代垫部分辅助材料加工的应税消费品。对于由受托方提供原材料生产的应税消费品，或者受托方先将原材料卖给委托方，然后再接受加工的应税消费品，以及由受托方以委托方名义购进原材料生产的应税消费品，不论在财务上是否作销售处理，都不得作为委托加工应税消费品，而应当按照销售自制应税消费品缴纳消费税。

由于经济发展的多元化和专业化分工日趋细化，产品的生产和加工专业化程度越来越高。从事专业化加工的企业，往往其产品质量好、成本低，所以许多生产企业愿意将一部分原材料、零部件交给专业加工企业制作。例如，卷烟生产企业委托外厂加工烟丝，烟丝加工回来后自己再加工成卷烟，则烟丝加工收回时就需要缴纳消费税。

按照规定，委托加工的应税消费品，由受托方在向委托方交货时代收代缴税款。如果受托方对委托加工的应税消费品没有足额代收代缴消费税，则需承担代收代缴的法律责任。而委托方需要补缴税款，如果在检查时，收回的应税消费品已经直接出售的，按销售额计算补税；收回的应税消费品尚未销售或不能直接销售的，按组成计税价格计算补税。

委托加工的应税消费品，受托方在交货时已代收代缴消费税，委托方收回后直接销售的，不再缴纳消费税。委托个人加工的应税消费品，由委托方收回后缴纳消费税。

（二）组成计税价格及应纳税额的计算

委托加工的应税消费品，按照受托方的同类消费品的销售价格计算纳税，如果当月同类消费品各期销售价格高低不同，应按销售数量加权平均计算。但销售的应税消费品价格明显偏低又无正当理由的或者无销售价格的，不得列入加权平均计算。

没有同类消费品销售价格的，按照组成计税价格计算纳税。

实行从价定率办法计算纳税的组成计税价格，计算公式为：

组成计税价格 =（材料成本 + 加工费）÷（1 − 比例税率）

实行复合计税办法计算纳税的组成计税价格，计算公式为：

组成计税价格 =（材料成本 + 加工费 + 委托加工数量 × 定额税率）÷（1 − 比例税率）

其中，“材料成本”是指委托方所提供加工材料的实际成本。委托加工应税消费品的纳税人，必须在委托加工合同上如实注明（或以其他方式提供）材料成本，凡未提供材料成本的，受托方所在地主管税务机关有权核定其材料成本。“加工费”是指受托方加工应税消费品向委托方所收取的全部费用（包括代垫辅助材料的实际成本，不包括增值税税款）。

【例 3－6】2012 年 10 月甲企业委托乙企业为其加工一批雪茄烟，甲企业提供的原材料实际成本为 800 000 元，支付不含增值税的加工费 100 000 元，乙企业当月无加工同类雪茄烟的市场销售价格。雪茄烟的消费税税率为 36%。请计算乙企业应代收代缴的消费税。

【解答】

（1）组成计税价格 =（800 000 + 100 000）÷（1 − 36%）= 1 406 250（元）

（2）应代收代缴消费税 = 1 406 250 × 36% = 506 250（元）

五、进口应税消费品的计税方法

1993 年 12 月，国家税务总局和海关总署联合颁发了《关于对进口货物征收增值税、消费税有关问题的通知》，按照通知规定，进口应税消费品的收货人或办理报关手续的单位和个人，为进口应税消费品消费税的纳税义务人。进口应税消费品消费税的税目、税率（税额），依照《消费税暂行条例》所附的“消费税税目、税率（税额）表”执行。

纳税人进口的应税消费品，于报关进口时缴纳消费税，税款由海关代征。按照关税征收管理的相关规定，纳税人应当自海关填发海关进口消费税专用缴款书之日起15日内缴纳税款。

进口的应税消费品，按照组成计税价格和规定的税率计算应纳税额。计算方法如下：

1. 实行从价定率方法应纳税额的计算

实行从价定率方法计算应纳消费税的，按组成计税价格计算：

组成计税价格 =（关税完税价格 + 关税）÷（1 - 消费税比例税率）

应纳税额 = 组成计税价格 × 消费税比例税率

公式中所称“关税完税价格”是指海关核定的关税计税价格。

【例3-7】2012年10月某进出口公司从国外进口一批应税消费品，该批应税消费品的关税完税价格为100万元，按规定应缴纳关税20万元，该应税消费品的消费税税率为20%。请计算该批消费品进口环节应缴纳的消费税税额。

【解答】

（1）组成计税价格 =（100 + 20）÷（1 - 20%）= 150（万元）

（2）应缴纳消费税税额 = 150 × 20% = 30（万元）

2. 实行从量定额方法应纳税额的计算

实行从量定额方法计算应纳消费税的，按照海关核定的应税消费品进口数量计算：

应纳税额 = 应税消费品数量 × 消费税定额税率

3. 实行从价定率和从量定额复合计税办法应纳税额的计算

组成计税价格 =（关税完税价格 + 关税 + 进口数量 × 消费税定额税率）÷（1 - 消费税比例税率）

应纳税额 = 组成计税价格 × 消费税比例税率 + 应税消费品进口数量 × 消费税定额税率

进口环节消费税除国务院另有规定者外，一律不得减税、免税。

六、消费税已纳税额扣除的计税方法

为了体现税不重征原则，《消费税暂行条例》规定，将外购应税消费品和委托加工收回的应税消费品继续生产应税消费品销售的，可以将外购应税消费品和委托加工应税消费品已缴纳的消费税扣除。

（一）外购应税消费品已纳税款的扣除

税法规定，对于用外购已缴纳消费税的应税消费品连续生产应税消费品的，可以按当期生产领用数量计算扣除外购的应税消费品已纳的消费税税款。但对扣除范围作了限制，扣除范围包括：

（1）外购已税烟丝生产的烟卷；

（2）外购已税化妆品生产的化妆品；

（3）外购已税珠宝玉石生产的贵重首饰及珠宝玉石；

（4）外购已税鞭炮、焰火生产的鞭炮、焰火；

（5）外购已税汽车轮胎（内胎和外胎）生产的汽车轮胎；

（6）外购已税摩托车生产的摩托车；

（7）外购已税杆头、杆身和握把为原料生产的高尔夫球杆；

（8）外购已税木制一次性筷子为原料生产的木制一次性筷子；

（9）外购已税实木地板为原料生产的实木地板；

（10）外购已税石脑油为原料生产的应税消费品；

（11）外购已税润滑油为原料生产的润滑油。

上述当期准予扣除外购应税消费品已纳消费税税款的计算公式为：

当期准予扣除的外购应税消费品已纳税款＝当期准予扣除的外购应税消费品买价×外购应税消费品适用税率

当期准予扣除的外购应税消费品买价＝期初库存的外购应税消费品的买价＋当期购进的应税消费品的买价－期末库存的外购应税消费品的买价

“外购应税消费品的买价”是指购货发票上注明的销售额（不包括增值税税款）。

纳税人用外购的已税珠宝玉石生产的改在零售环节征收消费税的金银首饰（镶嵌首饰），在计税时一律不得扣除外购珠宝玉石的已纳税款。

对自己不生产应税消费品，而只是购进后再销售应税消费品的工业企业，其销售的化妆品、鞭炮、焰火和珠宝玉石，凡不能构成最终消费品直接进入消费品市场，而需进一步生产加工的，应当征收消费税，同时允许扣除上述外购应税消费品的已纳税款。

需要注意的是，允许扣除已纳税款的应税消费品只限于从工业企业购进的应税消费品和进口环节已缴纳消费税的应税消费品，对从境内商业企业购进应税消费品的已纳税款一律不得扣除。

【例3－8】某卷烟厂用外购已税烟丝生产卷烟，当月批发销售30标准箱，每标准条烟不含增值税调拨价格为160元，取得不含税销售额120万元。当月月初库存外购烟丝账面余额为60万元，当月购进烟丝50万元，月末库存外购烟丝账面余额为40万元。烟丝适用比例税率为30%，卷烟适用比例税率为56%，定额税率为150元/箱。请计算该厂当月应纳消费税税额。

【解答】

（1）当月销售卷烟应纳消费税税额＝120×56%＋30×0.015＝67.65（万元）

（2）当月准予扣除外购烟丝已纳税额 =（60 + 50 - 40）×30% = 21（万元）

（3）当月应纳消费税税额 = 67.65 - 21 = 46.65（万元）

（二）委托加工收回的应税消费品已纳税款的扣除

由于委托加工的应税消费品在收回时已由受托方代收代缴了消费税，因此，与外购应税消费品的规定一样，委托加工收回的应税消费品用于连续生产应税消费品的，准予从连续生产的应税消费品应纳消费税税额中扣除其已纳税款。按照规定，下列连续生产的应税消费品准予从应纳消费税税额中按当期生产领用数量计算扣除委托加工收回的应税消费品已纳消费税税款：

（1）以委托加工收回的已税烟丝为原料生产的烟卷；

（2）以委托加工收回的已税化妆品为原料生产的化妆品；

（3）以委托加工收回的已税珠宝玉石为原料生产的贵重首饰及珠宝玉石；

（4）以委托加工收回的已税鞭炮、焰火为原料生产的鞭炮、焰火；

（5）以委托加工收回的已税汽车轮胎生产的汽车轮胎；

（6）以委托加工收回的已税摩托车生产的摩托车；

（7）以委托加工收回的已税杆头、杆身和握把为原料生产的高尔夫球杆；

（8）以委托加工收回的已税木制一次性筷子为原料生产的木制一次性筷子；

（9）以委托加工收回的已税实木地板为原料生产的实木地板；

（10）以委托加工收回的已税石脑油为原料生产的应税消费品；

（11）以委托加工收回的已税润滑油为原料生产的润滑油。

上述当期准予扣除委托加工收回的应税消费品已纳消费税税款的计算公式为：

当期准予扣除的委托加工应税消费品已纳税款 = 期初库存的委托加工应税消费品已纳税款 + 当期收回的委托加工应税消费品已纳税款 - 期末库存的委托加工应税消费品已纳税款

需要说明的是，纳税人用委托加工收回的已税珠宝玉石生产的改在零售环节征收消费税的金银首饰，在计税时一律不得扣除委托加工收回的珠宝玉石的已纳消费税税款。

第五节　消费税的征收管理

一、纳税义务发生时间

纳税人生产的应税消费品于纳税人销售时纳税，但金银首饰、钻石及钻石饰品在零售环节纳税，进口的应税消费品于报关进口时纳税。

消费税纳税义务发生时间，根据条例的规定，分列如下。

（1）纳税人销售应税消费品的，按不同的销售结算方式分别为：

①采取赊销和分期收款结算方式的，为书面合同约定的收款日期的当天；书面合同没有约定收款日期或者无书面合同的，为发出应税消费品的当天。

②采取预收货款结算方式的，为发出应税消费品的当天。

③采取托收承付和委托银行收款方式的，为发出应税消费品并办妥托收手续的当天。

④采取其他结算方式的，为收讫销售款或者取得销售款凭据的当天。

（2）纳税人自产自用应税消费品的，为移送使用的当天。

（3）纳税人委托加工应税消费品的，为纳税人提货的当天。

（4）纳税人进口应税消费品的，为报关进口的当天。

二、纳税期限

消费税的纳税期限分别为 1 日、3 日、5 日、10 日、15 日、1 个月或者 1 个季度。纳税人的具体纳税期限，由主管税务机关根据纳税人应纳税额的大小分别核定；不能按照固定期限纳税的，可以按次纳税。

纳税人以 1 个月或者 1 个季度为 1 个纳税期的，自期满之日起 15 日内申报纳税；以 1 日、3 日、5 日、10 日或者 15 日为 1 个纳税期的，自期满之日起 5 日内预缴税款，于次月 1 日起 15 日内申报纳税并结清上月应纳税款。

纳税人进口应税消费品，应当自海关填发海关进口消费税专用缴款书之日起 15 日内缴纳税款。

三、纳税地点

消费税由税务机关征收，进口的应税消费品的消费税由海关代征。个人携带或者邮寄进境的应税消费品的消费税，连同关税一并计征。具体办法由国务院关税税则委员会会同有关部门制定。

消费税具体纳税地点为：

（1）纳税人销售的应税消费品，以及自产自用的应税消费品，除国务院财政、税务主管部门另有规定外，应当向纳税人机构所在地或者居住地的主管税务机关申报纳税。

（2）委托加工的应税消费品，除受托方为个人外，由受托方向机构所在地或者居住地的主管税务机关解缴消费税税款。委托个人加工的应税消费品，由委托方向其机构所在地或者居住地主管税务机关申报纳税。

（3）进口的应税消费品，由进口人或者其代理人向报关地海关申报纳税。

（4）纳税人到外县（市）销售或者委托外县（市）代销自产应税消费品的，于应税消费品销售后，向机构所在地或者居住地主管税务机关申报纳税。

纳税人的总机构与分支机构不在同一县（市）的，应当分别向各自机构所在地的主管税务机关申报纳税；经财政部、国家税务总局或者其授权的财政、税务机关批准，可以由总机构汇总向总机构所在地的主管税务机关申报纳税。

本章小结

消费税是以特定消费品或消费行为为课税对象征收的一种税，列举征税的税目只有14个。消费税的征税范围为在中华人民共和国境内生产、委托加工、进口的应税消费品，以及国务院确定的应税消费品。目前，消费税的征税范围分布于以下五个环节：生产销售环节、批发环节、委托加工环节、进口环节和零售环节。除卷烟在生产销售环节和批发环节均需征税外，其他应税消费品均实行单一环节计税。消费税采用比例税率和定额税率两种形式，根据不同的税目或子目确定相应的比例税率或单位税额。

消费税采取从价定率征收方法，从量定额征收方法，从价定率和从量定额复合征收方法。目前仅对卷烟、白酒采用复合计税方法。消费税实行价内税，计税价格内包含消费税，但不包括应向购货方收取的增值税税款。

关键术语和概念

消费税　委托加工应税消费品　自产自用的应税消费品　消费税从价计征　消费税从量计征　消费税复合计征

复习思考题

1. 消费税有何特点？
2. 计算消费税的销售额与计算增值税的销售额规定是否相同？
3. 应税消费品用于其他方面是指什么？
4. 什么是委托加工应税消费品？税法为什么对委托加工应税消费品作严格规定？
5. 委托加工应税消费品如何计税？
6. 外购应税消费品已纳税款的扣除数量和扣除范围是如何规定的？
7. 委托加工应税消费品已纳税款的扣除数量和扣除范围是如何规定的？

【拓展阅读】

美国消费税的征税模式

吴成剑

《美国消费税：改革，而非革命》一书有六个部分：第一部分为引言；第二部分阐述了所得税和消费税的不同，介绍了消费税的三种征税模式：①消费所得模式，②收益豁免模式，③销售环节课税模式；第三部分分析了所得税法中反映消费税的规定；第四部分论述了消费税主张和所得税主张各自的地位，以对当前的混合税制改革作出解释；第五部分讨论了这种混合趋势的潜在影响；第六部分为结论。

一、引言

近来有关基本税制改革的文章大多关注于消费税替代所得税的问题。一场轰轰烈烈的消费税改革运动已经展开，在将来几年内，所得税也很可能朝着那个方向改革。本文主要介绍这些想法和观点以及它们对税制改革的潜在影响。所得税的税基是纳税人的“应纳所得额”，是净所得额；而消费税的税基是消费支出额。所得税的合理性在于收入是纳税人支付能力的最佳衡量标准，因而是最公平的税基。也有观点认为，消费支出是对纳税人向社会索取量的衡量，收入是对纳税人向社会贡献量的衡量，因而以前者作为税收的基础更加公平合理。消费税的合理性还有其经济上的原因，例如，促进投资和鼓励储蓄，并且不会引起现在消费和将来消费的关系的扭曲。

二、消费税的几种征税模式

衡量个人消费的方法之一是纳税人的收入减去储蓄或财富的增加值。经济学上，所得被广泛定义为：①纳税人一年内的个人消费，②加上该年的财富增加值。所以，所得税制度中的税基包括了以上两个部分。如果把扣除储蓄后的收入作为税基，那么只反映了纳税人的个人消费。这种消费税模式被称为"消费所得税"（consumed income tax），有时也被称为"现金流消费所得税"（cash flow consumed income tax）。这个概念最初由 William D. Andrews 教授 1974 年在哈佛法律评论上提出。一般认为，该文首次正式提出了消费税替代所得税的观点。

消费税的另一种征税模式是对包括劳动收入和商业收入在内的所有收入征税，不管收入是否已储蓄或支出，但投资产生的收益除外。这种模式被称为"收益豁免"（yield exemption）。在一定条件下，这种模式的消费税征收结果与消费所得模式在经济上是等效的。这种等效性及其影响将在下文阐述。

此外，还有第三种模式，就是以销售环节的消费支出为税基。这种模式的消费税被称为"销售环节税"（point of sale taxation）。

前两种模式以收入所得为基础按年预征，近似于现行的所得税。所以，他们最容易被用来与所得税作比较，是所得税最早的转化模式。

（一）消费所得税

在消费所得税中，对于个体纳税人，各项收入包括劳动收入和资本收益，扣除收入中用于储蓄或投资的部分，最后的余额表示个人收入中已消费的部分，这个数额就是应纳税额。在此种模式下，消费所得税直接对消费征税。依 Andrews 的公式，借款属于应纳税额，还款则从中扣除。消费所得税按个人收入水平计征。例如，某人年收入为 10 万美元，其中 1 万美元用作储蓄，则只对 9 万美元征税。从管理方面来看，这种模式的消费税是未定的，因为需要设计一种方法来计算纳税人的储蓄额，而可能的解决办法是授权银行、保险机构及其他金融机构跟踪这些储蓄存款。

对企业纳税人而言，同样的设计是允许纳税人从当年毛收入中扣除当年投资到生产和设备上的部分（还有日常运行费用）。在所得税中，一般而言，这些支出可以资本化，如果它们在支出年后产生资产或收益的话。对消费税的分析常常集中在现金流消费所得税模式上，因为它可采用和现行所得税近似的征纳方式来征收。从这种比较中得到的有关消费税的资料对其他类型的消费税也是有用的。

（二）收益豁免模式：投资收益免税

采用不同的所得税模式可得到相似的结果——对消费征税，而对储蓄不征税。例如，不采用允许纳税人当年的储蓄或投资可扣除的模式，采用投资收益免税的模式，在一定条件下（包括税率恒定，在该固定税率下的扣除导致税金的即刻减少，因扣除而节约的税金产生的回报与其余投资相同），这种变化将产生于允许扣除模式相同的效果。

为了阐明这一点，可假设纳税人第一年投资 100 美元，在现金流模式下，这笔投资可从税基中扣除。假设税率为 30%，这笔投资在第三年产生 200 美元的收益，该收益被用于消费，因此要纳税。结果，税后投资额为 70 美元（允许 100 美元税前投资扣除的结果），产生税前收益 200 美元，回收后纳税，税后所得为 140 美元（200 美元扣除 60 美元的税金）。这样，纳税人的税后纯利润为 70 美元，相关年间的利润率为 100%。

同样，在收益豁免模式下，虽不允许投资扣除，但投资收益免税，那么在相同条件下，纳税人的利润率是相同的（如下所述）。显然，不允许扣除的 100 美元的支出就表示税后投资额为 100 美元。在第三年创造的投资收益为 200 美元，免税。这样，纳税人的税后纯利润是 100 美元，相关年间利润率为 100%。

在以上两个例子中，纳税人的利润率是相同的。并且，如果第一个例子中的税后投资额由 70 美元变为 100 美元，则所得利润与第二个例子相同，都是 100 美元。例如，假设税前投资为 142.86 美元，则税后为 100 美元（142.86 - 节约的税金 42.86 美元）。产生税前收益 285.72 美元，税后为 200 美元（285.72 - 85.72 美元的税金）。税后 100 美元的投资产生税后 100 美元的利润。纳税人的利润率仍为 100%。

第一个示例，即现金流模式下的例子，遵循的是传统的 IRA；第二个示例，即收益豁免模式下的例子，遵循的是 Roth IRA。以上比较表明两者在效果上是相同的。但考虑投资限额的话，Roth IRA 导致的投资结果优于比传统的 IRA。因为 Roth IRA 下投资限额为每年 3 000 美元，以税后计算。传统的 IRA 虽然也是每年 3 000 美元，但以税前额计算，所以相当于税后 2 100 美元，假设税率 30%。但是，如果没有投资限额，两种模式在数学上是等同的。

上述公式，用财政部的话说就是“允许资产的本金作为费用记账，在一定条件下，就相当于所有权产生的收入免税”。这些条件包括每年的税率恒定不变，纳税人拥有把扣除即刻转化为税金的减少的能力，相关年间投资收益持续稳定。缺少任何一个条件都会导致不同的结果，但公式中的基本原则仍是非常重要的。

值得注意的是，虽然三年间预期的投资收益是 100%，但实际上可能在 25% ~125% 间变动，一个不愿冒风险的纳税人，如果他已决定投资一笔钱，那么他更喜欢现行的扣除模式，而非收益豁免模式。再者，如果回报率大于或小于 100%，选择不同的消费税模式将产生不同的结果。但是，这种不同只是源于这样一个事实：在相同投资额下，收益豁免模式下的纯投资额要比现金流模式大；在现金流模式下，投资引起扣除，使得实际纯投资额小于名义投资额。所以，这种观点只是表明，在回报率不确定的情况下，不愿冒险者比冒险者更倾向于较少的投资。但是，总体上而言，即刻扣除原则和收益豁免原则在经济上是等同的。因此，在消费税的设计上，可用对所有投资和储蓄免税的模式替代扣除模式。

当然，从财政预算的角度看，这两种模式是有区别的。因为现金流模式减少了征税年度的税收，而收益豁免模式只是对后来的收益年度的税收产生影响。所以，选择不同的税收模式可能导致不同的政治压力。而且，如果投资回报出人意料的高，则政府采用收益豁免模式将是不幸的。因为政府将承担不可预料的潜在税收损失，却不能参与投资收益的分配。若投资亏损了，政府将会产生相反的反应，因为政府也不会参与投资亏损的负担。从现在的眼光来看，两种模式下的政府可预见损失是相同的。所以，从长远来看，两种模式对财政预算的影响是相同的。

对收益豁免模式作进一步分析，可以看到，对投资回报或储蓄利息实行优惠税率，可实现消费税的部分效果。例如，如果把资产销售所得的收益的征收税率减到正常税率的一半，就会产生消费税和所得税的混合效果。进一步来说，如果依据一千零一十四条，遗产销售的税率减为零，那么前述的混合效果就会更接近于消费税一边。

（三）销售环节的消费税：销售税和增值税

第三种方法是在销售环节对消费支出课税。确实，大多数外行人认为消费税就是间接对消费课税。间接销售税主要有销售税（the retail sales tax）和增值税（value - added tax）。

销售税是指对包括劳务在内的商品购买征税。销售税又分为一般销售税和特种销售税。一般销售税的税率是统一的。而特种销售税对不同的商品实行不同的税率（包括零税率）。

被考虑用来代替所得税的一种消费税是国家消费税，它是一种价格税。它对零售之前的交易环节不征税，这样就避免了在每个生产环节都征税的串联效应。因此，避免了在纵向联合公司和非纵向联合公司间实行的不平等对待。以零售的毛收入为税基，保证了所有的生产成本（如原材料 、劳动力等）和资本回报（如利息、租金和利润）都包括在税基中，因为它们反映在产品的价格中。

增值税本质上是销售税的一种。相对于销售税，它的优点在于易操作性和内在的防止避税设计。增值税分阶段征收，每个生产者对其出卖产品时增加的价值纳税。操作方式是对销售的商品的整体价值按完全税率课税。所以，消费者支付的产品价格包含了增值税（无税价格 × 增值税率）。

赊欠型增值税（credit - style VAT）是指允许零售商赊欠产品零售时应当免除的税金。赊欠额为销售方购买原材料时支付的增值税，它包含在购买价格中。在这种方式下，零售商只能要求免除纯税金，该纯税金等于零售商在产品上新增加的价值乘以增值税率。所以，赊欠型消费税对每一个生产环节征税，但总额大于只对最终销售环节征税的销售税的数额。如果最终零售商没有缴纳增值税，则不允许赊欠。这样，损失的只是零售商提价的税金。

销售环节的增值税可转化为按年征收的增值税，这种增值税可适用于商业纳税人，以类似于公司所得税的按年征收方式。但是，这种增值税（又称为抵扣型增值税）属于消费税而不是所得税。抵扣型增值税对每个生产环节征收，计算方式为毛收入减去允许扣除费用后的余额与增值税率的乘积。在计算增加值时，允许扣除原材料的成本和资本。但是，劳动力的成本和资本收益不允许扣除。

表面上看，抵扣型增值税和公司所得税相似，只是投资可作为费用记账，并且劳动力成本和利息成本不允许扣除。如果就工资和利息收入分别向所得者征税，但允许在企业层面上扣除，那么企业层面上的抵扣型增值税和企业所得税就只剩下对固定资产支出的处理方式的区别了——增值税允许扣除，而企业所得税允许资本化和资产折旧。

注：本文为作者对《美国消费税：改革，而非革命》一书之选译。在此省略了文中注释。

资料来源：http：//www. fabang. com/a/20100507/140856. html.

第四章　营业税

【学习要点】

◆营业税的概念和特点

◆营业税的征税对象和纳税人

◆营业税的税目和税率

◆营业税的计税依据和税额计算

◆营业税特殊经营行为的税务处理

◆营业税的税收优惠

第一节　营业税概述

一、营业税的概念

营业税是以在我国境内提供应税劳务、转让无形资产或销售不动产所取得的营业额为征税对象征收的一种税。

我国早在周代、汉代和明清时期就开征过具有营业税性质的税种。南京国民党政府时期曾制定了《营业税法》，并明确营业税为地方收入。

新中国成立后，原政务院于1950年公布了《工商业税暂行条例》，将工商业应纳的营业税和所得税合称为工商业税，规定凡在我国境内的工商业事业均需缴纳营业税。1958年税制改革时，将营业税与货物税、商业流通税、印花税合并为工商统一税，1973年将工商统一税并入工商税中。在1993年进行的全面税制改革中，设立了增值税、消费税、营业税三大流转税，并明确划分了增值税和营业税的征税范围。

我国现行营业税法的基本规范，是2008年11月5日国务院第34次常务会议修订通过的《中华人民共和国营业税暂行条例》和2008年12月15日财政部、国家税务总局发布的《中华人民共和国营业税暂行条例实施细则》。

二、营业税的特点

营业税具有以下特点：

（1）以营业额全额为计税依据，只有少数行业的计税营业额有一定的成本费用扣减，计税方法简单，税额不受成本费用高低的影响，但会造成重复征税和税负不合理的问题。

（2）按行业设置税目和税率，营业税实行按行业征收，按不同行业、不同业务设置税目，并根据不同行业的赢利水平设置税率，实行同行业同税率，不同行业不同税率。全部采用比例税率。

（3）实行多环节征税，商品每经过一个流转环节都要征收一道营业税，不同于只实行单一环节征税的消费税，也不同于虽道道征税但实行税款抵扣制以避免重复征税的增值税。

三、营业税的作用

营业税是目前我国三大流转税之一，征收营业税具有重要的意义。

（1）有利于保证地方财政收入的持续稳定增长。

营业税属于地方税，是目前地方税的主体税种，其征收范围广，增值税征收范围之外的所有经营业务均要缴纳营业税，并且营业税一般以营业收入全额为计税依据，只要经营单位或个人取得营业收入，就要缴纳营业税。在商品经济高度发展的今天，充足的税源有利于地方财政收入的持续稳定增长。

（2）有利于促进各个行业协调发展。

营业税按行业设置税目，按不同行业的赢利水平设计差别税率，对一些有利于社会稳定、发展的福利单位和教育、卫生部门给予免税；对一些与国计民生密切相关的行业如交通运输、邮电通信、文化体育行业实行低税率；而对赢利水平较高的行业如娱乐业实行较高的税率，既有利于保证财政收入，又有利于协调各行业的良性发展。

（3）有利于创造公平竞争的税收环境。

营业税按行业设置税率，同一行业同一税率，有利于平衡各行业的税负水平，也有利于同行业的公平竞争。按营业收入全额计税，不得扣除成本费用，促使企业加强经营管理，努力降低成本费用，提高赢利水平。

第二节　营业税的征税对象和纳税义务人

一、营业税的征税对象

营业税的征税对象是在中华人民共和国境内有偿提供应税劳务、转让无形资产或销售不动产的行为。

（1）在中华人民共和国境内是指税收行政管辖权的区域。具体指以下情形：

①提供或者接受应税劳务的单位或者个人在境内；

②所转让的无形资产（不含土地使用权）的接受单位或者个人在境内；

③所转让或者出租土地使用权的土地在境内；

④所销售或者出租的不动产在境内。

（2）应税劳务是指属于交通运输业、建筑业、金融保险业、邮电通信业、文化体育业、娱乐业、服务业税目征收范围的劳务。

需注意的是：

①加工和修理修配劳务属于增值税的征税范围，因此不属于营业税的应税劳务。

②单位或个体工商户聘用的员工为本单位或雇主提供的劳务，也不属于营业税的应税劳务。

③保险劳务：一是指境内保险机构为境内标的物提供的保险，不包括境内保险机构为出口货物提供的保险；二是指境外保险机构以在境内的物品为标的物所提供的保险。

（3）有偿是指在提供应税劳务、转让无形资产或者销售不动产的行为中取得货币、货物或者其他经济利益。

二、营业税的纳税义务人

（一）营业税纳税义务人的一般规定

在中华人民共和国境内提供应税劳务、转让无形资产或者销售不动产的单位和个人，为营业税的纳税义务人。

单位是指企业、行政单位、事业单位、军事单位、社会团体及其他单位。

个人是指个体工商户和其他个人。

（二）营业税纳税人义务的特殊规定

（1）铁路运输的纳税义务人：

①中央铁路运营业务的纳税义务人为铁道部；

②合资铁路运营业务的纳税义务人为合资铁路公司；

③地方铁路运营业务的纳税义务人为地方铁路管理机构；

④基建临管线铁路运营业务的纳税义务人为基建临管线管理机构。

（2）单位以承包、承租、挂靠方式经营的，承包人、承租人、挂靠人（以下统称承包人）发生应税行为，承包人以发包人、出租人、被挂靠人（以下统称发包人）名义对外经营并由发包人承担相关法律责任的，以发包人为纳税义务人；否则以承包人为纳税义务人。

（3）建筑安装业务实行分包或转包的，分包或转包者为纳税义务人。

（4）金融保险业纳税义务人包括：

①银行，包括人民银行、商业银行、政策性银行；

②信用合作社；

③证券公司；

④金融租赁公司、证券基金管理公司、财务公司、信托投资公司、证券投资基金；

⑤保险公司；

⑥其他经中国人民银行、中国证监会、中国保监会批准成立且经营金融保险业务的机构等。

（三）营业税的扣缴义务人

营业税的扣缴义务人主要有以下两种情形：

（1）境外的单位或者个人在境内提供应税劳务、转让无形资产或者销售不动产，在境内未设有经营机构的，以其境内代理人为扣缴义务人；在境内没有代理人的，以受让方或者购买方为扣缴义务人。

（2）国务院财政、税务主管部门规定的其他扣缴义务人。

第三节　营业税的税目与税率

一、营业税的税目

现行营业税按照行业、类别的不同分别设置了 9 个税目。

（一）交通运输业

交通运输业是指使用运输工具或人力、畜力将货物或旅客送达目的地，使其空间位置得到转移的业务活动。交通运输业分为陆路运输、水路运输、航空运输、管道运输和装卸搬运 5 大类。

（1）陆路运输是指通过陆路（地上或地下）运送货物或旅客的运输业务，包括铁路运输、公路运输、缆车运输、索道运输及其他陆路运输。

（2）水路运输是指通过江、河、湖、川等天然、人工水道或海洋航道运送货物或旅客的运输业务。打捞与水路运输有着密切的关系，也可以比照水路运输的办法征税。

（3）航空运输是指通过空中航线运送货物或旅客的运输业务。通用航空业务、航空地面服务业务也按照航空运输业务征税。

（4）管道运输是指通过管道设施输送气体、液体、固体物资的运输业务。

（5）装卸搬运是指使用装卸搬运工具或人力、畜力将货物在运输工具之间、装卸现场之间或运输工具与装卸现场之间进行装卸和搬运的业务。

凡与运营业务有关的各项劳务活动，均属交通运输业的税目征收范围，包括通用航空业务，航空地面服务，打捞，理货，港务局提供的引航、系解缆、搬家、停泊、移泊等劳务及引水员交通费、过闸费、货物港务费等。

（6）对远洋运输企业从事程租、期租业务和航空运输企业从事湿租业务取得的收入，按“交通运输业”税目征收营业税。

程租业务是指远洋运输企业为租船人完成某一特定航次的运输任务并收取租赁费的业务。

期租业务是指远洋运输企业将配备有操作人员的船舶承租给他人使用一定期限，承租期内听候承租方调遣，不论是否经营，均按天向承租方收取租赁费，发生的固定费用（如人员工资、维修费用等）均由船东负担的业务。

湿租业务是指航空运输企业将配备有机组人员的飞机承租给他人使用一定期限，承租期内听候承租方调遣，不论是否经营，均按一定标准向承租方收取租赁费，发生的固定费用（如人员工资、维修费用等）均由承租方负担的业务。

（7）自2005年6月1日起，对公路经营企业收取的高速公路车辆通行费收入统一减按3%的税率征收营业税。

（二）建筑业

建筑业是指建筑安装工程作业，包括建筑、安装、修缮、装饰和其他工程作业。

（1）建筑是指新建、改建、扩建各种建筑物、构筑物的工程作业，包括与建筑物相连的各种设备或支柱、操作平台的安装或装设的工程作业，以及各种窑炉和金属结构工程作业在内。但自建自用建筑物，其自建行为不是建筑业税目的征税范围。出租或投资入股的自建建筑物，也不是建筑业税目的征税范围。

（2）安装是指生产设备、动力设备、起重设备、运输设备、传动设备、医疗实验设备及其他各种设备的装配、安置工程作业，包括与设备相连的工作台、梯子、栏杆的装设工程作业和被安装设备的绝缘、防腐、保温、油漆等工程作业。

（3）修缮是指对建筑物、构筑物进行修补、加固、养护、改善，使之恢复原来的使用价值或延长其使用期限的工程作业。

（4）装饰是指对建筑物、构筑物进行修饰，使之美观或具有特定用途的工程作业。

（5）其他工程作业是指除建筑、安装、修缮、装饰工程作业以外的各种工程作业，如代办电信工程、水利工程、道路修建、疏浚、钻井（打井）、拆除建筑物、平整土地、搭脚手架、爆破等工程作业。

（三）金融保险业

金融保险业是指经营金融、保险的业务。

（1）金融是指经营货币资金融通活动的业务，包括贷款、融资租赁、金融商品转让、金融经纪和其他金融业务。

①贷款是指将资金有偿贷与他人使用（包括以贴现、押汇方式）的业务，包括以货币资金投资但收取固定利润或保底利润的行为。

②融资租赁（也称金融租赁）是指经中国人民银行或对外贸易经济合作部（现商务部）批准可从事融资租赁业务的单位所从事的具有融资性质和所有权转移特点的设备租赁业务。

③金融商品转让是指转让外汇、有价证券或非货物期货的所有权的行为，包括股票转让、债券转让、外汇转让、其他金融商品转让。

④金融经纪业务和其他金融业务是指受托代他人经营金融活动的中间业务，如委托业务、代理业务、咨询业务等。

（2）保险是指将通过契约形式集中起来的资金，用以补偿被保险人的经济利益的活动。

（3）对我国境内外资金融机构从事离岸银行业务，属于在我国境内提供应税劳务的，征收营业税。离岸银行业务是指银行吸收非居民的资金，服务于非居民的金融活动，包括外汇存款、外汇贷款、同业外汇拆借、国际结算、发行大额可转让存款证、外汇担保、咨询、鉴证业务以及国家外汇管理局批准的其他业务。

（四）邮电通信业

邮电通信业是指专门办理信息传递的业务，包括邮政、电信。

（1）邮政是指传递实物信息的业务，包括传递函件或包件（含快递业务）、邮汇、报刊发行、邮务物品销售、邮政储蓄及其他邮政业务。

（2）电信是指用各种电传设备传输电信号而传递信息的业务，包括电报、电传、电话、电话机安装、电信物品销售及其他电信业务。包括基础电信业务和增值电信业务。

基础电信业务是指提供公共网络基础设施、公共数据传送和基本语音通信服务的业务。电信增值业务是指利用公共网络基础设施提供的电信与信息服务的业务。

（五）文化体育业

文化体育业是指经营文化、体育活动的业务，包括文化业和体育业。

（1）文化业是指经营文化活动的业务，包括表演、播映、经营游览场所和各种展览、培训活动，举办文学、艺术、科技讲座、讲演、报告会，图书馆的图书和资料的借阅业务等。

广告的播映不按本税目纳税，而是按“服务业”税目中的“广告业”细目纳税。

（2）体育业是指举办各种体育比赛和为体育比赛或体育活动提供场所的业务。

以租赁方式为文化活动、体育比赛提供场所，不按本税目纳税，应按“服务业”税目中的“租赁业”细目纳税。

（六）娱乐业

娱乐业是指为娱乐活动提供场所和服务的业务，包括经营歌厅、舞厅、卡拉OK歌舞厅、音乐茶座、台球、高尔夫球、保龄球场、网吧、游艺场等娱乐场所，以及娱乐场所为顾客进行娱乐活动提供服务的业务。

娱乐场所为顾客提供的饮食服务及其他各种服务也按照娱乐业征税。

（七）服务业

服务业是指利用设备、工具、场所、信息或技能为社会提供服务的业务，包括代理业、旅店业、饮食业、旅游业、仓储业、租赁业、广告业和其他服务业。

（1）对远洋运输企业从事光租业务和航空运输企业从事干租业务取得的收入，按“租赁业”细目征收营业税。

光租业务是指远洋运输企业将船舶在约定的时间内出租给他人使用，不配备操作人员，不承担运输过程中发生的各种费用，只收取固定租赁费的业务。

干租业务是指航空运输企业将飞机在约定的时间内出租给他人使用，不配备机组人员，不承担运输过程中发生的各种费用，只收取固定租赁费的业务。

（2）自2002年1月1日起，福利彩票机构发行销售福利彩票取得的收入不征收营业税。福利彩票机构以外的代销单位销售福利彩票取得的手续费收入应按规定征收营业税。

（3）对社保基金投资管理人、社保基金托管人从事社保基金管理活动取得的收入，依照税法的规定征收营业税。

（4）单位和个人在旅游景点经营索道取得的收入按“服务业”税目中的“旅游业”项目征收营业税。

（5）交通部门有偿转让高速公路收费取得的收入，应按“服务业”税目中的“租赁业”细目征收营业税。

（6）无船承运业务应按照“服务业”税目中的“代理业”细目征收营业税。

无船承运业务是指无船承运业务经营者以承运人身份接受托运人的货载，签发自己的提单或其他运输单证，向托运人收取运费，通过国际船舶运输经营者完成国际海上货物运输，承担承运人责任的国际海上运输经营活动。

（7）酒店产权式经营业主在约定的时间内提供房产使用权与酒店进行合作经营，如房产产权并未归属新的经济实体，业主按照约定取得的固定收入和分红收入均应视为租金收入，应按照“服务业”税目中的“租赁业”细目征收营业税。

（8）对港口设施经营人收取的港口设施保安费，应按照“服务业”税目全额征收营业税。

（9）单位和个人受托种植植物、饲养动物的行为，应按照“服务业”税目征收营业税。受托种植植物、饲养动物的行为，是指委托方向受托方提供其拥有的植物或动物，受托方提供种植或饲养服务并最终将植物或动物归还给委托方的行为。

（10）自2012年1月1日起，旅店业和饮食业纳税人销售非现场消费的食品应当缴纳增值税，不缴纳营业税。

（八）转让无形资产

转让无形资产是指转让不具有实物形态但能带来经济利益的资产的所有权或使用权的行为，包括转让土地使用权、转让商标权、转让专利权、转让非专利技术、出租电影拷贝、转让著作权和转让商誉。

转让土地使用权是指土地使用者转让土地使用权的行为，原则上限于二级市场。土地所有者出让土地使用权和土地使用者将土地使用权归还给土地所有者的行为，不征收营业税。

自2003年1月1日起，以无形资产投资入股，参与接受投资方的利润分配、共同承担投资风险的行为，不征收营业税。在投资后转让其股权的也不征收营业税。

（九）销售不动产

不动产是指不能移动或移动后会引起性质、形态变化的资产。销售不动产是指有偿转让不动产所有权的行为，包括销售建筑物或构筑物和销售其他土地附着物。在销售不动产时连同不动产所占土地的使用权一并转让的行为，比照销售不动产征收营业税。

自2003年1月1日起，以不动产投资入股，参与接受投资方利润分配、共同承担投资风险的行为，不征营业税。在投资后转让其股权的也不征收营业税。

单位或者个人将不动产或者土地使用权无偿赠送给其他单位或者个人，视同销售不动产征收营业税；单位或者个人自己新建（以下简称自建）建筑物后销售，其所发生的自建行为，视同发生应税行为征收营业税。

二、营业税的税率

营业税实行比例税率，按照不同行业分别设置不同的比例税率，具体规定为：

（1）交通运输业、建筑业、邮电通信业、文化体育业，税率为3%。

（2）服务业、金融保险业、销售不动产、转让无形资产，税率为5%。

（3）娱乐业，幅度税率为5%~20%，由各省、自治区、直辖市人民政府根据当地的实际情况在幅度内确定具体适用的税率。

营业税税目、税率见表4－1。

表4－1　营业税税目、税率

序号	税目	税率（%）
1	交通运输业	3
2	建筑业	3
3	金融保险业	5
4	邮电通信业	3
5	文化体育业	3
6	娱乐业	5~20
7	服务业	5
8	转让无形资产	5
9	销售不动产	5

第四节　营业税的计算

一、营业税的计税依据

营业税以营业额为计税依据，一般来说，营业额为纳税人提供应税劳务、转让无形资产或者销售不动产向对方收取的全部价款和价外费用。

价外费用包括收取的手续费、补贴、基金、集资费、返还利润、奖励费、违约金、滞纳金、延期付款利息、赔偿金、代收款项、代垫款项、罚息及其他各种性质的价外收费。同时符合以下条件代为收取的政府性基金或者行政事业性收费不包括在内：

（1）由国务院或者财政部批准设立的政府性基金，由国务院或者省级人民政府及其财政、价格主管部门批准设立的行政事业性收费；

（2）收取时开具省级以上财政部门印制的财政票据；

（3）所收款项全额上缴财政。

对于各个行业，某些业务营业税计税依据的具体规定有所不同，归纳如下。

（一）交通运输业的计税依据

交通运输业的计税依据为营业额，包括客运收入、装卸搬运收入、其他运输业务收入和运输票价中包含的保险费收入以及随同票价、货运运价及向客户收取的各种交通建设基金等。其中，国家对某些业务的营业额作了具体规定：

（1）纳税人将承揽的运输业务分给其他单位或者个人的，以其取得的全部价款和价外费用扣除其支付给其他单位或者个人的运输费用后的余额为营业额。

（2）运输企业自中华人民共和国境内运输旅客或者货物出境，在境外改由其他运输企业承运旅客或者货物，以全程运费减去付给该承运企业的运费后的余额为营业额。

自2010年1月1日起，对中华人民共和国境内单位或者个人提供的国际运输劳务免征营业税。2010年1月1日至文到之日已征的应予免征的营业税税额在纳税人以后的应纳营业税税额中抵减或者予以退税。

国际运输劳务是指：①在境内载运旅客或者货物出境；②在境外载运旅客或者货物入境；③在境外发生载运旅客或者货物的行为。

（3）运输企业从事联运业务，以实际取得的营业额为计税依据。联运业务是指由两个以上运输企业完成旅客或货物从发送地点至到达地点所进行的运输业务，联运的特点是"一次购买、一次收费、一票到底"。实际取得的营业额是指以其收到的收入扣除支付给后程承运者的各项费用后的余额。

（4）自2011年9月26日起，合资铁路运输公司、股改铁路运输企业和其他铁路运输企业相互之间合作完成运输业务，承运人应以取得的全部价款和价外费用扣除支付给其他合作运输方的运输费用后的余额为营业额，以《铁路运输企业提供服务清算票据》为营业额扣除凭证，计算缴纳营业税。

（二）建筑业的计税依据

建筑业的计税依据是纳税人从事建筑、安装、修缮、装饰和其他工程作业等而取得的营业收入额。其中，对某些业务的营业额作了具体规定：

（1）建筑业的总承包人将建筑工程分包或者转包给他人的，以工程全部承包额减去付给分包人或者转包人的价款后的余额为营业额。

（2）纳税人提供建筑业劳务（不含装饰劳务）的，其营业额应当包括工程所用原材料、设备及其他物资和动力价款在内，但不包括建设方提供的设备的价款。从事安装工程作业，安装设备价值作为安装工程产值的，营业额包括设备的价款。

（3）从事建筑、修缮、装饰工程作业的营业额，无论与对方如何结算，均应包括所用原材料及其他物资和动力的价款在内。

（4）从事安装工程作业的营业额，如果安装企业只负责安装，并取得安装费收入，就以安装费收入为营业额；如果安装企业承包的安装工程总金额中包括了机器设备本身的价值在内，则其营业额应包括设备的价值在内。

（5）自建行为和单位或个人将不动产无偿赠与他人，由主管税务机关按照本节"计税依据具体规定"的第（九）条规定顺序核定营业额。

自建行为是指纳税人自己建造房屋的行为。纳税人自建自用的房屋不纳税；如纳税人（包括个人自建自用住房销售）将自建的房屋对外销售，其自建行为应按建筑业缴纳营业税，再按销售不动产征收营业税。

（三）金融保险业的计税依据

金融保险业的计税依据是营业收入额。其中，金融业营业额具体包括贷款利息、融资租赁收益、金融商品转让收益以及从事金融经纪业务和其他金融业务的手续费收入，也包括金融机构当期实际收到的结算罚款、罚息、加息等收入。保险业的营业额是指保险机构经营保险业务所收取的保费收入。具体规定如下：

（1）一般贷款业务的营业额为贷款利息收入（包括各种加息、罚息等）。

（2）经批准经营融资租赁业务的单位，融资租赁以其向承租者收取的全部价款和价外费用（包括残值）减去出租方承担的出租货物的实际成本后的余额，以直线法折算出本期的营业额。其计算公式为：

本期营业额 =（应收取的全部价款和价外费用 - 实际成本）×（本期天数 ÷ 总天数）

实际成本 = 货物购入原价 + 关税 + 增值税 + 消费税 + 运杂费 + 安装费 + 保险费 + 支付给境外的外汇借款利息支出和人民币借款利息

（3）外汇、有价证券、期货（指非货物期货）等金融商品买卖业务，以卖出价减去买入价后的余额为营业额。卖出价是指卖出原价，不得扣除卖出过程中支付的各种费用和税金。买入价是指购进原价，不包括购进过程中支付的各种费用和税金，但买入价应依照财务会计制度规定，以股票、债券的购入价减去股票、债券持有期间取得的股票、债券红利收入。

货物期货不缴纳营业税。

（4）金融经纪业务和其他金融业务（中间业务）营业额为手续费（佣金）类的全部收入。

金融企业从事受托收款业务，如代收电话费、水电煤气费、信息费、学杂费、寻呼费、社保统筹费、交通违章罚款、税款等，以全部收入减去支付给委托方价款后的余额为营业额。

（5）保险业务营业额包括：

①办理初保业务。营业额为纳税人经营保险业务向对方收取的全部价款，即向被保险人收取的全部保险费。

②储金业务。保险公司如采用收取储金方式取得经济利益的（即以被保险人所交保险资金的利息收入作为保费收入，保险期满后将保险资金本金返还被保险人），其“储金业务”的营业额，为纳税人在纳税期内的储金平均余额乘以中国人民银行公布的 1 年期存款的月利率。储金平均余额为纳税期期初储金余额与期末余额之和乘以 50%。

③保险企业已征收过营业税的应收未收保费，凡在财务会计制度规定的核算期限内未收回的，允许从营业额中减除。在会计核算期限以后收回的已冲减的应收未收保费，再并入当期营业额中。

④保险企业开展无赔偿奖励业务的，以向投保人实际收取的保费为营业额。

⑤中华人民共和国境内的保险人将其承保的以境内标的物为保险标的的保险业务向境外再保险人办理分保的，以全部保费收入减去分保保费后的余额为营业额。

境外再保险人应就其分保收入承担营业税纳税义务，并由境内保险人扣缴境外再保险人应缴纳的营业税税款。

（6）金融企业贷款利息征收营业税的具体规定。

自2003年1月1日起，对金融企业（包括国有、集体、股份制、合资、外资银行以及其他所有制形式的银行，城市信用社和农村信用社，信托投资公司和财务公司）应收未收利息征收营业税核算期限规定如下：

金融企业发放贷款（包括自营贷款和委托贷款，下同）后，凡在规定的应收未收利息核算期内发生的应收利息，均应按规定申报缴纳营业税；贷款应收利息自结息之日起，超过应收未收利息核算期限或贷款本金到期（含展期）超过90天后尚未收回的，按照实际收到的利息申报缴纳营业税。

（7）外币折合成人民币。金融保险业以外汇结算营业额的，应将外币折合成人民币后计算营业税。原则上金融业按其收到的外汇的当天或当季季末中国人民银行公布的基准汇价折合营业额，保险业按其收到的外汇的当天或当月最后一天中国人民银行公布的基准汇价折合营业额，报经省级税务机关批准后，允许按照财务制度规定的其他基准汇价折合营业额。

（四）邮电通信业的计税依据

邮电通信业的计税依据为营业收入额。具体分为邮政业务的营业额和电信业务的营业额。

（1）电信部门以集中受理方式为集团客户提供跨省的出租电路业务，由受理地区的电信部门按取得的全部价款减去分割给参与提供跨省电信业务的电信部门的价款后的差额为营业额计征营业税；对参与提供跨省电信业务的电信部门，按各自取得的全部价款为营业额计征营业税。

（2）邮政电信单位与其他单位合作，共同为用户提供邮政电信业务及其他服务并由邮政电信单位统一收取价款的，以全部收入减去支付给合作方价款后的余额为营业额。

（3）中国移动通信集团公司通过手机短信公益特服号“8858”为中国儿童少年基金会接受捐款业务，以全部收入减去支付给中国儿童少年基金会的价款后的余额为营业额。

（五）文化体育业的计税依据

文化体育业的计税依据为营业额。具体规定如下：

（1）单位和个人进行演出，以全部票价收入或者包场收入减去付给提供演出场所的单位、演出公司或者经纪人的费用后的余额为营业额。提供演出场所的单位所取得的收入应按“服务业”税目中的“租赁业”细目征税。演出公司或经纪人所取得的收入则应按“服务业”税目中的“代理业”细目征税。

（2）游览场所的营业额是指公园、动（植）物园及其他游览场所销售门票的收入，不包括这些场所从事的其他游艺活动或其他经营活动的收入。

（六）娱乐业的计税依据

娱乐业的营业额为经营娱乐业收取的全部价款和价外费用，包括门票收费、台位费、点歌费、烟酒、饮料、茶水、鲜花、小吃等收费及经营娱乐业的其他各项收费。

娱乐业的纳税人如果兼营营业税中其他税目的业务，应将娱乐业税目的营业额和其他税目的营业额分别核算，分别申报纳税。如果不能分别核算或不能准确核算各自的营业额，则按所涉及税目中的最高税率征税。

（七）服务业的计税依据

服务业的计税依据是经营各项服务业的营业收入额。其中，某些项目营业额的具体规定如下：

（1）代理业以纳税人从事代理业务向委托方实际收取的报酬为营业额。

（2）电脑福利彩票投注点代销福利彩票取得的任何形式的手续费收入，应照章征收营业税。

（3）广告代理业的营业额为代理者向委托方收取的全部价款和价外费用减去付给广告发布者的广告发布费后的余额。广告发布费按“广告业”细目征税，而不按“代理业”征税。

（4）广告业的营业额，只是广告的设计、制作、刊登、播映等广告业务的收入额。广告经营单位取得的赞助收入、广告费收入均应按全额计税，不得扣除付给广告公司的广告制作费。

（5）对拍卖行向委托方收取的手续费应征收营业税。

（6）纳税人从事旅游业务的，以其取得的全部价款和价外费用扣除替旅游者支付给其他单位或者个人的住宿费、餐费、交通费、旅游景点门票和支付给其他接团旅游企业的旅游费后的余额为营业额。

（7）对单位和个人在旅游景区经营旅游游船、观光电梯、观光电车、景区环保客运车所取得的收入应按“服务业—旅游业”征收营业税。

单位和个人在旅游景区兼有不同税目应税行为并采取“一票制”收费方式的，应当分别核算不同税目的营业额；未分别核算或核算不清的，从高适用税率。

（8）从事物业管理的单位，以与物业管理有关的全部收入减去代业主支付的水、电、燃气以及代承租者支付的水、电、燃气、房屋租金的价款后的余额为营业额。

（八）转让无形资产的计税依据

转让无形资产的计税依据是无形资产的转让额，包括受让方支付给转让方的全部货币、实物和其他经济利益。转让方收取实物时，由税务机关根据同类物品的市场价格核定实物的价值；转让方取得其他经济利益时，也由税务机关核定其货币价值。

（九）销售不动产或土地使用权的计税依据

销售不动产或土地使用权的计税依据为销售方向购买方收取的全部价款和价外费用。具体为：

（1）单位和个人销售或转让其购置的不动产或受让的土地使用权，以全部收入减去不动产或土地使用权的购置或受让原价后的余额为营业额。

（2）单位和个人销售或转让抵债所得的不动产、土地使用权的，以全部收入减去抵债时该项不动产或土地使用权作价后的余额为营业额。

（3）自2011年1月28日起，个人将购买不足5年的住房对外销售的，全额征收营业税；个人将购买超过5年（含5年）的非普通住房对外销售的，按照其销售收入减去购买房屋的价款后的差额征收营业税；个人将购买超过5年（含5年）的普通住房对外销售的，免征营业税。

（4）自2011年9月1日起，纳税人转让土地使用权或者销售不动产的同时一并销售的附着于土地或者不动产上的固定资产中，凡属于增值税应税货物的，应按规定计算缴纳增值税；凡属于不动产的，应按照“销售不动产”税目计算缴纳营业税。

纳税人应分别核算增值税应税货物和不动产的销售额，未分别核算或核算不清的，由主管税务机关核定其增值税应税货物的销售额和不动产的销售额。

（十）营业税计税依据的其他规定

（1）对于纳税人提供劳务、转让无形资产或销售不动产价格明显偏低而无正当理由的，或者视同发生应税行为而无营业额的，税务机关可按下列顺序确定其营业额：

①按纳税人最近时期发生同类应税行为的平均价格核定；

②按其他纳税人最近时期发生同类应税行为的平均价格核定；

③按下列公式核定：

$$营业额=营业成本或者工程成本\times(1+成本利润率)\div(1-营业税税率)$$

公式中的成本利润率由省、自治区、直辖市税务局确定。

（2）纳税人计算缴纳营业税后因发生退款减除营业额的，应当退还已缴纳营业税税款或者从纳税人以后的应缴纳营业税税额中减除。

（3）纳税人发生应税行为，如果将价款与折扣额在同一张发票上注明的，以折扣后的价款为营业额；如果将折扣额另开发票的，不论其在财务上如何处理，均不得从营业额中扣除。

电信单位销售的各种有价电话卡，由于其计费系统只能按有价电话卡面值出账并按有价电话卡面值确认收入，不能直接在销售发票上注明折扣折让额，以按面值确认的收入减去当期财务会计上体现的销售折扣折让后的余额为营业额。

（4）单位和个人提供应税劳务、转让无形资产和销售不动产时，因受让方违约而从受让方取得的赔偿金收入，应并入营业额中征收营业税。

（5）单位和个人因财务会计核算办法改变，将已缴纳过营业税的预收性质的价款逐期转为营业收入时，允许从营业额中减除。

（6）劳务公司接受用工单位的委托，为其安排劳动力，凡用工单位将其应支付给劳动力的工资和为劳动力上交的社会保险（包括养老保险金、医疗保险、失业保险、工伤保险等，下同）以及住房公积金统一交给劳务公司代为发放或办理的，以劳务公司从用工单位收取的全部价款减去代收转付给劳动力的工资和为劳动力办理社会保险及住房公积金后的余额为营业额。

（7）通信线路工程和输送管道工程所使用的电缆、光缆和构成管遭工程主体的防腐管段、管件（弯头、三通、冷弯管、绝缘接头）、清管器、收发球筒、机泵、加热炉、金属容器等物品均属于设备，其价值不包括在工程的计税营业额中。

其他建筑安装工程的计税营业额也不应包括设备价值，具体设备名单可由省级地方税务机关根据各自实际情况列举。

（8）自 2004 年 12 月 1 日起，营业税纳税人购置税控收款机，经主管税务机关审核批准后，可凭购进税控收款机取得的增值税专用发票，按照发票上注明的增值税税额，抵免当期应纳营业税税额，或者按照购进税控收款机取得的普通发票上注明的价款，依下列公式计算可抵免税额：

可抵免税额 = 价款 ÷（1 + 17%）× 17%

当期应纳税额不足抵免的，未抵免部分可在下期继续抵免。

二、营业税的计算

营业税按照营业额和规定的适用税率计算应纳税额。计算公式为：

应纳税额 = 营业额 × 税率

应纳税额以人民币为计算单位，纳税人以人民币以外的货币结算营业额的，其营业额的人民币折合率可以选择营业额发生的当天或者当月 1 日的人民币汇率中间价。纳税人应当在事先确定采用何种折合率，确定后 1 年内不得变更。

计税营业额一般为营业收入全额，某些税法列举的营业项目按差额计税。计税时一般有三种情况：

（一）按营业收入全额计税

应纳税额 = 营业收入全额 × 适用税率

【例 4 - 1】某卡拉 OK 歌舞厅某月取得门票收入为 40 万元，点歌费收入 10 万元，出售烟酒和饮料收入 12 万元，茶水费收入 3 万元，该地娱乐业适用的税率为 20%。请计算该歌舞厅应缴纳的营业税税额。

【解答】

应纳税额 = 营业收入全额 × 适用税率 =（40 + 10 + 12 + 3）× 20% = 13（万元）

（二）按营业收入差额计税

应纳税额 =（营业收入 - 规定扣除项目的金额）× 适用税率

【例 4 - 2】某旅游公司某月旅游服务收入总额为 600 万元，从中支付给其他单位住宿费 90 万元，餐费 60 万元，交通费 40 万元，景点门票费 50 万元，外地接团旅游企业旅游费 120 万元，能够提供合法有效凭证。请计算该旅游公司应缴纳的营业税税额。

【解答】

应纳税额 =（营业收入 - 规定扣除项目的金额）× 适用税率

$= (600-90-60-40-50-120) \times 5\% = 12$（万元）

（三）按组成计税价格计税

应纳税额＝组成计税价格×适用税率

【例4－3】某建筑公司一栋自建楼房竣工，建筑安装总成本8 000万元，其中40%自用，另60%出售，总售价9 200万元，本月预收4 600万元。请计算该建筑公司应纳的营业税税额。（当地营业税成本利润率为10%）

【解答】

建筑企业自建自用的房屋不纳营业税，将自建的房屋对外出售，应按建筑业和销售不动产缴纳两个税目的营业税：

$$\text{按建筑业应纳税额} = \text{组成计税价格} \times \text{适用税率}$$

$$= \frac{\text{工程成本} \times (1 + \text{成本利润率})}{1 - \text{营业税税率}} \times \text{适用税率}$$

$$= \frac{8\,000 \times 60\% \times (1 + 10\%)}{1 - 3\%} \times 3\%$$

$$= 163.30\text{（万元）}$$

$$\text{按销售不动产应纳税额} = \text{销售额（预收款）} \times 5\%$$

$$= 4\,600 \times 5\%$$

$$= 230\text{（万元）}$$

自建房屋出售部分共纳营业税税额＝163.30＋230＝393.30（万元）

三、特殊经营行为的税务处理

营业税与增值税属于互补性的税种。从税制设计上来说，征收增值税的货物或劳务不征收营业税，征收营业税的劳务或货物不征收增值税。尽管税法已经明确划分了营业税和增值税的征收范围，但是，在实际经营活动中有些行为还是很难划分清楚应征收哪种税。对此，税法有必要给以明确界定。

1. 兼营不同税目的应税行为

税法规定，纳税人兼营不同税目的应当缴纳营业税的劳务、转让无形资产或者销售不动产，应当分别核算不同税目的营业额、转让额、销售额（以下统称营业额）；未分别核算营业额的，从高适用税率。

2. 混合销售行为

一项销售行为如果既涉及应税劳务又涉及货物，则为混合销售行为。从事货物的生产、批发或者零售的企业、企业性单位和个体工商户的混合销售行为，视为销售货物，不缴纳营业税；其他单位和个人的混合销售行为，视为提供应税劳务，缴纳营业税。

货物是指有形动产，包括电力、热力、气体在内。

从事货物的生产、批发或者零售的企业、企业性单位和个体工商户，包括以从事货物的生产、批发或者零售为主，并兼营应税劳务的企业、企业性单位和个体工商户在内。

纳税人的下列混合销售行为，应当分别核算应税劳务的营业额和货物的销售额，其应税劳务的营业额缴纳营业税，货物销售额不缴纳营业税；未分别核算的，由主管税务机关核定其应税劳务的营业额：

（1）提供建筑业劳务的同时销售自产货物的行为；

（2）财政部、国家税务总局规定的其他情形。

3. 兼营应税劳务与货物或非应税劳务行为

纳税人兼营应税行为和货物或者非应税劳务的，应当分别核算应税行为的营业额和货物或者非应税劳务的销售额，其应税行为营业额缴纳营业税，货物或者非应税劳务销售额不缴纳营业税；未分别核算的，由主管税务机关核定其应税行为的营业额。

纳税人兼营免税、减税项目的，应当单独核算免税、减税项目的营业额；未单独核算营业额的，不得免税、减税。

4. 特定业务营业税与增值税征税范围的划分

纳税人的下列混合销售行为，应当分别核算应税劳务的营业额和货物的销售额，其应税劳务的营业额缴纳营业税，货物销售额不缴纳营业税；未分别核算的，由主管税务机关核定其应税劳务的营业额：

（1）集邮商品的生产征收增值税。邮政部门（含集邮公司）销售集邮商品，应当征收营业税；邮政部门以外的其他单位与个人销售集邮商品，征收增值税。集邮是指收集和保存各种邮票以及与邮政相联系的其他邮品的活动。

（2）邮政部门发行报刊，征收营业税；其他单位和个人发行报刊，征收增值税。报刊发行是指邮政部门代出版单位收订、投递和销售各种报纸、杂志的业务。

（3）电信单位自己销售电信物品，并为客户提供有关的电信劳务服务的，征收营业税；对单纯销售无线寻呼机、移动电话等不提供有关的电信劳务服务的，征收增值税。电信物品是指电信业务专用或通用的物品，如无线寻呼机、移动电话、电话机及其他电信器材等。

（4）燃气公司和生产、销售货物或提供增值税应税劳务的单位，在销售货物或提供增值税应税劳务时，代有关部门向购买方收取的集资费［包括管道煤气集资款（初装费）］、手续费、代收款等，属于增值税价外收费，应征收增值税，不征收营业税。

（5）随汽车销售提供的汽车按揭服务和代办服务业务征收增值税，单独提供按揭、代办服务业务并不销售汽车的，应征收营业税。

（6）对商业企业向供货方收取的与商品销售量、销售额无必然联系，且商业企业向供货方提供一定劳务的收入。例如，进场费、广告促销费、上架费、展示费、管理费等，不属于平销返利，不冲减当期增值税进项税额，应按营业税的适用税目、税率（5%）征收营业税。商业企业向供货方收取的各种收入，一律不得开具增值税专用发票。

第五节　营业税的税收优惠

一、营业税的税收优惠规定

营业税的征收范围涉及教育、文化、体育，以及与群众生活息息相关的交通、住房、金融保险、服务业等方面，因此，国家对营业税制定了一系列税收优惠政策，减免项目较多。

（1）根据《营业税暂行条例》的规定，免征营业税的项目为：

①托儿所、幼儿园、养老院、残疾人福利机构提供的育养服务、婚姻介绍、殡葬服务。

②残疾人员个人为社会提供的劳务，即残疾人员本人为社会提供的劳务。

③医院、诊所和其他医疗机构提供的医疗服务。

④学校和其他教育机构提供的教育劳务，学生勤工俭学提供的劳务。

学校和其他教育机构是指普通学校以及经地、市级以上人民政府或者同级政府的教育行政部门批准成立、国家承认其学员学历的各类学校。

⑤农业机耕、排灌、病虫害防治、植保、农牧保险以及相关技术培训业务，家禽、牲畜、水生动物的配种和疾病防治。

农业机耕是指在农业、林业、牧业中使用农业机械进行耕作（包括耕耘、种植、收割、脱粒、植物保护等）的业务；排灌是指对农田进行灌溉或排涝的业务；病虫害防治是指从事农业、林业、牧业、渔业的病虫害测报和防治的业务；农牧保险是指为种植业、养殖业、牧业种植和饲养的动植物提供保险的业务；相关技术培训是指与农业机耕、排灌、病虫害防治、植物保护业务相关以及为使农民获得农牧保险知识的技术培训业务；家禽、牲畜、水生动物的配种和疾病防治业务的免税范围，包括与该项劳务有关的提供药品和医疗用具的业务。

⑥纪念馆、博物馆、文化馆、美术馆、展览馆、书画院、图书馆、文物保护单位举办文化活动的门票收入，宗教场所举办文化、宗教活动的门票收入。

上述各类文化活动是指这些单位在自己的场所举办的属于文化体育业税目征收范围的文化活动。其门票收入是指销售第一道门票的收入。宗教场所举办文化、宗教活动的门票收入是指寺院、宫观、清真寺和教堂举办文化、宗教活动销售门票的收入。

⑦境内保险机构为出口货物提供的保险产品。

出口货物提供的保险产品包括出口货物保险和出口信用保险。

营业税的免税、减税项目由国务院规定。任何地区、部门均不得规定免税、减税项目。

（2）根据国家的其他规定，享受减征或免征营业税的项目主要有：

①保险公司开展的1年及以上返还性人身保险业务的保费收入免征营业税。返还性人

身保险业务是指保期 1 年及以上，到期返还本利的普通人寿保险、养老金保险、健康保险。

②对单位和个人从事技术转让、技术开发业务和与之相关的技术咨询、技术服务业务取得的收入，免征营业税。

③个人转让著作权，免征营业税。

④将土地使用权转让给农业生产者用于农业生产，免征营业税。

⑤凡经中央及省级财政部门批准纳入预算管理或财政专户管理的行政事业性收费、基金，无论是行政单位收取的，还是由事业单位收取的，均不征收营业税。

⑥社会团体按财政部门或民政部门规定标准收取的会费，不征收营业税。

社会团体是指在中华人民共和国境内经国家社团主管部门批准成立的非营利性的协会、学会等民间群众社会组织。各党派、共青团、工会、妇联、中科协、青联、台联、侨联收取的党费、会费，比照上述规定执行。

对在境外国商会按财政部门或民政部门规定标准收取的会费，不征收营业税。对除会费以外各种名目的收入，凡属于营业税应税范围的，一律照章征收营业税。

⑦自 2011 年 1 月 1 日至 2012 年 12 月 31 日，对按照国家规定的收费标准向学生收取的高校学生公寓住宿费收入，免征营业税。对高校学生食堂为高校师生提供餐饮服务取得的收入，免征营业税。

但利用学生公寓向社会人员提供住宿服务而取得的租金收入，应按现行规定计征营业税。利用学生食堂向社会提供餐饮服务获得的收入，应按现行规定计征营业税。

⑧对住房公积金管理中心用住房公积金在指定的委托银行发放个人住房贷款取得的收入，免征营业税。

⑨对按政府规定价格出租的公有住房和廉租住房暂免征收营业税；对个人按市场价格出租的居民住房，在 3% 的税率基础上减半征收营业税。

对经营公租房所取得的租金收入，免征营业税。

⑩公司的摊回分保费用不征营业税。

⑪中国人民银行对金融机构的贷款业务，不征收营业税。中国人民银行对企业贷款或委托金融机构贷款的业务应当征收营业税。

⑫金融机构往来业务暂不征收营业税。金融机构往来是指金融企业联行、金融企业与中国人民银行及同业之间的资金往来业务取得的利息收入，不包括相互之间提供的服务。

对金融机构的出纳长款收入，不征收营业税。

⑬纳税人在资产重组过程中，通过合并、分立、出售、置换等方式，将全部或者部分实物资产以及与其相关联的债权、债务和劳动力一并转让给其他单位和个人的行为，其转让价格不仅仅是由资产价值决定的，与企业销售不动产、转让无形资产的行为完全不同，不属于营业税征收范围，其中涉及的不动产、土地使用权转让，不征收营业税。

⑭保险企业取得的追偿款不征收营业税。追偿款是指发生保险事故后，保险公司按照保险合同的约定向被保险人支付赔款，并从被保险人处取得对保险标的价款进行追偿的权利而追回的价款。

⑮自 2004 年 8 月 1 日起，对军队空余房产租赁收入暂免征收营业税、房产税；此前

已征税款不予退还，未征税款不再补征。

⑯房地产主管部门或其指定机构、公积金管理中心、开发企业以及物业管理单位代收的住房专项维修基金，不计征营业税。

⑰对从事个体经营的军队转业干部、城镇退役士兵和随军家属，自领取税务登记证之日起，3 年内免征营业税。个体经营是指雇工 7 人（含 7 人）以下的个体经营行为。军队转业干部、城镇退役士兵、随军家属从事个体经营凡雇工 8 人（含 8 人）以上的，无论其领取的营业执照是否注明为个体工商业户，军队转业干部和随军家属均按照新开办的企业、城镇退役士兵按照新办的服务型企业的规定享受有关营业税优惠政策。

⑱对 QFII 委托境内公司在我国从事证券买卖业务取得的差价收入，免征营业税。

⑲单位和个人提供的垃圾处置劳务不属于营业税应税劳务，对其处置垃圾取得的垃圾处置费，不征收营业税。

⑳个人向他人无偿赠与不动产，包括继承、遗产处分及其他无偿赠与不动产等三种情况可以免征营业税。

㉑公司从事金融资产处置业务时，出售、转让股权不征收营业税；出售、转让债权或将其持有的债权转为股权不征收营业税；销售、转让不动产或土地使用权，应征收营业税。

㉒境外单位或个人在境外向境内单位或个人提供的国际通信服务（包括国际间通话服务、移动电话国际漫游服务、移动电话国际互联网服务、国际间短信互通服务、国际间彩信互通服务），不属于营业税征收范围，不征收营业税。

㉓融资性售后回租业务中承租方出售资产的行为，不属于营业税征收范围，不征收营业税。

融资性售后回租业务是指承租方以融资为目的将资产出售给经批准从事融资租赁业务的企业后，又将该项资产从该融资租赁企业租回的行为。融资性售后回租业务中承租方出售资产时，资产所有权以及与资产所有权有关的全部报酬和风险并未完全转移。

㉔自 2011 年 10 月 1 日至 2014 年 9 月 30 日，对家政服务企业由员工制家政服务员提供的家政服务取得的收入，免征营业税。

家政服务是指婴幼儿及小学生看护、老人和病人护理、孕妇和产妇护理、家庭保洁（不含产品售后服务）、家庭烹饪。

家政服务企业应将员工制家政服务员提供的家政服务收入与其他收入分别核算，未分别核算的，不得享受本规定的免征营业税的优惠政策。

㉕自 2009 年 1 月 1 日至 2015 年 12 月 31 日对农村信用社、村镇银行、农村资金互助社、由银行业机构全资发起设立的贷款公司、法人机构所在地在县（含县级市、区、旗）及县以下地区的农村合作银行和农村商业银行的金融保险业收入减按 3% 的税率征收营业税。

二、营业税的起征点

营业税起征点的适用范围仅限于个人。个人营业额低于起征点的免征营业税，营业额达到或超过起征点的按照营业额全额计算缴纳营业税。营业税起征点是指纳税人营业额合计达到起征点。为了贯彻落实国务院关于支持小型和微型企业发展的要求，自 2011 年 11

月1日起，营业税起征点调整为：

（1）按期纳税的（除另有规定外）为每月营业额5 000～20 000元；

（2）按次纳税的（除另有规定外）为每次（日）营业额300～500元。

各省、自治区、直辖市人民政府所属地方税务机关可以在规定的幅度内，根据当地实际情况确定本地区适用的起征点，并报财政部、国家税务总局备案。

第六节　营业税的征收管理

一、纳税义务发生时间

纳税义务发生时间是指确定应税事项已经发生而负有纳税义务的时间，不同于税款缴纳时间。

营业税纳税义务发生时间为纳税人提供应税劳务、转让无形资产或者销售不动产并收讫营业收入款项或者取得索取营业收入款项凭据的当天；收讫营业收入款项是指纳税人应税行为发生过程中或者完成后收取的款项。取得索取营业收入款项凭据的当天，为书面合同确定的付款日期的当天；未签订书面合同或者书面合同未确定付款日期的，为应税行为完成的当天；税法对某些具体项目的纳税义务发生时间作了明确规定：

（1）纳税人转让土地使用权或者销售不动产，采用预收款方式的，其纳税义务发生时间为收到预收款的当天；纳税人提供建筑业或者租赁业劳务，采取预收款方式的，其纳税义务发生时间为收到预收款的当天。

（2）纳税人将不动产或者土地使用权无偿赠送给其他单位或者个人的，其纳税义务发生时间为不动产所有权、土地使用权转移的当天。

（3）纳税人自己新建建筑物后销售，其自建行为的纳税义务发生时间，为其销售自建建筑物并收讫营业额或者取得索取营业额凭据的当天。

（4）会员费、席位费和资格保证金纳税义务发生时间为会员组织收讫会员费、席位费、资格保证金和其他类似费用款项或者取得索取这些款项凭据的当天。

（5）扣缴税款义务发生时间为扣缴义务人代纳税人收讫营业收入款项或者取得索取营业收入款项凭据的当天。

（6）融资租赁业务，纳税义务发生时间为取得租金收入或取得索取租金收入价款凭据的当天。

（7）金融商品转让业务，纳税义务发生时间为金融商品所有权转移之日。

（8）金融经纪业务和其他金融业务，纳税义务发生时间为取得营业收入或取得索取营业收入价款凭据的当天。

（9）保险业务，纳税义务发生时间为取得保费收入或取得索取保费收入价款凭据的当天。

（10）金融企业承办委托贷款业务营业税的扣缴义务发生时间，为受托发放贷款的金融机构代委托人收讫贷款利息的当天。

（11）电信部门销售有价电话卡的纳税义务发生时间，为售出电话卡并取得售卡收入或取得索取售卡收入凭据的当天。

二、纳税期限

营业税的纳税期限分别为 5 日、10 日、15 日、1 个月或 1 个季度。纳税人的具体纳税期限，由主管税务机关根据纳税人应纳税额的大小分别核定；不能按照固定期限纳税的，可以按次纳税。

扣缴义务人解缴税款期限，依照上述规定执行。

银行、财务公司、信托投资公司、信用社、外国企业常驻代表机构的纳税期限为 1 个季度。

纳税人以 1 个月或 1 个季度为一期纳税的，自期满之日起 15 日内申报纳税；以 5 日、10 日或者 15 日为一期纳税的，自期满之日起 5 日内预缴税款，于次月 1 日起 15 日内申报纳税并结清上月应纳税款。

三、纳税地点

纳税人提供应税劳务应当向其机构所在地或者居住地的主管税务机关申报纳税。但纳税人提供的建筑业劳务以及国务院财政、税务主管部门规定的其他应税劳务，应当向应税劳务发生地的主管税务机关申报纳税。

纳税人转让无形资产应当向其机构所在地或者居住地的主管税务机关申报纳税。但是，纳税人转让、出租土地使用权，应当向土地所在地的主管税务机关申报纳税。

纳税人销售、出租不动产应当向不动产所在地的主管税务机关申报纳税。

扣缴义务人应当向其机构所在地或者居住地的主管税务机关申报缴纳其扣缴的税款。

纳税人应当向应税劳务发生地、土地或者不动产所在地的主管税务机关申报纳税，而自应当申报纳税之月起超过 6 个月没有申报纳税的，由其机构所在地或者居住地的主管税务机关补征税款。

本章小结

营业税是以在我国境内提供应税劳务、转让无形资产或销售不动产所取得的营业额为征税对象征收的一种税。营业税应税劳务是指属于交通运输业、建筑业、金融保险业、邮电通信业、文化体育业、娱乐业、服务业税目征收范围的劳务。营业税按照行业、类别的不同分别设置了 9 个税目，并按照不同行业分别设置不同的比例税率。

营业税以营业额为计税依据，一般来说，营业额为纳税人提供应税劳务、转让无形资产或者销售不动产向对方收取的全部价款和价外费用。某些税法列举的营业项目按差额计税。

关键术语和概念

营业税　营业税应税劳务　营业税的扣缴义务人　混合销售行为　兼营　营业税起征点

复习思考题

1. 比较营业税与增值税的征税范围。
2. 营业税的纳税人包括哪些?
3. 营业税税目是如何划分的?
4. 简述营业税计税依据的规定。
5. 简述营业税特殊经营行为的税务处理规定。
6. 营业税的纳税义务发生时间是如何规定的?

【拓展阅读】

财政部 国家税务总局关于交通运输业和部分现代服务业营业税改征增值税试点应税服务范围等若干税收政策的补充通知

财税〔2012〕86号

各省、自治区、直辖市、计划单列市财政厅（局）、国家税务局、地方税务局，新疆生产建设兵团财务局:

根据交通运输业和部分现代服务业营业税改征增值税（以下简称营改增）试点情况，经研究，现将有关税收政策通知如下:

一、建筑图纸审核服务、环境评估服务、医疗事故鉴定服务，按照“鉴证服务”征收增值税；代理记账服务按照“咨询服务”征收增值税；文印晒图服务按照“设计服务”征收增值税；组织安排会议或展览的服务按照“会议展览服务”征收增值税；港口设施经营人收取的港口设施保安费按照“港口码头服务”征收增值税；网站对非自有的网络游戏提供的网络运营服务按照“信息系统服务”征收增值税；出租车公司向出租车司机收取的管理费用，出租车属于出租车公司的，按照“陆路运输服务”征收增值税，出租车属于出租车司机的，不征收增值税。

二、对注册在天津市东疆保税港区内的试点纳税人提供的国内货物运输、仓储和装卸搬运服务，实行增值税即征即退政策。

三、自2012年11月1日起，对注册在平潭的试点纳税人从事离岸服务外包业务中提供的应税服务，免征增值税。

四、2013年12月31日之前，广播电影电视行政主管部门（包括中央、省、地市及县级）按照各自职能权限批准从事电影制片、发行、放映的电影集团公司（含成员企业）、电影制片厂及其他电影企业，属于试点纳税人的，对其转让电影版权免征增值税。

五、营改增试点地区的试点纳税人提供的往返台湾、香港、澳门的交通运输服务以及在台湾、香港、澳门提供的交通运输服务，适用增值税零税率。

试点纳税人适用增值税零税率，以陆路运输方式提供至香港、澳门的交通运输服务的，应当取得《道路运输经营许可证》并具有持《道路运输证》的直通港澳运输车辆；以水路运输方式提供至台湾的交通运输服务的，应当取得《台湾海峡两岸间水路运输许可证》并具有持《台湾海峡两岸间船舶营运证》的船舶；以水路运输方式提供至香港、澳门的交通运输服务的，应当具有获得港澳线路运营许可的船舶；以航空运输方式提供上述交通运输服务的，应当取得《公共航空运输企业经营许可证》且其经营范围应当包括“国际、国内（含港澳）航空客货邮运输业务”。

六、长途客运、班车（指按固定路线、固定时间运营并在固定停靠站停靠的运送旅客的陆路运输服务）、地铁、城市轻轨服务属于《交通运输业和部分现代服务业营业税改征增值税试点有关事项的规定》（财税〔2011〕111号）第一条第（五）项第2款规定的公共交通运输服务。试点纳税人中的一般纳税人提供上述服务，可以选择按照简易计税方法计算缴纳增值税。

七、船舶代理服务属于“货物运输代理服务”，国际船舶代理服务属于国际货物运输代理服务。

船舶代理服务是指接受货物收货人、发货人、船舶所有人、船舶承租人或船舶经营人的委托，以委托人的名义或者自己的名义，在不直接提供货物运输劳务情况下，为委托人办理货物运输以及船舶进出港口、联系安排引航、靠泊和装卸等相关业务手续的业务活动。《财政部 国家税务总局关于交通运输业和部分现代服务业营业税改征增值税试点若干税收政策的通知》（财税〔2011〕133号）第四条和《财政部 国家税务总局关于交通运输业和部分现代服务业营业税改征增值税试点若干税收政策的补充通知》（财税〔2012〕53号）第三条相应废止。

八、《交通运输业和部分现代服务业营业税改征增值税试点过渡政策的规定》（财税〔2011〕111号）第二条第（三）项、第（四）项中增值税实际税负是指，纳税人当期实际缴纳的增值税税额占纳税人当期提供应税服务取得的全部价款和价外费用的比例。

九、本通知除第三条另有规定外，自2012年12月1日起执行。

财政部 国家税务总局

2012年12月4日

资料来源：广东省国家税务局网站，http：//portal. gd－n－tax. gov. cn/policy/jsp/content_ show. jsp？contentId＝25BA70B55C2DAD280559FBA556134B12.

第五章　城市维护建设税与教育费附加

【学习要点】

◆城市维护建设税的概念和特点

◆城市维护建设税的纳税人及征税范围

◆城市维护建设税的计税依据及税率

◆城市维护建设税的计算与减免

◆城市维护建设税的征收管理

◆教育费附加的纳税人及计税依据

◆教育费附加的征收率及计算

◆教育费附加的减免

第一节　城市维护建设税概述

一、城市维护建设税的概念

城市维护建设税是对从事工商经营，缴纳增值税、消费税、营业税的单位和个人征收的一种税。

为了配合1984年进行的第二步利改税及保证城市建设资金的稳定来源，国务院于1985年2月8日发布了《中华人民共和国城市维护建设税暂行条例》，并于同年在全国范围内实施。

二、城市维护建设税的特点

城市维护建设税与其他税种相比，具有其特点：

（1）征收范围广。缴纳增值税、消费税和营业税的单位和个人，都要就其实际缴纳的“三税”税额计算缴纳城市维护建设税。目前，增值税、消费税和营业税是我国的主体税种，其征收范围基本包括了我国境内所有的经营行为。由此可见，城市维护建设税的征税范围比任何其他税种的征收范围都要广。

（2）属于附加税性质。城市维护建设税是以增值税、消费税和营业税的实际已纳税额为计税依据，随“三税”的征收而同时征收，其征收管理办法也完全比照“三税”的有关规定执行。不需要缴纳“三税”的单位和个人也就不需要缴纳城市维护建设税，因此，它是一个典型的附加税。

（3）采用地区差别比例税率。城市维护建设税的负担水平是根据各城镇的规模和资金需要而设计的。城镇规模大的，税率较高；城镇规模小的，税率较低。这样可以根据不同地区的实际情况获得城市建设资金和安排城市的维护建设。

（4）税款专款专用。城市维护建设税所征税款专门用于城市的公用事业和公共设施的维护和建设。

第二节　城市维护建设税的纳税义务人与征税范围

一、城市维护建设税的纳税义务人

城市维护建设税的纳税义务人是指负有缴纳增值税、消费税和营业税“三税”义务的单位和个人，包括国有企业、集体企业、私营企业、股份制企业、其他企业和行政单位、事业单位、军事单位、社会团体、其他单位，以及个体工商户及其他个人。自 2010 年 12 月 1 日起，对外商投资企业、外国企业及外籍个人征收城市维护建设税。也就是说，只要缴纳了“三税”，就发生了缴纳城市维护建设税的义务，必须按照税法规定缴纳城市维护建设税。

二、城市维护建设税的征税范围

城市维护建设税的征收范围很广，只要缴纳增值税、消费税和营业税的经营行为，除税法另有规定者外，都属于征收城市维护建设税的范围。征税区域具体包括：城市、县城、建制镇以及税法规定征税的其他地区。

第三节　城市维护建设税的计税依据与税率

一、城市维护建设税的计税依据

城市维护建设税的计税依据是纳税人实际缴纳的增值税、消费税和营业税“三税”税额。

实际缴纳是指“三税”的应纳税额。不包括纳税人因违反“三税”有关税法规定而加收的滞纳金和罚款，因为滞纳金和罚款是税务机关对纳税人违法行为的经济制裁，不作为城市维护建设税的计税依据，但纳税人在被查补“三税”和被处以罚款时，应同时对其偷漏的城市维护建设税进行补税、征收滞纳金和罚款。

城市维护建设税以“三税”税额为计税依据并同时征收，如果要免征或者减征“三税”，也就要同时免征或者减征城市维护建设税。但对出口产品退还增值税、消费税的，不退还已缴纳的城市维护建设。

自2005年1月1日起，经国家税务总局正式审核批准的当期免抵的增值税税额应纳入城市维护建设税和教育费附加的计征范围，分别按规定的税（费）率征收城市维护建设税和教育费附加。2005年1月1日前，已按免抵的增值税税额征收的城市维护建设税和教育费附加不再退还，未征的不再补征。

二、城市维护建设税的税率

城市维护建设税实行地区差别比例税率。按照纳税人所在地的不同，分别设置了三档不同的税率：7%、5%和1%。不同地区的纳税人，实行不同档次的税率。

（1）纳税人所在地在市区的，税率为7%；

（2）纳税人所在地在县城、镇的，税率为5%；

（3）纳税人所在地不在市区、县城或镇的，税率为1%。

纳税单位和个人缴纳城市维护建设税的适用税率，应按照其所在地的规定税率执行。但是对下列两种情况，可按缴纳“三税”所在地的规定税率就地缴纳城市维护建设税：

（1）由受托方代扣代缴、代收代缴“三税”的单位和个人，其代扣代缴、代收代缴的城市维护建设税按受托方所在地适用税率执行；

（2）流动经营等无固定纳税地点的单位和个人，在经营地缴纳“三税”的，其城市维护建设税的缴纳按经营地适用税率执行。

对铁道部应纳城市维护建设税的适用税率，鉴于其计税依据是铁道部集中缴纳的营业税税额，难以适用地区差别税率，因此，财政部对此作了特案规定，税率统一为5%。

第四节　应纳税额的计算与减免

一、应纳税额的计算

城市维护建设税应纳税额的计算公式为：

应纳税额 =（纳税人实际缴纳的增值税 + 消费税 + 营业税税额）×适用税率

【例5－1】某县城一家企业2012年9月份实际缴纳增值税200 000元，缴纳消费税180 000元，缴纳营业税120 000元。请计算该企业应纳的城市维护建设税税额。

【解答】

该企业在县城，适用的城市维护建设税税率为5%。

应纳城市维护建设税税额 =（200 000 + 180 000 + 120 000）×5%

= 25 000（元）

二、税收优惠

城市维护建设税本身原则上不单独规定减免，但因城市维护建设税具有附加税性质，当主税发生减免时，城市维护建设税相应发生税收减免。城市维护建设税的税收减免具体有以下几种情况：

（1）城市维护建设税按减免后实际缴纳的“三税”税额计征。

（2）对于因减免税而需进行“三税”退库的，城市维护建设税也可同时退库。

（3）海关对进口产品代征的增值税、消费税，不征收城市维护建设税。

（4）对“三税”实行先征后返、先征后退、即征即退办法的，除另有规定外，对随“三税”附征的城市维护建设税和教育费附加，一律不退（返）还。

（5）对国家重大水利工程建设基金免征城市维护建设税。

第五节　城市维护建设税的征收管理

一、纳税地点

城市维护建设税以纳税人实际缴纳的增值税、消费税、营业税税额为计税依据，分别与“三税”同时缴纳。所以，纳税人缴纳“三税”的地点，就是其缴纳城市维护建设税的地点。但对于下列情况的，纳税地点另有规定：

（1）代扣代缴、代收代缴“三税”的单位和个人，同时也是城市维护建设税的代扣代缴、代收代缴义务人，其城市维护建设税的纳税地点在代扣代收地。

（2）跨省开采的油田，下属生产单位与核算单位不在一个省内的，其生产的原油在油井所在地缴纳增值税，应纳税款由核算单位按照各油井的产量和规定税率，计算汇拨各油井缴纳。所以，各油井应纳的城市维护建设税应由核算单位计算，随同增值税一并汇拨油井所在地，油井在缴纳增值税的同时一并缴纳城市维护建设税。

（3）对管道局输油部分的收入，由取得收入的各管道局于所在地缴纳营业税。所以，其应纳城市维护建设税也应由取得收入的各管道局于所在地缴纳营业税时一并缴纳。

（4）对流动经营等无固定纳税地点的单位和个人，应随同“三税”在经营地按适用税率缴纳。

二、纳税环节

城市维护建设税的纳税环节，实际就是纳税人缴纳“三税”的环节。纳税人只要发生“三税”的纳税义务，就要在同样的环节分别计算缴纳城市维护建设税。

三、纳税期限

由于城市维护建设税是由纳税人在缴纳“三税”时同时缴纳的，所以其纳税期限分别与“三税”纳税期限一致。

第六节　教育费附加

教育费附加是为加快地方教育事业发展，扩大地方教育经费资金而征收的一项专项基金。1986 年 4 月 28 日国务院颁布《征收教育费附加的暂行规定》，并从同年 7 月 1 日开始在全国范围内实施。

一、教育费附加的纳税人和计税依据

教育费附加对缴纳增值税、消费税、营业税“三税”的单位和个人征收，以其实际缴纳的“三税”税额为计税依据，分别与“三税”同时缴纳。自 2010 年 12 月 1 日起，对外商投资企业、外国企业及外籍个人征收教育费附加。

二、教育费附加的征收率及计算

现行教育费附加征收比率为 3%。

教育费附加的计算公式为：

应纳教育费附加 =（实际缴纳的增值税 + 消费税 + 营业税税额）×征收比率

【例 5 - 2】某县城一家企业 2012 年 9 月份实际缴纳增值税 200 000 元，缴纳消费税 180 000 元，缴纳营业税 120 000 元。请计算该企业应缴纳的教育费附加。

【解答】

应纳教育费附加 =（200 000 + 180 000 + 120 000）×3%

= 15 000（元）

三、教育费附加的减免规定

（1）对海关进口的产品征收的增值税、消费税，不征收教育费附加。

（2）对由于减免增值税、消费税和营业税而发生退税的，可同时退还已征收的教育费附加。但对出口产品退还增值税、消费税的，不退还已征的教育费附加。

（3）对国家重大水利工程建设基金免征教育费附加。

本章小结

城市维护建设税是对从事工商经营，缴纳增值税、消费税、营业税的单位和个人征收的一种税。城市维护建设税的计税依据是纳税人实际缴纳的增值税、消费税和营业税“三税”税额。城市维护建设税实行地区差别比例税率。按照纳税人所在地的不同，分别设置

了三档不同的税率：7%、5%和1%。不同地区的纳税人，实行不同档次的税率。

教育费附加对缴纳增值税、消费税、营业税“三税”的单位和个人征收，以其实际缴纳的“三税”税额为计税依据，分别与“三税”同时缴纳。教育费附加征收比率为3%。

关键术语和概念

城市维护建设税　教育费附加

复习思考题

1. 简述城市维护建设税的概念和特点。
2. 为什么说城市维护建设税的征税范围广？
3. 城市维护建设税的计税依据是什么？
4. 简述教育费附加的纳税人和计税依据。

【拓展阅读】

美国消费税

美国消费税（consumer tax）指美国政府向消费品征收的税项。

美国有五个州免消费税：俄勒冈（Oregon）、特拉华州（Delaware）、阿拉斯加（Alaska）、蒙大拿（Montana）、新罕布什尔州（New Hampshire）。

另外有的州根据商品种类的不同给予免税：服装类商品免税的州有新泽西（New Jersey）、纽约（New York）、明尼苏达（Minnesota）、宾夕法尼亚（Pennsylvania）等州；非处方药（营养保健品，如维生素）免税的州有纽约（New York）、得克萨斯（Texas）、弗吉尼亚（Virginia）、宾夕法尼亚（Pennsylvania）等州。

美国各州的消费税税率均有差异，详细如下表：

州名	州税	平均地方税
Alabama（阿拉巴马州）	4%	8.25%
Alaska（阿拉斯加州）	0%	1.45%
Arizona（亚利桑那州）	6.6%	8.15%
Arkansas（阿肯色州）	6%	8.35%
California（加利福尼亚州）	6.25%	8.2%
Colorado（科罗拉多州）	2.9%	6.4%
Connecticut（康涅狄克州）	6.35%	6.35%
Delaware（特拉华州）	0%	0%
Florida（佛罗里达州）	6%	6.65%
Georgia（佐治亚州）	4%	6.9%
Guam（关岛）	4%	4%
Hawaii（夏威夷州）	4%	4.4%

（续上表）

州名	州税	平均地方税
Illinois（伊利诺伊州）	6.25%	8.1%
Indiana（印第安纳州）	7%	7%
Iowa（艾奥瓦州）	6%	6.85%
Kansas（堪萨斯州）	6.3%	8.05%
Kentucky（肯塔基州）	6%	6%
Louisiana（路易斯安那州）	4%	8.75%
Maine（缅因州）	5%	5%
Maryland（马里兰州）	6%	6%
Massachusettes（马萨诸塞州）	6.25%	6.25%
Michigan（密歇根州）	6%	6%
Minnesota（明尼苏达州）	6.875%	7.2%
Mississippi（密西西比州）	7%	7%
Missouri（密苏里州）	4.225%	7.25%
Montana（蒙大拿州）	0%	0%
Nebraska（内布拉斯加州）	5.5%	6%
Nevada（内华达州）	6.85%	7.85%
New Hampshire（新罕布什尔州）	0%	0%
New Jersey（新泽西州）	7%	6.95%
New Mexico（新墨西哥州）	5.125%	6.6%
New York（纽约）	4%	8.45%
North Carolina（北卡罗来纳州）	4.75%	6.85%
North Dakota（北达科他州）	5%	5.9%
Ohio（俄亥俄州）	5.5%	6.8%
Oklahoma（俄克拉荷马州）	4.5%	8.2%
Oregon（俄勒冈州）	0%	0%
Pennsylvania（宾夕法尼亚州）	6%	6.4%
Puerto Rico（波多黎各）	5.5%	5.5%
Rhode Island（罗德岛）	7%	7%
South Carolina（南卡罗来纳州）	6%	7.15%
South Dakota（南达科他州）	4%	5.5%
Tennessee（田纳西州）	7%	9.45%
Texas（得克萨斯州）	6.25%	8%
Utah（犹他州）	4.7%	6.7%

（续上表）

州名	州税	平均地方税
Vermont（佛蒙特）	6%	6.05%
Virginia（弗吉尼亚州）	4%	5%
Virgin Islands（维尔京群岛）	4%	4%
Washington（华盛顿州）	6.5%	8.8%
West Virginia（西弗吉尼亚州）	6%	6.05%
Wisconsin（威斯康辛州）	5%	5.45%
Wyoming（怀俄明州）	4%	5.35%

资料来源：选摘自 http：//www.360hitao.com/tools/consumer-tax/.

第六章　关税

【学习要点】

◈关税的概念和类型

◈关税的基本要素

◈关税完税价格与应纳税额的计算

◈关税的减免

第一节　关税概述

一、关税的概念

关税是国家依法对进出境货物、物品征收的一种税。

这里所说的“境”是指关境，是国家《海关法》全面实施的领域，也就是国家海关征收关税的领域。国境是国家主权所管辖的领土领域。在通常情况下，一国关境与国境是一致的，包括国家全部的领土、领海、领空。但是一国关境与国境的范围有时又不尽一致，比如某一国家在国境内设立了自由港、自由贸易区等，就进出口关税而言，这些区域处在关境之外，这时，该国家的关境小于国境；又如几个国家结成关税同盟，规定在同盟国之间货物进出彼此国境不征关税，只对来自和运往非同盟国的货物进出它们的共同关境时征收关税，在这种情况下，关税同盟国的关境大于国境。

我国现行关税法律规范由 2000 年 7 月全国人民代表大会修正颁布的《中华人民共和国海关法》、2003 年 11 月国务院发布的《中华人民共和国进出口关税条例》、《中华人民共和国海关进出口税则》和《中华人民共和国海关入境旅客行李物品和个人邮递物品征收进口税办法》等组成。

二、关税的类型

由于各国的历史、传统、文化、习俗的不同，实行的关税政策差异很大，关税种类繁多，制度复杂，根据不同的标准，关税可以有不同的分类。

（1）按照征税目的的不同，关税分为财政关税和保护关税。

财政关税是以增加财政收入为主要目的的关税。征收财政关税的国家一般是资源有限，工业不发达，进出口商品较多，国家需依赖征收关税来增加财政收入。这类关税的征收对象一般是大量进口的消费品、非生活必需品，以及国内不能生产且没有替代品的消费品、垄断性出口商品或质优价廉的高科技出口产品。

保护关税是以保护本国工农业生产为主要目的而征收的关税。各国关税的保护对象和重点有所不同，发达国家一般保护的是国际竞争性很强的商品，发展中国家着重保护本国幼稚工业的发展。

（2）按照货物流向的不同，关税分为进口税、出口税和过境税。

进口税是海关对进口货物或物品征收的关税，它是关税中最主要的一种。征收进口关税可以调节本国商品供求和价格关系，保护民族工业的发展，维护国家主权，增加财政收入。

出口税是海关对出口货物和物品征收的关税。历史上一些国家曾以出口税作为重要的财政收入来源，但随着经济的发展及国际贸易竞争的加速，现在征收出口关税的国家已经很少，一般只对需要限制出口的货物征收。

过境税是海关对一国运往第三国的货物在通过本国关境时所征收的关税，主要目的是取得财政收入。这种关税曾经在十五六世纪的欧洲非常盛行，但是由于过境税妨碍了商品流通，影响国际贸易发展，到 19 世纪，各国相继取消了过境税。

（3）按照计税依据的不同，关税分为从价税、从量税、复合税、选择税和滑准税。

从价税是以进出口货物完税价格为计税依据征收的关税。

从量税是以进出口货物的数量、重量、容积、面积、长度等计量单位为计税依据征收的关税。

复合税是对某种进口商品同时使用从价和从量计征的一种关税。

选择税是指在税则中对同一税目设计从价和从量两种税率，海关根据需要选择从价或从量计税。

滑准税是一种随进口商品价格由高到低而由低到高设置关税税率征收的关税。

（4）按照税收待遇的不同，关税分为优惠关税和加重关税。

优惠关税是指一国对特定的受惠国给予优惠待遇，使用比普通税率低的优惠税率征收的关税，具体形式有互惠关税、特惠关税、普惠关税和关税最惠国待遇。

加重关税又称歧视关税，是指对某些输出国、生产国的进口货物，因歧视、报复、经济保护等原因而使用比普通税率高的税率征收的关税，具体形式有反倾销税、反补贴税。

三、我国的关税政策

一个国家受其一定时期的政治、经济、外贸、外交以及产业发展政策等多种因素的影响，会采取相应的关税政策，以达到其预期的目的。我国目前一方面要保护国内工农业生产的发展；另一方面也要贯彻对外开放政策，鼓励货物出口，扩大必需品进口。我国的关税政策体现在以下 6 个方面：

（1）对进口国家建设和人民生活必需的，而国内目前又不能生产或供应不足的货物制定低税率或免征关税；

（2）对原料、材料的进口税率，一般比半成品或成品低，特别是受自然条件制约、国内生产短期不能迅速发展的原料、材料，其税率应更低；

(3) 对国内不能生产的或质量未过关的机械设备和仪器仪表的零件、部件的进口税率应比整机低；

(4) 对国内已能生产和非国计民生必需的物品，应制定较高的税率；

(5) 对符合国家产业政策，需要扶持、鼓励发展的幼稚产业应给予保护，对其相应的产品进口应制定较高的税率；

(6) 对绝大多数出口货物不征出口税，但对国内资源有限或国际市场容量有限，竞争性较强的货物，以及需要限制出口的极少数原料、材料和半成品，必要时可以征收适当的出口税。

第二节　关税制度基本要素

一、关税的征税对象

关税的征税对象是准许进出境的货物和物品。货物是指贸易性商品；物品是指入境旅客随身携带的行李物品、个人邮递物品、各种运输工具上的服务人员携带进口的自用物品、馈赠物品以及以其他方式进境的个人物品。

根据《进出口关税条例》的规定，凡准许进出口的货物，除国家另有规定的以外，均应根据海关进出口税则征收进口关税或出口关税。对从境外采购进口的原产于中国境内的货物，海关也要依照税则征收进口关税。

二、纳税义务人

关税的纳税义务人分为货物的纳税人和物品的纳税人两类。

货物的纳税人是指从事贸易性商品进出口的纳税人，即进口货物的收货人、出口货物的发货人。

物品的纳税人是指进出境物品的所有人和推定为所有人的人，即携带物品进境的入境人员、进境邮递物品的收件人以及以其他方式进口物品的收件人，以邮递或其他运输方式出境的物品，则以其寄件人或托运人为纳税人。

三、进出口税则

(一) 进出口税则的内容

进出口税则是对进出口货物和物品征收关税时所适用的关税税率表，由国家通过一定的立法程序制定公布实施。进出口税则以税率表为主体，通常还包括实施税则的法令、使用税则的有关说明和附录等。我国现行税则包括《中华人民共和国进出口关税条例》（以下简称《进出口关税条例》)、《税率适用说明》、《中华人民共和国海关进口税则》、《中华人民共和国海关出口税则》、《进口商品从量税、复合税、滑准税税目税率表》、《进口商品关税配额税目税率表》、《进口商品税则暂定税率表》、《出口商品税则暂定税率表》

和《非全税目信息技术产品税率表》等附录。

现行的进出口税则是根据国际海关合作理事会的《商品名称及编码协调制度》编制的，包括三个主要部分：归类总规则、进口税率表和出口税率表。税率表按商品分类目录编制，税率栏是按商品分类目录逐项定出的税率栏目。我国现行进口税则为四栏税率，出口税则为一栏税率。

我国的进出口税则共分21类，97章，商品分类目录由类、章、项目、一级子目和二级子目五个等级、8位数组成，共计8 000多个税目。税则采用8位数税目，前6位是国际上通用的，后2位是根据我国进出口商品具体情况增列的子目。税则先按商品的自然属性、商品用途或行业分成21大类，各类下面分为若干章，各章下面再按品种规格、理化性质、制造方法、化学成分、加工程度、原理结构等因素分列税目、子目。按照税则归类总规则及其归类方法，商品分别编号按序排列，称为税则号列，并逐号列出该号中应列入的商品名称。这样，每一商品都有一个对应税目。

这21类商品如下。

第一类：活动物，动物产品。

第二类：植物产品。

第三类：动植物油、脂及其分解产品，精制的食用油脂，动植物蜡。

第四类：食品、饮料、酒及蜡，烟草及烟草代用品的制品。

第五类：矿产品。

第六类：化学工业及相关工业产品。

第七类：塑料及其制品，橡胶及其制品。

第八类：生皮、皮革、毛皮及其制品，鞍具及挽具，广告用品，手提包及类似宣传品，动物肠线（蚕胶丝除外）制品。

第九类：木及木制品，木炭，软木及软木制品，稻草、秸秆、针茅或其他编结材料制品，篮筐及柳条编结品。

第十类：木浆及其他纤维素浆，纸及纸板的废碎品，纸、纸板及其他制品。

第十一类：纺织原料及纺织制品。

第十二类：鞋、帽、伞、杖、鞭及其零件，已加工的羽毛及其制品，人造花，人发制品。

第十三类：石料、石膏、水泥、石棉、云母及类似材料的制品，陶瓷产品，玻璃及其制品。

第十四类：天然或养殖珍珠、宝石或半宝石、贵金属、半贵金属及其制品，仿首饰，硬币。

第十五类：贱金属及其制品。

第十六类：机器、机械器具、电器设备及其零件，录音机及放声机、电视图像、声音的录制和重放设备及其零件、附件。

第十七类：车辆、航空器、船舶及有关运输设备。

第十八类：光学、照相、电影、计量、检验、医疗或外科用仪器及设备，精密仪器及设备，钟表，乐器，上述物品的零件、附件。

第十九类：武器、弹药及其零件、附件。

第二十类：杂项制品。

第二十一类：艺术品、收藏品及古物。

（二）关税税则归类

税则归类，就是按照税则的规定，将每项具体进出口商品按其特性在税则中找出其最适合的某一个税号，即“对号入座”，以便确定其适用的税率。

国际上统一使用的《归类总规则》列举了税则归类的5项规则：

（1）依据税目条文在先，后章注，再类注，最后按《归类总规则》的先后顺序进行税则归类。

（2）税目所列货品应视为包括该项货品的不完整品、未制成品、拆散件、零配件。税目中所列材料或物质，应视为包括该种材料或物质与其他材料或物质混合或组合的物品；税目中所列某种材料或物质构成的货品，应视为包括全部或部分由该种材料或物质构成的货品。

（3）列名比较具体的税目，优先于列名一般的税目。

（4）无法归入税则任何一个税目的货品，应归入与该项货品最相似的货品所适用的税目中。

（5）制成特殊形状仅适用于盛装某个或某类货品并适合长期使用的宣传品和通常用来包装某类商品的容器，若与所装货品同时报验并与货品同时出售的，应与所装货品一并归类。但重复周转使用的包装容器不在此列。

四、关税税率及适用

（一）进口税率的设置及适用

我国加入WTO以后，进口关税税则设置了最惠国税率、协定税率、特惠税率、普通税率、关税配额税率这5种进口税率。对进口货物在一定期限内可以实行暂定税率。出口税则设置一栏出口税率，对出口货物在一定期限内可以实行暂定税率。

最惠国税率适用原产于与我国共同适用最惠国待遇条款的WTO成员或地区的进口货物，或原产于与我国签订有相互给予最惠国待遇条款的双边贸易协定的国家或地区进口的货物，以及原产于我国境内的进口货物。

协定税率适用原产于我国参加的含有关税优惠条款的区域性贸易协定有关缔约方的进口货物，特惠税率适用原产于与我国签订有特殊优惠关税协定的国家或地区的进口货物。

普通税率适用于原产于上述国家或地区以外的其他国家或地区的进口货物。按照普通税率征税的进口货物，经国务院关税税则委员会特别批准，可以适用最惠国税率。

另外，国家对部分进口原材料、零部件、农药原药、乐器及生产设备实行暂定税率。暂定税率优先适用于优惠税率或最惠国税率，按普通税率征税的进口货物不适用暂定税率。同时，对部分进口农产品和化肥产品实行关税配额，即一定数量内的上述进口商品适用税率较低的配额内税率，超出该数量的进口商品适用税率较高的配额外税率。现行税则对700多个税目进口商品实行了暂定税率，对小麦、玉米等7种农产品和尿素等3种化肥产品实行关税配额管理。

适用最惠国税率、协定税率、特惠税率的国家或者地区名单，由国务院关税税则委员会决定，报国务院批准后执行。

（二）出口税率的设置及适用

国家对出口产品一般实行鼓励政策，仅对少数资源性产品及需要规范出口秩序的半制成品征收出口关税。现行税则对100余种商品计征出口关税，主要是鳗鱼苗、部分有色金属矿砂及其精矿、生锑、磷、氟钽酸钾、苯、山羊板皮、部分铁合金、钢铁废碎料、铜和铝原料及其制品、镍锭、锌锭、锑锭。对上述范围内的部分商品实行0～25%的暂定税率，此外，根据需要对其他200多种商品实行暂定税率。与进口暂定税率一样，出口暂定税率优先适用于出口税则中规定的出口税率。

（三）特别关税的设置及适用

特别关税是指报复性关税、反倾销税与反补贴税、保障性关税。

按照有关法律、行政法规的规定对进口货物采取反倾销、反补贴、保障性关税的，其适用的税率按照《中华人民共和国反倾销条例》、《中华人民共和国反补贴条例》和《中华人民共和国保障措施条例》的有关规定执行。

任何国家或地区违反与中华人民共和国签订或者共同参加的贸易协定及相关协定，对中华人民共和国在贸易方面采取禁止、限制、加征关税或者其他影响正常贸易的措施的，对原产于该国家或者地区的进口货物可以征收报复性关税，适用报复性关税税率。

征收特别关税的货物、适用国别、税率、期限和征收办法，由国务院关税税则委员会决定并公布，海关总署负责实施。

（四）税率的种类和税率的适用日期

我国的进出口税率主要采用从价税，对部分产品实行从量税、复合税和滑准税。

从价税是以进口货物的完税价格作为计税依据，以应征税额占货物完税价格的百分比作为税率计征关税。

从量税是以进口商品的重量、长度、容量、面积等计量单位为计税依据，以每一种进口商品的单位固定税额作为计征比率计算关税，从量税不受商品进口价格的影响，税额计算简便。

复合税是对某种进口商品同时使用从价和从量计征方法计征关税。

滑准税是一种关税税率随进口商品价格由高到低而由低到高设置计征关税的方法，进口商品价格越高，其进口关税税率越低；进口商品的价格越低，其进口关税税率越高。实行滑准税可以使商品价格相对稳定。目前我国对新闻纸实行滑准税。

进出口货物应当按照纳税义务人申报进口或者出口之日实施的税率征税。进口货物到达前，经海关核准先行申报的，应当按照装载此货物的运输工具申报进境之日实施的税率征税。进出口货物需补税和退税的，除特殊情况外，应适用该进出口货物原申报进口或者出口之日所实施的税率。

五、货物的原产地规定

为了正确运用进口税则的各栏税率，需要对进境货物的原产地进行确定，以便对产自不同国家或地区的进口货物适用不同的关税税率。我国原产地规定基本上采用了“全部产地生产标准”和“实质性加工标准”两种国际上通用的原产地标准。

（一）全部产地生产标准

全部产地生产标准是指进口货物“完全在一个国家内生产或制造”，生产国或制造国即为该货物的原产国。完全在一国生产或制造的进口货物包括：

（1）在该国领土或领海内开采的矿产品；

（2）在该国领土上收获或采集的植物产品；

（3）在该国领土上出生或由该国饲养的活动物及从其所得产品；

（4）在该国领土上狩猎或捕捞所得的产品；

（5）在该国的船只上卸下的海洋捕捞物，以及由该国船只在海上取得的其他产品；

（6）在该国加工船上加工上述第（5）项所列物品所得的产品；

（7）在该国收集的只适用于做再加工制造的废碎料和废旧物品；

（8）在该国完全使用上述（1）~（7）项所列产品加工成的制成品。

（二）实质性加工标准

实质性加工标准是适用于确定有两个或两个以上国家参与生产的产品的原产国的标准。其基本含义是：经过几个国家加工、制造的进口货物，以最后一个对货物进行经济上可以视为实质性加工的国家作为有关货物的原产国。实质性加工是指产品加工后，在进出口税则中 4 位数税号一级的税则归类已经有了改变，或者加工增值部分所占新产品总值的比例已超过 30% 及以上的。

除此以外，对机器、仪器、器材或车辆所用零件、部件、配件、备件及工具，如与主件同时进口且数量合理的，其原产地按主件的原产地确定，分别进口的则按各自的原产地确定。

第三节 关税完税价格与应纳税额的计算

一、关税完税价格

关税完税价格是按从价税标准征收关税时计算进出口货物应纳税额的价格。完税价格分为进口货物的完税价格和出口货物的完税价格。根据《中华人民共和国海关法》（以下简称《海关法》）的规定，进出口货物的完税价格由海关以该货物的成交价格为基础审查确定。成交价格不能确定时，完税价格由海关依法估定。我国加入世界贸易组织以后，于 2002 年开始实施了《中华人民共和国海关审定进出口货物完税价格办法》（以下简称《完税价格办法》），海关在对进出口货物征税之前，应秉着客观、公平、统一的原则，对申报进出口的货物的完税价格进行审查，核定其完税价格。

（一）进口货物完税价格的确定

进口货物的完税价格以成交价格为基础，加上货物运抵我国境内输入地点起卸前的运输及其相关费用、保险费。进口货物的成交价是指卖方向中华人民共和国境内销售该货物时买方为进口该货物向卖方实付或应付的价格，该价格应按照《完税价格办法》的规定进行调整，包括直接支付和间接支付的价款总额。

1. 应当计入进口货物完税价格的费用

上述实付或应付价格是作为卖方销售进口货物的条件，由买方向卖方或第三方已经支付或将要支付的全部款项。下列费用或者价值如果未包括在进口货物的实付或者应付价格中，应当调整计入完税价格：

①由买方负担的除购货佣金以外的佣金和经纪费；

②由买方负担的与该货物视为一体的容器费用；

③由买方负担的包装材料费用和包装劳务费用；

④与该货物的生产和向中华人民共和国境内销售有关的，由买方以免费或者以低于成本的方式提供并可以按适当比例分摊的料件、工具、模具、消耗材料及类似货物的价款，以及在境外开发、设计等相关服务的费用；

⑤与该货物有关并作为卖方向我国销售该货物的一项条件，应当由买方直接或间接支付的特许权使用费；

⑥卖方直接或间接从买方对该货物进口后转售、处置或使用所得中获得的收益。

2. 不应计入进口货物完税价格的税款和费用

①厂房、机械、设备等货物进口后的基建、安装、装配、维修和技术服务的费用；

②货物运抵境内输入地点之后的运输费用、保险费和其他相关费用；

③进口关税及其他国内税收。

以上所说的“境内输入地点”，在我国是指入境海关地，包括内陆河、江口岸，一般为第一口岸。

3. 进口货物完税价格的估定

进口货物的价格不符合成交价格条件或者成交价格不能确定的，由海关估定完税价格。适用的方法依次为：相同货物成交价格方法、类似货物成交价格方法、倒扣价格方法、计算价格方法及其他合理方法。如果进口货物的收货人能提供相关资料，经海关同意，可以选择倒扣价格方法和计算价格方法的适用次序。

4. 运往境外修理的机械器具、运输工具或其他货物

运往境外修理的机械器具、运输工具或其他货物，出境时已向海关报明并在海关规定的期限内复运进境的，应当以海关审定的境外修理费和料件费为完税价格。

5. 运往境外加工的货物

运往境外加工的货物，出境时已向海关报明并在海关规定的期限内复运进境的，应当以海关审定的境外加工费和料件费，以及该货物复运进境的运输及其相关费用、保险费估定完税价格。

6. 以其他方式进口的货物

以易货贸易、寄售、捐赠、赠送等其他方式进口的货物，应当按照一般进口货物估价办法的规定，估定完税价格。

（二）出口货物的完税价格的确定

出口货物的完税价格，由海关以该货物向境外销售的成交价格，加上货物运至我国境内输出地点装载前的运输及其相关费用、保险费为基础审查确定。

出口货物的成交价格是指该货物出口销售到我国境外时买方应当向卖方实付或应付的价格。出口货物时支付给境外的佣金和出口关税税额不计入完税价格。

出口货物的成交价格不能确定时，海关经了解有关情况，可以依次使用下列方法估定完税价格：

（1）与该货物同时或大约同时向同一国家或地区出口的相同货物的成交价格；

（2）与该货物同时或大约同时向同一国家或地区出口的类似货物的成交价格；

（3）参照境内生产相同或类似货物的成本、利润和一般费用、境内发生的运输及其相关费用、保险费计算所得的价格；

（4）按照合理方法估定的价格。

（三）进出口货物完税价格中的运输及相关费用、保险费的确定

一般陆运、空运、海运方式进口的货物，在计算进口货物的运输及相关费用、保险费时，分别按以下情况确定：海运进口货物，计算至该货物运抵境内的卸货口岸。陆运进口货物，计算至该货物运抵境内的第一口岸；如果运输及其相关费用、保险费支付至目的地口岸，则计算至目的地口岸。空运进口货物，计算至该货物运抵境内的第一口岸；如果该货物的目的地为境内的第一口岸外的其他口岸，则计算至目的地口岸。

陆运、空运和海运进口货物的运费和保险费，应当按照实际支付的费用计算。如果进口货物的运费无法确定或未实际发生，海关应当按照该货物进口同期运输行业公布的运费率（额）计算运费；按照“货价加运费”两者总额的3‰计算保险费。

邮运进口的货物，应当以邮费作为运输及其相关费用、保险费；以境外边境口岸价格条件成交的铁路或公路运输进口货物，海关应当按照货价的1%计算运输及其相关费用、保险费。

出口货物从离境口岸至境外口岸之间的运输、保险费的，该运费、保险费不应计入完税价格。

二、关税应纳税额的计算

目前我国进口货物的关税，以从价税、从量税、复合税和滑准税等方式征收。计算方法如下。

（一）关税从价税应纳税额的计算

应纳税额 = 应税进（出）口货物数量 × 单位完税价格 × 税率

（二）关税从量税应纳税额的计算

应纳税额 = 应税进（出）口货物数量 × 单位货物税额

（三）关税复合税应纳税额的计算

我国目前实行的复合税都是先计征从量税，再计征从价税。

应纳税额 = 应税进（出）口货物数量 × 单位货物税额 + 应税进（出）口货物数量 × 单位完税价格 × 税率

（四）关税滑准税应纳税额的计算

应纳税额 = 应税进（出）口货物数量 × 单位完税价格 × 滑准税税率

【例6－1】某进出口公司于2013年2月进口一批设备，海关审定的到岸价格为182万美元，货物运抵我国入关前发生的运输费、保险费和其他费用共26万美元。从海关至公司所在地运输费用5万美元，卖方另向自己的采购代理人支付佣金12万美元，向代理中介支付中介费10万美元。（设备进口关税税率7%，当期汇率1：6.3）请计算该批设备进口环节应缴纳的关税。

【解答】

（1）关税的完税价格 =（182 + 26 + 10）×6.3 = 1 373.4（万元）

（2）应缴纳进口关税 = 1 373.4 × 7% = 96.138（万元）

第四节　关税的减免

为了对某些纳税人和征税对象给予鼓励和照顾，我国实施了关税减免的优惠政策。关税减免分为法定减免税、特定减免税和临时减免税。根据《海关法》规定，除法定减免税外的其他减免税均由国务院决定。减征关税在我国加入WTO之前以税则规定税率为基准，在我国加入WTO以后以最惠国税率或者普通税率为基准。

一、法定减免税

法定减免税是税法中法定条文规定的减免税。对属于法定减免税的进出口货物，纳税义务人无须提出申请，海关可按规定直接予以减免税。海关对法定减免税货物一般不进行后续管理。

根据我国《海关法》和《进出口关税条例》明确规定，予以减免关税的货物、物品有：

（1）关税税额在人民币 50 元以下的货物。

（2）无商业价值的广告品和货样。

（3）外国政府、国际组织无偿赠送的物资。

（4）进出境运输工具装载的途中必需的燃料、物料和饮食用品。

（5）经海关核准暂时进境或者暂时出境的货样、展览品、施工机械、工程车辆、工程船舶、供安装设备时使用的仪器和工具、电视或者电影摄制器械、盛装货物的容器以及剧团服装道具，按规定在 6 个月内复运出境或者复运进境的，在货物收发货人向海关缴纳相当于税款的保证金或者提供担保后，可予暂时免税。

（6）为境外厂商加工、装配成品和为制造外销产品而进口的原材料、辅料、零件、部件、配套件和包装物料，海关按照实际加工出口的成品数量免征进口关税；或者对进口料、件先征进口关税，再按照实际加工出口的成品数量予以退税。

（7）因故退还的中国出口货物，经海关审查属实，可予免征进口关税，但已征收的出口关税不予退还。

（8）因故退还的境外进口货物，经海关审查属实，可予免征出口关税，但已征收的进口关税不予退还。

（9）进口货物如有以下情形，经海关查明属实，可酌情减免进口关税：

①在境外运输途中或者在起卸时，遭受损坏或者损失的；

②起卸后海关放行前，因不可抗力遭受损坏或者损失的；

③海关查验时已经破漏、损坏或者腐烂，经证明不是保管不慎造成的。

（10）无代价抵偿货物，即进口货物在征税放行后，发现货物残损、短少或品质不良，而由国外承运人、发货人或保险公司免费补偿或更换的同类货物，可以免税。但有残损或质量问题的原进口货物如未退运国外，其进口的无代价抵偿货物应照章征税。

（11）我国缔结或者参加的国际条约规定减征、免征关税的货物、物品，按照规定予以减免关税。

（12）法律规定减征、免征关税的其他货物。

二、政策性减免税

政策性减免税也称特定减免税。在法定减免税之外，国家按照国际通行规则和我国实际情况，制定发布的有关进出口货物减免关税的政策，称为特定或政策性减免税。这类政策较多，目前我国对科教用品、残疾人专用品、扶贫、慈善性捐赠物资、加工贸易产品、边境贸易进口物资、保税区进出口货物、出口加工区进出口货物、进口设备等实行减免税政策。政策性减免税货物一般有地区、企业和用途的限制，海关需要进行后续管理，也需要进行减免税统计。

三、临时减免税

临时减免税是指除以上两项减免税以外，对某个纳税人由于特殊原因临时给予的减免税，即由国务院根据《海关法》对某个单位、某类商品、某个项目或某批进出口货物的特殊情况而给予特别照顾的一案一批、专文下达的减免税。

为了遵循统一、规范、公平、公开的原则，有利于统一税法、公平税负、平等竞争，国家严格控制减免税，一般不办理个案临时性减免税，对政策性减免税也在逐步规范、清理，对不符合国际惯例的税收优惠政策将逐步予以废止。

本章小结

关税是国家依法对进出境货物、物品征收的一种税。关税的征税对象是准许进出境的货物和物品。货物是指贸易性商品；物品是指入境旅客随身携带的行李物品、个人邮递物品、各种运输工具上的服务人员携带进口的自用物品、馈赠物品及以其他方式进境的个人物品。关税的纳税义务人分为货物的纳税人和物品的纳税人两类。

我国加入 WTO 以后，进口关税税则设置了最惠国税率、协定税率、特惠税率、普通税率、关税配额税率等 5 种进口税率。对进口货物在一定期限内可以实行暂定税率。出口税则设置一栏出口税率，对出口货物在一定期限内可以实行暂定税率。

关键术语和概念

关税　进出口税则　最惠国税率　协定税率　特别关税　从价税　从量税　复合税　滑准税　全部产地生产标准　实质性加工标准　关税完税价格

复习思考题

1. 什么是关税？我国的关税政策是怎样的？
2. 简述关税的分类。
3. 我国关税税率是如何设置和应用的？
4. 什么是关税完税价格？我国对进出口货物关税完税价格是如何规定的？
5. 简述我国关税减免的优惠政策。

【拓展阅读】

国务院关税税则委员会

关于 2013 年关税实施方案的通知

税委会〔2012〕22 号

海关总署：

《2013 年关税实施方案》已经国务院关税税则委员会第十次全体会议审议通过，并报国务院批准，自 2013 年 1 月 1 日起实施。

特此通知。

附件：2013 年关税实施方案

国务院关税税则委员会

2012 年 12 月 10 日

附件：

2013年关税实施方案

一、进口关税调整

（一）最惠国税率

（1）对9个非全税目信息技术产品继续实行海关核查管理，税率维持不变。因税则税目调整，涉及税目增至10个（见附表1）。

（2）对小麦等8类47个税目的商品继续实施关税配额管理，税目和税率维持不变。对配额外进口的一定数量棉花实施滑准税，并适当调整相关公式参数。对尿素、复合肥、磷酸氢二铵这三种化肥的配额税率执行1%的税率（见附表2）。

（3）对感光材料等47种商品继续实施从量税或复合税，税率维持不变。对5种感光材料产品实施从价税（见附表3）。

（4）其他最惠国税率维持不变。

（二）暂定税率

对燃料油等784项进口商品实施暂定税率（见附表4）。

（三）协定税率

根据我国与有关国家或地区签署的贸易或关税优惠协定，对有关国家或地区实施协定税率（见附表5）。

（1）对原产于韩国、印度、斯里兰卡、孟加拉国和老挝的1 875个税目商品实施亚太贸易协定税率；

（2）对原产于文莱、印度尼西亚、马来西亚、新加坡、泰国、菲律宾、越南、缅甸、老挝和柬埔寨的部分税目商品实施中国—东盟自由贸易协定税率；

（3）对原产于智利的7 308个税目商品实施中国—智利自由贸易协定税率，并进一步下调该协定项下部分税目的税率；

（4）对原产于巴基斯坦的6 509个税目商品实施中国—巴基斯坦自由贸易协定税率；

（5）对原产于新西兰的7 319个税目商品实施中国—新西兰自由贸易协定税率；

（6）对原产于新加坡的2 961个税目商品实施中国—新加坡自由贸易协定税率；

（7）对原产于秘鲁的7 085个税目商品实施中国—秘鲁自由贸易协定税率；

（8）对原产于哥斯达黎加的7 281个税目商品实施中国—哥斯达黎加自由贸易协定税率；

（9）对原产于香港地区且已制定优惠原产地标准的1 760个税目商品实施零关税；

（10）对原产于澳门地区且已制定优惠原产地标准的1 271个税目商品实施零关税；

（11）对原产于台湾地区的614个税目商品实施海峡两岸经济合作框架协议货物贸易早期收获计划协定税率。

（四）特惠税率

根据我国与有关国家或地区签署的贸易或关税优惠协定、双边换文情况以及国务院有关决定，对原产于埃塞俄比亚、贝宁、布隆迪、厄立特里亚、吉布提、刚果、几内亚、几内亚比绍、科摩罗、利比里亚、马达加斯加、马里、马拉维、毛里塔尼亚、莫桑比克、卢旺达、塞拉利昂、苏丹、坦桑尼亚、多哥、乌干达、赞比亚、莱索托、乍得、中非、阿富汗、孟加拉国、尼泊尔、东帝汶、也门、萨摩亚、瓦努阿图、赤道几内亚、安哥拉、塞内加尔、尼日尔、索马里、老挝、缅甸和柬埔寨，共40个联合国认定的最不发达国家的部分税目商品实施特惠税率（见附表6）。

（五）普通税率

普通税率维持不变。

二、出口关税调整

（1）“出口税则”的出口税率维持不变；

（2）对铬铁等部分出口商品实施暂定税率，对部分化肥征收特别出口关税（见附表7）。

三、税则税目调整

对部分税则税目进行调整（见附表8）。调整后，2013 年版税则税目共计 8 238 个。

以上方案自 2013 年 1 月 1 日起实施。

详见附表 1 - 8（附表略）。

资料来源：中央政府门户网站 http：//www. gov. cn/zwgk/2012 - 12/17/content_ 2291986. htm.

第七章　资源税

【学习要点】

◈资源税的概念及作用

◈资源税的纳税义务人、税目与税率

◈资源税的计税依据和应纳税额的计算

◈资源税的税收优惠和征收管理

第一节　资源税概述

一、资源税的概念

资源税是对在中华人民共和国领域及管辖海域从事应税矿产品开采和生产盐的单位和个人课征的一种税。资源税以各种自然资源及其级差收入为征税对象。自然资源的种类很多，如土地资源、矿藏资源、水产资源、生物资源、海洋资源等。目前我国仅对一些普遍开采、利用价值高、级差收益大、税源广、便于管理的自然资源征收资源税。

二、资源税的产生和发展

我国对自然资源征税历史悠久，在清朝和民国时期，就曾征收过“矿税”。新中国成立后，从 1984 年 10 月 1 日起开征资源税，当时的征收范围仅局限于级差收入大、产量多且易于控制管理的石油、天然气和煤炭三种特定资源。此后又增加了铁矿石资源。对盐征税的历史也很悠久，新中国成立后，我国一直对盐征税。1993 年 12 月 25 日，国务院发布了新的资源税条例，扩大了资源税的征收范围，并且把盐也纳入了资源税征收范围中，取消了单独对盐征税。

资源税的主要目的是调节资源级差收入，促进资源有偿开采、节约使用。1993 年的资源税条例实施后，我国资源税的征收范围包括原油、天然气、煤炭、黑色金属矿原矿、有色金属矿原矿、其他非金属矿原矿和盐等 7 个税目大类，均按量规定定额税率计征。近年来，随着我国经济持续、快速发展，资源产品日益增长的需求与资源有限性、稀缺性的矛盾越来越突出，现行资源税税制存在与经济发展和构建资源节约型社会要求不相适应的问题。一些资源产品，特别是原油、天然气等能源产品的现有资源税税额标准已明显偏低，不利于资源的合理开发和节约使用；在从量定额征税方式下，资源税税额标准不能随着产品价格的变化及时调整，不利于发挥税收对社会分配的调节作用；资源税属于地方税，由于资源税税负较低，地方所获受益不明显。于是，自2010年6月1日起，中央决定率先在新疆进行石油、天然气资源税改革，将原油、天然气资源税由从量计征改为从价计征。

经过一年多的改革试点，2011年9月30日国务院公布了《中华人民共和国资源税暂行条例》（以下简称《资源税暂行条例》），2011年10月28日财政部、国家税务总局公布了《中华人民共和国资源税暂行条例实施细则》（以下简称《资源税实施细则》）。新的资源税条例和实施细则自2011年11月1日起施行。

三、资源税的作用

1. 促进资源的合理开发利用

资源税是通过重新配置来平衡与制约稀缺性资源利用和与之相关的环境问题的一种制度性安排。矿藏、水流、森林等自然资源属于国家所有，政府通过对资源课税，使企业有偿开采矿产资源，以保证国有资源价值的补偿。开征资源税，把资源开采和使用与纳税人的切身利益相结合，一方面能够加强对自然资源的保护和管理，使经营者在利用资源时考虑到其稀缺性和有偿性，减少资源的滥用和损失浪费；另一方面可促使经营者对自身经济利益的考虑，进而提高资源的开发利用率，最大限度合理、有效、节约地开发利用资源。

2. 合理调节级差收入

中国地域辽阔，各地资源结构和开采条件差异很大，如果不开征资源税，会导致企业利润与其真实经营状况脱钩，不利于企业公平竞争。开征资源税，对优质资源实行高税率，对劣质资源实行低税率，调节资源的级差收入，从而排除资源优劣造成单位或个人利润分配上的不合理，维护社会公平和稳定。

3. 促进产业结构的调整

税收是调节经济的重要杠杆。国家可以通过对不同资源征收不同税率来调节纳税人的经济行为，比如对稀缺或重要资源实行较高的税率，对较为充裕的资源实行较低的税收税率，这样可促使投资者权衡利益作出最优决策，在一定程度上可以使资源得到更加合理的开发和利用，使国家的产业结构更加合理化。同时，通过资源税调节产品价格，可间接影响消费者的选择，使其在使用产品的过程中会有意识地增强节约资源观念。

第二节　资源税的纳税义务人与税目、税率

一、资源税的纳税义务人和扣缴义务人

（一）资源税的纳税义务人

资源税的纳税义务人是指在中华人民共和国领域及管辖海域开采应税资源的矿产品或者生产盐的单位和个人。

单位是指国有企业、集体企业、私营企业、股份制企业、其他企业和行政单位、事业

单位、军事单位、社会团体及其他单位；个人是指个体经营者和其他个人；其他单位和其他个人包括外商投资企业、外国企业及外籍人员。

中外合作开采石油、天然气，按照现行规定只征收矿区使用费，暂不征收资源税。因此，中外合作开采石油、天然气的企业不是资源税的纳税义务人。

（二）资源税的扣缴义务人

收购未税矿产品的单位为资源税的扣缴义务人。对于零星、分散、不定期开采、容易漏税的情况，为了加强资源税的征管，条例规定由扣缴义务人在收购矿产品时代扣代缴资源税。扣缴义务具体包括：

（1）独立矿山、联合企业收购未税矿产品的单位，按照本单位应税产品税额、税率标准，依据收购的数量代扣代缴资源税。

（2）其他收购单位收购的未税矿产品，按税务机关核定的应税产品税额、税率标准，依据收购的数量代扣代缴资源税。

收购未税矿产品的单位是指独立矿山、联合企业和其他单位。独立矿山是指只有采矿或只有采矿和选矿，独立核算、自负盈亏的单位，其生产的原矿和精矿主要用于对外销售。联合企业是指采矿、选矿、冶炼（或加工）连续生产的企业或采矿、冶炼（或加工）连续生产的企业，其采矿单位一般是该企业的二级或二级以下核算单位。其他单位也包括收购未税矿产品的个体户在内。

二、资源税的税目和税率

（一）资源税税目

目前我国仅对矿产品和盐两大类自然资源的开采和生产征收资源税。随着资源税的完善，将会有更多的自然资源纳入征税范围。

资源税税目包括7大类，在7个税目下面又设有若干个子目。税目及子目的设置反映了资源税应税产品和纳税人开采资源的行业特点。7个税目具体为：

（1）原油，是指开采的天然原油，不包括人造石油。

（2）天然气，是指专门开采或者与原油同时开采的天然气。

（3）煤炭，是指原煤，不包括洗煤、选煤及其他煤炭制品。

（4）其他非金属矿原矿，是指上列产品和井矿盐以外的非金属矿原矿。

（5）黑色金属矿原矿。

（6）有色金属矿原矿。

（7）盐，包括固体盐和液体盐。固体盐是指海盐原盐、湖盐原盐和井矿盐。液体盐是指卤水。

（二）资源税税率

资源税采取从价定率或者从量定额两种计征办法，从价定率计税法以应税产品的销售额乘以纳税人具体适用的比例税率计算；从量定额计税法以应税产品的销售数量乘以纳税人具体适用的定额税率计算。

资源税税率在设置上遵循“级差调节”的原则。级差调节是指运用资源税对因资源贮存状况、开采条件、资源优劣、地理位置等客观存在的差别而产生的资源级差收入，通过实施差别税额标准进行调节。资源条件好的，税率、税额高一些；资源条件差的，税率、税额低一些。

具体规定见税目税率表7－1。

表7－1 资源税税目税率表

税目		税率
一、原油		销售额的5%～10%
二、天然气		销售额的5%～10%
三、煤炭	焦煤	每吨8～20元
	其他煤炭	每吨0.3～5元
四、其他非金属矿原矿	普通非金属矿原矿	每吨或者每立方米0.5～20元
	贵重非金属矿原矿	每千克或者每克拉0.5～20元
五、黑色金属矿原矿		每吨2～30元
六、有色金属矿原矿	稀土矿	每吨0.4～60元
	其他有色金属矿原矿	每吨0.4～30元
七、盐	固体盐	每吨10～60元
	液体盐	每吨2～10元

资源税税目税率表确定了应税产品征收资源税的幅度范围，资源税应税产品的具体适用税率，按《资源税实施细则》所附的《资源税税目税率明细表》执行。具体税率根据纳税人所开采或者生产应税产品的资源品位、开采条件等情况确定。财政部未列举名称且未确定具体适用税率的其他非金属矿原矿和有色金属矿原矿，由省、自治区、直辖市人民政府根据实际情况确定，报财政部和国家税务总局备案。

矿产品等级的划分，按《资源税实施细则》所附的《几个主要品种的矿山资源等级表》执行。

对于划分资源等级的应税产品，《几个主要品种的矿山资源等级表》中未列举名称的纳税人适用的税率，由省、自治区、直辖市人民政府根据纳税人的资源状况，参照《资源税税目税率明细表》和《几个主要品种的矿山资源等级表》中确定的邻近矿山或者资源状况、开采条件相近的矿山的税率标准，在浮动30%的幅度内核定，并报财政部和国家税务总局备案。

纳税人开采或者生产不同税目应税产品的，应当分别核算不同税目应税产品的销售额或者销售数量；未分别核算或者不能准确提供不同税目应税产品的销售额或者销售数量的，从高适用税率。

纳税人开采或者生产应税产品，自用于连续生产应税产品的，不缴纳资源税；自用于其他方面的，视同销售，依照条例缴纳资源税。

第三节　资源税的计税依据与应纳税额的计算

一、资源税的计税依据

（一）从价定率征税的计税依据

实行从价定率征税的以销售额为计税依据。销售额为纳税人销售应税产品向购买方收取的全部价款和价外费用，但不包括收取的增值税销项税额。

价外费用包括价外向购买方收取的手续费、补贴、基金、集资费、返还利润、奖励费、违约金、滞纳金、延期付款利息、赔偿金、代收款项、代垫款项、包装费、包装物租金、储备费、优质费、运输装卸费以及其他各种性质的价外收费。但下列项目不包括在内。

（1）同时符合以下条件的代垫运输费用：

①承运部门的运输费用发票开具给购买方的；

②纳税人将该项发票转交给购买方的。

（2）同时符合以下条件的代为收取的政府性基金或者行政事业性收费：

①由国务院或者财政部批准设立的政府性基金，由国务院或者省级人民政府及其财政、价格主管部门批准设立的行政事业性收费；

②收取时开具省级以上财政部门印制的财政票据；

③所收款项全额上缴财政。

纳税人以人民币以外的货币结算销售额的，应当折合成人民币计算。其销售额的人民币折合率可以选择销售额发生的当天或者当月 1 日的人民币汇率中间价。纳税人应在事先确定采用何种折合率计算方法，确定后 1 年内不得变更。

纳税人申报的应税产品销售额明显偏低且无正当理由的、有视同销售应税产品行为而无销售额的，除财政部、国家税务总局另有规定外，按下列顺序确定销售额：

（1）按纳税人最近时期同类产品的平均销售价格确定；

（2）按其他纳税人最近时期同类产品的平均销售价格确定；

（3）按组成计税价格确定。组成计税价格为：

组成计税价格 = 成本 ×（1 + 成本利润率）÷（1 − 税率）

公式中的“成本”是指应税产品的实际生产成本。公式中的成本利润率由省、自治区、直辖市税务机关确定。

（二）从量定额征税的计税依据

实行从量定额征税的以销售数量为计税依据。销售数量的具体规定为：

（1）销售数量包括纳税人开采或者生产应税产品的实际销售数量和视同销售的自用数量。

（2）纳税人不能准确提供应税产品销售数量的，以应税产品的产量或者主管税务机关确定的折算比换算成的数量为计征资源税的销售数量。

（3）纳税人在资源税纳税申报时，除财政部、国家税务总局另有规定外，应当将其应税和减免税项目分别计算和报送。

（4）原油中的稠油、高凝油与稀油划分不清或不易划分的，一律按原油的数量作为计税依据。

（5）对于连续加工前无法正确计算原煤移送使用量的煤炭，可按加工产品的综合回收率，将加工产品实际销量和自用量折算成原煤数量，以此作为课税数量。

（6）金属和非金属矿产品原矿，因无法准确掌握纳税人移送使用原矿数量的，可将其精矿按选矿比折算成原矿数量，以此作为课税数量。

（7）纳税人以自产的液体盐加工固体盐，按固体盐税额征税，以加工的固体盐数量为课税数量。纳税人以外购的液体盐加工成固体盐，其加工固体盐所耗用液体盐的已纳税额准予抵扣。

二、资源税应纳税额的计算

资源税的应纳税额按照从价定率或者从量定额的计算办法，分别以应税产品的销售额乘以纳税人具体适用的比例税率或者以应税产品的销售数量乘以纳税人具体适用的定额税率计算。

（一）从价定率征收法应纳税额的计算

在从价定率计税办法下，资源税应纳税额等于应税产品的销售额乘以规定的适用税率，计算公式为：

应纳税额 = 销售额 × 适用税率

【例 7-1】某油田 9 月份销售原油 8 万吨，开具增值税专用发票取得销售额 5 万元、增值税额 0.85 万元，该油田原油资源税适用的税率为 9%。请计算其应纳资源税额。

【解答】

应纳税额 = 50 000 × 9% = 4 500（元）

（二）从量定额征收法应纳税额的计算

在从量定额计税办法下，资源税应纳税额等于应税产品的课税数量乘以规定的单位税额，计算公式为：

应纳税额 = 课税数量 × 单位税额

【例7-2】某产盐企业10月份以外购液体盐3 000吨加工成固体盐600吨，以自产液体盐5 000吨加工成固体盐1 000吨，当月销售固体盐1 500吨，取得销售收入300万元。已知液体盐每吨单位税额5元，固体盐每吨单位税额40元，请计算该企业10月份应纳资源税额。

【解答】

纳税人以外购的液体盐加工成固体盐，其加工固体盐所耗用液体盐的已纳税额准予抵扣。

应纳资源税 = 1 500 × 40 - 3 000 × 5 = 45 000（元）

第四节　资源税的税收优惠和征收管理

一、资源税的税收优惠

为照顾纳税人的特殊情况和鼓励一些应税资源产品的开采，税法规定以下情况减征或免征资源税：

（1）开采原油过程中用于加热、修井的原油，免税。

（2）纳税人开采或者生产应税产品过程中，因意外事故或者自然灾害等原因遭受重大损失的，由省、自治区、直辖市人民政府酌情决定减税或者免税。

（3）国务院规定的其他减税、免税项目。

纳税人的减税、免税项目，应当单独核算销售额或者销售数量；未单独核算或者不能准确提供销售额或者销售数量的，不予减税或者免税。

另外，条例规定仅对在中国境内开采或生产应税产品的单位和个人征收资源税，对进口的矿产品和盐不征收资源税。相应地，对出口应税产品也不免征或退还已纳资源税。

二、资源税纳税义务发生时间

纳税人销售应税产品，纳税义务发生时间为收讫销售款或者取得索取销售款凭据的当天；自产自用应税产品，纳税义务发生时间为移送使用的当天。

资源税纳税义务发生时间具体规定如下。

（1）纳税人销售应税产品，其纳税义务发生时间是：

①纳税人采取分期收款结算方式的，其纳税义务发生时间，为销售合同规定的收款日期的当天；

②纳税人采取预收货款结算方式的，其纳税义务发生时间，为发出应税产品的当天；

③纳税人采取其他结算方式的，其纳税义务发生时间，为收讫销售款或者取得索取销售款凭据的当天。

（2）纳税人自产自用应税产品的纳税义务发生时间，为移送使用应税产品的当天。

（3）扣缴义务人代扣代缴税款的纳税义务发生时间，为支付货款的当天。

三、资源税纳税期限

纳税人的纳税期限为 1 日、3 日、5 日、10 日、15 日或者 1 个月，由主管税务机关根据实际情况具体核定。不能按固定期限计算纳税的，可以按次计算纳税。

纳税人以 1 个月为一期纳税的，自期满之日起 10 日内申报纳税；以 1 日、3 日、5 日、10 日或者 15 日为一期纳税的，自期满之日起 5 日内预缴税款，于次月 1 日起 10 日内申报纳税并结清上月税款。

扣缴义务人的解缴税款期限，比照上述规定执行。

四、资源税的纳税地点

（1）纳税人应纳的资源税，应当向应税产品的开采或者生产所在地主管税务机关缴纳。纳税人在本省、自治区、直辖市范围内开采或者生产应税产品，其纳税地点需要调整的，由省、自治区、直辖市税务机关决定。

（2）扣缴义务人代扣代缴的资源税，应当向收购地主管税务机关缴纳。

（3）跨省、自治区、直辖市开采或者生产资源税应税产品的纳税人，其下属生产单位与核算单位不在同一省、自治区、直辖市的，对其开采或者生产的应税产品一律在开采地或者生产地纳税。实行从量计征的应税产品，其应纳税款一律由独立核算的单位按照每个开采地或者生产地的销售量及适用税率计算划拨；实行从价计征的应税产品，其应纳税款一律由独立核算的单位按照每个开采地或者生产地的销售量、单位销售价格及适用税率计算划拨。

本章小结

资源税是对在中华人民共和国领域及管辖海域从事应税矿产品开采或生产盐的单位和个人课征的一种税。资源税以各种自然资源及其级差收入为征税对象。目前我国仅对矿产品和盐两大类自然资源的开采和生产征收资源税。

资源税的纳税义务人是指在中华人民共和国领域及管辖海域开采应税资源的矿产品或者生产盐的单位和个人。收购未税矿产品的单位为资源税的扣缴义务人。资源税采取从价定率或者从量定额两种计征办法。资源税实行从价定率征税的以销售额为计税依据，实行从量定额征税的以销售数量为计税依据。

关键术语和概念

资源税　资源税的纳税义务人　资源税的扣缴义务人　资源税的税目　资源税的税率

复习思考题

1. 什么是资源税？征收资源税有何作用？
2. 我国资源税的征收对象和范围是什么？
3. 目前我国资源税采取什么计征方法？

【拓展阅读】

资源税改革推进历程

2011年11月1日 修改后的《资源税暂行条例》正式实施	在纳税人、税目、税率及计征方法上有所调整，资源税的征收在从量计征基础上增加从价定率的计征办法。
2010年6月1日 新疆资源税费改革正式施行	新疆原油天然气资源税费改革将从6月1日起开始施行，原油、天然气资源税由从量计征改为从价计征，税率为5%。
2010年5月31日 出台资源税改革方案	国务院日前批转发改委《关于2010年深化经济体制改革重点工作的意见》，今年将出台资源税改革方案。
2010年1月10日 适时出台资源税改革方案	财政部长谢旭人在全国财政工作会议上表示，2010年要改革完善税收制度，适时出台资源税改革方案。
2010年1月5日 资源税从价计征将推出	国家能源局副局长吴吟在山西煤矿企业兼并重组整合工作新闻通气会上透露，中央有关部门已就资源税由从量计征向从价计征达成共识，改革将会适时推出。
2009年12月 资源税从价计征从2010年开始	财政部税政司司长史耀斌："（为了）适应经济形势的变化，资源税改革有望在明年推出。从原油、天然气、煤炭讲，会由原来的从量定额计征改为从价定率计征。"
2009年12月10日 环境税上马，碳税或开征	积极发展大型购物商场、专业商品市场、品牌折扣店和特色商业街区，建设和经营好免税店，逐步将海南建设成为国际购物中心。
2009年12月9日"有必要上调资源税"	财政部财政科学研究所所长贾康在中央经济工作会议上提出，深化资源价格、上调资源税。
2009年12月7日 煤炭资源税改或暂缓实施	考虑到煤炭企业的困难，将努力为煤炭企业争取良好的外部发展环境，包括逐步清理对煤炭行业的不合理税费，会同财政部争取暂缓调整资源税的出台等措施。
2009年11月26日 石油资源税或从价计征	虽然石油资源税改为"从价计征"的说法还未得到相关政府部门的证实，但是业内人士坦言，此说法由来已久，只是这次透露的信息又更多一些。
2009年11月4日 四川达州突进资源税改	《国务院办公厅关于应对国际金融危机保持西部地区经济平稳较快发展的意见》：加快推进资源税改革，进一步完善矿产资源补偿费中央与地方的分配关系。

（续上表）

2009年7月22日 资源税改方案递至国务院	国家发改委官员康艳兵表示，实现“十一五”的节能减排目标首先要完善能源价格的形成机制，因为在国外，就包括了资源税、能源税等外部成本。
2009年7月21日 资源税改革水资源或上榜	水利部副部长胡四一曾表示，长期以来水价构成不合理和水价偏低，导致目前水资源浪费相当严重、水污染得不到有效治理。因此，必须加快推进水价改革。
2009年7月21日 中煤协建议暂缓资源税改	中国煤炭工业协会政策研究部主任张勇表示，上半年的同比增长速度符合预期，预计下半年煤炭供需保持平衡。同时建议政府资源税改革暂缓。
2009年7月20日 水资源拟实行阶梯式税制	不少专家建议，将水资源全面纳入资源税征收范围，逐步对各类水资源征收资源税，通过价格杠杆促进水资源的节约、保护和合理利用。
2009年7月18日 百家矿企联名上书国土部施压资源税	“现在企业经营状况不好，资源税开征会增加企业成本，不利于经济的复苏”，中国五矿集团公司一领导表示，“这就是资源税改革缓慢的原因。”

资料来源：税务频道—和讯网，http：//tax. hexun. com/2011/zysggfa/.

第八章　土地增值税

【学习要点】

◈土地增值税的概念和特点

◈土地增值税的纳税义务人和征税范围

◈土地增值税的税率和税收优惠

◈土地增值税的增值额的确定

◈土地增值税应纳税额的计算

◈土地增值税的征收管理

第一节　土地增值税概述

一、土地增值税的概念

土地增值税是对有偿转让国有土地使用权及地上建筑物和其他附着物产权，取得增值收入的单位和个人征收的一种税。

土地属于不动产，对于土地课税是一种古老的税收形式，也是当代各国普遍征收的一种财产税。各国对土地征税的方式各有不同。对于土地征税，依据税基的不同，分为财产性质的土地税和收益性质的土地税，前者以土地的数量或价值为税基，实行从价或从量计税；后者实质上是对土地收益或地租的征税。依据征税对象的不同，分为对土地单列征收的土地税和对土地及其地上建筑物及其附着物一起征税的房地产税，或称不动产税。

现行土地增值税的基本规范，是1993年12月13日国务院颁布的《中华人民共和国土地增值税暂行条例》和1995年1月27日财政部颁布的《中华人民共和国土地增值税暂行条例实施细则》。

二、土地增值税的特点

土地增值税与其他税种相比，具有以下特点：

（1）以增值额为征税对象。土地增值税以转让房地产取得的增值额为征税对象，属于土地转移增值税的类型。只对每次转让的增值额计税，税不重征。

（2）实行按次征收。土地增值税在房地产转让环节征税，实行按次征收，每发生一次转让行为，就根据每次取得的增值额征收一次房产税。

（3）采用超率累进税率。根据增值率水平设置税率，增值率高，适用税率高；增值率低，适用税率低，使纳税人合理负担税负。目前我国税制中只有土地增值税采用超率累进税率。

（4）一般采用余额法或扣除法确定计税依据。只在几种特殊情况下才采用评估价格作为计税依据。

（5）纳税人范围广。凡在我国境内有偿转让房地产并取得收入的单位和个人，除税法规定免税外，均应缴纳增值税。不论纳税人的单位性质，不论是法人还是自然人，不论是内资还是外资企业、中国公民与外籍个人，也不论部门，都一视同仁。

第二节　土地增值税的纳税义务人与征税范围

一、土地增值税的纳税义务人

土地增值税的纳税义务人为转让国有土地使用权、地上的建筑物及其附着物并取得收入的单位和个人。单位是指各类企业单位、事业单位、国家机关和社会团体及其他组织。个人是指个体经营者。

二、土地增值税的征税范围

土地增值税是对转让国有土地使用权及其地上建筑物和附着物并取得收入的行为征税。根据此规定，对土地增值税征税范围的判定，一般根据以下三个标准：一是土地使用权是否为国家所有，只有按国家法律规定属于国家所有的土地才能进行转让；二是土地使用权、地上建筑物及其附着物的产权是否发生转移，土地增值税的征税范围不包括未转让土地使用权、房产产权的行为，是否发生转让行为主要以房地产权属（指土地使用权和房产产权）的变更为标准，凡土地使用权、房产产权未转让的（如房地产的出租），不征收土地增值税；三是转让行为是否取得收入，土地增值税的征收范围不包括房地产的产权虽转让但未取得收入的行为，如房地产的继承。只有符合这三个标准的转让，才需要缴纳土地增值税。

（一）基本征税范围

土地增值税的基本征税范围包括：

1. 国有土地使用权的转让

国有土地使用权的转让是指土地使用者通过出让等形式向政府缴纳了土地出让金，取得土地使用权后，将土地使用权再转让的行为，包括出售、交换和赠与。土地使用权转让，其地上的建筑物、其他附着物的所有权随之转让。土地使用权的转让属于土地增值税的征税范围。

需要说明的是，国有土地使用权出让，是指国家以土地所有者的身份将土地使用权在一定年限内让与土地使用者，并由土地使用者向国家支付土地使用权出让金的行为，国有土地使用权的出让不属于土地增值税的征税范围。

2. 地上建筑物及其附着物连同国有土地使用权的一并转让

地上建筑物是指建于土地上的一切建筑物，包括地上、地下的各种附属设施。附着物是指附着于土地上的不能移动或一经移动即遭损坏的物品。按照国家有关法律法规的规定，纳税人取得国有土地使用权后进行房屋开发建造再出售的，土地使用权也同时随之发生转让。这样既发生了产权的转让，又取得了收入，所以应纳入土地增值税的征税范围。

3. 存量房地产的买卖

存量房地产是指已经建成并已投入使用的房地产，其房屋所有人将房屋产权和土地使用权一并转让给其他单位和个人。这种行为按照国家有关的房地产法律和法规，应当到有关部门办理房产产权和土地使用权的转移变更手续；原土地使用权属于无偿划拨的，还应到土地管理部门补交土地出让金。

（二）特殊情况征税范围的判定

1. 房地产的继承、赠与

（1）房地产的继承。房地产的继承是指房产的原产权所有人、依照法律规定取得土地使用权的土地使用人死亡以后，由其继承人依法承受死者房产产权和土地使用权的民事法律行为。房地产继承使房地产的权属发生了变更，但房产产权、土地使用权的原所有人（即被继承人）并没有取得任何收入。因此，房地产继承不属于土地增值税的征税范围。

（2）房地产的赠与。房地产的赠与是指房产所有人、土地使用权所有人将自己所拥有的房地产无偿地交给其他人的民事法律行为。房地产的赠与虽发生了房地产的权属变更，但作为房产所有人、土地使用权的所有人并没有因为权属的转让而取得任何收入。因此，房地产的赠与不属于土地增值税的征税范围。

需要说明的是，这里的赠与仅指以下情况：

①房产所有人、土地使用权所有人将房屋产权、土地使用权赠与直系亲属或承担直接赡养义务人；

②房产所有人、土地使用权所有人通过中国境内非营利的社会团体、国家机关将房屋产权、土地使用权赠与教育、民政和其他社会福利、公益事业。

2. 房地产的出租

房地产的出租是指房产的产权所有人、按照法律规定取得土地使用权的土地使用人，将房产、土地使用权租赁给承租人使用，由承租人向出租人支付租金的行为。房地产的出租，出租人虽取得收入，但没有发生房产产权、土地使用权的转让，因此不属于土地增值税的征收范围。

3. 房地产的抵押

房地产的抵押是指房地产的产权所有人、依法取得土地使用权的土地使用人作为债务人或第三人，向债权人提供不动产作为清偿债务的担保而不转移权属的法律行为。在抵押期间，房产的产权、土地使用权并没有发生权属变更，因此，在抵押期间不征收土地增值税。待抵押期满后，对于以房地产抵债而发生房地产权属转让的，应列入土地增值税的征税范围。

4. 房地产的交换

房地产的交换是指一方以房地产与另一方的房地产进行交换的行为。房地产交换既发生了房产产权、土地使用权的转移，交换双方又取得了实物形态的收入，因此属于土地增值税的征税范围。但对个人之间互换自有居住用房地产的，经当地税务机关核实，可以免征土地增值税。

5. 以房地产进行投资、联营

以房地产进行投资、联营的，投资、联营一方以土地（房地产）作价入股进行投资或联营条件，将房地产转让到所投资、联营的企业中时，暂免征收土地增值税。对投资、联营企业将上述房地产再转让的，应征收土地增值税。

但投资、联营的企业属于从事房地产开发的，或者房地产开发企业以其建造的商品房进行投资和联营的，应当征收土地增值税。

6. 合作建房

对于一方出地，另一方出资金，双方合作建房，建成后按比例分房自用的，暂免征收土地增值税；建成后转让的，应征收土地增值税。

7. 企业兼并转让房地产

在企业兼并中，被兼并企业将房地产转让到兼并企业中的，暂免征收土地增值税。

8. 房地产的代建房行为

房地产代建房是指房地产开发公司代客户进行房地产的开发，开发完成后向客户收取代建收入的行为。对于房地产开发公司而言，其收入属于劳务收入性质，且没有发生房地产权属的转移，故不属于土地增值税的征税范围。

9. 房地产的重新评估

房地产的重新评估是指国有企业在清产核资时对房地产进行重新评估而使其升值的情况。这种情况下，因其既没有发生房地产权属的转移，房产产权、土地使用权人也未取得收入，所以不属于土地增值税的征税范围。

10. 国家收回国有土地使用权

因国家收回国有土地使用权、征用地上建筑物及其附着物而使房地产权属发生转让的，根据《土地增值税暂行条例》的规定，免征土地使用税。

第三节　土地增值税税率和税收优惠

一、土地增值税的税率

土地增值税实行四级超率累进税率。

（1）增值额未超过扣除项目金额50%的部分，税率为30%。

（2）增值额超过扣除项目金额50%、未超过扣除项目金额100%的部分，税率为40%。

（3）增值额超过扣除项目金额100%、未超过扣除项目金额200%的部分，税率为 50%。

（4）增值额超过扣除项目金额 200% 的部分，税率为 60%。

上述所列四级超率累进税率，每级“增值额未超过扣除项目金额”的比例，均包括本比例数。土地增值税税率及速算扣除系数见表 8－1。

表 8－1　土地增值税税率及速算扣除系数表

级数	增值额占扣除项目金额的比例（即增值率）	税率（%）	速算扣除系数（%）
1	增值率不超过 50% 的部分	30	0
2	增值率超过 50% 至 100% 的部分	40	5
3	增值率超过 100% 至 200% 的部分	50	15
4	增值率超过 200% 的部分	60	35

二、土地增值税的税收优惠

土地增值税的税收优惠有以下四种情形。

（1）纳税人建造普通标准住宅出售，增值额未超过扣除项目金额 20% 的，免征土地增值税；增值额超过扣除项目金额之和 20% 的，应就其全部增值额按规定计税。

这里所称的普通标准住宅是指按所在地一般民用住宅标准建造的居住用住宅。高级公寓、别墅、度假村等不属于普通标准住宅。普通标准住宅与其他住宅的具体划分界限由各省、自治区、直辖市人民政府规定。

2005 年 6 月 1 日起，普通标准住宅应同时满足以下三个要求：住宅小区建筑容积率在 1.0 以上；单套建筑面积在 120 平方米以下；实际成交价格低于同级别土地上住房平均交易价格 1.2 倍以下。各省、自治区、直辖市要根据实际情况，制定本地区享受优惠政策普通住房的具体标准。允许单套建筑面积和价格标准适当浮动，但向上浮动的比例不得超过上述标准的 20%。

对于纳税人既建造普通标准住宅，又建造其他房地产开发的，应分别核算增值额。不分别核算增值额或不能准确核算增值额的，其建造的普通标准住宅不能适用这一免税规定。

（2）因国家建设需要依法征用、收回的房地产，免征土地增值税。

这里所说的因国家建设需要依法征用、收回的房地产，是指因城市实施规划、国家建设的需要而被政府批准征用的房产或收回的土地使用权。

（3）因城市实施规划、国家建设的需要而搬迁，由纳税人自行转让原房地产的，免征土地增值税。

（4）个人因工作调动或改善居住条件而转让原自用住房，经向税务机关申报核准，凡居住满五年或五年以上的，免予征收土地增值税；居住满三年未满五年的，减半征收土地增值税；居住未满三年的，按规定计征土地增值税。

第四节　增值额的确定与应纳税额的计算

土地增值税的计税依据是纳税人转让房地产取得的增值额，而增值额是纳税人转让房地产所取得的收入减除规定的扣除项目金额后的余额。

一、转让房地产取得的收入

纳税人转让房地产取得的应税收入，应包括转让房地产的全部价款及有关的经济收益。从收入的形式来看，包括货币收入、实物收入和其他收入。

1. 货币收入

货币收入是指纳税人转让房地产而取得的现金、银行存款、支票、银行本票、汇票等各种信用票据和国库券、金融债券、企业债券、股票等有价证券。货币收入一般比较容易确定。

2. 实物收入

实物收入是指纳税人转让房地产而取得的各种实物形态的收入。实物收入的价值不太容易确定，一般要对这些实物形态的财产进行估价。

3. 其他收入

其他收入是指纳税人转让房地产而取得的无形资产收入或具有财产价值的权利，如专利权、商标权、著作权、专有技术使用权、土地使用权、商誉等。这种类型的收入比较少见，其价值需要进行专门的评估。

二、税法允许扣除的项目

计算增值额的扣除项目包括以下几项。

（一）取得土地使用权所支付的金额

取得土地使用权所支付的金额，是指纳税人为取得土地使用权所支付的地价款和按国家统一规定交纳的有关费用。

（二）房地产开发成本

房地产开发成本是指开发土地和新建房及配套设施的成本，是纳税人房地产开发项目实际发生的成本，包括土地征用及拆迁补偿费、前期工程费、建筑安装工程费、基础设施费、公共配套设施费、开发间接费用。

（1）土地征用及拆迁补偿费包括土地征用费、耕地占用费、劳动力安置费及有关地上、地下附着物拆迁补偿的净支出、安置动迁用房支出等。

（2）前期工程费包括规划、设计、项目可行性研究和水文、地质、勘察、测绘、“三通一平”等支出。

（3）建筑安装工程费，是指以出包方式支付给承包单位的建筑安装工程费，以自营方式发生的建筑安装工程费。

（4）基础设施费包括开发小区内道路、供水、供电、供气、排污、排洪、通信、照明、环卫、绿化等工程发生的支出。

（5）公共配套设施费包括不能有偿转让的开发小区内公共配套设施发生的支出。

（6）开发间接费用是指直接组织、管理开发项目发生的费用，包括工资、职工福利费、折旧费、修理费、办公费、水电费、劳动保护费、周转房摊销等。

（三）房地产开发费用

房地产开发费用是指开发土地和新建房及配套设施的费用，是与房地产开发项目有关的销售费用、管理费用和财务费用。

（1）纳税人能够按转让房地产项目计算分摊利息支出，并能提供金融机构的贷款证明的，其允许扣除的房地产开发费用限额为：利息＋（取得土地使用权所支付的金额＋房地产开发成本）×5%，但利息最高不能超过按商业银行同类同期贷款利率计算的金额。

（2）纳税人不能按转让房地产项目计算分摊利息支出或不能提供金融机构贷款证明的，其允许扣除的房地产开发费用限额为：（取得土地使用权所支付的金额＋房地产开发成本）×10%。

此外，财政部、国家税务总局还对扣除项目金额中利息支出的计算问题作了两点专门规定：一是利息的上浮幅度按国家的有关规定执行，超过上浮幅度的部分不允许扣除；二是对于超过贷款期限的利息部分和加罚的利息不允许扣除。

（四）旧房及建筑物的评估价格

旧房及建筑物的评估价格，是指在转让已使用的房屋及建筑物时，由政府批准设立的房地产评估机构评定的重置成本价乘以成新度折扣率后的价格。评估价格须经当地税务机关确认。

（五）与转让房地产有关的税金

与转让房地产有关的税金是指在转让房地产时缴纳的营业税、城市维护建设税、印花税。因转让房地产缴纳的教育费附加，也可视同税金予以扣除。

需要明确的是，房地产开发企业按照《施工、房地产开发企业财务制度》的有关规定，其在转让时缴纳的印花税因列入管理费用中，故在此不允许单独再扣除。其他纳税人缴纳的印花税（按产权转移书据所载金额的5‰贴花）允许在此扣除。

（六）其他扣除项目

为了抑制炒买、炒卖房地产的投机行为，保护正常开发投资者的积极性，特对从事房地产开发的纳税人实施特定优惠，允许其加计一部分扣除项目。加计扣除数为：（取得土地使用权所支付的金额＋房地产开发成本）×20%。

三、增值额的确定

土地增值税的增值额是纳税人转让房地产所取得的收入减除规定的扣除项目金额后的余额。增值额是土地增值税的关键，它的正确与否将直接影响应纳税额的计算和缴纳。而增值额的准确核算，又需要有准确的房地产转让收入额和扣除项目金额。在实际房地产交易中，可能会出现有些纳税人不能准确提供房地产转让价格或扣除项目金额的情况，对此，条例规定，纳税人有下列情形之一的，按照房地产评估价格计算征收。

（一）隐瞒、虚报房地产成交价格的

隐瞒、虚报房地产成交价格，是指纳税人不报或有意低报转让土地使用权、地上建筑物及其附着物价款的行为。

隐瞒、虚报房地产成交价格的，应由评估机构参照同类房地产的市场交易价格进行评估。税务机关根据评估价格确定转让房地产的收入。

（二）提供扣除项目金额不实的

提供扣除项目金额不实，是指纳税人在纳税申报时不据实提供扣除项目金额的行为。

提供扣除项目金额不实的，应由评估机构按照房屋重置成本价乘以成新度折扣率计算的房屋成本价和取得土地使用权时的基准地价进行评估。税务机关根据评估价格确定扣除项目金额。

（三）转让房地产的成交价格低于房地产评估价格，又无正当理由的

转让房地产的成交价格低于房地产评估价格，又无正当理由，是指纳税人申报的转让房地产的实际成交价低于房地产评估机构评定的交易价，纳税人又不能提供凭据或无正当理由的行为。

转让房地产的成交价格低于房地产评估价格，又无正当理由的，由税务机关参照房地产评估价格确定转让房地产的收入。

上述所说的房地产评估价格是指由政府批准设立的房地产评估机构根据相同地段、同类房地产进行综合评定的价格。评估价格须经当地税务机关确认。

四、土地增值税应纳税额的计算

土地增值税按照纳税人转让房地产所取得的增值额和规定的税率计算征收。土地增值税的计算公式为：

应纳税额 = ∑（每级距的土地增值额 × 适用税率）

由于分步计算比较烦琐，在实际工作中一般可以采用速算扣除法计算，即：计算土地增值税税额，可按增值额乘以适用的税率减去扣除项目金额乘以速算扣除系数的简便方法计算。其计算公式为：

应纳税额 = 土地增值额 × 适用税率 − 扣除项目金额 × 速算扣除数

计算步骤如下。

第一步：计算转让房地产的收入。

第二步：计算扣除项目金额。

第三步：计算增值额。

土地增值额 = 转让房地产的收入 − 扣除项目金额

第四步：计算增值率，并确定纳税人适用的税率。增值率即增值额与扣除项目金额的比率。适用税率参见表 8 − 1。

第五步：计算应纳土地增值税税额。

【例 8 − 1】某房地产开发公司与某单位于 2012 年 1 月正式签署一份写字楼转让合同，取得转让收入 20 000 万元，公司按税法规定缴纳了有关税金（营业税税率为 5%，城建税税率为 7%，教育费附加征收率为 3%，印花税税率为 0.5%）。已知该公司为取得土地使用权而支付的地价款和按国家统一规定缴纳的有关费用为 4 000 万元，投入房地产开发成本为 5 000 万元，房地产开发费用中的利息支出为 1 300 万元（不能按转让房地产项目计算分摊利息支出，也不能提供金融机构证明）。另知该公司所在省人民政府规定的房地产开发费用的计算扣除比例为 10%。请计算该公司转让此楼应纳的土地增值税税额。

【解答】

（1）确定转让房地产的收入：

转让收入为 20 000 万元

（2）确定转让房地产的扣除项目金额：

取得土地使用权所支付的金额为 4 000 万元

房地产开发成本为 5 000 万元

房地产开发费用为：(4 000 + 5 000) × 10% = 900（万元）

与房地产转让有关的税金为：

20 000 × 5% × (1 + 7% + 3%) = 1 100（万元）

从事房地产开发的加计扣除为：

(4 000 + 5 000) × 20% = 1 800（万元）

转让房地产的扣除项目金额合计为：

4 000 + 5 000 + 900 + 1 100 + 1 800 = 12 800（万元）

（3）计算增值额：

20 000 − 12 800 = 7 200（万元）

（4）计算增值额与扣除项目金额的比率：

7 200 ÷ 12 800 × 100% = 56.25%

增值率为 56.25%，则适用税率为 40%，速算扣除系数为 5%。

（5）计算该公司转让此楼应纳的土地增值税税额：

应纳土地增值税 = 7 200 × 40% − 12 800 × 5% = 2 240（万元）

第五节　土地增值税的征收管理

一、土地增值税纳税程序

根据条例的规定，纳税人应按照下列程序办理纳税手续：

（1）纳税人应在转让房地产合同签订后的7日内，到房地产所在地主管税务机关办理纳税申报，并向税务机关提交房屋及建筑物产权、土地使用权证书，土地转让、房产买卖合同，房地产评估报告及其他与转让房地产有关的资料。

纳税人因经常发生房地产转让而难以在每次转让后申报的，经税务机关审核同意后，可以定期进行纳税申报，具体期限由税务机关根据情况确定。

（2）纳税人按照税务机关核定的税额及规定的期限缴纳土地增值税。

（3）纳税人在项目全部竣工结算前转让房地产取得的收入，由于涉及成本确定或其他原因而无法据以计算土地增值税的，可以预征土地增值税，待该项目全部竣工、办理结算后再进行清算，多退少补。具体办法由各省、自治区、直辖市地方税务局根据当地情况制定。

二、纳税地点

土地增值税的纳税人应向房地产所在地主管税务机关办理纳税申报，并在税务机关核定的期限内缴纳土地增值税。

这里所说的房地产所在地是指房地产的坐落地。纳税人转让的房地产坐落在两个或两个以上地区的，应按房地产所在地分别申报纳税。

在实际工作中，纳税地点的确定又可分为以下两种情况：

（1）纳税人是法人。当转让的房地产坐落地与其机构所在地或经营所在地一致时，则在办理税务登记的原管辖税务机关申报纳税即可；如果转让的房地产坐落地与其机构所在地或经营所在地不一致时，则应在房地产坐落地所管辖的税务机关申报纳税。

（2）纳税人是自然人。当转让的房地产坐落地与其居住所在地一致时，则在住所所在地税务机关申报纳税；当转让的房地产坐落地与其居住所在地不一致时，则在办理过户手续所在地的税务机关申报纳税。

三、纳税申报

1995年5月17日，国家税务总局制定并下发了《土地增值税纳税申报表》。此表包括适用于从事房地产开发纳税人的《土地增值税纳税申报表（一）》及适用于非从事房地产开发纳税人的《土地增值税纳税申报表（二）》。纳税人必须按照税法的有关规定，向房地产所在地主管税务机关如实申报转让房地产所取得的收入、扣除项目金额以及应纳土地增值税税额，并按期缴纳税款。

本章小结

土地增值税是对有偿转让国有土地使用权及地上建筑物和其他附着物产权，取得增值收入的单位和个人征收的一种税。土地增值税是对转让国有土地使用权及其地上建筑物和附着物并取得收入的行为征税。土地增值税的纳税义务人为转让国有土地使用权、地上的建筑物及其附着物并取得收入的单位和个人。

土地增值税的计税依据是纳税人转让房地产取得的增值额，而增值额是纳税人转让房地产所取得的收入减除规定的扣除项目金额后的余额。土地增值税实行四级超率累进税率：分别为30%、40%、50%和60%。

关键术语和概念

土地增值税　国有土地使用权的转让　地上建筑物及其附着物　存量房地产　房地产继承　房地产赠与　房地产出租　房地产抵押　房地产交换

复习思考题

1. 什么是土地增值税？它有何特点？
2. 简述土地增值税的征税范围。
3. 土地增值税有哪些税收优惠？
4. 计算土地增值额的扣除项目有哪些？

【拓展阅读】

涉外税收政策

税收国际化是经济、贸易国际化的重要组成部分，其突出的特点是出现了跨国的纳税人和跨国的征税对象。在税收产生后的几千年发展历史中，税收关系一直没有跨越国界。一国的纳税人全部是自己国家的国民或者居民，征税对象则是发生于本国境内的税收经济事项。国家之间的税收利益没有直接的关系。经济、贸易的国际化以及跨国公司的出现使得国家之间的税收利益发生矛盾和冲突。协调国家之间的税收利益，对国家的征税权加以约束，就成为各国政府必须面对和解决的问题。国际税收协定就是在国际经济环境下产生和发展的。所谓国际税收协定是指两个或两个以上主权国家，为了协调相互间处理跨国纳税人征税事务方面的税收关系，本着对等原则，经由政府谈判后所签订的一种书面协议。

国际税收协定按照参加国家的多少，可以分为双边和多边两类；按照涉及内容范围的大小，可以分为一般与特定两种形式。凡由两个国家参加签订的协定，称为双边国际税收协定。凡由两个以上国家参加签订的协定，称为多边国际税收协定。凡协定内容一般地适用于缔约国之间各种国际税收问题的，称为一般国际税收协定。凡协定内容仅仅适用于某项业务的特定税收问题的，则称为特定国际税收协定。此外，在一些国家之间签订的非税收条约，如友好条约、商务条约和航海条约，有时也会包括若干处理有关国际税收问题的条款在内，这就不属于我们这里所专门讲的国际税收协定了。以上这些国际税收协定，由有关国家政府之间谈判签订以后，还必须通过各自国家的正式批准，并经外交途径互换批准文件，然后方可生效。在协定有效期满后，只要原缔约国中任何一方经由外交途径发出终止通知，该协定即自动停止生效。在国际税收协定的整个有效期间内，缔约国有关各方，都必须对协定中的一切条款承担义务。任何一方的原有单方面规定，如有与协定内容相抵触的，必须按照协定的条款执行。

一、国际税收协定的产生和发展

世界上最早的国际双边税收协定是1843年由比利时与法国签订的。该协定主要为了解决两国间在税务问题上的相互合作和情报交换。两年之后，比利时又与荷兰签订了内容相似的税收协定。奥匈帝国和普鲁士王国于1899年6月缔结了世界上第一个防止双重征税的协定，提出不动产所得、抵押贷款利息所得、常驻代表机构所得以及个人劳务所得，可以由收入的来源国征税；其他类型所得由居住国征税。1921年国际联盟根据1920年布鲁塞尔国际财政会议的要求，委托荷兰的布鲁英斯、意大利的艾因诺第、美国的塞利格曼和英国的斯坦普等4名税务专家着手研究国际双重征税问题。1923年4月3日他们发表了首次报告。报告的第一部分分析了双重税收对资本国际流动的影响；第二部分分析了国家的税收管辖权，提出应依据个人能力课征所得税，但只能课征一次，国家之间可按照经济利益原则划分征税权。这些专家认为确定纳税义务的主要因素有两个：一是财富从哪里取得的，二是财富所有者的居住地。他们还提出了避免国际双重课税可供选择的4种方法：一是居民所在国对其居民在外国缴纳的税收予以减除，二是收入来源国免征非居民来源于境内收入的税收，三是税收在居民所在国和收入来源国之间进行分配，四是对某些专项收入可明确由居民所在国或由收入来源国独占征税权。

与此同时，国际联盟在1922年还组织了一个由比利时、捷克斯洛伐克、法国、意大利、荷兰、瑞士、英国等欧洲7国专家参加的专门委员会研究国际双重税收与国际偷漏税问题。这个专门委员会于1925年向国际联盟的财政委员会提出了第一份报告。报告指出，由于各国税收制度的差别很大，不能设想一个放之四海而皆准的消除国际双重税收的单一方法，只能根据各国的实际情况，通过国与国之间的双边协定，提出它们认为适当的方法。德国、日本、波兰和委内瑞拉于1926年，阿根廷和美国于1927年也指派专家参加了这个专门委员会。这个委员会前后提出了关于所得与财产避免双重课税、关于遗产避免双重课税、关于税务行政相互协作和关于税务征收管理相互协作等4个专题报告。接着27个国家政府的专家于1928年在日内瓦举行会议，研究草拟了以消除国际双重课税和防止国际偷漏税为主要内容的国际税收协定初稿。国际运输征税权确定在企业的实际管理机构所在地的国家，以及“常设机构”在国际税收中的概念也是在这次会议上提出的。

1929年国际联盟根据日内瓦会议专家的建议，任命了一个常设委员会来进一步研究国际税收问题。经过对35个国家的调查研究，对于跨国企业常设机构经营所得的征税问题提出了两种方法：一种是“单独核算法”，就是收入来源国只对归属于常设机构的那一部分所得征税；另一种是“比例分配法”，就是收入来源国只对总机构分配给常设机构的那一部分所得征税。不过，后一种方法因财政委员会认为有漏洞而被否定了。

1940年和1943年，国际联盟财政委员会前后两次在墨西哥举行区域性会议，拉丁美洲国家、加拿大和美国的代表出席了会议。后一次会议通过了对所得防止双重征税双边协定及其议定书范本。这份被称作“墨西哥文本”的税收协定范本的突出特点是强调了收入来源地国家的优先征税权。1946年3月财政委员会在伦敦召开第十次会议，重新起草了税收协定的“伦敦文本”。其内容结构虽然基本保持了“墨西哥文本”的框架，但对经营所得以及股息、利息、特许使用费收入强调居民所在国具有优先的征税权。“伦敦文本”为以后出台并流行于世的经合组织协定范本定下了基调。

第二次世界大战以后，起先是由欧洲经济合作组织草拟了国际税收协定范本。此后包括有澳大利亚、奥地利、比利时、加拿大、丹麦、芬兰、法国、联邦德国、希腊、冰岛、爱尔兰、意大利、日本、卢森堡、荷兰、新西兰、挪威、葡萄牙、西班牙、瑞士、土耳其、英国、美国共23个成员国的经济合作与发展组织（以下简称经合组织）的财政事务委员会继续进行研究工作。该委员会于1963年提出了税收协定草稿，随后发表了《关于对所得和财产避免双重征税协定范本》。1963年至1977年这一段时间，经合组织成员国之间签订了179个全面性的税收双边协定。在实践的基础上，1977年经合组织修改并正式通过了上述的税收协定范本。此外，1966年公布了关于遗产税协定范本（草稿），1982年又补充了有关赠与税的内容。此外，联合国还于1979年制定了具有相当影响力的联合国税收协定范本。发展中国家之间及发展中国家与发达国家之间签订的税收协定主要依照联合国税收协定范本。据联合国统计，除关税外，截至80年代初期，国际上的各种税收协定已有1 300多个。自从世界上出现地区性经济集团和大国政治集团后，继双边税收协定后，又产生了多边税收协定。多边税收协定是在双边税收协定的基础上发展起来的。由于涉及的国家较多、涉及的范围较广，协调起来比较困难，因而目前缔结的多边协定还不多。主要有1971年签订的《印第安集团内避免双重征税的协定》，1972年北欧五国签订的《税务行政协助的协定》，1975年欧共体与非洲、加勒比地区和太平洋地区发展中国家签订的《洛美协定》等。综上所述，国际税收协定自1843年出现以来，经历了一个从单项到综合、从双边到多边、从随机到模式化的发展过程。

二、国际税收协定范本

国际税收协定产生初期，签订税收协定国家比较少。进入21世纪以后，世界经济一体化的进程不断加快，越来越多的国家加入签订国际税收协定的行列。因此，迫切需要制定出国与国之间签订税收协定时可供参照和遵循的国际标准。国际税收协定范本就是在这种国际环境下产生的。国际税收协定范本的主要作用在于为各国签订税收协定提供一个规范性样本，为解决协定谈判过程中遇到的技术性难题提供有效的帮助。税收协定范本具有两个特征：一是规范化，可供签订国际税收协定时参照；二是内容弹性化，能适应各国的实际情况，可由谈判国家协商调整。

如前所述，1977年经合组织正式通过了《关于对所得和财产避免双重征税协定范本》。

联合国范本的产生背景是因为20世纪60年代以后，有大量的发展中国家加入联合国。它们认为经合组织范本倾向于发达国家利益，没有全面反映发展中国家的要求。为此，联合国经济及社会理事会通过了一项决议，要求秘书长成立一个由发达国家与发展中国家代表组成的专家小组，研究制定能够广泛代表不同区域和不同税收制度的国际税收协定范本。联合国税收专家小组拥有18个国家的代表，其中8个来自发达国家，10个来自发展中国家。这个税收专家小组于1979年通过了《关于发达国家与发展中国家间避免双重征税协定范本》。联合国税收协定范本的主要意义在于探索一条关于发达国家与发展中国家缔结税收协定的便利途径，并且制定适用于这些协定的指导原则。这些指导原则，要既符合发达国家，也符合不发达国家的利益。联合国范本与经合组织范本的基本不同点在于：联合国范本强调收入来源管辖权原则；经合组织范本虽然在某些特殊例子中承认收入来源管辖权原则，但强调的是居住管辖权原则，比较符合发达国家利益。

经合组织和联合国这两个国际性税收协定范本是世界各国处理相互税收关系的实践总结，它们的产生标志着国际税收关系的调整进入了成熟的阶段。这两个范本主要包括以下几方面的基本内容。

（一）征税权的划分与协定的适用范围

两个范本在指导思想上都承认优先考虑收入来源管辖权原则，即从源课税原则，由纳税人的居住国采取免税或抵免的方法来避免国际双重征税。但两个范本也存在重要区别：联合国范本比较强调收入来源地征税原则，分别反映发达国家和发展中国家的利益；经合组织范本较多地要求限制收入来源地原则。两个范本对协定的适用范围基本一致，主要包括纳税人的适用范围规定和税种的适用范围规定。

（二）常设机构的约定

两个范本都对常设机构的含义作了约定。常设机构是指企业进行全部或部分营业活动的固定场所，包括三个要点：第一，有一个营业场所，即企业设施，如房屋、场地或机器设备等；第二，这个场所必须是固定的，即建立了一个确定的地点，并有一定的永久性；第三，企业通过该场所进行营业活动，通常由公司人员在固定场所所在国依靠企业（人员）进行经济活动。明确常设机构含义的目的是确定缔约国一方对另一方企业利润的征税权。常设机构范围确定的宽窄，直接关系居住国与收入来源国之间税收分配的多寡。经合组织范本倾向于把常设机构的范围划得窄些，以利于发达国家征税；联合国范本倾向于把常设机构的范围划得宽些，以利于发展中国家。

（三）预提税的税率限定

对股息、利息、特许权使用费等投资所得征收预提税的通常做法，是为了限定收入来源国的税率，使缔约国双方都能征到税，排除任何一方的税收独占权。税率的限定幅度，两个范本有明显的区别：经合组织范本要求税率限定很低，这样收入来源国征收的预提税就较少，居住国给予抵免后，还可以征收到较多的税收；联合国范本没有沿用这一规定，预提税限定税率要由缔约国双方谈判确定。

（四）税收无差别待遇

经合组织范本和联合国范本都主张平等互利的原则。缔约国一方应保障另一方国民享受到与本国国民相同的税收待遇。具体内容为：

（1）国籍无差别。即不能因为纳税人的国籍不同，而在相同或类似情况下，给予的税收待遇不同。

（2）常设机构无差别。即设在本国的对方国的常设机构，其税收负担不应重于本国类似企业。

（3）支付扣除无差别。即在计算企业利润时，企业支付的利息、特许权使用费或其他支付款项，如果承认可以作为费用扣除，不能因支付对象是本国居民或对方国居民，在处理上差别对待。

（4）资本无差别。即缔约国一方企业的资本，无论全部或部分、直接或间接为缔约国另一方居民所拥有或控制，该企业的税收负担或有关条件，不应与缔约国一方的同类企业不同或更重。

（五）避免国际偷税、逃税

避免国际偷税、逃税是国际税收协定的主要内容之一。两个范本对这方面所采取的措施主要有：

（1）情报交换。分日常情报交换和专门情报交换。日常的情报交换，是缔约国定期交换有关跨国纳税人的收入和经济往来资料。通过这种情报交换，缔约国各方可以了解跨国纳税人在收入和经济往来方面的变化，以正确地核定应税所得。专门的情报交换，是由缔约国的一方，提出需要调查核实的内容，由另一方帮助核实。

（2）转让定价。为了防止和限制国际合法避税，缔约国各方必须密切配合，并在协定中确定各方都同意的转让定价方法，以避免纳税人以价格的方式转移利润、逃避纳税。

三、国际税收协定的适用范围

国际税收协定所要协调的范围也就是协定适用的范围，主要包括两个方面：一是协定适用于哪些纳税人（包括自然人和法人），二是协定适用于哪些税种。

（一）适用的纳税人

早期的国际税收协定，一般是适用于缔约国双方的公民，以国籍原则来确定协定的适用范围，并不涉及其住所或居所在国内或是国外。随着经济生活的日益国际化，特别是第二次世界大战以后，跨国投资和国际间人员流动的急速增加，完全按公民身份来行使全面的税收管辖权，就越来越脱离现实，于是逐渐放弃了国籍原则，而以永久住所为原则来行使全面的税收管辖权。近期签订的避免双重征税协定，一般都要在第一条明确规定："本协定适用于缔约国一方或者同时为双方居民的人"，即协定在适用于人的范围方面，限于是缔约国居民的人，除了纳税无差别待遇、税收情报交换和政府职员等个别条款以外，不是缔约国居民的人不能享受协定的待遇。只有缔约国居民的人，才有权利要求本国为其在对方国家取得的所得谋求避免和消除双重征税。不是缔约国一方或双方居民的人，在缔约双方国家之间，不存在居住地税收管辖权和所得来源地税收管辖权的重叠，因而不存在缔约国之间双重征税的问题。从这个意义上说，协定适用于缔约国居民的人，应该是在缔约国负有居民纳税义务的人。要确定一个人是否是缔约国一方的居民，只能依据该国法律，而不能依据缔约国另一方或其他国家的法律来确定。但是，签订避免双重征税协定是要在双方国家执行的，作为协定的适用人——居民，其身份的确定就不能不涉及缔约双方的国家权益和在双方国家享受协定待遇的问题。因此，要解决好协定适用人的范围，就必须在尊重主权和不干涉内政的原则下，作出能为缔约国双方所接受的协调规定。

每个国家确定为其居民的标准是不尽相同的。对于法人即公司、企业为居民的标准，有些国家以其社会住所，即首脑机构（包括总机构、主要事务所等）所在地为准；有些国家以管理机构所在地为准，所谓管理机构，是指控制和管理的权力中心机构；还有的国家以登记注册地为准。中国是以总机构所在地为准，总机构既是首脑机构、决策中心，又是控制管理中心，总机构与管理机构是统一的。对于自然人即个人为居民的标准，一般是以住所或居所确定其居民身份。所谓"住所"，一般指配偶或家庭所在地，具有永久性；所谓"居所"，一般指短期停留而临时居住并达到一定期限的处所。各国规定的居住期限不同，有的国家规定为居住满 1 年，有的国家规定为居住满 183 天，有的国家还要结合考虑有无长期居留的意愿。中国税法规定，在中国境内居住满 1 年的个人为居民，不满 1 年的为非居民。

（二）适用的税种

避免双重征税协定适用于哪些税种，是明确协定适用范围的另一个重要方面，需要由缔约国双方结合各自的税制情况加以商定。总的原则是把那些基于同一征税客体，由于国家间税收管辖权重叠，而存在重复征税的税种列入协定的税种范围。国际上的通常做法是限于所得税等直接税的税种。因为只有这种税，才会存在同一征税客体重复征税和同一负税主体双重纳税的问题。一般都不把间接税列入避免双重征税协定的适用税种，因为以流转额或销售额为征税对象的销售税、周转税或营业税、增值税等，不论是起点征税或是终点征税以及多环节征税，其征税客体不是同一的，纳税人也并不一定是税收的真正负担者，无法确定和消除双重征税问题。中国在对外已签订的避免双重征税协定中，列入协定的适用税种主要是所得税。

四、中国对外签订的税收协定

中国同外国缔结税收协定的工作，是自1978年实行对外开放政策以后才开始的。1978年以前，中国与其他国家一般只是通过税收换文或在某些经济活动的协定中写上税收条款，达到对某项特定经济活动的收入或所得实行税收互免的目的。1978年以后，我国对外缔结双边税收协定的工作，是从签订单项税收协定开始的。最早签订的单项税收协定是1979年1月23日在巴黎签订的《中华人民共和国政府和法兰西共和国政府关于互免航空运输企业税捐的协定》。为了适应对外开放，引进外资和技术及对外发展经济合作的需要，从1981年起，中国对外开始进行缔结综合税收协定的谈判工作。最早签订的综合税收协定是1983年9月6日在北京签订的《中华人民共和国政府和日本国政府关于对所得避免双重征税和防止偷漏税的协定》。截至1999年10月底，我国已先后同日本、美国、法国、英国、比利时、德国、马来西亚、挪威、丹麦、新加坡、芬兰、加拿大、瑞典、新西兰、泰国、意大利、荷兰、原捷克斯洛伐克、波兰、澳大利亚、保加利亚、巴基斯坦、科威特、瑞士、塞浦路斯、西班牙、罗马尼亚、奥地利、巴西、蒙古、匈牙利、马耳他、阿拉伯联合酋长国、卢森堡、韩国、俄罗斯、巴布亚新几内亚、印度、毛里求斯、克罗地亚、白俄罗斯、斯洛文尼亚、以色列、越南、土耳其、乌克兰、亚美尼亚、牙买加、冰岛、立陶宛、拉脱维亚、乌兹别克斯坦、孟加拉国、南斯拉夫、苏丹、马其顿、埃及、葡萄牙、爱沙尼亚、老挝、塞舌尔等61个国家正式签署了避免双重征税协定，其中50个协定已经生效执行。

我国对外签订税收协定的基本原则是：既要有利于维护国家主权和经济利益，又要有利于吸收外资，引进技术，有利于本国企业走向世界。在此基础上，我国目前对外签订的综合性双边税收协定中，一般坚持下列四项具体原则：

（1）坚持平等互利的原则。即协定中所有条款规定都要体现对等，对缔约国双方具有同等约束力。

（2）坚持所得来源国优先征税的原则。即从我国对外交往多处于资本输入国地位出发，坚持和维护所得来源地优先课税权。在合理合法的基础上充分保障我国的税收权益。

（3）遵从国际税收惯例的原则。我国对外谈签税收协定，参考了国际上通行的范本，起草的税收协定文本更多地吸取了联合国税收协定范本中的规定，兼顾了双方的税收利益。

（4）坚持税收饶让的原则。即坚持对方国家对我国的减免税优惠要视同已征税额给予抵免，以使我国的税收优惠措施切实有效。

资料来源：湖南省地方税务局网站，http：//dsj. hunan. gov. cn/hnmh/ssxc/ssbk/gjss/content_ 408298. html.

发布时间：2010－10－01。

第九章　房产税、车辆购置税和车船税

【学习要点】

◆房产税的纳税义务人和征税范围

◆房产税的税率和计税依据

◆房产税应纳税额的计算

◆房产税的税收优惠和征收管理

◆车辆购置税的纳税义务人和征税范围

◆车辆购置税的税率、计税依据和计税方法

◆车辆购置税的税收优惠和征收管理

◆车船税的纳税义务人和征税范围

◆车船税的税目与税率

◆车船税应纳税额的计算和代收代缴

◆车船税的税收优惠和征收管理

第一节　房产税

一、房产税概述

房产税是以房屋为征税对象，按照房屋的计税余值或租金收入，向产权所有人或经营人征收的一种财产税。

我国开征房产税是从新中国成立初期开始的。1951 年 1 月 30 日，前政务院发布了《全国税政实施要则》，在全国统一征收房产税和地产税。同年 5 月，财政部发布并执行了《房产税暂行条例（草案）》。同年 6 月 29 日，前政务院财经委员会又发布了《关于调整税收实行日期的通知》，将房产税和地产税合并为房地产税。1951 年 8 月 8 日颁布《城市房地产税暂行条例》，在财政部核定的城市开征。1973 年简并税制，国务院发布了《中华人民共和国工商税条例（草案）》，将对国有企业、集体企业征收的城市房地产税并入工商税，城市房地产税只对个人和华侨征收。

现行房产税法的基本规范，是 1986 年 9 月 15 日国务院颁布的《中华人民共和国房产税暂行条例》。随着社会主义市场经济的发展和个人拥有房产的增多，我国原有的房产税条例已经不能适应税收对经济的调控作用，为了完善我国的财产税制，需要对房产税进行改革。2011 年我国已经在重庆市和上海市进行了房产税改革试点。

二、房产税的纳税义务人与征税范围

（一）纳税义务人

房产税纳税义务人是指属于征税范围内的房屋产权所有人。自 2009 年 1 月 1 日起，外商投资企业、外国企业和组织以及外籍个人，依照《中华人民共和国房产税暂行条例》缴纳房产税。

房屋产权属国家所有的，其经营管理单位为纳税人；产权属集体和个人所有的，集体单位和个人为纳税人。产权出典的，其承典人为纳税人。房屋产权所有人、承典人不在房屋所在地的，或者产权未确定及租典纠纷未解决的，其房产代管人或者使用人为纳税人。纳税单位和个人无租使用房产管理部门、免税单位及纳税单位房产的，由使用人代为缴纳房产税。

（二）征税范围

房产税以房产为征税对象。所谓房产，是指有屋面和围护结构，能够遮风避雨，可供人们在其中生产、学习、工作、娱乐、居住或储藏物资的场所。凡在房产税征收范围以内的具备房屋功能的地下建筑，包括与地上房屋相连的地下建筑以及完全建在地面以下的建筑、地下人防设施等，均应按照有关规定征收房产税。

房产税的征税范围为城市、县城、建制镇和工矿区。这里所说的城市是指国务院批准设立的市，包括市区、郊区和市辖县的县城，不包括农村。县城是指县人民政府所在地的地区。建制镇是指经省、自治区、直辖市人民政府批准设立的建制镇，不包括镇所辖的行政村。工矿区是指工商业比较发达、人口比较集中、符合国务院规定的建制镇标准但尚未设立建制镇的大、中型工矿企业所在地。

对农、林、牧、渔业用地和农民居住用房及土地不征收房产税。

三、税率、计税依据和应纳税额的计算

（一）税率

现行房产税采用比例税率。从价计征的税率为 1.2%；从租计征的税率为 12%。从 2001 年 1 月 1 日起，对个人按市场价格出租的居民住房，用于居住的，可暂按 4% 的税率征收房产税。

（二）计税依据

房产税的计税依据是房产的计税价值或房产的租金收入。房产税的计税依据分为从价计征和从租计征两种形式。从价计征的计税依据是房产的计税价值，从租计征的计税依据是房产的租金收入。

1. 从价计征

在从价计征方式下，房产税依照房产原值一次减除 10% ~30% 后的余值计算缴纳。具体减除比例，由各省、自治区、直辖市人民政府确定。

房产原值，是指纳税人按照会计制度规定，在“固定资产”账簿中记载的房产原值。

对于纳税人没有记载房产原值，或者房产原值不实的，由房产所在地税务机关参照同类房产确定房产原值。房产原值应根据国家有关会计制度规定进行核算。对纳税人未按国家会计制度规定核算并记载的，应按规定予以调整或重新评估。

房产原值应包括与房屋不可分割的各种附属设备或一般不单独计算价值的配套设施。主要有：暖气、卫生、通风、照明、煤气等设备；各种管线，如蒸汽、压缩空气、石油、给排水等管道及电力、电讯、电缆导线；电梯、升降机、过道、晒台等。属于房屋附属设备的水管、下水道、暖气管、煤气管等应从最近的探视井或三通管起，计算原值；电灯网、照明线从进线盒连接管起，计算原值。

纳税人对原有房屋进行改建、扩建的，要相应增加房产的原值。

凡以房屋为载体，不可随意移动的附属设备和配套设施，如给排水、采暖、消防、中央空调、电气及智能化楼宇设备等，无论在会计核算中是否单独记账与核算，都应计入房产原值，计征房产税。对于更换房屋附属设备和配套设施的，在将其价值计入房产原值时，可扣减原来相应设备和设施的价值；对附属设备和配套设施中易损坏、需要经常更换的零配件，更新后不再计入房产原值。

按照房产原值计税的房产，房产原值应包含地价，包括为取得土地使用权支付的价款、开发土地发生的成本费用等。总地容积率低于0.5的，按房产建筑面积的两倍计算土地面积并据此确定计入房产原值的地价。

此外，还有两个问题需注意：

（1）对投资联营的房产，如果以房产投资联营，投资者参与投资利润分红，共担风险的，按房产余值作为计税依据计征房产税；如果以房产投资收取固定收入，不承担联营风险的，实际是以联营名义取得房产租金，应根据条例的有关规定由出租方按租金收入计征房产税。

（2）对融资租赁的房屋，由于租赁费包括购进房屋的价款、手续费、借款利息等，与一般房屋出租的“租金”内涵不同，且租赁期满后，当承租方偿还最后一笔租赁费时，房屋产权要转移到承租方。这实际是一种变相的分期付款购买固定资产的形式，所以在计征房产税时应以房产余值计算征收，租赁期内房产税的纳税人，由当地税务机关根据实际情况确定。

房产余值是指房产的原值减除规定比例后的剩余价值。

2. 从租计征

在从租计征方式下，房产税以房产租金收入为计税依据计算缴纳。

凡是房产出租的，按从租计征方式计税。

所谓房产的租金收入，是房屋产权所有人出租房产使用权所得的报酬，包括货币收入和实物收入。如果是以劳务或者其他形式为报酬抵付房租收入的，应根据当地同类房产的租金水平，确定一个标准租金额从租计征。

纳税人对个人出租房屋的租金收入申报不实或申报数与同一地段同类房屋的租金收入相比明显不合理的，税务部门可以按照《中华人民共和国税收征收管理法》的有关规定，采取科学合理的方法核定其应纳税款。具体办法由各省、自治区、直辖市地方税务机关结合当地实际情况制定。

对于出租房产，租赁双方签订的租赁合同约定有免收租金期限的，免收租金期间由产权所有人按照房产原值缴纳房产税。

（三）应纳税额的计算

房产税应纳税额的计算有两种方式：从价计征和从租计征。

1. 从价计征的计算

从价计征是按房产的原值减除一定比例后的余值计征，其计算公式为：

应纳税额 = 房产原值 ×（1 - 扣除比例）×1.2%

【例9-1】广州市某企业的经营用房原值为8 000万元，广东省规定允许扣除房产原值30%后的余值计税，适用税率为1.2%。请计算该企业一年应纳房产税税额。

【解答】

应纳税额 = 8 000 ×（1 - 30%）×1.2% = 67.2（万元）

2. 从租计征的计算

从租计征是按房产的租金收入计征，其计算公式为：

应纳税额 = 房产租金收入 ×12%（或4%）

【例9-2】某公司将其部分闲置房屋出租，年租金收入为280 000元，适用税率为12%。请计算其一年租金收入应缴纳的房产税税额。

【解答】

应纳税额 = 280 000 ×12% = 33 600（元）

四、税收优惠

国家为了支持教育、卫生事业的发展，贯彻宗教政策，体现量能负担的税收精神，制定了房产税的若干税收优惠政策。

目前，房产税的税收优惠政策主要有：

（1）国家机关、人民团体、军队自用的房产免征房产税。自用的房产是指这些单位本身的办公用房和公务用房。而这些单位的出租房产以及非自身业务使用的生产、营业用房，不属于免税范围。

（2）由国家财政部门拨付事业经费的单位本身业务范围内使用的房产免征房产税，如学校，医疗卫生单位，托儿所，幼儿园，敬老院，文化、体育、艺术单位本身所有的业务用房。但这些单位所属的附属工厂、商店、招待所等不属于单位公务、业务的用房，应照章纳税。

（3）宗教寺庙、公园、名胜古迹自用的房产免征房产税。宗教寺庙自用的房产是指举行宗教仪式等的房屋和宗教人员使用的生活用房。公园、名胜古迹自用的房产是指供公共参观游览的房屋及其管理单位的办公用房。

宗教寺庙、公园、名胜古迹中附设的营业单位，如影剧院、饮食部、茶社、照相馆等所使用的房产及出租的房产，不属于免税范围，应照章纳税。

（4）个人所有非营业用的房产免征房产税。个人所有的非营业用房主要是指居民住房。个人拥有的营业用房或者出租的房产，不属于免税房产，应照章纳税。

（5）中国人民银行总行（含国家外汇管理局）所属分支机构自用的房产免征房产税。

（6）自2011年至2020年，对长江上游、黄河中上游地区，东北、内蒙古等国有林区天然林二期工程实施企业和单位专门用于天然林保护工程的房产、土地免征房产税。上述企业和单位用于其他生产经营活动的房产、土地需按规定征收房产税。

（7）经财政部批准免税的其他房产。这类免税房产，情况特殊，范围较小，是根据实际情况确定的。主要有：

①已被损坏、不堪使用的房屋和危险房屋，经有关部门鉴定，在停止使用后，可免征房产税。

②房屋大修连续停用半年以上的，在房屋大修期间免征房产税。

③在基建工地为基建工地服务的各种工棚、材料棚、休息棚和办公室、食堂、茶炉房、汽车房等临时性房屋，在施工期间，一律免征房产税。

④地下人防设施，暂不征收房产税。

⑤非营利性医疗机构、疾病控制机构和妇幼保健机构等卫生机构自用的房产免征房产税。

⑥老年服务机构自用的房产免征房产税。

⑦按政府规定价格出租的公有住房和廉租住房暂免征收房产税。

⑧向居民供热并向居民收取采暖费的供热企业暂免征收房产税。

除上述规定外，如纳税人确有困难的，可由省、自治区、直辖市人民政府确定，给予定期减征或者免征房产税的照顾。

五、房产税的征收管理

（一）纳税期限

房产税实行按年计算、分期缴纳的征收管理方法，具体纳税期限由省、自治区、直辖市人民政府确定。

（二）纳税义务发生时间

（1）购置新建商品房，自房屋交付使用之次月起缴纳房产税。

（2）购置存量房，自办理房屋权属转移、变更登记手续，房地产权属登记机关签发房屋权属证书之次月起，缴纳房产税。

（3）自行新建房屋用于生产经营，从建成之次月起缴纳房产税。

（4）委托施工企业建设的房屋，从办理验收手续之次月起缴纳房产税。

（5）将原有房产用于生产经营，从生产经营之月起缴纳房产税。

（6）出租、出借房产，自交付出租、出借房产之次月起，缴纳房产税。

（7）房地产开发企业自用、出租、出借本企业建造的商品房，自房屋使用或交付之次月起，缴纳房产税。

(8) 自 2009 年 1 月 1 日起，纳税人因房产的实物或权利状态发生变化而依法终止房产税纳税义务的，其应纳税款的计算应截至房产的实物或权利状态发生变化的当月末。

(三) 纳税地点

房产税在房产所在地缴纳。房产不在同一地方的纳税人，应按房产的坐落地点分别向房产所在地的税务机关纳税。

第二节 车辆购置税

一、车辆购置税概述

车辆购置税是以在中华人民共和国境内购置规定车辆为课税对象，在特定的环节向车辆购置者征收的一种财产税。

我国于 2001 年开征车辆购置税，以代替车辆购置附加费。现行车辆购置税法的基本规范，是 2001 年 1 月 1 日起施行的《中华人民共和国车辆购置税暂行条例》和 2006 年 1 月 1 日开始试行的《车辆购置税征收管理办法》。

车辆购置税针对特定财产征税，实行一次课征制，交过车辆购置税的已税旧车在转卖时不再征收车辆购置税。车辆购置税具有特定目的，实行专税专用，由中央财政根据交通部提出的、国家计委审批下达的公路建设投资计划统筹安排，用于国道、省道干线公路建设。对于西部地区公路建设所需资金，将优先安排。

二、车辆购置税的纳税义务人与征税范围

(一) 纳税义务人

车辆购置税的纳税人是指在中华人民共和国境内购置《车辆购置税暂行条例》规定的车辆（以下简称应税车辆）的单位和个人。

所谓购置，包括购买、进口、自产、受赠、获奖或者以其他方式取得并自用应税车辆的行为。

所谓单位，包括国有企业、集体企业、私营企业、股份制企业、外商投资企业、外国企业以及其他企业和事业单位、社会团体、国家机关、部队以及其他单位；所谓个人，包括个体工商户以及其他个人。

(二) 征税范围

车辆购置税的征收范围包括汽车、摩托车、电车、挂车、农用运输车。车辆购置税征收范围的调整，由国务院决定并公布。

根据条例所附《车辆购置税征收范围表》，车辆购置税具体征收范围如下。

(1) 汽车，包括各类汽车。

（2）摩托车，包括：

①轻便摩托车，即最高设计时速不大于50km/h，发动机气缸总排量不大于$50cm^3$的两个或三个车轮的机动车；

②二轮摩托车，即最高设计车速大于50km/h，或发动机气缸总排量大于$50cm^3$的两个车轮的机动车；

③三轮摩托车，即最高设计车速大于50km/h，发动机气缸总排量大于$50cm^3$，空车质量不大于400kg的三个车轮的机动车。

（3）电车，包括：

①无轨电车，即以电能为动力，由专用输电电缆供电的轮式公共车辆；

②有轨电车，即以电能为动力，在轨道上行驶的公共车辆。

（4）挂车，包括：

①全挂车，即无动力设备，独立承载，由牵引车辆牵引行驶的车辆；

②半挂车，即无动力设备，与牵引车共同承载，由牵引车辆牵引行驶的车辆。

（5）农用运输车，包括：

①三轮农用运输车，即使用柴油发动机，功率不大于7.4kW，载重量不大于500kg，最高车速不大于40km/h的三个车轮的机动车；

②四轮农用运输车，即使用柴油发动机，功率不大于28kW，载重量不大于1 500kg，最高车速不大于50km/h的四个车轮的机动车。

以上条例未列举的车辆不征税。

三、车辆购置税的税率、计税依据与计税办法

（一）车辆购置税的税率

车辆购置税实行单一比例税率，税率为10%。

车辆购置税税率的调整，由国务院决定并公布。

（二）车辆购置税的计税依据与计税办法

车辆购置税以应税车辆为课税对象，实行从价定率、价外征收的方法计算应纳税额，其计税公式为：

车辆购置税应纳税额＝计税依据×税率

应税车辆的计税价格即为车辆购置税的计税依据。由于应税车辆的购置来源不同，发生的应税行为不同，计税价格的组成也就不尽相同。

条例将车辆购置税的计税价格根据不同情况，按照下列规定来确定：

（1）纳税人购买自用的应税车辆的计税价格，为纳税人购买应税车辆而支付给销售者的全部价款和价外费用，不包括增值税税款。

这里所称的价外费用是指销售方在价外向购买方收取的手续费、基金、违约金、包装费、运输费、保管费、代垫款项、代收款项和其他各种性质的价外收费，但不包括增值税

税款。

在确定购买自用应税车辆的应纳税额时，应注意以下费用的计税规定：

①购买者随购买车辆支付的工具件和零部件价款应作为购车价款的一部分，并入计税依据中征收车辆购置税。

②支付的车辆装饰费应作为价外费用并入计税依据中计税。

③购买者支付的控购费，是政府部门的行政性收费，不属于销售者的价外费用范围，不应并入计税价格计税。

④销售单位开展优质销售活动所开票收取的有关费用，应属于经营性收入，企业在代理过程中按规定支付给有关部门的费用，企业已作经营性支出列支核算，其收取的各项费用并在一张发票上难以划分的，应作为价外收入计算征税。

（2）纳税人进口自用的应税车辆以组成计税价格为计税依据，其计算公式为：

组成计税价格 = 关税完税价格 + 关税 + 消费税

应纳税额 = 组成计税价格 × 税率

进口自用的应税车辆是指纳税人直接从境外进口或委托代理进口自用的应税车辆，即非贸易方式进口自用的应税车辆。进口自用的应税车辆的计税依据，应根据纳税人提供的经海关审查确认的有关完税证明资料来确定。

（3）纳税人自产、受赠、获奖或者以其他方式取得并自用的应税车辆的计税价格，由主管税务机关参照条例规定的最低计税价格核定。

最低计税价格由国家税务总局参照应税车辆市场平均交易价格，分别给不同类型的应税车辆制定。国家税务总局对几种特殊情形应税车辆的最低计税价格规定如下：

（1）对已缴纳并办理了登记注册手续的车辆，其底盘和发动机同时发生更换，其最低计税价格按同类型新车最低计税价格的70%计算。

（2）免税、减税条件消失的车辆，其最低计税价格的确定方法为：

最低计税价格 = 同类型新车最低计税价格 × ［1 －（已使用年限 ÷ 规定使用年限）］ ×100%

其中，规定使用年限为：国产车辆按10年计算；进口车辆按15年计算。超过使用年限的车辆，不再征收车辆购置税。

（3）非贸易渠道进口车辆的最低计税价格，为同类型新车最低计税价格。

除以上情形应使用最低计税价格外，根据车辆购置税条例规定："纳税人购买自用或者进口自用应税车辆，申报的计税价格低于同类型应税车辆的最低计税价格，且无正当理由的，按照最低计税价格征收车辆购置税。"也就是说，纳税人购买和自用的应税车辆，应先按前述计税价格、组成计税价格来确定计税依据。当申报的计税价格偏低，且无正当理由的，则以最低计税价格作为计税依据。其计算公式为：

应纳税额 = 最低计税价格 × 税率

车辆购置税的计税依据和应纳税额应使用统一货币单位计算。纳税人以外汇结算应税车辆价款的，按照申报纳税之日中国人民银行公布的人民币基准汇价，折合成人民币计算应纳税额。

四、车辆购置税税收优惠

（一）车辆购置税的减免税

车辆购置税的减免税规定如下：

（1）外国驻华使馆、领事馆和国际组织驻华机构及其外交人员自用车辆免税。

（2）中国人民解放军和中国人民武装警察部队列入军队武器装备订货计划的车辆免税。

（3）设有固定装置的非运输车辆免税。

（4）有国务院规定予以免税或者减税的其他情形的，按照规定免税或减税：

①防汛部门和森林消防部门用于指挥、检查、调度、报汛（警）、联络的设有固定装置的指定型号的车辆。

②回国服务的留学人员用现汇购买 1 辆自用国产小汽车。

③长期来华定居专家购买 1 辆自用小汽车。

（二）车辆购置税的退税

纳税人已经缴纳车辆购置税，但在办理车辆登记手续前，因下列原因需要办理退还车辆购置税的，由纳税人申请，征收机构审查后办理退还车辆购置税手续。

（1）公安机关车辆管理机构不予办理车辆登记注册手续的，凭公安机关车辆管理机构出具的证明办理退税手续。

（2）因质量等原因发生退回所购车辆的，凭经销商的退货证明办理退税手续。

五、车辆购置税的征收管理

车辆购置税实行一次征收制，由国家税务局负责征收。根据《车辆购置税征收管理办法》，车辆购置税的征收规定如下：

（一）纳税环节

车辆购置税的征税环节为最终消费环节。纳税人应当在向公安机关等车辆管理机构办理车辆登记注册手续前，缴纳车辆购置税。

购买二手车时，购买者应当向原车主索要《车辆购置税完税证明》。购买已经办理车辆购置税免税手续的二手车，购买者应当到税务机关重新办理申报缴税或免税手续。未按规定办理的，按征管法的规定处理。

（二）纳税地点

纳税人购置应税车辆，应当向车辆登记注册地的主管税务机关申报纳税；购置不需办理车辆登记注册手续的应税车辆，应当向纳税人所在地主管税务机关申报纳税。车辆登记注册地是指车辆的上牌落籍地或落户地。

（三）纳税期限

纳税人购买自用的应税车辆，自购买之日起60日内申报纳税；进口自用的应税车辆，应当自进口之日起60日内申报纳税；自产、受赠、获奖或者以其他方式取得并自用的应税车辆，应当自取得之日起60日内申报纳税。

购买之日是指纳税人购车发票上注明的销售日期，进口之日是指纳税人报关进口的当天。

（四）纳税申报

车辆购置税实行一车一申报制度。纳税人在办理纳税申报时应如实填写《车辆购置税纳税申报表》，同时提供车主身份证明、车辆价格证明、车辆合格证明及税务机关要求提供的其他资料的原件和复印件。主管税务机关应对纳税申报资料进行审核，确定计税依据，征收税款，核发完税证明。

（五）车辆购置税的退税制度

（1）已经缴纳车辆购置税的车辆，发生下列情形之一的，纳税人应到车购办申请退税：

①因质量原因，车辆被退回生产企业或者经销商的；

②应当办理车辆登记注册的车辆，公安机关车辆管理机构不予办理车辆登记注册的。

（2）纳税人在车购办申请办理退税手续时，应如实填写《车辆购置税退税申请表》，并提供生产企业或经销商开具的退车证明和退车的发票以及完税证明的正本和副本、公安机关车辆管理机构出具的注销车辆号牌证明。

（3）因质量原因，车辆被退回生产企业或者经销商的，自纳税人办理纳税申报之日起，按已缴税款每满1年扣减10%计算退税额，未满1年的按已缴纳税款额退税；对公安机关车辆管理机构不予办理车辆登记注册手续的车辆，退还全部已缴纳税款。

第三节　车船税

一、车船税概述

车船税是以车船为征税对象，向拥有车船的单位和个人征收的一种财产税。我国境内依法应到公安、交通、农业、渔业、军事等管理部门办理登记的车辆、船舶，均应按照税法规定缴纳车船税。现行车船税法的基本规范，是2011年2月25日由全国人民代表大会常务委员会通过并自2012年1月1日起施行的《中华人民共和国车船税法》。

在新中国成立前，国民政府就公布了《使用牌照税法》，在全国统一开征车船使用牌照税。新中国成立后，1951年9月，前政务院颁布了《车船使用牌照税暂行条例》，对车船征收车船使用牌照税。1973年简化税制、合并税种时，把对国营企业和集体企业征收的车船使用牌照税并入工商税，而对不缴纳工商税的单位、个人及外侨则继续按车船使用牌照税征收。1986 年 9 月，国务院在实施工商税制改革时发布了《中华人民共和国车船使用税暂行条例》，将原来的“车船使用牌照税”改名为“车船使用税”，从 1986 年 10 月 1 日起在全国施行。2006 年 12 月 29 日国务院颁布了《中华人民共和国车船税暂行条例》，并于 2007 年 1 月 1 日起实施。在新一轮的税制改革中，我国通过不断完善税制，提高立法层次，于 2011 年 2 月 25 日由第十一届全国人民代表大会常务委员会第十九次会议通过了《中华人民共和国车船税法》（以下简称《车船税法》）。2011 年 11 月 23 日经国务院常务会议审议，通过了《中华人民共和国车船税法实施条例》（以下简称《车船税法实施条例》），新的车船税法及其实施条例自 2012 年 1 月 1 日起施行。

二、车船税纳税义务人与征税范围

（一）纳税义务人

车船税的纳税义务人，是指在中华人民共和国境内，车辆、船舶（以下简称车船）的所有人或者“管理人”。这里所称的“管理人”，是指对车船具有管理使用权，不具有所有权的单位。

（二）征税范围

车船税的征税范围是指在中华人民共和国境内属于《车船税法》规定范围的车辆、船舶。具体范围见“车船税税目税额表”。车辆、船舶是指：

（1）依法应当在车船管理部门登记的机动车辆和船舶；

（2）依法不需要在车船管理部门登记、在单位内部场所行驶或者作业的机动车辆和船舶。

车船管理部门，是指公安、交通运输、农业、渔业、军队、武装警察部队等依法具有车船登记管理职能的部门；单位，是指依照中国法律、行政法规规定，在中国境内成立的行政机关、企事业单位、社会团体以及其他组织。

三、车船税的税目与税率

车船税采用定额税率，对应税车船规定单位固定税额，实行从量计征。

“车船税税目税额表”规定了车船税的税目范围和税额幅度，国务院财政部门、税务主管部门可以根据实际情况，在此范围内划分子税目，并明确车辆的子税目税额幅度和船舶的具体适用税额。车辆的具体适用税额由省、自治区、直辖市人民政府在规定的子税目税额幅度内确定。

车船税的适用税额，依照条例所附的“车船税税目税额表”执行，见表 9－1。

表9-1　车船税税目税额表

税目	计税单位	年基准税额（元）	备注
1. 乘用车按发动机气缸容量	每辆		核定载客人数9人（含）以下
1.0升（含）以下的		60~360	
1.0升以上至1.6升（含）的		360~660	
1.6升以上至2.0升（含）的		660~960	
2.0升以上至2.5升（含）的		960~1 620	
2.5升以上至3.0升（含）的		1 620~2 460	
3.0升以上至4.0升（含）的		2 460~3 600	
4.0升以上的		3 600~5 400	
2. 商用车			
客车	每辆	480~1 440	核定载客人数9人（包括电车）
货车	整备质量每吨	16~120	包括半挂牵引车、三轮汽车和低速载货汽车等
3. 挂车	整备质量每吨	按照货车税额的50%计算	
4. 其他车辆			
专用作业车	整备质量每吨	16~120	不包括拖拉机
轮式专用机械车	整备质量每吨	16~120	
5. 摩托车	每辆	36~180	
6. 船舶			
机动船舶	净吨位每吨	3~6	拖船、非机动驳船分别按照机动船舶税额的50%计算
游艇	艇身长度每米	600~2 000	

（1）机动船舶具体适用税额为：

①净吨位不超过200吨的，每吨3元；

②净吨位超过200吨但不超过2 000吨的，每吨4元；

③净吨位超过2 000吨但不超过10 000吨的，每吨5元；

④净吨位超过10 000吨的，每吨6元。

拖船按照发动机功率每1千瓦折合净吨位0.67吨计算征收车船税。

（2）游艇具体适用税额为：

①艇身长度不超过10米的游艇，每米600元；

②艇身长度超过10米但不超过18米的，每米900元；

③艇身长度超过18米但不超过30米的，每米1 300元；

④艇身长度超过30米的，每米2 000元；

⑤辅助动力帆艇，每米600元。

游艇艇身长度是指游艇的总长。

（3）车辆整备质量尾数不超过0.5吨的，按照0.5吨计算；超过0.5吨的，按照1吨计算。整备质量不超过1吨的车辆，按照1吨计算。

（4）船舶净吨位尾数不超过0.5吨的不予计算；超过0.5吨的，按照1吨计算。净吨位不超过1吨的船舶，按照1吨计算。

（5）《车船税法》和《车船税法实施条例》所涉及的排气量、整备质量、核定载客人数、净吨位、马力、艇身长度，以车船管理部门核发的车船登记证书或者行驶证所载数据为准。

依法不需要办理登记、依法应当登记而未办理登记或者不能提供车船登记证书、行驶证的，以车船出厂合格证明或者进口凭证相应项目标注的技术参数、所载数据为准；不能提供车船出厂合格证明或者进口凭证的，由主管税务机关参照国家相关标准核定，没有国家相关标准的参照同类车船核定。

四、车船税应纳税额的计算与代收代缴

（一）自缴税额的计算

车船税纳税人按照纳税地点所在的省、自治区、直辖市人民政府确定的具体适用税额缴纳车船税。车船税由地方税务机关负责征收。

（1）购置的新车船，购置当年的应纳税额自纳税义务发生的当月起按月计算。计算公式为：

应纳税额 =（年应纳税额 ÷ 12）× 应纳税月份数

（2）在一个纳税年度内，已完税的车船被盗抢、报废、灭失的，纳税人可以凭有关管理机关出具的证明和完税证明，向纳税所在地的主管税务机关申请退还自被盗抢、报废、灭失月份起至该纳税年度终了期间的税款。

（3）已办理退税的被盗抢车船，失而复得的，纳税人应当从公安机关出具相关证明的当月起计算缴纳车船税。

（4）已缴纳车船税的车船在同一纳税年度内办理转让过户的，不另纳税，也不退税。

（5）在一个纳税年度内，纳税人在非车辆登记地由保险机构代收代缴机动车车船税，且能够提供合法有效的完税证明的，纳税人不再向车辆登记地的地方税务机关缴纳车船税。

（二）保险机构代收代缴车船税的计算

为了做好机动车车船税代收代缴工作，2007 年中国保险监督委员会下发了《关于修改机动车交通事故责任强制保险保单的通知》，在机动车交强险保单中增加了与车船税有关的数据项目。下面对保险机构代收代缴车船税的有关问题作进一步的说明。

1. 代收代缴的规定

（1）机动车车船税扣缴义务人在代收车船税时，应当在机动车交通事故责任强制保险的保险单以及保费发票上注明已收税款的信息，作为代收税款凭证。

（2）已完税或者依法减免税的车辆，纳税人应当向扣缴义务人提供登记地的主管税务机关出具的完税凭证或者减免税证明。

（3）纳税人没有按照规定期限缴纳车船税的，扣缴义务人在代收代缴税款时，可以一并代收代缴欠缴税款的滞纳金。

（4）扣缴义务人已代收代缴车船税的，纳税人不再向车辆登记地的主管税务机关申报缴纳车船税。没有扣缴义务人的，纳税人应当向主管税务机关自行申报缴纳车船税。

2. 特殊情况下车船税应纳税额的计算

（1）购买短期交强险的车辆。

对于购买短期交强险的车辆，如境外机动车临时入境、机动车临时上路行驶、机动车距规定的报废期限不足 1 年的情况，保单中“当年应缴”项目的计算公式为：

当年应缴车船税 = 计税单位 × 年单位税额 × 应纳税月份数 ÷ 12

其中，应纳税月份数为交强险有效期起始日期的当月至截止日期当月的月份数。

（2）已向税务机关缴税的车辆或税务机关已批准减免税的车辆。

对于已向税务机关缴税或税务机关已经批准免税的车辆，保单中“当年应缴”项目应为 0；对于税务机关已批准减税的机动车，保单中“当年应缴”项目应根据减税前的应纳税额扣除按规定计算的减税额确定，其计算公式为：

减税车辆应纳税额 = 减税前应纳税额 ×（1 – 减税幅度）

3. 欠缴车船税的车辆补缴税款的计算

从 2008 年 7 月 1 日起，保险机构在代收代缴车船税时，应查验纳税人以前年度的完税情况。以前年度有欠缴车船税的，保险机构应代收代缴以前年度应纳税款。

（1）2007 年 1 月 1 日前购置的车辆或者曾经缴纳过车船税的车辆，保单中“往年补缴”项目的计算公式为：

往年补缴 = 计税单位 × 年单位税额 ×（本次缴税年度 - 前次缴税年度 - 1）

其中，对于2007年1月1日前购置的车辆，纳税人从未缴纳车船税的，前次缴税年度设定为2006年。

（2）2007年1月1日以后购置的车辆，纳税人从购置时起一直未缴纳车船税的，保单中“往年补缴”项目的计算公式为：

往年补缴 = 购置当年欠缴的税款 + 购置年度以后欠缴税款

其中：

购置当年欠缴的税款 = 计税单位 × 年单位税额 × 应纳税月份数 ÷ 12

应纳税月份数为车辆登记日期的当月起至该年度终了的月份数。若车辆尚未到车船管理部门登记，则应纳税月份数为购置日期的当月起至该年度终了的月份数，其计算公式为：

购置年度以后欠缴税款 = 计税单位 × 年单位税额 ×（本次缴税年度 - 车辆登记年度 - 1）

4. 车船税滞纳金的计算

对于纳税人逾期购买交强险的，或以前年度没有缴纳车船税的，保险机构在代收代缴税款的同时，还应代收代缴欠缴税款的滞纳金。

保单中“滞纳金”项目为各年度欠税与应加收滞纳金之和。其计算公式为：

每一年度欠税应加收的滞纳金 = 欠税金额 × 滞纳天数 × 0.5‰

滞纳天数的计算自应购买交强险截止日期的次日起到纳税人购买交强险当日止。纳税人连续两年以上欠缴车船税的，应分别计算每一年度欠税应加收的滞纳金。

五、车船税税收优惠

（1）按照《车船税法》的规定，下列车船免征车船税：

①捕捞、养殖渔船，是指在渔业船舶管理部门登记为捕捞船或者养殖船的船舶。

②军队、武装警察部队专用的车船，是指按照规定在军队、武装警察部队车船管理部门登记，并领取军队、武警牌照的车船。

③警用车船，是指公安机关、国家安全机关、监狱、劳动教养管理机关和人民法院、人民检察院领取警用牌照的车辆和执行警务的专用船舶。

④依照法律规定应当予以免税的外国驻华使领馆、国际组织驻华代表机构及其有关人员的车船。

（2）对节约能源、使用新能源的车船可以免征或者减半征收车船税。对受严重自然灾害影响而导致纳税困难以及有其他特殊原因确需减免税的车船，可以在一定期限内减征或者免征车船税。具体办法由国务院规定，并报全国人民代表大会常务委员会备案。

节约能源、使用新能源的车辆包括纯电动汽车、燃料电池汽车和混合动力汽车。纯电动汽车、燃料电池汽车和插电式混合动力汽车免征车船税，其他混合动力汽车按照同类车辆适用税额减半征税。

（3）省、自治区、直辖市人民政府根据当地实际情况，可以对公共交通车船，农村居民拥有并主要在农村地区使用的摩托车、三轮汽车和低速载货汽车定期减征或者免征车船税。

（4）下列情况特定减免车船税：

①经批准临时入境的外国车船和香港特别行政区、澳门特别行政区、台湾地区的车船，不征收车船税。

②按照规定缴纳船舶吨税的机动船舶，自《车船税法》实施之日起5年内免征车船税。

③不需要在车船登记部门登记的机场、港口铁路站场内部行驶或者作业的车船，自《车船税法》实施之日起5年内免征车船税。

六、车船税的征收管理

车船税的征收管理，依照《中华人民共和国税收征收管理法》及《车船税法实施条例》的规定执行。

（一）纳税期限

车船税纳税义务发生时间为取得车船所有权或者管理权的当月。取得车船所有权或者管理权的当月是以购买车船的发票或其他证明文件所载日期的当月为准。

车船税的纳税义务发生时间，为车船管理部门核发的车船登记证书或者行驶证书所记载日期的当月。纳税人未按照规定到车船管理部门办理应税车船登记手续的，以车船购置发票所载开具时间的当月作为车船税的纳税义务发生时间。

（二）纳税地点

车船税的纳税地点为车船的登记地或者车船税扣缴义务人所在地。依法不需要办理登记的车船，车船税的纳税地点为车船的所有人或者管理人所在地。

扣缴义务人代收代缴车船税的，纳税地点为扣缴义务人所在地。

纳税人自行申报缴纳车船税的，纳税地点为车船登记地的主管税务机关所在地。

（三）纳税申报

车船税按年申报，分月计算，一次性缴纳。纳税年度为公历1月1日至12月31日。

税务机关可以在车船管理部门、车船检验机构的办公场所集中办理车船税征收事宜。

公安机关交通管理部门在办理车辆相关登记和定期检验手续时，经核查，对未提交自上次检验后各年度依法纳税或者免税证明的，不予登记，不予发放检验合格标志。

纳税人缴纳车船税时，应当提供反映排气量、整备质量、核定载客人数、净吨位、千瓦、艇身长度等与纳税相关信息的相应凭证以及税务机关根据实际需要要求提供的其他资料。纳税人以前年度已经提供前款所列资料信息的，可以不再提供。

在一个纳税年度内，已完税的车船被盗抢、报废、灭失的，纳税人可以凭有关管理机关出具的证明和完税证明，向纳税所在地的主管地方税务机关申请退还自被盗抢、报废、灭失月份起至该纳税年度终了期间的税款。

已办理退税的被盗抢车船，失而复得的，纳税人应当从公安机关出具相关证明的当月起计算缴纳车船税。

公安、交通运输、农业、渔业等车船登记管理部门、船舶检验机构和车船税扣缴义务人的行业主管部门应当在提供车船有关信息等方面，协助税务机关加强车船税的征收管理。

车辆所有人或者管理人在申请办理车辆相关登记、定期检验手续时，应当向公安机关交通管理部门提交依法纳税或者免税证明。公安机关交通管理部门核查后办理相关手续。

本章小结

房产税是以房屋为征税对象，按照房屋的计税余值或租金收入，向产权所有人或经营人征收的一种财产税。属于征税范围内的房屋产权所有人为房产税纳税人。房产税的计税依据是房产的计税价值或房产的租金收入。现行房产税采用比例税率。从价计征的税率为1.2%；从租计征的税率为12%。车辆购置税是以在境内购置规定车辆为课税对象，在特定的环节向车辆购置者征收的一种财产税。征收范围包括汽车、摩托车、电车、挂车、农用运输车。车辆购置税实行从价定率、价外征收的方法计算应纳税额，税率为单一比例税率的10%。车船税是以车船为征税对象，向拥有车船的单位和个人征收的一种财产税。车船税的征税范围是指在境内属于《车船税法》规定范围的车辆、船舶。车船税采用定额税率，实行从量计征。

关键术语和概念

房产税　房产　房产原值　车辆购置税　车船税

复习思考题

1. 什么是房产税？房产税的计税范围是什么？
2. 房产税以什么为计税依据？分别如何计算？
3. 什么是车辆购置税？车辆购置税如何计算？
4. 车船税的征税范围是什么？其纳税义务人包括哪些？

【拓展阅读】

试点房产税征收细则

重庆征税细则			
征税对象 (M)	重庆主城九区 独栋别墅 新购及原有	重庆主城九区 高档住房 新购	重庆主城九区 普通住房 无户籍、无工作、无企业人员新购的第二套及以上
征税税率 (P，r)	成交均价（元/平方米） $P1$：小于 15 000 $P2$：15 000 ~ 20 000 $P3$：大于 20 000	税率 $r1$：0.5% $r2$：1.0% $r3$：1.2%	统一 0.5%
免征部分	小于 180m^2 的部分	小于 100m^2 的部分	0
缴税额计算	$(M-180)\times P\times r$ （元/年）	$(M-100)\times P\times r$（元/年）	$M\times P\times r$（元/年）
缴纳方式	按年计征，过户时一并收取当年税费		
案例说明	（1）一户家庭拥有的第一套存量独栋商品住宅建筑面积为 400 平方米，交易单价为 16 000 元/平方米，其年纳税额为：$(400-180)\times 16\,000\times 1\% = 35\,200$（元） （2）假设这个家庭在 2011 年 1 月 28 日之后，新购了一套符合扣除免税面积的应税住房，其建筑面积为 180 平方米，交易单价为 10 000 元/平方米，其年纳税额为：$(180-100)\times 10\,000\times 0.5\% = 4\,000$（元）		

上海征税细则		
征税对象	全上海市 本市家庭新购第二套及以上住房	全上海市 非本市居民在沪新购住房
征税税率	成交均价（元/平方米）　　税率 $P1$：小于 45 000　　$r1$：0.4% $P2$：大于 45 000　　$r2$：0.6%	
免征部分	人均住房面积小于 60 平方米的部分	
缴税额计算	$(M-60\times$人数$)\times P\times 70\%\times r$（元/年） 其中（$M-60\times$人数）小于 0 的免征，不倒贴	
缴纳方式	按年计征，缴清税费方可过户	
案例说明	如果一户上海本地三口之家原来已拥有一套 150 平方米的住房，现又新购一套 110 平方米的住房，均价 30 000 元/平方米，其年纳税额为：$(150+110-60\times 3)\times 30\,000\times 70\%\times 0.4\% = 6\,720$（元）	

注 1：2011 年上两年度重庆主城九区新建商品住房成交均价的两倍为 9 941 元/平方米。即今年房价超过 9 941 元/平方米的住房将进入收税范围，到 1.5 万元/平方米就是三倍，即 1% 的税率，如果到 2 万元/平方米，就是四倍，税率为 1.2%。

注 2：上海 2010 年全年新建商品住宅均价达 22 261 元/平方米，两倍均价约为 45 000 元/平方米，按照规定，小于 45 000 元/平方米，税率为 0.4%；大于 45 000 元/平方米，税率为 0.6%。

房产税缴纳细则（保有环节）

税种	计税基础	税率	纳税人	2006 年之后的调整变化
营业税金及附加	租金（若出租）	5.5%	不动产所有人（若出租）	
房产税	房产原值一次减除10% ~30% 后的余值或租金	1.2%（原值）或12%（租金）	非国家财政开支的单位以及将房产用于经营性用途的个人	新房产税条例可能免除对个人住房的优惠
城镇土地使用税	实际占有土地面积	0.6 ~30 元/平方米	使用城市、县城、建制镇和工矿区的国家、集体、个人所有土地的单位和个人	2007 年将每平方米税额标准上调两倍
印花税	租金	0.1 ×2	租赁双方	
所得税	应纳所得税	25%/20%	出租人	

房产税缴纳细则（取得、转让环节）

税种	计税基础	税率	纳税人	2006 年之后的调整变化
营业税金及附加	交易价格：账面价值或交易价格	5.5%	转让不动产的单位及个人	转让超过五年（含五年）的普通住房，免征营业税，其他一律按5%征收
土地增值税	增值税	30%~60%	转让国有土地使用权、地上的建筑物及其附着物取得收入的单位和个人	未发生变化，今年年初加强征收执行力度（个人买卖普通住宅暂免征收，其他情形需要缴纳）
契税	交易价格	1%~3%	取得不动产的单位及个人	个人购买普通住房，且该住房是家庭唯一住房可享受1.5%税率；购买90平方米以下普通住房，且该住房是家庭唯一住房，按1%征收
印花税	交易价格	0.05% ×2	转让和接受不动产的单位及个人	对个人免征
企业、个人所得税	出售利得	25%（企业）/20%（个人）	转让不动产的单位及个人	对出售自有住房并在一年内重新购房的纳税人不再减免个人所得税

资料来源：税务频道—和讯网，http：//tax. hexun. com/2011/houseduty/.

第十章　城镇土地使用税和耕地占用税

【学习要点】

◆城镇土地使用税的概念和特点
◆城镇土地使用税的纳税义务人和征税范围
◆城镇土地使用税应纳税额的计算
◆城镇土地使用税的减免和征收管理
◆耕地占用税的纳税义务人和征税范围
◆耕地占用税应纳税额的计算
◆耕地占用税的减免和征收管理

第一节　城镇土地使用税

一、城镇土地使用税概述

城镇土地使用税是以国有土地为征税对象，对拥有土地使用权的单位和个人征收的一种税。现行城镇土地使用税法的基本规范，是2006年12月31日国务院修改并颁布的《中华人民共和国城镇土地使用税暂行条例》（以下简称《城镇土地使用税暂行条例》）。

城镇土地使用税对城镇土地使用人进行课征，征税范围广。城镇土地的所有权属于国家。国家既可以凭借财产处置权力对土地使用人获取的收益进行分配，又可以凭借政治权力对使用土地者进行征税。凡是在我国境内使用土地的单位和个人，不分内资、外资企业，除农村用地外，均需按税法规定征收城镇土地使用税。

城镇土地使用税实行差别幅度税额，分权管理。我国幅员辽阔，各地区经济发展不平衡，土地位置不同产生的级差收入不同。因此城镇土地使用税实行差别幅度税额，对不同城镇适用不同税额，同时在管理上将税额标准的确定权和实施细则的制定权和解释权下放给地方，合理分权。

二、城镇土地使用税的纳税义务人与征税范围

（一）纳税义务人

城镇土地使用税的纳税义务人为拥有土地使用权的单位和个人，范围包括城市、县城、建制镇、工矿区。

所称单位，包括国有企业、集体企业、私营企业、股份制企业、外商投资企业、外国企业以及其他企业和事业单位、社会团体、国家机关、军队以及其他单位；所称个人，包括个体工商户以及其他个人。

一般来说，城镇土地使用税的纳税人为拥有土地使用权的单位和个人。但拥有土地使用权的单位和个人不在土地所在地的，其土地的实际使用人和代管人为纳税人；土地使用权未确定或权属纠纷未解决的，其实际使用人为纳税人；土地使用权共有的，共有各方都是纳税人，由共有各方分别纳税。

（二）征税范围

城镇土地使用税的征税范围是城市、县城、建制镇和工矿区内的国家所有和集体所有的土地。

其中，城市是指经国务院批准设立的市，城市的土地包括市区和郊区的土地。县城是指县人民政府所在地，县城的土地是指县人民政府所在地的城镇的土地。建制镇是指经省、自治区、直辖市人民政府批准设立的建制镇，建制镇的土地是指镇人民政府所在地的土地。工矿区是指工商业比较发达，人口比较集中，符合国务院规定的建制镇标准，但尚未设立建制镇的大、中型工矿企业所在地，工矿区的设立须经省、自治区、直辖市人民政府批准。

建立在城市、县城、建制镇和工矿区以外的工矿企业不需缴纳城镇土地使用税。

自2009年1月1日起，公园、名胜古迹内的索道公司经营用地，应按规定缴纳城镇土地使用税。

三、单位税额设计和应纳税额的计算

（一）单位税额设计

城镇土地使用税采用定额税率，并按大、中、小城市和县城、建制镇、工矿区的不同，分别采用分级差别幅度税额。

土地使用税规定幅度税额主要考虑到我国各地区经济发展极不平衡，同一地区内不同地段的市政建设情况和经济繁荣程度也存在较大差别，土地级差收益悬殊。把土地使用税税额定为幅度税额，且每个幅度税额的差距规定为20倍，便于各地政府在划分地段等级确定适用税额时，有选择余地。幅度税额还可以调节不同地区、不同地段之间的土地级差收益，尽可能地平衡税负。另外，我国城镇土地使用税采用从量计税，按纳税人的土地使用面积计税，操作方便，易于征收管理。

每平方米土地使用税年应纳税额标准如下：

（1）大城市1.5～30元/平方米；

（2）中等城市1.2～24元/平方米；

（3）小城市0.9～18元/平方米；

（4）县城、建制镇、工矿区0.6～12元/平方米。

上述大、中、小城市以公安部门登记在册的非农业正式户口人数为依据，按照国务院颁布的《城市规划条例》中规定的标准划分。人口在50万以上者为大城市；人口在20～

50 万之间者为中等城市；人口在 20 万以下者为小城市。

各省、自治区、直辖市人民政府可根据市政建设情况和经济繁荣程度在规定税额幅度内，确定所辖地区的适用税额幅度。经济落后地区，土地使用税的适用税额标准可适当降低，但降低额不得超过上述规定最低税额的 30%。经济发达地区的适用税额标准可以适当提高，但须报财政部批准。

（二）应纳税额的计算

城镇土地使用税以纳税人实际占用的土地面积为计税依据，土地面积计量标准为每平方米。

纳税人实际占用的土地面积由省、自治区、直辖市人民政府确定的单位组织测定土地面积的，以测定的面积为准；尚未组织测量，但纳税人持有政府部门核发的土地使用证书的，以证书确认的土地面积为准；尚未核发土地使用证书的，应由纳税人申报土地面积，据以纳税，待核发土地使用证以后再作调整。

城镇土地使用税的应纳税额为纳税人实际占用的土地面积乘以该土地所在地段的适用税额。其计算公式为：

年应纳税额 = 实际占用应税土地面积（平方米）× 适用税额

【例 10－1】位于市区的某公司占用土地面积 5 000 平方米，该公司所在地城镇土地使用税每平方米年税额为 6 元。请计算其全年应纳的土地使用税税额。

【解答】

全年应纳税额 = 5 000 × 6 = 30 000（元）

四、城镇土地使用税的减免

（一）城镇土地使用税暂行条例规定免税的范围

（1）国家机关、人民团体、军队自用的土地，是指这些单位本身的办公用地和公务用地。

（2）由国家财政部门拨付事业经费的单位自用的土地，是指由国家财政部门拨付经费、实行全额预算管理或差额预算管理的事业单位本身的业务用地，如学校的教学楼、操场、食堂等占用的土地。

（3）宗教寺庙、公园、名胜古迹自用的土地。宗教寺庙自用的土地，是指举行宗教仪式等的用地和寺庙内的宗教人员的生活用地。公园、名胜古迹自用的土地，是指供公共参观游览的用地及其管理单位的办公用地。公园、名胜古迹中附设的营业单位如影剧院、饮食部、茶社、照相馆等使用的土地，不属于免税范围，应按规定缴纳土地使用税。

（4）市政街道、广场、绿化地带等公共用地。

（5）直接用于农、林、牧、渔业的生产用地，是指直接从事于种植、养殖、饲养的专业用地，不包括农副产品加工场地和生活办公用地。

（6）经批准开山填海整治的土地和改造的废弃土地，从使用的月份起免缴土地使用税

5~10年。使用月份以土地管理机关出具的证明文件为依据确定。具体免税期限由各省、自治区、直辖市地方税务局在《城镇土地使用税暂行条例》规定的期限内自行确定。

（7）非营利性医疗机构、疾病控制机构和妇幼保健机构等卫生机构自用的土地。

（8）企业办的学校、医院、托儿所、幼儿园，其用地能与企业其他用地明确区分的，免征城镇土地使用税。

（9）行使国家行政管理职能的中国人民银行总行（含国家外汇管理局）所属分支机构自用的土地。

另外，为了体现国家的产业政策，支持重点产业的发展，对石油、电力、煤炭等能源用地，民用港口、铁路等交通用地和水利设施用地，三线调整企业、盐业、采石场、邮电等一些特殊用地，划分征免税界限和给予政策性减免税照顾。

对于免税单位无偿使用纳税单位的土地（如公安、海关等单位使用铁路、民航等单位的土地），免征城镇土地使用税。纳税单位无偿使用免税单位的土地，纳税单位应照章缴纳城镇土地使用税。纳税单位与免税单位共同使用、共有使用权土地上的多层建筑，对纳税单位可按其占用的建筑面积占建筑总面积的比例计征城镇土地使用税。

（二）省、自治区、直辖市地方税务局确定减免税的范围

（1）个人所有的居住房屋及院落用地。

（2）房产管理部门在房租调整改革前经租的居民住房用地。

（3）免税单位职工家属的宿舍用地。

（4）民政部门建设的安置残疾人占一定比例的福利工厂用地。

（5）集体和个人办的各类学校、医院、托儿所、幼儿园用地。

（三）原则上应征税，但可由各省、自治区、直辖市地方税务局根据具体情况予以免征或减征的情况

（1）基建项目在建期间使用的土地。

（2）城镇内的集贸市场（农贸市场）用地。

（3）房地产开发公司建造商品房的用地。

（4）原房管部门代管的私房用地。

（5）各类危险品仓库、厂房所需的防火、防爆、防毒等安全防范用地。

（6）企业搬迁后原场地不使用的、企业范围内荒山等尚未利用的土地。

（7）经贸仓库、冷库。

（8）对房产管理部门在房租调整改革前经租的居民住房用地。

（9）中国物资储运总公司所属的物资储运企业的露天货场、库区道路、铁路专用线等非建筑用地。

（10）向居民供热并向居民收取采暖费的供热企业暂免征收城镇土地使用税。供热企业包括专业供热企业、兼营供热企业、单位自供热及为小区居民供热的物业公司等，不包括从事热力生产但不直接向居民供热的企业。

对于免征城镇土地使用税的“生产占地”，是指上述企业为居民供热所使用的土地。对既向居民供热，又向非居民供热的企业，可按向居民供热收取的收入占其总供热收入的比例划分征免税界限；对于兼营供热的企业，可按向居民供热收取的收入占其生产经营总收入的比例划分征免税界限。

五、征收管理

（一）纳税义务发生时间

（1）购置新建商品房，自房屋交付使用之次月起，缴纳城镇土地使用税。

（2）购置存量房，自办理房屋权属转移、变更登记手续，房地产权属登记机关签发房屋权属证书之次月起，缴纳城镇土地使用税。

（3）出租、出借房产，自交付出租、出借房产之次月起，缴纳城镇土地使用税。

（4）以出让或转让方式有偿取得土地使用权的，应由受让方从合同约定交付土地时间的次月起缴纳城镇土地使用税；合同未约定交付时间的，由受让方从合同签订的次月起缴纳城镇土地使用税。

（5）新征用的耕地，自批准征用之日起满 1 年时开始缴纳土地使用税。

（6）新征用的非耕地，自批准征用之次月起缴纳土地使用税。

（7）自 2009 年 1 月 1 日起，纳税人因土地的权利发生变化而依法终止城镇土地使用税纳税义务的，其应纳税款的计算应截至土地权利发生变化的当月末。

（二）纳税期限

城镇土地使用税按年计算，分期预缴。缴纳期限由各省、自治区、直辖市人民政府确定。

（三）纳税地点

城镇土地使用税在土地所在地缴纳。

纳税人使用的土地不属于同一省、自治区、直辖市管辖的，由纳税人分别向土地所在地的税务机关缴纳土地使用税；在同一省、自治区、直辖市管辖范围内，纳税人跨地区使用的土地，其纳税地点由各省、自治区、直辖市地方税务局确定。

第二节　耕地占用税

一、耕地占用税概述

耕地占用税是对占用耕地建房或从事其他非农业建设的单位和个人，就其实际占用的耕地面积和规定的税额征收的一种一次性税收，它属于对特定土地资源占用课税。现行耕地占用税法的基本规范，是 2007 年 12 月 1 日国务院重新颁布并于 2008 年 1 月 1 日起实施的《中华人民共和国耕地占用税暂行条例》（以下简称《耕地占用税暂行条例》）。

随着经济的发展和城市化进程的加快，我国非农业建设占用耕地的现象越来越普遍，为了有效地约束和调节纳税人占用耕地的行为，限制纳税人占用耕地从事非农业建设，保护我国有限的耕地资源，促进土地资源合理利用，我国设置了耕地占用税。

耕地占用税的征税对象是占用农田建房或从事非农业建设的行为，这对非农业占用耕地行为可起到一定的警示和抑制作用。实行一次性课税制，而不是多次课征或年年课征，以体现税不重征原则。实行地区差别幅度税额，以县为单位，以人均耕地面积为标准确定单位税额，人均耕地面积越少，单位税额越高，以体现对人多地少、经济发达地区既从严控制又合理负担的原则。

二、耕地占用税的纳税义务人与征税范围

（一）纳税义务人

耕地占用税的纳税义务人，是指占用耕地建房或从事非农业建设的单位或者个人。

所称单位，包括国有企业、集体企业、私营企业、股份制企业、外商投资企业、外国企业以及其他企业和事业单位、社会团体、国家机关、军队以及其他单位；所称个人，包括个体工商户以及其他个人。

此外，只要占用耕地的目的是建房或从事其他非农业建设，不论是谁占用，不论耕地的所有权、使用权归谁，不论占用耕地的数量多少，也不论以什么方式和手段占用，其占用者都要依法缴纳耕地占用税。

（二）征税范围

耕地占用税的征税范围包括纳税人为建房或从事其他非农业建设而占用的国家所有和集体所有的耕地。这里所称耕地是指种植农作物的土地，包括：

（1）种植粮食作物和经济作物的土地，包括粮田、棉田、麻田、烟田、蔗田等。

（2）菜地，即城市郊区种植蔬菜的土地。

（3）园地，包括花圃、苗圃、茶园、果园、桑园和其他种植经济林木的土地。

（4）鱼塘。

（5）其他农用土地，如已开发从事种植、养殖的滩涂、草场、水面和林地等。占用这类土地从事非农业建设是否征收耕地占用税，由各省、自治区、直辖市本着有利于保护土地资源和生态平衡的原则，结合具体情况确定。

值得注意的是，在占用之前3年内属于上述范围的耕地或农用土地，也视为耕地。

三、单位税额的设计和应纳税额的计算

耕地占用税实行地区差别幅度税额，以纳税人实际占用的耕地面积为计税依据，按照规定的适用税额一次性征收。

在我国，不同地区之间生产力水平、经济发展状况差异较大，人口和耕地资源的分布极不均衡。考虑到不同地区之间客观条件的差别以及与此相关的税收调节力度和纳税人负担能力方面的差别，耕地占用税以县为单位，按人均占有耕地数量确定不同的适用税额：

（1）人均耕地不超过1亩的地区（以县级行政区域为单位，下同），每平方米为10～50元；

（2）人均耕地超过1亩但不超过2亩的地区，每平方米为8～40元；

（3）人均耕地超过2亩但不超过3亩的地区，每平方米为6～30元；

（4）人均耕地超过3亩的地区，每平方米为5～25元。

国务院财政、税务主管部门根据人均耕地面积和经济发展情况确定各省、自治区、直辖市的平均税额（见表10－1）。

表10－1 各省、自治区、直辖市耕地占用税平均税额 单位：元

地区	每平方米平均税额
上海	45
北京	40
天津	35
江苏、浙江、福建、广东	30
辽宁、湖北、湖南	25
河北、安徽、江西、山东、河南、重庆、四川	22.5
广西、海南、贵州、云南、陕西	20
山西、吉林、黑龙江	17.5
内蒙古、西藏、甘肃、青海、宁夏、新疆	12.5

各地适用税额，由省、自治区、直辖市人民政府在上述规定的税额幅度内，根据本地区实际情况核定。各省、自治区、直辖市人民政府核定的适用税额的平均水平，不得低于上述规定的平均税额。

经济特区、经济技术开发区和经济发达、人均耕地特别少的地区，适用税额可以适当提高，但最多不得超过上述规定税额的50%。

占用基本农田的，适用税额应当在条例规定的当地适用税额的基础上提高50%。

耕地占用税应纳税额的计算公式为：

应纳税额＝实际占用耕地面积×适用税额

【例10－2】某市一企业扩大经营规模，新建厂房一栋，占用耕地20 000平方米，假设其所在城市的耕地占用税单位税额为28元/平方米。请计算该企业应纳耕地占用税税额。

【解答】

应纳耕地占用税税额＝20 000×28＝560 000（元）

四、耕地占用税的减免和征收管理

（一）免征耕地占用税的情形

（1）军事设施占用耕地；

（2）学校、幼儿园、养老院、医院占用耕地。

（二）减征耕地占用税的情形

（1）铁路线路、公路线路、飞机场跑道、停机坪、港口、航道占用耕地，按每平方米2元的税额征收耕地占用税。

根据实际需要，国务院财政、税务主管部门并报国务院批准后，可以对前款规定的情形免征或者减征耕地占用税。

（2）农村居民占用耕地新建住宅，按照当地适用税额减半征收耕地占用税。

农村烈士家属、残疾军人、鳏寡孤独以及革命老根据地、少数民族聚居区和边远贫困山区生活困难的农村居民，在规定用地标准以内新建住宅缴纳耕地占用税确有困难的，经所在地乡（镇）人民政府审核，报经县级人民政府批准后，可以免征或者减征耕地占用税。

免征或者减征耕地占用税后，纳税人改变原占地用途，不再属于免征或者减征耕地占用税情形的，应当按照当地适用税额补缴耕地占用税。

纳税人临时占用耕地，应当依照《耕地占用税暂行条例》的规定缴纳耕地占用税。纳税人在批准临时占用耕地的期限内恢复所占用耕地原状的，全额退还已经缴纳的耕地占用税。

占用林地、牧草地、农田水利用地、养殖水面以及渔业水域滩涂等其他农用地建房或者从事非农业建设的，按照条例的规定征收耕地占用税。

建设直接为农业生产服务的生产设施占用上述规定的农用地的，不征收耕地占用税。

（三）耕地占用税的征收管理

耕地占用税由地方税务机关负责征收。

土地管理部门在通知单位或者个人办理占用耕地手续时，应当同时通知耕地所在地同级地方税务机关。获准占用耕地的单位或者个人应当在收到土地管理部门的通知之日起30日内缴纳耕地占用税。土地管理部门凭耕地占用税完税凭证或者免税凭证和其他有关文件发放建设用地批准书。

本章小结

城镇土地使用税是以国有土地为征税对象，对拥有土地使用权的单位和个人征收的一种税，范围包括城市、县城、建制镇、工矿区。城镇土地使用税采用定额税率，并按大、中、小城市和县城、建制镇、工矿区的不同，分别采用分级差别幅度税额。

耕地占用税是对占用耕地建房或从事其他非农业建设的单位和个人，就其实际占用的耕地面积和规定的税额征收的一种一次性税收，它属于对特定土地资源占用课税。耕地占用税的征税范围包括纳税人为建房或从事其他非农业建设而占用的国家所有和集体所有的耕地。

关键术语和概念

城镇土地使用税　耕地占用税

复习思考题

1. 什么是城镇土地使用税？其征税范围包括哪些土地？
2. 城镇土地使用税如何计算？
3. 什么是耕地占用税？占用哪些耕地需缴纳耕地占用税？
4. 耕地占用税如何计算？

【拓展阅读】

我国的税收收入

一、近年来税收收入状况

1994 年以来，我国税收收入一直保持着稳定较快增长的态势，特别是近年来，我国税收收入（不包括关税、船舶吨税、耕地占用税和契税，未扣减出口退税，下同）出现了规模迅速扩大，收入高位增长的好势头。“十一五”期间，全国税收收入稳步增长，每年一个台阶，2006 年税收收入为 37 637 亿元；2007 年突破 4 万亿元，为 49 452 亿元；2008 年突破 5 万亿元，为 57 862 亿元；2009 年突破 6 万亿元，达到 63 104 亿元；2010 年突破 7 万亿元，达到 77 394 亿元。“十一五”期间，全国累计税收收入突破 28 万亿元，是“十五”期间总收入的 2. 6 倍；税收增收额年均为 9 305 亿元，比“十五”的增收额年均高出 5 665 亿元。税收收入保持稳定较快增长，是国民经济快速增长和企业效益大幅提高的反映。各级党委、政府、社会各界对税收工作的支持，全国税务系统推进依法治税、加强税收征管保证了收入增长。广大纳税人为国家税收收入增长作出了积极贡献。

二、税收收入增长变化的特点

在税收收入总量逐年增加的同时，税收收入质量也在不断提高，具体表现在收入结构进一步优化、宏观税负水平不断提升、税收弹性系数日趋合理。从近几年税收收入增长变化情况来看，呈现以下几方面特点：

（1）从税收结构上看，收入格局明显优化。1984 年第二步“利改税”逐步形成了以货物劳务税和所得税为主体、其他税种相配合的新税制体系，大体适应了当时中国经济体制改革起步阶段的经济状况，对于贯彻国家的经济政策，调节生产、分配和消费，起到了积极的促进作用。在此基础上，1994 年国家又进行了更大规模的税制改革，形成了以增值税、消费税和营业税为主的货物与劳务税，规范了内资企业所得税和个人所得税，由此我国基本适应社会主义市场经济体制的税制框架初步建立。货物与劳务税和所得税在税收收入中发挥了主导作用，2000 年两大类税种收入占税收总收入的比重分别达到 70. 4% 和 19. 2%，此后所得税占税收总收入比重进一步加强。2005—2010 年，所得税收入占当年税收收入比重分别为 24. 6%、25. 3%、26%、27. 5%、25. 5% 和 25. 1%，而同期货物与劳务税收入占税收总收入的比重分别为 69. 1%、67. 9%、63. 6%、63. 5%、65. 8% 和 66. 1%，税收结构逐步优化，彰显了双主体税制格局的变化趋势，符合市场经济发展的基本取向，有利于更有效地发挥税收调节经济和分配的整体功能作用。

（2）从税收收入分配体制上看，中央级税收收入和地方级税收收入均实现快速增长，两级收入占比基本稳定。2009 年，中央级税收收入完成 39 325 亿元，比 2008 年增长 8.4%，增收 3 049 亿元，占全国税收收入的比重为 62.3%；地方级税收收入完成 23 778 亿元，比 2008 年增长 10.2%，增收 2 193 亿元，占全国税收收入的比重为 37.7%。2010 年，基本上保持了这一分配格局，其中，中央级税收收入完成 47 934亿元，比 2009 年增长了 21.9%，增收 8 609 亿元，占全国税收收入的比重为 61.9%；地方级税收收入完成 29 460 亿元，比 2009 年增长 23.9%，增收 5 682 亿元，占全国税收收入的比重为 38.1%。中央级税收收入的高幅增长，增强了中央政府的宏观调控能力；同时，地方级税收收入的快速增长，也壮大了地方政府的财力，为促进地方经济社会发展和改善民生提供了必要的财力保障。

（3）从区域结构上看，中、西部税收增长快于东部。2010 年，东、中、西部地区税收收入分别完成 53 341 亿元、12 002 亿元和 12 052 亿元，分别比 2009 年增长了 21.1%、23.5% 和 29%，占全国税收收入的比重分别为 68.9%、15.5% 和 15.6%。从数字上看，虽然东部地区税收收入仍然占全国税收收入的较大比重，仍然是国家财政收入的主要来源地，但中、西部地区税收收入均实现了快速增长。只要保持目前良好的发展势头，必将实现东、中、西部地区间经济社会的协调发展。

（4）从所有制结构上看，非国有企业税收贡献比重逐年提高。2000 年，国有企业、集体企业、股份公司及股份合作企业、私营企业、涉外企业和其他企业的税收贡献额占税收收入的比重分别为 42.6%、9.7%、20.5%、3.3%、17.5% 和 6.4%。到 2010 年，上述各种经济成分企业的税收贡献额分别为11 974 亿元、841 亿元、34 054 亿元、8 237 亿元、16 390 亿元和 5 899 亿元，比重分别变化为 15.5%、1.1%、44%、10.6%、21.1% 和 7.6%。国有企业和集体企业税收贡献额占比的下降、其他经济成分企业税收贡献额占比的提高，从税收角度反映了我国经济体制改革的历史进程，显示了股份制企业等非国有制经济的强大生命力。可以预见，股份制经济将成为我国税收收入的主要来源。

（5）政府的宏观调控作用日益显现，使税收收入的产业构成发生了一定变化。第三产业税收比重明显上升，2010 年，二、三产业税收收入占比分别为 53.5% 和 46.4%，第三产业所占比重比 2001—2005 年提高 5.4 个百分点。其中，从重点行业税收增幅来看，六大高耗能行业税收（剔除成品油税费改革增收影响）增速减缓，2009 年占第二产业税收比重较 2007 年下降了 6.2 个百分点；以房地产、金融业为代表的现代服务业税收增长较快，2006—2009 年年均增幅达到 37.4%，明显高于整体税收增长幅度。

三、科学认识税收增长与 GDP 增长的关系

近年来，我国税收实现稳定快速增长，从 1994—2010 年 GDP 和税收对比情况来看，税收增长与 GDP 的增长并不保持同步。大多数年份税收的增长速度超过 GDP 的增长速度，但也有一些年份税收的增长速度低于 GDP 的增长速度。如 1994—1996 年税收增长速度低于 GDP 的增长速度，2000—2008 年和 2010 年税收的增长速度高于 GDP 的增长速度，2009 年两者基本持平。产生这一结果的原因是多方面的。

第一是计算方法不同带来的影响。其一，税收是按照现价征收的，税收增长率是按现价计算的，而统计局核算公布的 GDP 增长率是按照不变价核算的。2010 年，我国工业品出厂价格和居民消费价格分别上涨 3.3、5.5 个百分点；全年现价 GDP 增长率会高于不变价 GDP 增长率 6 个百分点左右，这样，二者的增幅差距将同步缩小。其二，GDP 的核算通常是按照生产法（产出减中间投入）计算的，而税收是根据不同的税种所对应的计税依据和税率分别计算征收的。现行税制规定，增值税以工商业增加值作为计税依据；消费税、营业税以销售收入（营业收入）或销售数量作为计税依据；所得税以企业利润作为计税依据；证券交易印花税以股票成交金额作为计税依据；财产税以纳税人拥有的财产数量（包括以往年度的财产）作为计税依据；进口税收以一般贸易进口值作为计税依据。除增值税计税依据与工商业增加值对应外，其他各项计税依据均不对应。由于大部分税收的计税依据是销售收入或销售数量而不是增加值，那么，拿税收与 GDP 直接对比，其可比性就很小。二者计算方法的不同是产生差异的根本原因。

第二，税收结构和 GDP 结构之间的差异。GDP 由三次产业增加值组成。以 2010 年为例，三次产业的现价增长率分别为 15%、18.3% 和 15.8%。全国税收收入是由十几个税种组成的，不同税种有不同税源，分析税收增长高于 GDP 增长的原因，必须作税收结构分析。第一产业提供的税收很少，税收主要来

源于工商业增加值、第三产业的营业收入、进出口及企业利润，而这些指标的增长都与 GDP 增幅不一致，由此带动增值税等相关税种收入增长也和 GDP 增长不同步。2010 年规模以上工业增加值增长 15.7%，进出口商品总值分别增长 38.7%和 31.3%，城镇固定资产投资增长 24.5%，工业企业利润总额（1～11 月）增长 49.4%。相应营业税增长 23.8%，进口环节税收增长 35.9%，企业所得税增长 19.7%，这些税种的收入增长与其相关的经济税源增长基本上相协调，但与 GDP 增长相比就不能相吻合。

第三，外贸进口对 GDP 和税收的影响不同。GDP 核算的是进出口净额，外贸进口在 GDP 核算中是减项，进口越多对 GDP 的贡献越少；但体现在税收上是加项，进口越多进口税收增加就越多。2010 年一般贸易进口增长 43.7%，进口税收增长 35.9%。经测算，2010 年外贸进出口拉动全国 GDP 增长为负，而进口税收拉动全国税收增长 19.5 个百分点。

第四，加强税收征管等因素带来的影响。过去，由于征管手段和征管水平比较落后，造成了一些税收流失。近年来，随着税收信息化建设的发展，税收征管手段有了明显改善，征管力度不断加大，税收征管质量和效率不断提高，税收流失相应减少，从而提高了税收的增长速度。但这种变化与 GDP 的增减变化没有直接关系。

第五，税收政策调整带来的影响。近年来税收政策进一步完善，税收调节经济分配职能作用得到进一步发挥。税收政策调整对税收收入的影响有增有减，以“十一五”期间税制变动最大的 2009 年为例：全面推行增值税转型改革，支持企业技术进步和技术改造，全年减少税收收入 1 235 亿元；降低小排量乘用车车辆购置税税率，全年减少车辆购置税 203 亿元；将证券交易印花税税率降至 1‰，并改为单边征收，全年测算减收 880 亿元。同样，有些政策调整如燃油税费改革则带来了税收收入的增加。这些都影响到税收收入增加和 GDP 增加的关系。

此外，还有一些影响税收的因素与 GDP 并不相关。比如，部分累进或累退制税种也会造成税收与 GDP 增长速度的不一致。综上所述，在经济发展的不同阶段，税收的增长速度可能高于 GDP 的增长速度，也可能低于 GDP 的增长速度，税收的增长速度是由多重因素共同作用的结果，必须科学认识税收增长和 GDP 增长之间的关系。

资料来源：国家税务总局，http：//www.chinatax.gov.cn/n8136506/n8136608/n8138877/n11897203/11901177.html.

第十一章　印花税和契税

【学习要点】

◆印花税概述

◆印花税的纳税义务人和征税范围

◆印花税的税目及税率

◆印花税的计算

◆印花税的税收优惠和征收管理

◆契税概述

◆契税的纳税义务人和征税对象

◆契税的税率和应纳税额的计算

◆契税的税收优惠和征收管理

第一节　印花税

一、印花税概述

印花税是以经济活动和经济交往中书立、领受应税凭证的行为为征税对象征收的一种税。印花税因其采用在应税凭证上粘贴印花税票（简称贴花）的方法缴纳税款而得名。

印花税始创于荷兰，是一个历史悠久的税种，目前世界各国都普遍征收印花税。原政务院曾于1950年公布《印花税暂行条例》，1958年税制改革时将印花税并入工商统一税。现行印花税法的基本规范，是1988年国务院发布并于同年10月1日实施的《中华人民共和国印花税暂行条例》（以下简称《印花税暂行条例》）和《中华人民共和国印花税暂行条例施行细则》（以下简称《印花税暂行条例施行细则》）。

二、印花税的纳税义务人和征税范围

（一）印花税的纳税义务人

印花税的纳税义务人，是指在中华人民共和国境内书立、领受印花税条例所列举凭证的单位和个人。条例所列举凭证，是指在中国境内具有法律效力，受中国法律保护的凭证。上述凭证无论在中国境内还是境外书立，均应依照条例规定贴花。

所称单位和个人，是指国内各类企事业、机关、团体、部队以及中外合资企业、合作

企业、外资企业、外国公司和其他经济组织及其在华机构等单位和个人。

按照书立、领受应税凭证的不同，印花税纳税人可以分别称为立合同人、立据人、立账簿人、领受人、使用人和各类电子应税凭证的签订人。

对应税凭证（如合同），凡由两方或两方以上当事人共同书立的，其当事人各方都是印花税的纳税人，应各就其所持凭证的计税金额履行纳税义务。对政府部门发给的权利许可证，其领受人为纳税人。

（二）印花税的征税范围

印花税的征税对象是条例所列举的应税凭证，具体范围有5大类。

（1）各类经济合同。包括购销合同、加工承揽合同、建设工程承包合同、财产租赁合同、货物运输合同、仓储保管合同、借款合同、财产保险合同、技术合同或者具有合同性质的凭证。

其中，建设工程承包合同，是指建设工程勘察设计合同和建筑安装工程承包合同。建设工程承包合同包括总包合同、分包合同和转包合同。

条例所说的合同，是指根据《中华人民共和国经济合同法》、《中华人民共和国涉外经济合同法》和其他有关合同法规而订立的合同。

具有合同性质的凭证，是指具有合同效力的协议、契约、合约、单据、确认书及其他各种名称的凭证。

（2）产权转移书据。是指单位和个人产权的买卖、继承、赠与、交换、分割等所立的书据。

对土地使用权出让合同、土地使用权转让合同按产权转移书据征收印花税。

对商品房销售合同按照产权转移书据征收印花税。

（3）营业账簿。是指单位或者个人记载生产经营活动的财务会计核算账簿。包括单位和个人从事生产经营活动所设立的各种账册、生产经营用账册、记载资金的账簿等。

（4）权利、许可证照。包括政府部门发给的房屋产权证、工商营业执照、商标注册证、专利证、土地使用证。

（5）经财政部确定征税的其他凭证。

印花税只对税目税率表中列举的凭证和经财政部确定征税的其他凭证征税。

三、印花税税目与税率

印花税设立13个税目，采用两种税率形式：比例税率和定额税率。一般载有金额的凭证采用比例税率，如各类经济合同以及具有合同性质的凭证、产权转移书据、记载资金的账簿等。没有记载金额或不属于资金账的凭证，采用按件定额税率，如权利许可证照、其他营业账簿等。

印花税的比例税率分为4个档次，分别是0.05‰、0.3‰、0.5‰、1‰。

（1）适用0.05‰税率的是借款合同税目；

（2）适用0.3‰税率的有购销合同、建筑安装工程承包合同和技术合同3个税目；

（3）适用0.5‰税率的有加工承揽合同、建筑工程勘察设计合同、货物运输合同、产权转移书据4个税目和营业账簿税目中记载资金的账簿；

（4）适用1‰税率的有财产租赁合同、仓储保管合同和财产保险合同3个税目。

印花税的定额税率适用于权利、许可证照税目和营业账簿税目中的其他账簿，定额税率均为按件贴花，税额为5元。印花税税目税率见表11－1。

表11－1　印花税税目税率表

税目	范围	税率	纳税义务人	说明
1. 购销合同	包括供应、预购、采购、购销结合及协作、调剂、补偿、易货等合同	按购销金额0.3‰贴花	立合同人	
2. 加工承揽合同	包括加工、定做、修缮、修理、印刷、广告、测绘、测试等合同	按加工或承揽收入0.5‰贴花	立合同人	
3. 建设工程勘察设计合同	包括勘察、设计合同	按收取费用0.5‰贴花	立合同人	
4. 建筑安装工程承包合同	包括建筑、安装工程承包合同	按承包金额0.3‰贴花	立合同人	
5. 财产租赁合同	包括租赁房屋、船舶、飞机、机动车辆、机械、器具、设备等	按租赁金额1‰贴花，税额不足1元的按1元贴花	立合同人	
6. 货物运输合同	包括民用航空、铁路运输、海上运输、内河运输、公路运输和联运合同	按运输费用0.5‰贴花	立合同人	单据作为合同使用的，按合同贴花
7. 仓储保管合同	包括仓储、保管合同	按仓储保管费用1‰贴花	立合同人	仓单或栈单作为合同使用的，按合同贴花
8. 借款合同	银行及其他金融组织和借款人（不包括银行同业拆借）所签订的借款合同	按借款金额0.05‰贴花	立合同人	单据作为合同使用的，按合同贴花

（续上表）

税目	范围	税率	纳税义务人	说明
9. 财产保险合同	包括财产、责任、保证、信用等保险合同	按保险费收入1‰贴花	立合同人	单据作为合同使用的，按合同贴花
10. 技术合同	包括技术开发、转让、咨询、服务等合同	按所载金额0.3‰贴花	立合同人	
11. 产权转移书据	包括财产所有权和版权、商标专用权、专利权、专有技术使用权等转移书据	按所载金额0.5‰贴花	立据人	
12. 营业账簿	生产经营用账册	记载资金的账簿，按实收资本和资本公积的合计金额0.5‰贴花，其他账簿按件贴花5元	立账簿人	
13. 权利、许可证照	包括政府部门发给的房屋产权证、工商营业执照、商标注册证、专利证、土地使用证	按件贴花5元	领受人	

四、印花税的计税办法

（一）应纳税额的计算

印花税的计税依据为各种应税凭证上所记载的计税金额。印花税应纳税额的计算公式为：

应纳税额 = 计税金额 × 适用税率

针对各税目的具体情况，印花税的计算方法如下。

1. 购销合同

购销合同的计税依据为合同记载的购销金额，不得作任何扣减。其计算公式为：

应纳税额 = 购销金额 ×0.3‰

2. 加工承揽合同

加工承揽合同的计税依据是加工或承揽收入的金额。

对于由受托方提供原材料的加工、定做合同，凡在合同中分别记载加工费金额和原材料金额的，应分别按加工承揽合同、购销合同计税，两项税额相加数，即为合同应贴印花；若合同中未分别记载，则应就全部金额依照加工承揽合同计税贴花。

对于由委托方提供主要材料或原料，受托方只提供辅助材料的加工合同，无论加工费和辅助材料金额是否分别记载，均以辅助材料与加工费的合计数，依照加工承揽合同计税贴花。对委托方提供的主要材料或原料金额不计税贴花。其计算公式为：

应纳税额＝加工或承揽收入的金额×0.5‰

3. 建设工程勘察设计合同

建设工程勘察设计合同的计税依据为收取的工程建设费用。其计算公式为：

应纳税额＝收取的费用×0.5‰

4. 建筑安装工程承包合同

建筑安装工程承包合同的计税依据为承包金额，不扣除任何费用。若施工单位将自己承包的建设项目分包或者转包给其他施工单位所签订的分包合同或者转包合同，应按新的分包合同或转包合同所载金额计算应纳税额。其计算公式为：

应纳税额＝承包总金额×0.3‰

5. 财产租赁合同

财产租赁合同的计税依据为租赁金额，经计算应纳税额不足1元的，按1元贴花。其计算公式为：

应纳税额＝租赁金额×1‰

6. 货物运输合同

货物运输合同的计税依据为取得的运输费金额（即运费收入），不包括所运货物的金额、装卸费和保险费等。其计算公式为：

应纳税额＝运输费用×0.5‰

7. 仓储保管合同

仓储保管合同的计税依据为收取的仓储保管费用。其计算公式为：

应纳税额 = 仓储保管费用 ×1‰

8. 借款合同

借款合同的计税依据为借款金额。其计算公式为：

应纳税额 = 借款金额 ×0.05‰

针对实际借贷活动中不同的借款形式，税法规定了不同的计税方法。

(1) 凡是一项信贷业务既签订借款合同，又一次性或分次填开借据的，只以借款合同所载金额为计税依据计税贴花；凡是只填开借据并作为合同使用的，应以借据所载金额为计税依据计税贴花。

(2) 借贷双方签订的流动资金周转性借款合同，一般按年（期）签订，规定最高限额，借款人在规定的期限和最高限额内随借随还。为避免加重借贷双方的负担，对这类合同只以其规定的最高限额为计税依据，在签订时贴花一次，在限额内随借随还不签订新合同的，不再另外贴花。

(3) 对借款方以财产作抵押，从贷款方取得一定数量抵押贷款的合同，应按借款合同贴花；在借款方因无力偿还借款而将抵押财产转移给贷款方时，应再就双方书立的产权书据，按产权转移书据的有关规定计税贴花。

(4) 对银行及其他金融组织的融资租赁业务签订的融资租赁合同，应按合同所载租金总额，暂按借款合同计税贴花。

(5) 在贷款业务中，如果贷方系由若干银行组成的银团，银团各方均承担一定的贷款数额。借款合同由借款方与银团各方共同书立，各执一份合同正本。对这类合同借款方与贷款银团各方应分别在所执的合同正本上，按各自的借款金额计税贴花。

(6) 在基本建设贷款中，如果按年度用款计划分年签订借款合同，在最后一年按总概算签订借款总合同，且总合同的借款金额包括各个分合同的借款金额的，对这类基建借款合司，应按分合同分别贴花，最后签订的总合同，只就借款总额扣除分合同借款金额后的余额计税贴花。

9. 财产保险合同

财产保险合同的计税依据为支付（收取）的保险费，不包括所保财产的金额。其计算公式为：

应纳税额 = 保险费金额 ×1‰

10. 技术合同

技术合同的计税依据为合同所载的价款、报酬或使用费。为了鼓励技术研究开发，对技术开发合同，只就合同所载的报酬金额计税，研究开发经费不作为计税依据。单对合同约定按研究开发经费一定比例作为报酬的，应按一定比例的报酬金额计税贴花。其计算公式为：

应纳税额 = 价款、报酬或使用费 ×0.3‰

11. 产权转移书据

产权转移书据的计税依据为所载金额。其计算公式为：

应纳税额 = 产权转移金额 ×0.5‰

12. 营业账簿

（1）营业账簿税目中记载资金的账簿的计税依据为“实收资本”与“资本公积”两项的合计金额。实收资本，包括现金、实物、无形资产和材料物资。现金按实际收到或存入纳税人开户银行的金额确定。实物，指房屋、机器等，按评估确认的价值或者合同、协议约定的价格确定。无形资产和材料物资，按评估确认的价值确定。

资本公积，包括接受捐赠、法定财产重估增值、资本折算差额、资本溢价等。如果是实物捐赠，则按同类资产的市场价格或有关凭据确定。其计算公式为：

应纳税额 = （实收资本 + 资本公积） ×0.5‰ - 已贴花税额

（2）其他账簿的计税依据为应税凭证件数。其计算公式为：

应纳税额 = 账簿总数 ×5

13. 权利、许可证照

权利、许可证照的计税依据为应税凭证件数。其计算公式为：

应纳税额 = 证照总数 ×5

（二）其他相关规定

（1）同一凭证，因载有两个或者两个以上经济事项而适用不同税目税率，如分别记载金额的，应分别计算应纳税额，相加后按合计税额贴花；如未分别记载金额的，按税率高的计税贴花。

（2）按金额比例贴花的应税凭证，未标明金额的，应按照凭证所载数量及国家牌价计算金额；没有国家牌价的，按市场价格计算金额，然后按规定税率计算应纳税额。

（3）应纳税额不足一角的，免纳印花税。应纳税额在一角以上的，其税额尾数不满五分的不计，满五分的按一角计算应纳税额。

（4）应纳税凭证所载金额为外国货币的，纳税人应按照凭证书立当日的中华人民共和国国家外汇管理局公布的外汇牌价折合人民币，计算应纳税额。

（5）有些合同在签订时无法确定计税金额，对这类合同，可在签订时先按定额 5 元贴花，以后结算时再按实际金额计税，补贴印花。

（6）应税合同在签订时纳税义务即已产生，应计算应纳税额并贴花。所以，不论合同是否兑现或是否按期兑现，均应贴花。

对已履行并贴花的合同，所载金额与合同履行后实际结算金额不一致的，只要双方未修改合同金额，一般不再办理完税手续。

（7）商品购销活动中，采用以货换货方式进行商品交易签订的合同，是反映既购又销双重经济行为的合同。对此，应按合同所载的购、销合计金额计税贴花。合同未列明金额的，应按合同所载购销数量，依照国家牌价或者市场价格计算应纳税额。

（8）印花税票的票面金额以人民币为单位，分为壹角、贰角、伍角、壹元、贰元、伍元、拾元、伍拾元、壹佰元九种。

印花税票为有价证券，各地税务机关应按照国家税务局制定的管理办法严格管理。

五、印花税税收优惠

下列凭证免纳印花税：

（1）已缴纳印花税凭证的副本或者抄本。

凭证的正式签署本已按规定缴纳了印花税，其副本或者抄本对外不发生权利义务关系，仅备存查的免贴印花。但以副本或者抄本视同正本使用的，应另贴印花。

（2）财产所有人将财产赠给政府、社会福利单位、学校所立的书据。

社会福利单位，是指扶养孤老伤残的社会福利单位。

（3）国家指定的收购部门与村民委员会、农民个人书立的农副产品收购合同。

（4）无息、贴息贷款合同。

无息、贴息贷款合同，是指我国的各专业银行按照国家金融政策发放的无息贷款，以及由各专业银行发放并按有关规定由财政部门或中国人民银行给予贴息的贷款项目所签订的贷款合同。

（5）外国政府或者国际金融组织向我国政府及国家金融机构提供优惠贷款所书立的合同。

（6）房地产管理部门与个人签订的用于生活居住的租赁合同。

（7）农牧业保险合同。

（8）特殊货运凭证。

（9）与高校学生签订的高校学生公寓租赁合同。2011 年 1 月 1 日文到之日已征的应予免征的印花税，可从纳税人以后应纳的印花税税额中抵减或者予以退税。

（10）金融机构与小型、微型企业签订的借款合同涉及的印花税，自 2011 年 11 月 1 日起至 2014 年 10 月 31 日止，予以免征。

六、印花税的征收管理

（一）纳税办法

印花税的纳税办法，根据税额大小、纳税次数多少以及税收征收管理的需要，分别采用自行贴花、汇贴或汇缴、委托代征三种纳税办法。

1. 自行贴花办法

这种纳税办法，一般适用于应税凭证较少或者贴花次数较少的纳税人，使用范围比较广泛。

纳税人书立、领受或者使用印花税法列举的应税凭证时，纳税义务即已产生，应当根据应纳税凭证的性质和适用的税目税率自行计算应纳税额，自行购买印花税票，自行一次性贴足印花税票并加以注销或划销，这就是通常所说的印花税“三自”纳税办法。

应纳税凭证粘贴印花税票后应即注销。纳税人有印章的，加盖印章注销；纳税人没有印章的，可用钢笔（圆珠笔）画几条横线注销。注销标记应与骑缝处相交。骑缝处是指粘贴的印花税票与凭证及印花税票之间的交接处。

已贴花的凭证，修改后所载金额增加的，其增加部分应当补贴印花税票。凡多贴印花税票者，不得申请退税或者抵用。

2. 汇贴或汇缴办法

这种纳税办法，一般适用于应纳税额较大或者贴花次数频繁的纳税人。

一份凭证应纳税额超过500元的，应向当地税务机关申请填写缴款书或者完税证，将其中一联黏贴在凭证上或者由税务机关在凭证上加注完税标记代替贴花。这就是通常所说的印花税“汇贴”纳税办法。

同一种类应税凭证，需频繁贴花的，纳税人可以根据实际情况自行决定是否采用按期汇总缴纳印花税的方式，汇总缴纳的期限为1个月。采用按期汇总缴纳方式的纳税人应事先告知主管税务机关。缴纳方式一经选定，1年内不得更改。

经税务机关核准，持有代售许可证的代售户，代售印花税票取得的税款必须专户存储，并按照规定的期限，向当地税务机关结报，或者填开专用缴款书直接向银行缴纳，不得逾期不缴或者挪作他用。代售户领存的印花税票及所售印花税票的税款，如有损失，应负责赔偿。

凡汇总缴纳印花税的凭证，应加注税务机关指定的汇缴戳记、编号并装订成册后，将已贴印花或者缴款书的一联粘附册后，盖章注销，保存备查。

3. 委托代征办法

这种纳税办法适用于通过税务机关的委托，经由发放或者办理应纳税凭证的单位代为征收印花税税款的情况。所谓发放或者办理应纳税凭证的单位，是指发放权利、许可证照的单位和办理凭证的鉴证、公证及其他有关事项的单位。税务机关可委托这些部门代征，并应与代征单位签订代征委托书。委托代征，是实行印花税税源控制的有效手段。

发放或者办理应纳税凭证的单位，负有监督纳税人依法纳税的义务，是指发放或者办理应纳税凭证的单位应对以下纳税事项进行监督：

（1）应纳税凭证是否已粘贴印花；

（2）粘贴的印花是否足额；

（3）粘贴的印花是否按规定注销。

对未完成以上纳税手续的，应督促纳税人当场贴花。

（二）纳税环节

应纳税凭证应当于书立或者领受时贴花，具体是指在合同的签订时、书据的立据时、账簿的启用时和证照的领受时贴花。合同在国外签订的，应在国内使用时贴花。

（三）纳税地点

印花税一般实行就地纳税。印花税的纳税人应按照《印花税暂行条例》及《印花税暂行条例施行细则》的有关规定及时申报纳税，并如实填写印花税纳税申报表。

第二节 契税

一、契税概述

契税是在房产的产权发生转移时，按照双方订立的契约向产权承受人征收的一种税。因房产的产权发生转移时，一般都要书立契约，契税因此得名。

我国早在东晋时期就开征了契税性质的“估税”，规定凡买卖田宅、奴婢、牛马者，不论是否书立契券，均需纳税。新中国成立后，前政务院于1953年公布了《中华人民共和国契税暂行条例》，规定对土地和房产因买卖、典当、赠与或交换，发生产权转移时，课征契税。1954年财政部对契税条例进行修改并沿用至1997年。现行契税法的基本规范，是1997年7月7日国务院发布并于同年10月1日开始实施的《中华人民共和国契税暂行条例》（以下简称《契税暂行条例》）。

征收契税，有利于通过法律形式保护纳税人的合法权益，使产权转移有合法的依据，有利于确立房屋产权关系，减少纠纷，加强房屋管理。

二、契税的纳税义务人和征税对象

（一）契税的纳税义务人

契税的纳税义务人是指在境内转移土地、房屋权属的过程中承受土地、房屋权属的单位和个人。

境内是指中华人民共和国实际税收行政管辖范围内。土地、房屋权属是指土地使用权和房屋所有权。单位是指企业单位、事业单位、国家机关、军事单位和社会团体以及其他组织。个人是指个体经营者及其他个人，包括中国公民和外籍人员。

（二）契税的征税对象

契税的征税对象是在中华人民共和国境内转移的土地、房屋权属。具体包括以下内容。

1. 国有土地使用权出让

国有土地使用权出让，是指土地使用者向国家交付土地使用权出让费用，国家将国有土地使用权在一定年限内让与土地使用者的行为。

2. 土地使用权转让

土地使用权转让，是指土地使用者以出售、赠与、交换或者其他方式将土地使用权转移给其他单位和个人的行为。土地使用权转让，包括出售、赠与和交换，但不包括农村集体土地承包经营权的转移。

其中，土地使用权出售，是指土地使用者以土地使用权作为交易条件，取得货币、实物、无形资产或者其他经济利益的行为。土地使用权赠与，是指土地使用者将其土地使用权无偿转让给受赠者的行为。土地使用权交换，是指土地使用者之间相互交换土地使用权的行为。

3. 房屋买卖

房屋买卖，是指房屋所有者将其房屋出售，由承受者交付货币、实物、无形资产或者其他经济利益的行为。

4. 房屋赠与

房屋赠与，是指房屋所有者将其房屋无偿转让给受赠者的行为。

5. 房屋交换

房屋交换，是指房屋所有者之间相互交换房屋的行为。

6. 视同转让行为

土地、房屋权属以下列方式转移的，视同土地使用权转让、房屋买卖或者房屋赠与进行征税：

（1）以土地、房屋权属作价投资、入股；

（2）以土地、房屋权属抵债；

（3）以获奖方式承受土地、房屋权属；

（4）以预购方式或者预付集资建房款方式承受土地、房屋权属。

7. 承受土地使用权支付的土地出让金

对于承受土地使用权支付的土地出让金，要计征契税。不得因减免土地出让金而减免契税。

三、契税的税率和应纳税额的计算

（一）契税的税率

契税实行3%～5%的幅度税率。我国各地经济发展极不平衡，实行幅度税率可使各省、自治区、直辖市人民政府在幅度税率的规定范围内，按照本地区的实际情况决定。

（二）应纳税额的计算

1. 计税依据

契税的计税依据为不动产的价格。因土地、房屋权属转移方式不同，具体的定价方法不同而有所不同。

（1）国有土地使用权出让、土地使用权出售、房屋买卖，以成交价格为计税依据。成交价格是指土地、房屋权属转移合同确定的价格，包括承受者应交付的货币、实物、无形资产或者其他经济利益。

（2）土地使用权赠与、房屋赠与，由征收机关参照土地使用权出售、房屋买卖的市场价格核定。

（3）土地使用权交换、房屋交换，为所交换的土地使用权、房屋的价格差额。也就是说，土地使用权交换、房屋交换，交换价格不相等的，由多交付货币、实物、无形资产或者其他经济利益的一方缴纳税款。交换价格相等的，免征契税。

成交价格明显低于市场价格且无正当理由的，或者所交换土地使用权、房屋的价格的差额明显不合理且无正当理由的，由征收机关参照市场价格核定。

（4）以划拨方式取得土地使用权，经批准转让房地产时，由房地产转让者补交契税。计税依据为补交的土地使用权出让费用或者土地收益。

（5）房屋附属设施征收契税的依据。

①采取分期付款方式购买房屋附属设施土地使用权、房屋所有权的，应按合同规定的总价款计征契税。

②承受的房屋附属设施权属如为单独计价的，按照当地确定的适用税率征收契税；如与房屋统一计价的，适用与房屋相同的契税税率。

2. *应纳税额的计算方法*

契税应纳税额的计算公式为：

应纳税额＝计税依据×税率

应纳税额以人民币计算。转移土地、房屋权属以外汇结算的，按照纳税义务发生之日中国人民银行公布的人民币市场汇率中间价折合成人民币计算。

四、契税的税收优惠

（一）契税优惠的一般规定

条例规定，有下列情形之一的，减征或者免征契税：

（1）国家机关、事业单位、社会团体、军事单位承受土地、房屋用于办公、教学、医疗、科研和军事设施的，免征契税。

（2）城镇职工按规定第一次购买公有住房的，免征契税。

城镇职工按规定第一次购买公有住房，是指经县以上人民政府批准，在国家规定标准面积以内购买的公有住房。城镇职工享受免征契税，仅限于第一次购买的公有住房。超过国家规定标准面积的部分，仍应按照相关规定缴纳契税。

自2000年11月29日起，对各类公有制单位为解决职工住房而采取集资建房方式建成的普通住房，或由单位购买的普通商品住房，经当地县以上人民政府房改部门批准、按照国家房改政策出售给本单位职工的，如属职工首次购买住房，均可免征契税。

对个人购买普通住房，且该住房属于家庭唯一住房的，减半征收契税；对个人购买90平方米以下普通住房，且该住房属于家庭唯一住房的，按1%税率征收契税。

（3）因不可抗力灭失住房而重新购买住房的，酌情准予减征或者免征。不可抗力，是指自然灾害、战争等不能预见、不能避免并不能克服的客观情况。

（4）土地、房屋被县级以上人民政府征用、占用后，重新承受土地、房屋权属的，是否减征或者免征契税，由各省、自治区、直辖市人民政府确定。

（5）承受荒山、荒沟、荒丘、荒滩土地使用权，并用于农、林、牧、渔业生产的，免征契税。

（6）依照我国有关法律规定以及我国缔结或参加的双边和多边条约或协定的规定，应当予以免税的外国驻华使馆、领事馆、联合国驻华机构及其外交代表、领事官员和其他外交人员承受土地、房屋权属的，经外交部确认，可以免征契税。

（二）企业改制重组行为契税优惠的特殊规定

（1）企业公司制改造。

非公司制企业，按照《中华人民共和国公司法》的规定，整体改建为有限责任公司（含国有独资公司）或股份有限公司，或者有限责任公司整体改建为股份有限公司的，对改建后的公司承受的原企业土地、房屋权属，免征契税。

非公司制国有独资企业或国有独资有限责任公司，以其部分资产与他人组建新公司，且该国有独资企业（公司）在新设公司中所占股份超过50%的，对新设公司承受该国有独资企业（公司）的土地、房屋权属，免征契税。

（2）企业股权重组。

在股权转让中，单位、个人承受企业股权，企业土地、房屋权属不发生转移，不征收契税。

国有、集体企业实施“企业股份合作制改造”，由职工买断企业产权，或向其职工转让部分产权，或者通过其职工投资、增资、扩股，将原企业改造为股份合作制企业的，对改造后的股份合作制企业承受的原企业的土地、房屋权属，免征契税。

（3）企业合并。

两个或两个以上的企业，依据法律规定、合同约定，合并改建为一个企业，对其合并后的企业承受的原合并各方的土地、房屋权属，免征契税。

（4）企业分立。

企业依照法律规定、合同约定分设为两个或两个以上投资主体相同的企业，对派生方、新设方承受的原企业土地、房屋权属，不征收契税。

（5）企业出售。

国有、集体企业出售，被出售企业法人予以注销，并且买受人妥善安置原企业全部职工的，视情况给予减半或免征契税的优惠。

（6）企业注销、破产。

企业依照有关法律、法规的规定实施注销、破产后，债权人（包括注销、破产企业职工）承受注销、破产企业土地、房屋权属以抵偿债务的，免征契税；对非债权人承受注销、破产企业土地、房屋权属，凡妥善安置原企业全部职工的，视情况给予减半或免征契税的优惠。

（7）房屋的附属设施。

对于承受与房屋相关的附属设施（包括停车位、汽车库、自行车库、顶层阁楼以及储藏室，下同）所有权或土地使用权的行为，按照契税法律、法规的规定征收契税；对于不涉及土地使用权和房屋所有权转移变动的，不征收契税。

（8）继承的土地、房屋权属。

法定继承人（包括配偶、子女、父母、兄弟姐妹、祖父母、外祖父母）继承的土地、房屋权属，不征契税。

非法定继承人根据遗嘱承受死者生前的土地、房屋权属，属于赠与行为，应征收契税。

（9）事业单位按照国家有关规定改制为企业的过程中，投资主体没有发生变化的，对改制后的企业承受的原事业单位土地、房屋权属，免征契税；投资主体发生变化的，改制后的企业妥善安置原企业全部职工的，视情况给予减半或免征契税的优惠。

（10）婚姻关系存续期间，房屋、土地权属原归夫妻一方所有，变更为夫妻双方共有的，免征契税。

经批准减征、免征契税的纳税人改变有关土地、房屋的用途，不再属于本条例规定的减征、免征契税范围的，应当补缴已经减征、免征的税款。

五、契税的征收管理

1. 纳税义务发生时间

契税的纳税义务发生时间，为纳税人签订土地、房屋权属转移合同的当天，或者纳税人取得其他具有土地、房屋权属转移合同性质凭证的当天。

纳税人因改变土地、房屋用途应当补缴已经减征、免征契税的，其纳税义务发生时间为改变有关土地、房屋用途的当天。

2. 纳税期限

纳税人应当自纳税义务发生之日起 10 日内，向土地、房屋所在地的契税征收机关办理纳税申报，并在契税征收机关核定的期限内缴纳税款。

纳税人符合减征或者免征契税规定的，应当在签订土地、房屋权属转移合同后 10 日内，向土地、房屋所在地的契税征收机关办理减征或者免征契税手续。

3. 纳税地点

契税在土地、房屋所在地的征收机关缴纳。具体征收机关由各省、自治区、直辖市人民政府确定。

4. 征收管理

纳税人办理纳税事宜后，契税征收机关应向纳税人开具契税完税凭证。

纳税人应当持契税完税凭证和其他规定的文件材料，依法向土地管理部门、房产管理部门办理有关土地、房屋权属变更的登记手续。纳税人未出具契税完税凭证的，土地管理部门、房产管理部门不予办理有关土地、房屋权属变更的登记手续。

土地管理部门和房产管理部门应向契税征收机关提供有关资料，并协助契税征收机关依法征收契税。

本章小结

印花税是以经济活动和经济交往中书立、领受应税凭证的行为为征税对象征收的一种税。按照书立、领受应税凭证的不同，印花税纳税人可以分别称为立合同人、立据人、立账簿人、领受人、使用人和各类电子应税凭证的签订人。印花税的征税对象包括：各类经济合同、产权转移书据、营业账簿、权利许可证照和经财政部确定征税的其他凭证。印花税设立 13 个税目，采用比例税率和定额税率。印花税采用自行贴花、汇贴或汇缴、委托代征三种纳税办法。

契税是在房产的产权发生转移时，按照双方订立的契约向产权承受人征收的一种税。契税的征税对象是在中华人民共和国境内转移的土地、房屋权属。契税的计税依据为不动产的价格。契税实行 3% ~5% 的幅度税率。

关键术语和概念

印花税　契税

复习思考题

1. 简述印花税的纳税义务人和征税范围。
2. 印花税采取什么纳税方法？
3. 契税的征税对象是什么？
4. 企业改制重组行为缴纳契税有何优惠？

【拓展阅读】

印花税的起源及在中国的发展史

一、印花税的起源

印花税是一个古老的税种。荷兰是印花税的创始国。1624 年荷兰政府在广泛征询民间建议的基础上，确定实施了一种以商事产权凭证为征收对象的印花税，由于缴税时是在凭证上用刻花滚筒推出“印花”戳记，以示完税，因此被命名为“印花税”。1854 年，奥地利政府印制发售了形似邮票的印花税票，由纳税人自行购买贴在应纳税凭证上，并规定完成纳税义务是以在票上盖戳注销为标准，世界上由此诞生了印花税票。目前，世界上已有一百多个国家和地区开征了印花税。

二、中国印花税的发展历史

印花税是中国效仿西洋税制的第一个税种。从清光绪十五年（1889 年）开始，大清帝国拟开征印花税二十余年，虽先后印制了日本版和美国版的印花税票，也拟定了“印花税则”十五条，但终未能正式实施。

中华民国成立后，北洋政府把推行印花税作为重要的聚财之举，于 1912 年 10 月 21 日公布了《印花税法》，并于次年正式实施。这是中华民国成立后，按照法律程序公布施行的第一部印花税法，从此，印花税一直被民国政府视为重要财源。军阀割据地区和各类伪政权，更将印花税作为筹措军饷和补给的法宝。其间，北洋政府和民国政府印制和使用了“长城图”、“嘉禾图”、“城楼图”、“六和塔图”、“孙中山像”、“复兴关图”、“联运图”等数十种印花税票。

中共革命根据地和解放区对印花税的认识经历了一个曲折的过程，先是被作为"苛捐杂税"予以取缔，后从利国利民、取之有道的原则出发，确立并开征了印花税。从1938年5月晋察冀边区征收开始，东北、山东、华中、陕甘宁、东江等根据地和解放区也相继开征了印花税，到1949年，随着大片国统区成为解放区，印花税开征地区越来越多，使用的印花税票除在民国印花税票上加盖之外，各根据地和解放区也自行设计和印制印花税票。如陕甘宁边区印花税票、晋察冀边区印花税票、华北人民政府印花税票，以及东北解放区的"江桥图"、"帆船图"、"工厂图" 和山东解放区的"工厂图"、"运输图"印花税票等等。

中华人民共和国建立初期，有些地区暂时沿用民国政府旧法，有些地区制定了单行办法，继续征收印花税。1950年1月30日，中央人民政府前政务院通令公布《全国税政实施要则》，统一了全国税政，确立了印花税为全国统一开征的税种之一。1950年12月前政务院公布《印花税暂行条例》。1951年1月4日财政部公布了《印花税暂行条例施行细则》。从此，全国统一了印花税法。

中央人民政府财政部税务总局于1949年11月，发行了新中国第一套印花税票，主图是在两根柱子之间由齿轮和麦穗衬托下的五星红旗飘扬在地球上，称为"旗球图"印花税票。

1952年7月1日，财政部税务总局发行了新中国成立以后第二套印花税票，根据主图内容分别称为"机器图" 和"鸽球图"印花税票。这两套印花税票及其加盖改额票一直使用到1958年全国税制改革，印花税并入工商统一税为止。

1988年8月6日，中华人民共和国国务院以11号令发布《中华人民共和国印花税暂行条例》，规定重新在全国统一开征印花税。1988年10月1日，正式恢复征收印花税。1988年，国家税务总局监制发行了新中国成立以后第三套印花税票，由北京邮票厂印制。印花税票面额以人民币为单位，分为壹角、贰角、伍角、壹元、贰元、伍元、拾元、伍拾元、壹佰元九种，其中1988年版的有壹角至拾元七种；拾元有1988年版、1989年版两个版本；伍拾元、壹佰元两种为1989年版。印花税票的图案，壹角、贰角、伍角票为宇宙航天图，壹元、贰元票为石油钻井图，伍元票为海陆空交通图，拾元票为炼钢高炉图，伍拾元票为联合收割机图，壹佰元票为大学校门图。该套票被称为"建设图"印花税票。

为适应税收事业的发展，满足广大集藏爱好者的需要，国家税务总局决定，自2001年起定期对印花税票图案进行换版，同年印制发行了第三套第二版印花税票——社会主义现代化建设图印花税票，一套九枚。图案选用了改革开放以来的国家重点经济建设和文化体育建设项目等建筑精品，图名分别是：新疆风力发电总厂、秦山核电站、二滩水电站、九江长江大桥、广州港集装箱码头、上海浦东国际机场、上海体育场、上海国际会议中心、北京中华世纪坛。为纪念此次印花税票改版，国家税务总局还特别印制了"中华世纪坛" 小型张一枚、六联张"新疆风力发电总厂" 小版票一套，小全张一枚，并制成纪念册。2003年，国家税务总局印制发行了第三套第三版印花税票——中国世界文化遗产图印花税票，一套九枚，由北京邮票厂印制。图案选用了中国世界文化遗产：天坛、故宫、长城、云冈石窟、布达拉宫—大昭寺、罗布林卡扩展项目、大足石刻、莫高窟、苏州古典园林和皖南古村落。为纪念此次印花税票印制发行，国家税务总局还特别印制了小型张一枚，六连张一枚，小全张一枚，小本票一套，并制成纪念册。

资料来源：中华会计网校网站，http：//www.chinaacc.com/new/253/260/2006/1/ad7416919351716002655\5.htm.

契税的历史沿革

我国契税起源于东晋时期的"估税"，至今已有1 600多年的历史。当时规定，凡买卖田宅、奴婢、牛马，立有契据者，每一万钱交易额官府征收四百钱即税率为4%，其中卖方缴纳3%，买方缴纳1%。北宋开宝二年（公元969年），开始征收印契钱（性质上是税，只是名称为"钱"）。这时不再由买卖双方分摊，而是由买方缴纳，并规定缴纳期限为两个月。从此，开始以保障产权为由征收契税。以后历代封建王朝对土地、房屋的买卖、典当等产权变动都征收契税，但税率和征收范围不完全相同。如清初顺治四年（公元1648年）规定，民间买卖、典押土地和房屋登录于官时，由买主依买卖价格，每一两银纳三分（即3%）。到清朝末年，土地、房屋的买卖契税税率提高到9%，典当契税税率提高到6%。

中华民国成立后，于1914年颁布契税条例。规定税率为：买契9%，典契6%。另外，还有一些免税规定：官方、自治团体和具有公益性的法人在买卖、典当土地房屋时免纳契税。1917年，北洋政府将税率改为买契6%，典契3%，各省征收附加税，但以不超过正税的1/3为限。

1927年国民政府公布《验契暂行条例及章程》，将契税划归地方收入。1934年在国民政府第二次全国财政会议上，通过了《契税办法四项》，要求各省整理契税，规定买契6%，典契3%为税率高限，附加税以不超过正税的一半为原则。至此，契税税率在全国统一起来。1940年，国民政府公布《契税暂行条例》，将税率改为买契5%，典契3%。1942年修改《契税暂行条例》，将税目扩大为买卖、典当、赠与和交换，后又增加了分割和占有两个税目。由于契税是以保障产权的名义征收的，长期以来都是纳税人自觉向政府申报投税，请求验印或发给契证。因此，契税在群众中影响较深远，素有“地凭文契官凭印”、“买地不税契，诉讼没凭据”的谚语。

新中国成立后，前政务院于1950年发布《契税暂行条例》，规定对土地、房屋的买卖、典当、赠与和交换征收契税。1954年财政部经政务院批准，对《契税暂行条例》的个别条款进行了修改，规定对公有制单位承受土地、房屋权属转移免征契税。社会主义改造完成以后，土地禁止买卖和转让，征收土地契税也就自然停止了。这样使得契税征收范围大大缩小，收入额变少。到“文化大革命”后期，全国契税征收工作基本处于停顿状态。

改革开放后，国家重新调整了土地、房屋管理方面的有关政策，房地产市场逐步得到了恢复和发展。为适应形势的要求，从1990年开始，全国契税征管工作全面恢复。恢复征收后，契税收入连年大幅度增加，从1990年的1.34亿元增加到1997年的36亿元，成为地方税收中最具增长潜力的税种。但由于《契税暂行条例》的立法年代久远，很多规定与当前的实际情况相脱节，在实际工作中难以操作和执行。为了满足建立和发展社会主义市场经济形势的需要，充分发挥契税筹集财政收入和调控房地产市场的功能，从1990年起，国家就着手开始了《契税暂行条例》的修订工作。其间经过大量的调查研究，数易其稿。1997年7月7日，李鹏总理签署国务院第224号令，发布了《中华人民共和国契税暂行条例》，并于同年10月1日起开始实施。

资料来源：中华会计网校，http：//www.chinaacc.com/new/253_260/2009_9_13_wa33751849561319900216128.shtml.

第十二章　企业所得税

【学习要点】

◈企业所得税的概念和特点

◈企业所得税的纳税义务人、征税对象和税率

◈企业所得税应纳税所得额的计算

◈资产的税务处理

◈企业所得税税收优惠

◈企业所得税应纳税额的计算

◈特别纳税调整

◈企业所得税的征收管理

第一节　企业所得税概述

一、企业所得税的概念

企业所得税是对企业的生产经营所得和其他所得为征税对象而征收的一种税。企业所得税的征税对象在理论上被定义为净所得、纯收益，是企业经营的总收入扣除成本费用后的净所得额，不像增值税、消费税、营业税，是以收入额或称流转额为征税对象，这是所得税与流转税的根本区别。

事实上，总收入相同的纳税人，由于受客观市场环境和自身管理水平的影响，其消耗程度不尽相同，因而其纳税能力也就不一定相同，以扣除成本费用后的净所得来衡量纳税能力，更能体现量能负担原则，因此按净所得征税更具科学性、合理性。

二、我国企业所得税制发展历程

我国企业所得税制的真正建立，是在改革开放之后。1980 年 9 月和 1981 年 12 月，为了适应改革开放、吸引外资的新形势要求，我国分别制定了《中华人民共和国中外合资经营企业所得税法》和《中华人民共和国外国企业所得税法》，对中外合资经营企业、外国企业开征了企业所得税。为了配合企业改革，建立完善我国的所得税制，国务院决定在全国范围内施行国营企业“利改税”。1984 年 9 月，国务院发布了《中华人民共和国国营企业所得税条例》，随后在 1985 年和 1988 年又先后发布了《中华人民共和国集体企业所得

税暂行条例》、《中华人民共和国私营企业所得税暂行条例》，分别对国营企业、集体企业和私营企业开征企业所得税。

随着社会主义市场经济体制的建立和改革开放政策的推进，我国在1994年前后进行了一轮全面的重大的税制改革。在所得税方面，1991年4月将《中华人民共和国中外合资经营企业所得税法》和《中华人民共和国外国企业所得税法》合并，制定了《中华人民共和国外商投资企业和外国企业所得税法》，并于同年7月1日起施行。1993年12月，又将《中华人民共和国国营企业所得税条例》、《中华人民共和国集体企业所得税暂行条例》和《中华人民共和国私营企业所得税暂行条例》进行整合，制定了《中华人民共和国企业所得税法暂行条例》。至此，完成了外资企业所得税法和内资企业所得税法的统一。

随着改革的深入和经济建设的发展，内、外资企业分别适用两套不同所得税法所带来的矛盾日益突出，我国迫切需要建立一个对内、外资企业统一税收待遇、公平税负、公平竞争环境的税制。为此，2007年3月全国人大制定了《中华人民共和国企业所得税法》，新税法于2008年1月1日开始执行，历史性地完成了内、外资企业所得税法的统一。

现行企业所得税法的法律规范，是2007年3月16日第十届全国人民代表大会五次全体会议通过的《中华人民共和国企业所得税法》（以下简称《企业所得税法》）和2007年11月28日国务院第197次常务会议通过的《中华人民共和国企业所得税法实施条例》（以下简称《实施条例》）。

三、企业所得税的特点

企业所得税与其他税种相比较，具有以下特点：

1. 以所得额为课税对象，税源大小受企业经济效益的影响

企业所得税的课税对象是总收入扣除成本费用后的净所得额。净所得额的大小决定着税源的多少，总收入相同的纳税人，由于其生产耗费、经营费用的不同，所得额不一定相同，缴纳的所得税也不一定相同。

2. 征税以量能负担为原则

企业所得税以所得额为课税对象，所得税的负担轻重与纳税人所得的多少有着内在联系，所得多、负担能力大的多征，所得少、负担能力小的少征，无所得、没有负担能力的不征，充分体现税收公平的原则。

3. 严格按税法规定计税

企业应纳税所得额的计算应严格按照《中华人民共和国企业所得税法》及其他有关规定进行，企业所得税法对计税收入的确认，扣除项目的范围和标准都有明确规定，如果企业的财务会计处理办法与国家税收法规抵触的，应当按照税法的规定计算纳税。这一规定保证了税法的严肃性和独立性，有利于保护税基，维护国家利益。

4. 实行按年计算、分期预缴的征收办法

企业所得税的征收一般是以全年的应纳税所得额为计税依据的，实行按年计算、分月或分季预缴、年终汇算清缴的征收办法。这与流转税不同，如增值税，是由主管税务机关根据纳税人应纳税额的大小，分别核定其纳税期限。

第二节　企业所得税的纳税义务人、征税对象与税率

一、企业所得税的纳税义务人

（一）企业所得税纳税义务人的一般规定

《中华人民共和国企业所得税法》第一条规定：在中华人民共和国境内，企业和其他取得收入的组织（以下统称企业）为企业所得税的纳税人，依照本法的规定缴纳企业所得税。个人独资企业、合伙企业不适用本法。

也就是说，企业所得税的纳税义务人，是指在中华人民共和国境内的企业和其他取得收入的组织。这里的企业包括国有企业、集体企业、私营企业、联营企业、股份制企业、外商投资企业、外国企业以及有生产、经营所得和其他所得的其他组织。不包括个人独资企业、合伙企业。为避免双重征税，个人独资企业、合伙企业缴纳个人所得税，不纳企业所得税。

有生产、经营所得和其他所得的其他组织，是指经国家有关部门批准，依法注册、登记的事业单位、社会团体等组织。这些组织如果从事了经营和有偿服务活动，取得除财政部门各项拨款、财政部和国家物价部门批准的各项规费收入以外的经营收入，就具有了经营的特点，应当视同企业纳入征税范围。

根据国际法赋予每个主权国家的管辖权利，我国选择了行使地域税收管辖权和居民税收管辖权的双重管辖权标准。由此，我国企业所得税的纳税人分为居民企业和非居民企业，不同的企业在向中国政府缴纳所得税时，纳税义务范围不同。

（二）居民企业与非居民企业

我国企业所得税法对居民企业和非居民企业的认定，采用了目前国际上通行的认定标准：注册地标准和实际管理机构所在地标准，纳税人只要符合其中一个标准，就被认定为中国的居民企业。

居民企业，是指依法在中国境内成立，或者依照外国（地区）法律成立但实际管理机构在中国境内的企业。其中，实际管理机构，是指对企业的生产经营、人员、账务、财产等实施实质性全面管理和控制的机构。

非居民企业，是指依照外国（地区）法律成立且实际管理机构不在中国境内，但在中国境内设立机构、场所的，或者在中国境内未设立机构、场所，但有来源于中国境内所得的企业。

上述所称机构、场所，是指在中国境内从事生产经营活动的机构、场所，包括：

（1）管理机构、营业机构、办事机构。

（2）工厂、农场、开采自然资源的场所。

（3）提供劳务的场所。

（4）从事建筑、安装、装配、修理、勘探等工程作业的场所。

（5）其他从事生产经营活动的机构、场所。

非居民企业委托营业代理人在中国境内从事生产经营活动的，包括委托单位或者个人经常代其签订合同，或者储存、交付货物等，该营业代理人视为非居民企业在中国境内设立的机构、场所。

二、企业所得税的征税对象和征税范围

（一）征税对象

企业所得税的征税对象，是指企业的生产经营所得、其他所得和清算所得。

所得，包括销售货物所得、提供劳务所得、转让财产所得、股息红利等权益性投资所得、利息所得、租金所得、特许权使用费所得、接受捐赠所得和其他所得。

此外，纳税人按照章程规定解散或破产，以及因其他原因宣布终止时，其清算所得也属于企业所得税的征税对象。

（二）征税范围

居民企业应当就其来源于中国境内、境外的所得缴纳企业所得税。其中来源于境外的所得，纳税人已在境外缴纳了所得税的，为避免重复征税，税法规定在汇总纳税时，对于境外实际已纳的所得税款，按照一定办法从其应纳税额中给予抵免。

非居民企业在中国境内设立机构、场所的，应当就其所设机构、场所取得的来源于中国境内的所得，以及发生在中国境外但与其所设机构、场所有实际联系的所得，缴纳企业所得税。

非居民企业在中国境内未设立机构、场所的，或者虽设立机构、场所但取得的所得与其所设机构、场所没有实际联系的，应当就其来源于中国境内的所得缴纳企业所得税。所称实际联系，是指非居民企业在中国境内设立的机构、场所拥有的据以取得所得的股权、债权，以及拥有、管理、控制据以取得所得的财产等。

三、境内、境外所得来源的确定

税法所称来源于中国境内、境外的所得，按照以下原则确定：

（1）销售货物所得，按照交易活动发生地确定。

（2）提供劳务所得，按照劳务发生地确定。

（3）转让财产所得，不动产转让所得按照不动产所在地确定；动产转让所得按照转让动产的企业或者机构、场所所在地确定；权益性投资资产转让所得按照被投资企业所在地确定。

（4）股息、红利等权益性投资所得，按照分配所得的企业所在地确定。

（5）利息所得、租金所得、特许权使用费所得，按照负担、支付所得的企业或者机构、场所所在地确定，或者按照负担、支付所得的个人的住所地确定。

（6）其他所得，由国务院财政、税务主管部门确定。

四、企业所得税的税率

企业所得税实行比例税率。现行相关规定如下：

（一）基本税率 25%

基本税率适用于居民企业和在中国境内设有机构、场所且所得与机构、场所有关联的非居民企业。

在税收优惠规定中，企业在满足一定条件时，可以享受优惠税率。

（二）预提所得税税率 20%

预提所得税税率适用于在中国境内未设立机构、场所的，或者虽设立机构、场所但取得的所得与其所设机构、场所没有实际联系的非居民企业。

按照税收优惠规定，对这种非居民企业减按 10% 的税率征收预提所得税。

预提所得税并非一种独立的税种，而是企业所得税的一种源泉扣缴方法，预提所得税直接按收入全额计算，未扣除成本、费用，因此税率定得比基本税率低。

企业所得税不同税率的适用对象和范围归纳如下，见表 12－1。

表 12－1　企业所得税不同税率的适用对象和范围

<table>
<tr><th>纳税人</th><th>范围</th><th>征税对象</th><th>税率</th></tr>
<tr><td rowspan="2">居民企业</td><td>依照中国法律、行政法规在中国境内成立的企业</td><td rowspan="2">生产经营所得、其他所得</td><td rowspan="3">25%</td></tr>
<tr><td>依照外国（地区）法律成立但实际管理机构在中国境内的企业</td></tr>
<tr><td rowspan="3">非居民企业</td><td>依照外国（地区）法律成立在中国境内设立机构、场所的，取得所得与其机构、场所有实际联系的企业</td><td>生产经营所得、其他所得</td></tr>
<tr><td>依照外国（地区）法律成立在中国境内设立机构、场所的，取得所得与其机构、场所没有实际联系的企业</td><td rowspan="2">利息、租金、特许权使用费等其他所得</td><td rowspan="2">20%（实际10%）</td></tr>
<tr><td>依照外国（地区）法律成立在中国境内未设立机构、场所的企业</td></tr>
</table>

第三节　应纳税所得额的确定

应纳税所得额是企业所得税的计税依据，企业每一个纳税年度的收入总额，减除不征税收入、免税收入、各项扣除以及允许弥补的以前年度亏损后的余额，为应纳税所得额。其计算公式为：

应纳税所得额＝收入总额－不征税收入－免税收入－各项扣除－以前年度亏损

应纳税所得额的计算以权责发生制为原则，企业所得税法对应纳税所得额计算涉及的各项内容作了明确规定，包括收入总额、扣除范围和标准、资产的税务处理、亏损弥补等。

在计算应纳税所得额时，企业财务、会计处理办法与税收法律、行政法规的规定不一致的，应当依照税收法律、行政法规的规定计算。

一、收入总额的确认

企业的收入总额包括以货币形式和非货币形式从各种来源取得的收入，具体有：销售货物收入，提供劳务收入，转让财产收入，股息、红利等权益性投资收益，利息收入，租金收入，特许权使用费收入，接受捐赠收入和其他收入。

企业以货币形式取得的收入，包括现金、存款、应收账款、应收票据、准备持有至到期的债券投资以及债务的豁免等。

企业以非货币形式取得的收入，包括固定资产、生物资产、无形资产、股权投资、存货、不准备持有至到期的债券投资、劳务以及有关权益等。企业以非货币形式取得的收入，应当按照公允价值确定收入额，公允价值是指按照市场价格确定的价值。

（一）一般收入的确认

（1）销售货物收入，是指企业销售商品、产品、原材料、包装物、低值易耗品以及其他存货取得的收入。

企业销售商品同时满足下列条件的，应确认为收入的实现。

①商品销售合同已经签订，企业已将商品所有权相关的主要风险和报酬转移给购货方。

②企业对已售出的商品既没有保留通常与所有权相联系的继续管理权，也没有实施有效控制。

③收入的金额能够可靠地计量。

④已发生或将发生的销售方的成本能够可靠地核算。

符合上述收入确认条件，采取下列商品销售方式的，应按以下规定确认收入实现时间。

①销售商品采用托收承付方式的，在办妥托收手续时确认收入。

②销售商品采取预收款方式的，在发出商品时确认收入。

③销售商品需要安装和检验的，在购买方接受商品以及安装和检验完毕时确认收入；如果安装程序比较简单，可在发出商品时确认收入。

④销售商品采用支付手续费方式委托代销的，在收到代销清单时确认收入。

（2）提供劳务收入，是指企业从事建筑安装、修理修配、交通运输、仓储租赁、金融保险、邮电通信、咨询经纪、文化体育、科学研究、技术服务、教育培训、餐饮住宿、中介代理、卫生保健、社区服务、旅游、娱乐、加工以及其他劳务服务活动取得的收入。

企业在各个纳税期末，提供劳务交易的结果能够可靠估计的，应采用完工进度（完工百分比）法确认提供劳务收入。

①提供劳务交易的结果能够可靠估计，是指同时满足下列条件：

a. 收入的金额能够可靠地计量。

b. 交易的完工进度能够可靠地确定。

c. 交易中已发生和将发生的成本能够可靠地核算。

②企业提供劳务完工进度的确定，可选用下列方法：

a. 已完工作的测量。

b. 已提供劳务占劳务总量的比例。

c. 发生成本占总成本的比例。

③企业应按照从接受劳务方已收或应收的合同或协议价款确定劳务收入总额，根据纳税期末提供劳务收入总额乘以完工进度扣除以前纳税年度累计已确认提供劳务收入后的金额，确认为当期劳务收入；同时，按照提供劳务估计总成本乘以完工进度扣除以前纳税期间累计已确认劳务成本后的金额，结转为当期劳务成本。

④下列提供劳务满足收入确认条件的，应按规定确认收入。

a. 安装费。应根据安装完工进度确认收入。安装工作是商品销售附带条件的，安装费在确认商品销售实现时确认收入。

b. 宣传媒介的收费。应在相关的广告或商业行为出现于公众面前时确认收入。广告的制作费，应根据制作广告的完工进度确认收入。

c. 软件费。为特定客户开发软件的收费，应根据开发的完工进度确认收入。

d. 服务费。包含在商品售价内可区分的服务费，在提供服务的期间分期确认收入。

e. 艺术表演、招待宴会和其他特殊活动的收费。在相关活动发生时确认收入。收费涉及几项活动的，预收的款项应合理分配给每项活动，分别确认收入。

f. 会员费。申请入会或加入会员，只允许取得会籍，所有其他服务或商品都要另行收费的，在取得该会员费时确认收入。申请入会或加入会员后，会员在会员期内不再付费就可得到各种服务或商品，或者以低于非会员的价格销售商品或提供服务的，该会员费应在整个受益期内分期确认收入。

g. 特许权费。属于提供设备和其他有形资产的特许权费，在交付资产或转移资产所有权时确认收入；属于提供初始及后续服务的特许权费，在提供服务时确认收入。

h. 劳务费。长期为客户提供重复的劳务收取的劳务费，在相关劳务活动发生时确认收入。

(3) 转让财产收入，是指企业转让固定资产、生物资产、无形资产、股权、债权等财产取得的收入。

企业转让股权收入，应于转让协议生效且完成股权变更手续时，确认收入的实现。转让股权收入扣除为取得该股权所发生的成本后，为股权转让所得。企业在计算股权转让所得时，不得扣除被投资企业未分配利润等股东留存收益中按该项股权所可能分配的金额。

(4) 股息、红利等权益性投资收益，是指企业因权益性投资从被投资方取得的收入。

股息、红利等权益性投资收益，除国务院财政、税务主管部门另有规定外，按照被投资方作出利润分配决定的日期确认收入的实现。

被投资企业将股权（票）溢价所形成的资本公积转为股本的，不作为投资方企业的股息、红利收入，投资方企业也不得增加该项长期投资的计税基础。

（5）利息收入，是指企业将资金提供他人使用但不构成权益性投资，或者因他人占用本企业资金取得的收入，包括存款利息、贷款利息、债券利息、欠款利息等收入。

利息收入按照合同约定的债务人应付利息的日期确认收入的实现。

（6）租金收入，是指企业提供固定资产、包装物或者其他有形资产的使用权取得的收入。

租金收入，按照合同约定的承租人应付租金的日期确认收入的实现。其中，如果交易合同或协议中规定租赁期限跨年度，且租金提前一次性支付的，出租人可对上述已确认的收入，在租赁期内，分期均匀计入相关年度的收入。

（7）特许权使用费收入，是指企业提供专利权、非专利技术、商标权、著作权以及其他特许权的使用权取得的收入。

特许权使用费收入，按照合同约定的特许权使用人应付特许权使用费的日期确认收入的实现。

（8）接受捐赠收入，是指企业接受的来自其他企业、组织或者个人无偿给予的货币性资产、非货币性资产。

接受捐赠收入，按照实际收到捐赠资产的日期确认收入的实现。

（9）其他收入，是指企业取得的除以上收入外的其他收入，包括企业资产溢余收入、逾期未退包装物押金收入、确实无法偿付的应付款项、已作坏账损失处理后又收回的应收款项、债务重组收入、补贴收入、违约金收入、汇兑收益等。

（二）特殊收入的确认

（1）售后回购方式销售商品：销售的商品按售价确认收入，回购的商品作为购进商品处理。有证据表明不符合销售收入确认条件的，如以销售商品方式进行融资，收到的款项应确认为负债，回购价格大于原售价的，差额应在回购期间确认为利息费用。

（2）销售商品以旧换新：销售商品应当按照销售商品收入确认条件确认收入，回收的商品作为购进商品处理。

（3）商业折扣和现金折扣：企业为促进商品销售而在商品价格上给予的价格扣除属于商业折扣，商品销售涉及商业折扣的，应当按照扣除商业折扣后的金额确定销售商品收入金额。债权人为鼓励债务人在规定的期限内付款而向债务人提供的债务扣除属于现金折扣，销售商品涉及现金折扣的，应当按扣除现金折扣前的金额确定销售商品收入金额，现金折扣在实际发生时作为财务费用扣除。

（4）销售折让和销售退回：企业因售出商品的质量不合格等原因而在售价上给予的减让属于销售折让。企业因售出商品质量、品种不符合要求等原因而发生的退货属于销售退回。企业已经确认销售收入的售出商品发生销售折让和销售退回，应当在发生当期冲减当期销售商品收入。

（5）以买一赠一等方式组合销售本企业商品：不属于捐赠，应将总的销售金额按各项商品的公允价值的比例来分摊确认各项的销售收入。

（6）以分期收款方式销售货物：按照合同约定的收款日期确认收入的实现。

（7）采取产品分成方式取得收入：按照企业分得产品的日期确认收入的实现，其收入额按照产品的公允价值确定。

(8) 企业受托加工制造大型机械设备、船舶、飞机，以及从事建筑、安装、装配工程业务或者提供其他劳务等，持续时间超过12个月的，按照纳税年度内完工进度或者完成的工作量确认收入的实现。

(9) 企业发生非货币性资产交换，以及将货物、财产、劳务用于捐赠、偿债、赞助、集资、广告、样品、职工福利或者利润分配等用途的，应当视同销售货物、转让财产或者提供劳务，但国务院财政、税务主管部门另有规定的除外。

(10) 企业取得财产（包括各类资产、股权、债权等）转让收入、债务重组收入、接受捐赠收入、无法偿付的应付款收入等，不论是以货币形式还是非货币形式体现，除另有规定外，均应一次性计入确认收入的年度计算缴纳企业所得税。

二、不征税收入的规定

税法规定的不征税收入包括：

(1) 财政拨款，是指各级人民政府对纳入预算管理的事业单位、社会团体等组织拨付的财政资金，但国务院和国务院财政、税务主管部门另有规定的除外。

(2) 依法收取并纳入财政管理的行政事业性收费、政府性基金。行政事业性收费，是指依照法律法规等有关规定，按照国务院规定程序批准，在实施社会公共管理，以及在向公民、法人或者其他组织提供特定公共服务过程中，向特定对象收取并纳入财政管理的费用。政府性基金，是指企业依照法律、行政法规等有关规定，代政府收取的具有专项用途的财政资金。

(3) 国务院规定的其他不征税收入，是指企业取得的，由国务院财政、税务主管部门规定专项用途并经国务院批准的财政性资金。

财政性资金，是指企业取得的来源于政府及其有关部门的财政补助、补贴、贷款贴息，以及其他各类财政专项资金，包括直接减免的增值税和即征即退、先征后退、先征后返的各种税收，但不包括企业按规定取得的出口退税款。

根据《实施条例》第二十八条的规定，上述不征税收入用于支出所形成的费用，不得在计算应纳税所得额时扣除；用于支出所形成的资产，其计算的折旧、摊销不得在计算应纳税所得额时扣除。

三、扣除原则和范围

（一）税前扣除项目应遵循的原则

除税收法规另有规定外，税前扣除一般应遵循以下原则：

(1) 权责发生制原则，是指企业费用应在其发生期扣除，而不是在实际支付时确认扣除。

(2) 配比原则，是指企业发生的费用应当与收入配比扣除。除特殊规定外，企业发生的费用不得提前或滞后申报扣除。

根据权责发生制和配比原则，企业发生的支出应当区分收益性支出和资本性支出。收益性支出在发生当期直接扣除；资本性支出应当分期扣除或者计入有关资产成本，不得在发生当期直接扣除。

（3）相关性原则，企业可扣除的费用从性质和根源上必须与取得应税收入直接相关。

由此，企业的不征税收入用于支出所形成的费用或者财产，不得扣除或者计算对应的折旧、摊销扣除。

（4）确定性原则，即企业可扣除的费用不论何时支付，其金额必须是确定的。企业应能提供证明有关支出确实已经实际发生的合法凭据。

（5）合理性原则，即企业可扣除的支出应符合生产经营活动常规，属于必要和正常的支出。

（二）扣除项目的范围

企业实际发生的与取得收入有关的、合理的支出，包括成本、费用、税金、损失和其他支出，准予在计算应纳税所得额时扣除。除企业所得税法和本条例另有规定外，企业实际发生的成本、费用、税金、损失和其他支出，不得重复扣除。

（1）成本，是指企业在生产经营活动中发生的销售成本、销货成本、业务支出以及其他耗费，即企业销售商品（产品、材料、下脚料、废料、废旧物资等）、提供劳务、转让固定资产、无形资产（包括技术转让）的成本。

企业必须将经营活动中发生的成本合理划分为直接成本和间接成本。

①直接成本是可直接计入有关成本计算对象或劳务的经营成本中的直接材料、直接人工等。直接成本可直接计入有关成本计算对象或劳务的经营成本中。

②间接成本是指多个部门为同一成本对象提供服务的共同成本，或者同一种投入可以制造、提供两种或两种以上的产品或劳务的联合成本。间接成本必须以合理的方法分配计入有关成本计算对象中。

（2）费用，是指企业每一个纳税年度为生产、经营商品和提供劳务等所发生的销售（经营）费用、管理费用和财务费用。已经计入成本的有关费用除外。

①销售费用，是指应由企业负担的为销售商品而发生的费用，包括广告费、运输费、装卸费、包装费、展览费、保险费、销售佣金（能直接认定的进口佣金调整商品进价成本）、代销手续费、经营性租赁费及销售部门发生的差旅费、工资、福利费等费用。

②管理费用，是指企业的行政管理部门为管理组织经营活动提供各项支援性服务而发生的费用。

③财务费用，是指企业筹集经营性资金而发生的费用，包括利息净支出、汇兑净损失、金融机构手续费以及其他非资本化支出。

（3）税金，是指企业发生的除企业所得税和允许抵扣的增值税以外的企业缴纳的各项税金及其附加。包括企业缴纳的消费税、营业税、城市维护建设税、关税、资源税、土地增值税、房产税、车船税、土地使用税、印花税、教育费附加等产品销售税金及附加。

准许扣除的税金有两种扣除方式：一是在发生当期直接扣除；二是在发生当期计入相关资产的成本，在以后各期随资产成本分摊扣除。

（4）损失，是指企业在生产经营活动中发生的固定资产和存货的盘亏、毁损、报废损失，转让财产损失，呆账损失，坏账损失，自然灾害等不可抗力因素造成的损失以及其他损失。

企业发生的损失，减除责任人赔偿和保险赔款后的余额，依照国务院财政、税务主管部门的规定扣除。

企业已经作为损失处理的资产，在以后纳税年度又全部收回或者部分收回时，应当计入当期收入。

（5）扣除的其他支出，是指除成本、费用、税金、损失外，企业在生产经营活动中发生的与生产经营活动有关的、合理的支出。

（三）扣除项目及其标准

按照税法规定，在计算应纳税所得额时，下列项目可按照实际发生额或规定的标准扣除。

1. 工资、薪金支出

企业发生的合理的工资、薪金支出准予据实扣除。

工资、薪金支出是企业每一纳税年度支付给本企业任职或与其有雇佣关系的员工的所有现金或非现金形式的劳动报酬，包括基本工资、奖金、津贴、补贴、年终加薪、加班工资，以及与任职或者是受雇有关的其他支出，也包括地区补贴、物价补贴和误餐补贴。

在本企业任职或与其有雇佣关系的员工包括固定职工、合同工、临时工。但下列情况除外：应从提取的职工福利中列支的医务室、职工浴室、理发室、幼儿园、托儿所人员；已领取养老保险金、失业救济金的离退休职工、下岗职工、待岗职工；已出售的住房或租金收入计入住房周转金的出租房的管理服务人员。

合理的工资、薪金，是指企业按照股东大会、董事会、薪酬委员会或相关管理机构制定的工资薪金制度规定实际发放给员工的工资薪金。

2. 职工福利费、工会经费、职工教育经费

税法对企业发生的职工福利费、工会经费、职工教育经费规定了扣除标准，未超过标准的按实际数扣除，超过标准的只能按标准扣除。

（1）企业发生的职工福利费支出，不超过工资薪金总额14%的部分准予扣除。

（2）企业拨缴的工会经费，不超过工资薪金总额2%的部分准予扣除。

（3）除国务院财政、税务主管部门另有规定外，企业发生的职工教育经费支出，不超过工资薪金总额2.5%的部分准予扣除，超过部分准予结转以后纳税年度扣除。

计算职工福利费、工会经费、职工教育经费的工资薪金总额，是指企业按照上述第（1）条规定实际发放的工资薪金总和，不包括企业的职工福利费、职工教育经费、工会经费以及养老保险费、医疗保险费、失业保险费、工伤保险费、生育保险费等社会保险费和住房公积金。属于国有性质的企业，其工资薪金，不得超过政府有关部门给予的限定数额；超过部分，不得计入企业工资薪金总额，也不得在计算企业应纳税所得额时扣除。

3. 社会保险费

（1）企业依照国务院有关主管部门或者省级人民政府规定的范围和标准为职工缴纳的基本养老保险费、基本医疗保险费、失业保险费、工伤保险费、生育保险费等基本社会保险费和住房公积金，准予扣除。

（2）企业为投资者或者职工支付的补充养老保险费、补充医疗保险费，在国务院财

政、税务主管部门规定的范围和标准内，准予扣除。企业依照国家有关规定为特殊工种职工支付的人身安全保险费和符合国务院财政、税务主管部门规定可以扣除的商业保险费准予扣除。

（3）企业参加财产保险，按照规定缴纳的保险费，准予扣除。企业为投资者或者职工支付的商业保险费，不得扣除。

4. 利息费用

企业在生产、经营活动中发生的利息费用，按下列规定扣除。

（1）非金融企业向金融企业借款的利息支出、金融企业的各项存款利息支出和同业拆借利息支出、企业经批准发行债券的利息支出可据实扣除。

（2）非金融企业向非金融企业借款的利息支出，不超过按照金融企业同期同类贷款利率计算的数额部分可据实扣除，超过部分不许扣除。

（3）企业从其关联方接受的债权性投资与权益性投资的比例超过规定标准而发生的利息支出，不得在计算应纳税所得额时扣除。

关联企业利息费用扣除应符合以下条件：

①企业如果能够按照税法及其实施条例的有关规定提供相关资料，并证明相关交易活动符合独立交易原则的；或者该企业的实际税负不高于境内关联方的，其实际支付给境内关联方的利息支出，在计算应纳税所得额时准予扣除。

②在计算应纳税所得额时，企业实际支付给关联方的利息支出，不超过以下规定比例和税法及其实施条例有关规定计算的部分，准予扣除，超过的部分不得在发生当期和以后年度扣除。

企业实际支付给关联方的利息支出，除第①条规定外，其接受关联方债权性投资与其权益性投资比例为：金融企业5：1；其他企业2：1。

③企业同时从事金融业务和非金融业务，其实际支付给关联方的利息支出，应按照合理方法分开计算，否则一律按前述第②条有关其他企业的比例计算准予税前扣除的利息支出。

④企业自关联方取得的不符合规定的利息收入应按照有关规定缴纳企业所得税。

（4）企业向自然人借款的利息支出在企业所得税税前的扣除。

①企业向股东或其他与企业有关联关系的自然人借款的利息支出，应按照规定的条件计算扣除。

②企业向内部职工或其他人员借款的利息支出，其借款情况符合条件的，其利息支出在不超过按照金融企业同期同类贷款利率计算的数额部分，准予扣除。

借款情况符合条件，是指企业与个人之间的借贷是真实、合法、有效的，并且不具有非法集资目的或其他违反法律法规的行为；企业与个人之间签订了借款合同。

5. 借款费用

借款费用是纳税人为生产经营活动的需要而承担的、与借入资金相关的利息费用。

（1）企业在生产经营活动中发生的合理的不需要资本化的借款费用，准予扣除。

（2）企业为购置、建造固定资产、无形资产和经过12个月以上的建造才能达到预定可销售状态的存货发生借款的，在有关资产购置、建造期间发生的合理的借款费用，应予以资本化，作为资本性支出计入有关资产的成本；有关资产交付使用后发生的借款利息，可在发生当期扣除。

6. 汇兑损失

企业在货币交易中，以及纳税年度终了时将人民币以外的货币性资产、负债按照期末即期人民币汇率中间价折算为人民币时产生的汇兑损失，除已经计入有关资产成本以及与向所有者进行利润分配相关的部分外，准予扣除。

7. 业务招待费

企业发生的与生产经营活动有关的业务招待费支出，按照发生额的60%扣除，但最高不得超过当年销售（营业）收入的5‰。

对从事股权投资业务的企业（包括集团公司总部、创业投资企业等），其从被投资企业所分配的股息、红利以及股权转让收入，可以按规定的比例计算业务招待费扣除限额。

企业所得税法所称销售（营业）收入是指会计核算中的“主营业务收入”、“其他业务收入”和“视同销售收入”。具体包括销售货物收入、提供劳务收入、让渡资产使用权收入等主营业务收入和其他业务收入、视同销售收入，不包含营业外收入、投资收益、让渡固定资产或无形资产所有权收入。

8. 广告费和业务宣传费

企业发生的符合条件的广告费和业务宣传费支出，除国务院财政、税务主管部门另有规定外，不超过当年销售（营业）收入15%的部分，准予扣除；超过部分，准予结转以后纳税年度扣除。

企业申报扣除的广告费支出应与赞助支出严格区分。广告费支出必须符合下列条件才可税前扣除：广告是通过工商部门批准的专门机构制作的；已实际支付费用，并已取得相应发票；通过一定的媒体传播。赞助支出不得税前扣除。

9. 环境保护专项资金

企业依照法律、行政法规有关规定提取的用于环境保护、生态恢复等方面的专项资金，准予扣除。上述专项资金提取后改变用途的，不得扣除。

10. 保险费

企业参加财产保险，按照规定缴纳的保险费，准予扣除。

11. 租赁费

企业根据生产经营活动的需要租入固定资产支付的租赁费，按照以下方法扣除：

（1）以经营租赁方式租入固定资产发生的租赁费支出，按照租赁期限均匀扣除。经营性租赁是指所有权不转移的租赁。

（2）以融资租赁方式租入固定资产发生的租赁费支出，按照规定构成融资租入固定资产价值的部分应当提取折旧费用，分期扣除。融资租赁是指在实质上转移与一项资产所有权有关的全部风险和报酬的一种租赁。

12. 劳动保护费

企业发生的合理的劳动保护支出，准予扣除。

劳动保护支出，是指确因工作需要为员工配备或提供工作服、手套、安全保护用品、防暑降温用品等所发生的支出。

自2011年7月1日起，企业根据其工作性质和特点，由企业统一制作并要求员工工作时统一着装所发生的工作服饰费用，根据《实施条例》第二十七条的规定，可以作为企业合理的支出给予税前扣除。

13. 公益性捐赠支出

企业发生的公益性捐赠支出，不超过年度利润总额12%的部分，准予扣除。年度利润总额，是指企业依照国家统一会计制度的规定计算的年度会计利润。

公益性捐赠，是指企业通过公益性社会团体或者县级（含县级）以上人民政府及其部门，用于《中华人民共和国公益事业捐赠法》规定的公益事业的捐赠。

（1）用于公益事业的捐赠支出，是指《中华人民共和国公益事业捐赠法》规定的向公益事业的捐赠支出，具体范围包括：

①救助灾害、救济贫困、扶助残疾人等困难的社会群体和个人的活动。

②教育、科学、文化、卫生、体育事业。

③环境保护、社会公共设施建设。

④促进社会发展和进步的其他社会公共和福利事业。

企事业单位、社会团体以及其他组织捐赠住房作为廉租住房的视同公益性捐赠，按上述规定执行。

（2）公益性社会团体，是指同时符合下列条件的基金会、慈善组织等社会团体。

①依法登记，具有法人资格。

②以发展公益事业为宗旨，且不以盈利为目的。

③全部资产及其增值为该法人所有。

④收益和营运结余主要用于符合该法人设立目的的事业。

⑤终止后的剩余财产不归属任何个人或者盈利组织。

⑥不经营与其设立目的无关的业务。

⑦有健全的财务会计制度。

⑧捐赠者不以任何形式参与社会团体财产分配。

⑨国务院财政、税务主管部门会同国务院民政部门等登记管理部门规定的其他条件。

（3）公益性社会团体接受捐赠时，捐赠资产价值的确认原则为：

①接受捐赠的货币性资产，应当按照实际收到的金额计算。

②接受捐赠的非货币性资产，应当以其公允价值计算。

14. 有关资产的费用

企业转让各类固定资产发生的费用，允许扣除。企业按规定计算的固定资产折旧费、无形资产和递延资产的摊销费，准予扣除。

15. 总机构分摊的费用

非居民企业在中国境内设立的机构、场所，就其中国境外总机构发生的与该机构、场所生产经营有关的费用，能够提供总机构出具的费用汇集范围、定额、分配依据和方法等证明文件，并合理分摊的，准予扣除。

16. 资产损失

企业当期发生的固定资产和流动资产盘亏、毁损净损失，由其提供清查盘存资料，经主管税务机关审核后，准予扣除。

资产损失，是指企业在生产经营活动中实际发生的、与取得应税收入有关的资产损失，包括现金损失，存款损失，坏账损失，贷款损失，股权投资损失，固定资产和存货的盘亏、毁损、报废、被盗损失，自然灾害等不可抗力因素造成的损失以及其他损失。

其中，现金损失、存款损失、坏账损失的税前扣除政策如下：

（1）企业清查出的现金短缺减除责任人赔偿后的余额，作为现金损失在计算应纳税所得额时扣除。

（2）企业将货币性资金存入法定具有吸收存款职能的机构，因该机构依法破产、清算，或者政府责令停业、关闭等原因，确实不能收回的部分，作为存款损失在计算应纳税所得额时扣除。

（3）企业除贷款类债权外的应收、预付账款符合下列条件之一的，减除可收回金额后确认的无法收回的应收、预付款项，可以作为坏账损失在计算应纳税所得额时扣除。

①债务人依法宣告破产、关闭、解散、被撤销，或者被依法注销、吊销营业执照，其清算财产不足清偿的。

②债务人死亡，或者依法被宣告失踪、死亡，其财产或者遗产不足清偿的。

③债务人逾期3年以上未清偿，且有确凿证据证明已无力清偿债务的。

④与债务人达成债务重组协议或法院批准破产重整计划后，无法追偿的。

⑤因自然灾害、战争等不可抗力导致无法收回的。

⑥国务院财政、税务主管部门规定的其他条件。

17. 其他项目

依照有关法律、行政法规和国家有关税法规定准予扣除的其他项目。如会员费、合理的会议费、差旅费、违约金、诉讼费用等，准予扣除。

四、不得扣除的项目

根据企业所得税法及相关规定，企业在计算应纳税所得额时，下列项目不得在税前扣除：

（1）向投资者支付的股息、红利等权益性投资收益款项。

（2）企业所得税税款。

（3）税收滞纳金。

（4）罚金、罚款和被没收财物的损失，是指纳税人违反国家有关法律法规规定，被有关部门处以的罚款，以及被司法机关处以的罚金和被没收财物。

（5）非公益性捐赠支出和超过规定标准的公益性捐赠支出。

（6）赞助支出，是指企业发生的与生产经营活动无关的各种非广告性质支出。

（7）未经核定的准备金支出，是指不符合国务院财政、税务主管部门规定的各项资产减值准备、风险准备等准备金支出。

（8）企业之间支付的管理费、企业内营业机构之间支付的租金和特许权使用费，以及非银行企业内营业机构之间支付的利息。

（9）与取得收入无关的其他支出。

五、亏损弥补

企业某一纳税年度发生的亏损，可以用下一年度的所得弥补；下一年度的所得不足以弥补的，可以逐年延续弥补，但最长不得超过5年。企业在汇总计算缴纳企业所得税时，其境外营业机构的亏损不得抵减境内营业机构的盈利。

企业所得税法中所说的亏损，是指应纳税所得额为负数，而不是会计利润为负数。即企业依照所得税法及其暂行条例的规定，将每一纳税年度的收入总额减除不征税收入、免税收入和各项扣除后小于零的数额。

5年弥补期，是指从亏损年度的下一个年度算起，连续5年内不论盈利或亏损，按顺序连续计算5年的亏损弥补期限。在5年内未弥补完的亏损，从第6年起应从企业税后利润或盈余公积中弥补。如果在5年亏损弥补期间的某一年度或某几个年度当年实际经营又发生亏损的，应分别以各亏损年度后的次年算起，连续5年弥补各自的亏损。

第四节　资产的税务处理

企业所得税法中涉及税务处理的资产主要有固定资产、生物资产、无形资产、长期待摊费用、投资资产、存货等。税法规定，资产以历史成本为计税基础，即以企业取得该项资产时实际发生的支出为计税基础。企业持有各项资产期间资产增值或者减值，除国务院财政、税务主管部门规定可以确认损益外，不得调整该资产的计税基础。

一、固定资产的税务处理

固定资产，是指企业为生产产品、提供劳务、出租或者经营管理而持有的，使用时间超过12个月的非货币性资产，包括房屋、建筑物、机器、机械、运输工具以及其他与生产经营活动有关的设备、器具、工具等。

（一）固定资产计税基础

各种方式取得的固定资产，其计税基础为：

（1）外购的固定资产，以购买价款和支付的相关税费以及直接归属于使该资产达到预定用途发生的其他支出为计税基础。

（2）自行建造的固定资产，以竣工结算前发生的支出为计税基础。

（3）融资租入的固定资产，以租赁合同约定的付款总额和承租人在签订租赁合同过程中发生的相关费用为计税基础；租赁合同未约定付款总额的，以该资产的公允价值和承租人签订租赁合同过程中发生的相关费用为计税基础。

（4）盘盈的固定资产，以同类固定资产的重置完全价值为计税基础。

（5）通过捐赠、投资、非货币性资产交换、债务重组等方式取得的固定资产，以该资产的公允价值和支付的相关税费为计税基础。

（6）改建的固定资产，除已足额提取折旧的固定资产和租入的固定资产以外的其他固定资产，以改建过程中发生的改建支出为计税基础。

（二）固定资产折旧

1. 固定资产折旧的范围

税法规定，下列固定资产不得计算折旧扣除：

（1）房屋、建筑物以外未投入使用的固定资产；

（2）以经营租赁方式租入的固定资产；

（3）以融资租赁方式租出的固定资产；

（4）已足额提取折旧仍继续使用的固定资产；

（5）与经营活动无关的固定资产；

（6）单独估价作为固定资产入账的土地；

（7）其他不得计算折旧扣除的固定资产。

除此之外，企业按照规定计算的固定资产折旧，在计算应纳税所得额时，准予扣除。

2. 固定资产折旧的方法

（1）固定资产按照直线法计算的折旧，准予扣除。

（2）企业应当自固定资产投入使用月份的次月起计算折旧；停止使用的固定资产，应当自停止使用月份的次月起停止计算折旧。

（3）企业应当根据固定资产的性质和使用情况，合理确定固定资产的预计净残值。固定资产的预计净残值一经确定，不得变更。

3. 固定资产的折旧年限

除国务院财政、税务主管部门另有规定外，固定资产计算折旧的最低年限如下：

（1）房屋、建筑物，为20年；

（2）飞机、火车、轮船、机器、机械和其他生产设备，为10年；

（3）与生产经营活动有关的器具、工具、家具等，为5年；

（4）飞机、火车、轮船以外的运输工具，为4年；

（5）电子设备，为3年。

从事开采石油、天然气等矿产资源的企业，在开始商业性生产前发生的费用和有关固定资产的折耗、折旧方法，由国务院财政、税务主管部门另行规定。

4. 固定资产改、扩建的折旧

自2011年7月1日起，企业对房屋、建筑物固定资产在未足额提取折旧前进行改、扩建的，需重新计算折旧。

（1）属于推倒重置的，该资产原值减除提取折旧后的净值，应并入重置后的固定资产计税成本，并在该固定资产投入使用后的次月起，按照税法规定的折旧年限，一并计提折旧。

（2）属于提升功能、增加面积的，该固定资产的改、扩建支出，应并入该固定资产计税基础，并从改、扩建完工投入使用后的次月起，重新按税法规定的该固定资产折旧年限计提折旧，如该改、扩建后的固定资产尚可使用的年限低于税法规定的最低年限的，可以按尚可使用的年限计提折旧。

二、生产性生物资产的税务处理

生产性生物资产，是指企业为生产农产品、提供劳务或者出租等而持有的生物资产，包括经济林、薪炭林、产畜和役畜等。

（一）生产性生物资产的计税基础

生产性生物资产按照以下方法确定计税基础：

（1）外购的生产性生物资产，以购买价款和支付的相关税费为计税基础。

（2）通过捐赠、投资、非货币性资产交换、债务重组等方式取得的生产性生物资产，以该资产的公允价值和支付的相关税费为计税基础。

（二）生产性生物资产的折旧

生产性生物资产按照直线法计算的折旧，准予扣除。企业应当自生产性生物资产投入使用月份的次月起计算折旧；停止使用的生产性生物资产，应当自停止使用月份的次月起停止计算折旧。

企业应当根据生产性生物资产的性质和使用情况，合理确定生产性生物资产的预计净残值。生产性生物资产的预计净残值一经确定，不得变更。

生产性生物资产计算折旧的最低年限如下：

（1）林木类生产性生物资产，为10年；

（2）畜类生产性生物资产，为3年。

三、无形资产的税务处理

无形资产，是指企业为生产产品、提供劳务、出租或者经营管理而持有的、没有实物形态的非货币性长期资产，包括专利权、商标权、著作权、土地使用权、非专利技术、商誉等。

（一）无形资产的计税基础

无形资产按照以下方法确定计税基础：

（1）外购的无形资产，以购买价款和支付的相关税费以及直接归属于使该资产达到预定用途发生的其他支出为计税基础。

（2）自行开发的无形资产，以开发过程中该资产符合资本化条件后至达到预定用途前发生的支出为计税基础。

（3）通过捐赠、投资、非货币性资产交换、债务重组等方式取得的无形资产，以该资产的公允价值和支付的相关税费为计税基础。

（二）无形资产的摊销

在计算应纳税所得额时，企业按照规定计算的无形资产摊销费用，准予扣除。

下列无形资产不得计算摊销费用扣除：

（1）自行开发的支出已在计算应纳税所得额时扣除的无形资产；

（2）自创商誉；

（3）与经营活动无关的无形资产；

（4）其他不得计算摊销费用扣除的无形资产。

无形资产按照直线法计算的摊销费用，准予扣除。

无形资产的摊销年限不得低于 10 年。作为投资或者受让的无形资产，有关法律规定或者合同约定了使用年限的，可以按照规定或者约定的使用年限分期摊销。

外购商誉的支出，在企业整体转让或者清算时，准予扣除。

四、长期待摊费用的税务处理

长期待摊费用，是指企业发生的应在一个年度以上进行摊销的费用。在计算应纳税所得额时，企业发生的下列支出作为长期待摊费用，按照规定摊销的，准予扣除。

（一）固定资产的改建支出

固定资产的改建支出，是指改变房屋或者建筑物结构、延长使用年限等发生的支出。可以作为长期待摊费用的固定资产改建支出包括以下两项：

（1）已足额提取折旧的固定资产的改建支出；

（2）租入固定资产的改建支出。

已足额提取折旧的固定资产的改建支出，按照固定资产预计尚可使用年限分期摊销；租入固定资产的改建支出，按照合同约定的剩余租赁期限分期摊销；改建的固定资产延长使用年限的，除已足额提取折旧的固定资产、租入固定资产的改建支出外，其他的固定资产发生改建支出，应当适当延长折旧年限。

（二）固定资产的大修理支出

企业所得税法所指固定资产的大修理支出，是指同时符合下列条件的支出：

（1）修理支出达到取得固定资产时计税基础的 50% 以上；

（2）修理后固定资产的使用年限延长 2 年以上。

大修理支出，按照固定资产尚可使用年限分期摊销。

企业的固定资产修理支出可在发生当期直接扣除。企业的固定资产改良支出，如果有关固定资产尚未提足折旧，可增加固定资产价值；如有关固定资产已提足折旧，可作为长期待摊费用，在规定的期间内平均摊销。

（三）其他应当作为长期待摊费用的支出

其他应当作为长期待摊费用的支出，自支出发生月份的次月起，分期摊销，摊销年限不得低于 3 年。

五、投资资产的税务处理

投资资产，是指企业对外进行权益性投资和债权性投资而形成的资产。

（一）投资资产的计税基础

投资资产按以下方法确定投资成本：

（1）通过支付现金方式取得的投资资产，以购买价款为成本；

（2）通过支付现金以外的方式取得的投资资产，以该资产的公允价值和支付的相关税费为成本。

（二）投资资产成本的扣除方法

企业对外投资期间，投资资产的成本在计算应纳税所得额时不得扣除；企业在转让或者处置投资资产时，投资资产的成本准予扣除。

（三）投资企业投资成本变动的税务处理

自2011年7月1日起，投资企业从被投资企业撤回或减少投资，其取得的资产中，相当于初始出资的部分，应确认为投资收回；相当于被投资企业累计未分配利润和累计盈余公积按减少实收资本比例计算的部分，应确认为股息所得；其余部分确认为投资资产转让所得。

被投资企业发生的经营亏损，由被投资企业按规定结转弥补；投资企业不得调整或减低其投资成本，也不得将其确认为投资损失。

六、存货的税务处理

存货，是指企业持有以备出售的产品或者商品、处在生产过程中的在产品、在生产或者提供劳务过程中耗用的材料和物料等。

（一）存货的计税基础

存货按照以下方法确定成本：

（1）通过支付现金方式取得的存货，以购买价款和支付的相关税费为成本；

（2）通过支付现金以外的方式取得的存货，以该存货的公允价值和支付的相关税费为成本；

（3）生产性生物资产收获的农产品，以产出或者采收过程中发生的材料费、人工费和分摊的间接费用等必要支出为成本。

（二）存货的成本计算方法

企业使用或者销售的存货的成本计算方法，可以在先进先出法、加权平均法、个别计价法中选用一种。计价方法一经选用，不得随意变更。

企业转让以上资产，在计算企业应纳税所得额时，资产的净值允许扣除。资产的净值是指有关资产、财产的计税基础减除已经按照规定扣除的折旧、折耗、摊销、准备金等之后的余额。

第五节　企业所得税的税收优惠

税收优惠，是指国家根据经济和社会发展的需要，在一定期限内对特定的地区、企业、项目的纳税人给予减轻或免除税收负担的一种照顾和鼓励措施。税收优惠政策具有很强的政策导向作用，正确制定并运用这种措施，可以更好地发挥税收的调节功能。国家对重点扶持和鼓励发展的产业和项目，给予企业所得税优惠。现行企业所得税的税收优惠方式包括免税、减税、降低税率、加计扣除、加速折旧、减计收入、税额抵免等。企业如果从事国家限制和禁止发展的项目，不得享受企业所得税优惠。

一、免税优惠

企业的下列收入为免税收入：

（1）国债利息收入。

（2）符合条件的居民企业之间的股息、红利等权益性收益。该收益是指居民企业直接投资于其他居民企业取得的投资收益。

（3）在中国境内设立机构、场所的非居民企业从居民企业取得与该机构、场所有实际联系的股息、红利等权益性投资收益。该类收益不包括连续持有居民企业公开发行并上市流通的股票不足12个月所取得的投资收益。

（4）符合条件的非营利组织的收入。

所称符合条件的非营利组织的收入，不包括非营利组织从事营利性活动取得的收入，但国务院财政、税务主管部门另有规定的除外。

非营利组织的下列收入为免税收入：

（1）接受其他单位或者个人捐赠的收入。

（2）除《中华人民共和国企业所得税法》第七条规定的财政拨款以外的其他政府补助收入，但不包括因政府购买服务取得的收入。

（3）按照省级以上民政、财政部门规定收取的会费。

（4）不征税收入和免税收入孳生的银行存款利息收入。

（5）财政部、国家税务总局规定的其他收入。

二、免征与减征优惠

企业的下列所得，可以免征、减征企业所得税。

（一）从事农、林、牧、渔业项目的所得

企业从事农、林、牧、渔业项目的所得，包括免征和减征两部分。

（1）企业从事下列项目的所得，免征企业所得税：

①蔬菜、谷物、薯类、油料、豆类、棉花、麻类、糖料、水果、坚果的种植；

②农作物新品种的选育；

③中药材的种植；

④林木的培育和种植；

⑤牲畜、家禽的饲养；

⑥林产品的采集；

⑦灌溉、农产品初加工、兽医、农技推广、农机作业和维修等农、林、牧、渔服务业项目；

⑧远洋捕捞。

（2）企业从事下列项目的所得，减半征收企业所得税：

①花卉、茶以及其他饮料作物和香料作物的种植；

②海水养殖、内陆养殖。

（二）从事国家重点扶持的公共基础设施项目投资经营的所得

企业从事国家重点扶持的公共基础设施项目的投资经营的所得，自项目取得第一笔生产经营收入所属纳税年度起，第1～3年免征企业所得税，第4～6年减半征收企业所得税。

国家重点扶持的公共基础设施项目，是指《公共基础设施项目企业所得税优惠目录》规定的港口码头、机场、铁路、公路、电力、水利等项目。

企业承包经营、承包建设和内部自建自用本条规定的项目，不得享受本条规定的企业所得税优惠。

（三）从事符合条件的环境保护、节能节水项目的所得

环境保护、节能节水项目的所得，自项目取得第一笔生产经营收入所属纳税年度起，第1～3年免征企业所得税，第4～6年减半征收企业所得税。

符合条件的环境保护、节能节水项目，包括公共污水处理、公共垃圾处理、沼气综合开发利用、节能减排技术改造、海水淡化等。项目的具体条件和范围由国务院财政、税务主管部门和国务院有关部门制定，报国务院批准后公布施行。

但是以上规定享受减免税优惠的项目，在减免税期限内转让的，受让方自受让之日起，可以在剩余期限内享受规定的减免税优惠；减免税期限届满后转让的，受让方不得就该项目重复享受减免税优惠。

（四）符合条件的技术转让所得

符合条件的技术转让所得免征、减征企业所得税，是指一个纳税年度内，居民企业转让技术所有权所得不超过500万元的部分，免征企业所得税；超过500万元的部分，减半征收企业所得税。

技术转让的范围，包括居民企业转让专利技术、计算机软件著作权、集成电路布图设计权、植物新品种、生物医药新品种，以及财政部和国家税务总局确定的其他技术。

居民企业取得禁止出口和限制出口技术转让所得，不享受技术转让减免企业所得税优惠政策；居民企业从直接或间接持有股权之和达到100%的关联方取得的技术转让所得，不享受技术转让减免企业所得税优惠政策。

三、高新技术企业优惠

国家需要重点扶持的高新技术企业减按15%的税率征收企业所得税。

这里所称国家需要重点扶持的高新技术企业，是指拥有核心自主知识产权，并同时符合下列条件的企业：

（1）拥有核心自主知识产权，是指在中国境内（不含港、澳、台地区）注册的企业，近3年内通过自主研发、受让、受赠、并购等方式，或通过5年以上的独占许可方式，对其主要产品（服务）的核心技术拥有自主知识产权。

（2）产品（服务）属于《国家重点支持的高新技术领域》规定的范围。

（3）研究开发费用占销售收入的比例不低于规定比例，是指企业为获得科学技术（不包括人文、社会科学）新知识，创造性运用科学技术新知识，或实质性改进技术、产品（服务）而持续进行了研究开发活动，且近3个会计年度的研究开发费用总额占销售收入总额的比例符合如下要求：

①最近一年销售收入小于5 000万元的企业，比例不低于6%。

②最近一年销售收入在5 000万元~20 000万元的企业，比例不低于4%。

③最近一年销售收入在20 000万元以上的企业，比例不低于3%。

其中，企业在中国境内发生的研究开发费用总额占全部研究开发费用总额的比例不低于60%。企业注册成立时间不足3年的，按实际经营年限计算。

（4）高新技术产品（服务）收入占企业总收入的比例不低于规定比例，是指高新技术产品（服务）收入占企业当年总收入的60%以上。

（5）科技人员占企业职工总数的比例不低于规定比例，是指具有大学专科以上学历的科技人员占企业当年职工总数的30%以上，其中研发人员占企业当年职工总数的10%以上。

（6）高新技术企业认定管理办法规定的其他条件。

经济特区和上海浦东新区新设立的高新技术企业可享受过渡性税收优惠：对经济特区和上海浦东新区内在2008年1月1日（含）之后完成登记注册的、国家需要重点扶持的高新技术企业（以下简称新设高新技术企业），在经济特区和上海浦东新区内取得的所得，自取得第一笔生产经营收入所属纳税年度起，第1~2年免征企业所得税，第3~5年按照25%的法定税率减半征收企业所得税。

四、小型微利企业优惠

符合条件的小型微利企业减按20%的税率征收企业所得税。

这里所称符合条件的小型微利企业，是指从事国家非限制和禁止的行业，并符合下列条件的企业：

（1）工业企业，年度应纳税所得额不超过30万元，从业人数不超过100人，资产总额不超过3 000万元。

（2）其他企业，年度应纳税所得额不超过30万元，从业人数不超过80人，资产总额不超过1 000万元。

上述“从业人数”按企业全年平均从业人数计算，“资产总额”按企业年初和年末的资产总额平均计算。

自2010年1月1日至2012年12月31日，对年应纳税所得额低于3万元（含3万元）的小型微利企业，其所得减按50%计入应纳税所得额，按20%的税率缴纳企业所得税。

自2012年1月1日至2015年12月31日，上述享受税收优惠的小型微利企业年应纳税所得额低于3万元（含3万元）调整为低于6万元（含6万元）。

五、加计扣除优惠

适用加计扣除优惠的费用包括以下两项。

（一）研究开发费

企业为开发新技术、新产品、新工艺发生的研究开发费用，未形成无形资产计入当期损益的，在按照规定据实扣除的基础上，按照研究开发费用的50%加计扣除；形成无形资产的，按照无形资产成本的150%摊销。

研究开发费是指从事规定范围内的研究开发活动发生的相关费用。研究开发活动，是指企业为获得科学与技术（不包括人文、社会科学）新知识，创造性运用科学技术新知识，或实质性改进技术、工艺、产品（服务）而持续进行的具有明确目标的研究开发活动。

企业从事《国家重点支持的高新技术领域》和国家发展改革委员会等部门公布的《当前优先发展的高技术产业化重点领域指南（2007年度）》规定项目的研究开发活动，其在一个纳税年度中实际发生的下列费用支出，允许在计算应纳税所得额时按照规定实行加计扣除：

（1）新产品设计费、新工艺规程制定费以及与研发活动直接相关的技术图书资料费、资料翻译费；

（2）从事研发活动直接消耗的材料、燃料和动力费用；

（3）在职直接从事研发活动人员的工资、薪金、奖金、津贴、补贴；

（4）专门用于研发活动的仪器、设备的折旧费或租赁费；

（5）专门用于研发活动的软件、专利权、非专利技术等无形资产的摊销费用；

（6）专门用于中间试验和产品试制的模具、工艺装备开发及制造费；

（7）勘探开发技术的现场试验费；

（8）研发成果的论证、评审、验收费用。

（二）企业安置残疾人员所支付的工资

企业安置残疾人员的，在按照支付给残疾职工工资据实扣除的基础上，按照支付给残疾职工工资的100%加计扣除。残疾人员的范围适用《中华人民共和国残疾人保障法》的有关规定。

企业安置国家鼓励安置的其他就业人员所支付的工资的加计扣除办法，由国务院另行规定。

六、创业投资企业优惠

创业投资企业从事国家需要重点扶持和鼓励的创业投资，可以按投资额的一定比例抵扣应纳税所得额。

抵扣应纳税所得额，是指创业投资企业采取股权投资方式投资于未上市的中、小高新技术企业2年以上的，可以按照其投资额的70%在股权持有满2年的当年抵扣该创业投资企业的应纳税所得额；当年不足抵扣的，可以在以后纳税年度结转抵扣。

七、加速折旧优惠

企业的固定资产由于技术进步等原因，确需加速折旧的，可以缩短折旧年限或者采取加速折旧的方法。

下列固定资产可以享受缩短折旧年限或者采取加速折旧的优惠：

（1）由于技术进步，产品更新换代较快的固定资产。

（2）常年处于强震动、高腐蚀状态的固定资产。

采取缩短折旧年限方法的，最低折旧年限不得低于规定折旧年限的60%；采取加速折旧方法的，可以采取双倍余额递减法或者年数总和法。

八、减计收入优惠

企业综合利用资源，生产符合国家产业政策规定的产品所取得的收入，可以在计算应纳税所得额时减计收入。

减计收入，是指企业以《资源综合利用企业所得税优惠目录》规定的资源作为主要原材料，生产国家非限制和禁止，并符合国家和行业相关标准的产品取得的收入，减按90%计入收入总额。

上述所称原材料占生产产品材料的比例不得低于《资源综合利用企业所得税优惠目录》规定的标准。

九、税额抵免优惠

税法采用税额抵免的优惠方式鼓励企业使用环保节能安全的生产设备。税法规定，企业购置并实际使用《环境保护专用设备企业所得税优惠目录》、《节能节水专用设备企业所得税优惠目录》和《安全生产专用设备企业所得税优惠目录》规定的环境保护、节能节水、安全生产等专用设备的，该专用设备的投资额的10%可以从企业当年的应纳税额中抵免；当年不足抵免的，可以在以后5个纳税年度结转抵免。

享受该款规定的企业所得税优惠的企业，应当实际购置并自身实际投入使用该款规定的专用设备；企业购置上述专用设备在5年内转让、出租的，应当停止享受企业所得税优惠，并补缴已经抵免的企业所得税税款。转让的受让方可以按照该专用设备投资额的10%抵免当年企业所得税应纳税额；当年应纳税额不足抵免的，可以在以后5个纳税年度结转抵免。

企业同时从事适用不同企业所得税待遇的项目的，其优惠项目应当单独计算所得，并合理分摊企业的期间费用；没有单独计算的，不得享受企业所得税优惠。

十、民族自治地方的优惠

民族自治地方的自治机关对本民族自治地方的企业应缴纳的企业所得税中属于地方分享的部分，可以决定减征或者免征。自治州、自治县决定减征或者免征的，须报省、自治区、直辖市人民政府批准。

企业所得税法所称民族自治地方，是指依照《中华人民共和国民族区域自治法》的规定，实行民族区域自治的自治区、自治州、自治县。

对民族自治地方内国家限制和禁止行业的企业，不得减征或者免征企业所得税。

十一、非居民企业优惠

非居民企业减按10%的税率征收企业所得税。这里的非居民企业，是指在中国境内未设立机构、场所的，或者虽设立机构、场所但取得的所得与其所设机构、场所没有实际联系的企业。

该类非居民企业取得的下列所得免征企业所得税：

（1）外国政府向中国政府提供贷款取得的利息所得；

（2）国际金融组织向中国政府和居民企业提供优惠贷款取得的利息所得；

（3）经国务院批准的其他所得。

十二、过渡期税收优惠

新企业所得税法对原内、外资企业所得税优惠政策进行了整合修改，为了衔接好新旧企业所得税法规的优惠政策，新企业所得税法规作了明确的过渡规定：企业所得税法公布前（2007年3月16日）已经批准设立（已经完成工商登记注册）的企业，依照当时的税收法律、行政法规规定，享受低税率优惠的，按照国务院规定，可以在企业所得税法施行后5年内，逐步过渡到新企业所得税法规定的税率；享受定期减免税优惠的，按照国务院规定，可以在企业所得税法施行后继续享受到期满为止，但因未获利而尚未享受优惠的，优惠期限从企业所得税法施行年度起计算。具体规定如下。

（一）低税率优惠过渡政策

自2008年1月1日起，原享受低税率优惠政策的企业，在新税法施行后5年内逐步过渡到法定税率。其中，享受企业所得税15%税率的企业，2008年按18%税率执行；2009年按20%税率执行；2010年按22%税率执行；2011年按24%税率执行；2012年按25%税率执行。原执行24%税率的企业，2008年起按25%税率执行。

（二）“两免三减半”、“五免五减半”过渡政策

自2008年1月1日起，原享受企业所得税“两免三减半”、“五免五减半”等定期减免税优惠的企业，新税法施行后继续按原税收法律、行政法规及相关文件规定的优惠办法及年限享受至期满为止。但因未获利而尚未享受税收优惠的，其优惠期限从2008年度起计算。

适用15%企业所得税率并享受企业所得税定期减半优惠过渡的企业，应一律按照规定的过渡税率计算的应纳税额实行减半征税，即2008年按18%税率计算的应纳税额实行减半征税，2009年按20%税率计算的应纳税额实行减半征税，2010年按22%税率计算的应纳税额实行减半征税，2011年按24%税率计算的应纳税额实行减半征税，2012年及以后年度按25%税率计算的应纳税额实行减半征税。

对原适用24%或33%企业所得税率并享受国发〔2007〕39号文件规定企业所得税定

期减半优惠过渡的企业，2008 年及以后年度一律按 25% 税率计算的应纳税额实行减半征税。

（三）其他过渡政策

（1）法律设置的发展对外经济合作和技术交流的特定地区内，以及国务院已规定执行上述地区特殊政策的地区内新设立的国家需要重点扶持的高新技术企业，可以享受过渡性税收优惠，具体办法由国务院规定。

（2）国家已确定的其他鼓励类企业，可以按照国务院规定享受减免税优惠。

（3）2008 年 1 月 1 日之前外商投资企业形成的累积未分配利润，在 2008 年以后分配给外国投资者的，免征企业所得税；2008 年及以后年度外商投资企业新增利润分配给外国投资者的，依法缴纳企业所得税。

（4）外国投资者从外商投资企业取得的税后利润直接再投资本企业，增加注册资本，或者作为资本投资开办其他外商投资企业，凡在 2007 年底以前完成再投资事项，并在国家工商管理部门完成变更或注册登记的，可以按照《中华人民共和国外商投资企业和外国企业所得税法》及其有关规定，给予办理再投资退税。对在 2007 年底以前用 2007 年度预分配利润进行再投资的，不给予退税。

对于过渡期税收优惠涉及的计税问题，新税法规定：享受企业所得税过渡优惠政策的企业，应按照新税法和实施条例中有关收入和扣除的规定计算应纳税所得额。企业所得税过渡优惠政策与新税法及实施条例规定的优惠政策存在交叉的，由企业选择最优惠的政策执行，不得叠加享受，且一经选择，不得变更。

十三、西部大开发的税收优惠

西部大开发税收优惠政策的适用范围包括重庆市、四川省、贵州省、云南省、西藏自治区、陕西省、甘肃省、宁夏回族自治区、青海省、新疆维吾尔自治区、新疆生产建设兵团、内蒙古自治区和广西壮族自治区（上述地区统称“西部地区”）。优惠政策具体内容如下：

（1）对设在西部地区国家鼓励类产业企业，在 2011 年 1 月 1 日至 2020 年 12 月 31 日期间，减按 15% 的税率征收企业所得税。

国家鼓励类产业企业，是指以《产业结构调整指导目录》（2005 年版）中规定的产业项目为主营业务，其主营业务收入占企业总收入 70% 以上的企业。

（2）对西部地区 2010 年 12 月 31 日前新办的，根据《财政部、国家税务总局海关总署关于西部大开发税收优惠政策问题的通知》（财税〔2001〕2002 号）规定，可以享受企业所得税“两免三减半”优惠的交通、电力、水利、广播电视企业，其享受的企业所得税“两免三减半”优惠可以继续享受到期满为止。

（3）对在西部地区新办的交通、电力、水利、邮政、广播电视企业，上述项目业务收入占企业总收入 70% 以上的，可以享受企业所得税如下优惠政策：内资企业自开始生产经营之日起，第 1 ~2 年免征企业所得税，第 3 ~5 年减半征收企业所得税。

新办交通企业，是指投资新办从事公路、铁路、航空、港口、码头运营和管道运输的企业。新办电力企业，是指投资新办从事电力运营的企业。新办水利企业，是指投资新办从事江河湖泊综合治理、防洪除涝、灌溉、供水、水资源保护、水力发电、水土保持、河道疏浚、河海堤防建设等开发水利、防治水害的企业。新办邮政企业，是指投资新办从事邮政运营的企业。新办广播电视企业，是指投资新办从事广播电视运营的企业。

上述企业同时符合本规定条件的，第3~5年减半征收企业所得税时，按15%税率计算出应纳所得税额后减半执行。

上述所称企业，是指投资主体自建、运营上述项目的企业，单纯承揽上述项目建设的施工企业不得享受“两年免征”、“三年减半”征收企业所得税的政策。

(4) 对实行汇总（合并）纳税企业，应当将西部地区的成员企业与西部地区以外的成员企业分开，分别汇总（合并）申报纳税，分别适用税率。

第六节　企业所得税应纳税额的计算

一、居民企业查账征税应纳税额的计算

居民企业应缴纳的企业所得税额计算公式为：

应纳税额＝应纳税所得额×适用税率－减免税额－抵免税额

公式中的减免税额和抵免税额，是指依照企业所得税法和有关法规的税收优惠政策规定减征、免征和抵免的应纳税额。

应纳税所得额的计算一般有两种方法：直接计算法和间接计算法。

（一）直接计算法

直接计算法是按照税法规定的计算公式直接计算得出应纳税所得额，即企业每一纳税年度的收入总额减除不征税收入、免税收入、各项扣除以及允许弥补的以前年度亏损后的余额为应纳税所得额。其计算公式为：

应纳税所得额＝收入总额－不征税收入－免税收入－各项扣除金额－弥补亏损

（二）间接计算法

间接计算法是以会计利润总额为基础，加减按照税法规定调整的项目金额后，得出应纳税所得额。其计算公式为：

应纳税所得额＝会计利润总额±纳税调整项目金额

实际业务中采用间接计算法较多。

【例 12－1】2012 年某居民企业发生以下经济业务：

（1）全年取得产品销售收入 3 000 万元。

（2）转让商标所有权，取得营业外收入 80 万元。

（3）全年产品销售成本 1 800 万元。

（4）销售税金及附加 40 万元。

（5）全年销售费用 600 万元（其中广告费 480 万元），管理费用 380 万元（其中业务招待费 22 万元），财务费用 50 万元。

（6）全年营业外支出 50 万元（含通过公益性社会团体向灾区捐款 25 万元，违反排污规定被环保局罚款 6 万元）。

（7）其中计入成本费用中的实发工资总额 150 万元、拨缴职工工会经费 4 万元、发放职工福利费 25 万元、发放职工教育经费 5.75 万元。

请计算该企业 2012 年度实际应缴纳的企业所得税额。

【解答】

（1）会计利润总额 $=3\,000+80-1\,800-40-600-380-50-50=160$（万元）

（2）广告费和业务宣传费调整额：

广告费和业务宣传费限额 $=3\,000\times15\%=450$（万元），

超支：$480-450=30$（万元）

广告费和业务宣传费调增所得额 30 万元。

（3）业务招待费调整额：

业务招待费限额 $=22\times60\%=13.2$（万元）与 $3\,000\times5‰=15$（万元），取两者之中较小者，即限额为 13.2 万元，

超支：$22-13.2=8.8$（万元）

业务招待费调增所得额 8.8（万元）。

（4）营业外支出调整额：

公益性捐赠扣除限额 $=160\times12\%=19.2$（万元）

捐赠支出应调增所得额 $=25-19.2=5.8$（万元）

违反排污规定被环保局罚款不得扣除，应调整所得额 6 万元。

（5）工会经费应调增所得额 $=4-150\times2\%=4-3=1$（万元）

（6）职工福利费应调增所得额 $=25-150\times14\%=25-21=4$（万元）

（7）职工教育经费应调增所得额 $=5.75-150\times2.5\%=5.75-3.75=2$（万元）

（8）应纳税所得额 $=160+30+8.8+5.8+6+1+4+2=217.6$（万元）

（9）2012 年应缴纳企业所得税 $=217.6\times25\%=54.4$（万元）

二、境外所得已纳税额抵免的计算

由于各国普遍同时实施居民税收管辖权和收入来源地税收管辖权，我国企业来源于中国境外的所得很可能应当依照当地税收法律规定向当地政府缴纳，并已经实际缴纳了企业所得税性质的税款。为了避免国际重复征税，减轻纳税人负担，鼓励纳税人跨国经营，我国对居民纳税人在境外已纳税额准予扣除。按照我国企业与产生该境外所得来源的分支机

构或子公司的关系不同，我国税法规定了直接抵免法和间接抵免法两种不同的方法。在此主要介绍直接抵免法。

（一）境外所得已纳税额抵免的规定

企业取得的下列所得已在境外缴纳的所得税税额，可以从其当期应纳税额中抵免，抵免限额为该项所得依照企业所得税法规定计算的应纳税额；超过抵免限额的部分，可以在以后5个年度内，用每年度抵免限额抵免当年应抵税额后的余额进行抵补：

（1）居民企业来源于中国境外的应税所得。

（2）非居民企业在中国境内设立机构、场所，取得发生在中国境外但与该机构、场所有实际联系的应税所得。

（3）居民企业从其直接或者间接控制的外国企业分得的来源于中国境外的股息、红利等权益性投资收益，外国企业在境外实际缴纳的所得税税额中属于该项所得负担的部分，可以作为该居民企业的可抵免境外所得税税额，在企业所得税法规定的抵免限额内抵免。

上述所称直接控制，是指居民企业直接持有外国企业20%以上股份。

上述所称间接控制，是指居民企业以间接持股方式持有外国企业20%以上股份，具体认定办法由国务院财政、税务主管部门另行制定。

前两种情况，属于收到来源于境外分支机构的所得，适用直接抵免法；后一种情况，属于收到来源于境外子公司（孙公司）的所得，适用间接抵免法。根据税法规定，不论是直接抵免法还是间接抵免法，都是采用分国不分项的限额抵免法计算抵免境外已纳税额。

前述5个年度，是指从企业取得的来源于中国境外的所得，已经在中国境外缴纳的企业所得税性质的税额，超过抵免限额的当年的次年起连续5个纳税年度。

（二）直接抵免法的计算

直接抵免法适用于来自境外分支机构所得已纳税额的抵免，其计算步骤如下：

（1）计算抵免限额。

抵免限额，是指企业来源于中国境外的所得，依照我国企业所得税法及其实施条例的规定计算的应纳税额。除国务院财政、税务主管部门另有规定外，该抵免限额应当分国（地区）不分项计算，其计算公式为：

$$\text{抵免限额}=\begin{matrix}\text{中国境内、境外所得依照企业所得}\\\text{税法和条例规定计算的应纳税总额}\end{matrix}\times\frac{\text{来源于某国（地区）的应纳税所得额}}{\text{中国境内、境外应纳税所得总额}}$$

分国不分项，是指对来源于境外某一国的各项所得不分项，而是汇总在一起计算该国的抵免限额；而对于来源于境外多国的所得，则要按来源于每一个国家的所得，按我国税法分国计算抵免限额。

（2）确定境外已纳税额。

已在境外缴纳的所得税税额，是指企业来源于中国境外的所得依照中国境外税收法律以及相关规定应当缴纳，并已经实际缴纳的企业所得税性质的税款。企业依照企业所得税法的规定抵免企业所得税税额时，应当提供中国境外税务机关出具的税款所属年度的有关纳税凭证。

（3）比较抵免限额和境外已纳税额，取两者中较小者为实际抵免额。

如果纳税人来源于境外的所得实际缴纳的税款低于抵免限额，可从其按境内外所得汇总计算缴纳的应纳税额中据实扣除；超过抵免限额的，只能按抵免限额扣除，超过抵免限额的部分，不得在本年度的应纳税额中扣除，也不得列为费用支出，但可以在以后年度税额扣除的余额中补扣，补扣期最长不超过5年。

【例12－2】某企业当年境内应纳税所得额为200万元，适用25%的企业所得税税率。该企业分别在A、B两国设有分支机构，A国分支机构当年应纳税所得额为100万元，A国税率为30%；B国分支机构当年应纳税所得额为80万元，B国税率为20%。假设该企业在A、B两国所得按我国税法计算的应纳税所得额和按A、B两国税法计算的应纳税所得额一致，两个分支机构在A、B两国分别缴纳了30万元和16万元的企业所得税（我国与A、B两国已经缔结避免双重征税协定）。请计算该企业当年度汇总境内外所得应缴纳的企业所得税税额。

【解答】

（1）该企业按我国税法计算的境内外所得应纳所得税额为：

应纳税额＝（200＋100＋80）×25%＝95（万元）

（2）A、B两国的抵免限额为：

A国抵免限额＝95×［100÷（200＋100＋80）］＝25（万元）

B国抵免限额＝95×［80÷（200＋100＋80）］＝20（万元）

在A国缴纳的所得税为30万元，高于抵免限额25万元，只能抵免25万元，其超过抵免限额的5万元当年不能扣除，留待以后年度补扣。

在B国缴纳的所得税为16万元，低于抵免限额20万元，可全额扣除。

（3）该企业当年汇总境内外所得应向我国政府缴纳的企业所得税为：

抵免后应纳税额＝95－25－16＝54（万元）

三、居民企业核定征收企业所得税的计算

居民企业纳税人具有下列情形之一的，采用核定征收方式征收企业所得税：

（1）依照法律、行政法规的规定可以不设置账簿的。

（2）依照法律、行政法规的规定应当设置但未设置账簿的。

（3）擅自销毁账簿或者拒不提供纳税资料的。

（4）虽设置账簿，但账目混乱或者成本资料、收入凭证、费用凭证残缺不全，难以查账的。

（5）发生纳税义务，未按照规定的期限办理纳税申报，经税务机关责令限期申报，逾期仍不申报的。

（6）申报的计税依据明显偏低，又无正当理由的。

特殊行业、特殊类型的纳税人和一定规模以上的纳税人不适用本办法。上述特定纳税人由国家税务总局另行明确。

核定征收的办法包括核定应税所得率和核定应纳所得税额。税务机关应根据纳税人具

体情况，对核定征收企业所得税的纳税人，核定应税所得率或者核定应纳所得税额。

（一）核定应税所得率

具有下列情形之一的，核定其应税所得率：

（1）能正确核算（查实）收入总额，但不能正确核算（查实）成本费用总额的；

（2）能正确核算（查实）成本费用总额，但不能正确核算（查实）收入总额的；

（3）通过合理方法，能计算和推定纳税人收入总额或成本费用总额的。

纳税人不属于以上情形的，核定其应纳所得税额。

在核定应税所得率方式下应纳所得税额计算公式如下：

应纳所得税额 = 应纳税所得额 × 适用税率

应纳税所得额 = 应税收入额 × 应税所得率

或：

应纳税所得额 = 成本费用支出额 ÷（1 - 应税所得率）× 应税所得率

应税所得率按表 12 - 2 规定的幅度标准确定。

表 12 - 2 应税所得率表

行业	应税所得率（%）
农、林、牧、渔业	3 ~ 10
制造业	5 ~ 15
批发和零售贸易业	4 ~ 15
交通运输业	7 ~ 15
建筑业	8 ~ 20
饮食业	8 ~ 25
娱乐业	15 ~ 30
其他行业	10 ~ 30

实行应税所得率方式核定征收企业所得税的纳税人，经营多业的，无论其经营项目是否单独核算，均由税务机关根据其主营项目确定适用的应税所得率。

主营项目应为纳税人所有经营项目中，收入总额或者成本（费用）支出额或者耗用原材料、燃料、动力数量所占比重最大的项目。

（二）核定应纳所得税额

税务机关采用下列方法核定征收企业所得税：

（1）参照当地同类行业或者类似行业中经营规模和收入水平相近的纳税人的税负水平

核定；

（2）按照应税收入额或成本费用支出额定率核定；

（3）按照耗用的原材料、燃料、动力等推算或测算核定；

（4）按照其他合理方法核定。

采用前款所列一种方法不足以正确核定应纳税所得额或应纳税额的，可以同时采用两种以上的方法核定。采用两种以上方法测算的应纳税额不一致时，可按测算的应纳税额从高核定。

对实行核定征收方式的纳税人，主管税务机关应根据纳税人的行业特点、纳税人会计核算水平、利润水平等因素，结合本地实际情况，按公平、公正、公开原则分类、逐户核定其应税所得率或应纳所得税额。

纳税人的生产经营范围、主营业务发生重大变化，或者应纳税所得额或应纳税额增减变化达到20%的，应及时向税务机关申报调整已确定的应纳税额或应税所得率。

企业所得税征收方式一经确定，如无特殊情况，在一个纳税年度内一般不得变更。

四、非居民企业应纳税额的计算

非居民企业，是指在中国境内未设立机构、场所的，或者虽设立机构、场所但取得的所得与其所设机构、场所没有实际联系的企业。

（一）非居民企业应纳税所得额的计算方法

税法规定，对于非居民企业的所得，按照下列方法计算应纳税所得额：

（1）股息、红利等权益性投资收益和利息、租金、特许权使用费所得，以收入全额为应纳税所得额。

（2）转让财产所得，以收入全额减除财产净值后的余额为应纳税所得额。

（3）其他所得，参照前两项规定的方法计算应纳税所得额。

财产净值，是指财产的计税基础减除已经按照规定扣除的折旧、折耗、摊销、准备金等后的余额。

非居民企业所得税应纳税额的计算公式为：

应纳税额 = 应纳税所得额 × 实际征收率

应纳税所得额的计算，以上述（1）~（3）的规定为标准；实际征收率是指企业所得税法及其实施条例等相关法律法规规定的税率，或者税收协定规定的更低的税率。

（二）扣缴义务人

税法规定，对非居民企业在中国境内未设立机构、场所的，或者虽设立机构、场所但取得的所得与其所设机构、场所没有实际联系的所得应缴纳的所得税，实行源泉扣缴，以支付人为扣缴义务人。

扣缴义务人在每次向非居民企业支付或者到期应支付所得时，应从支付或者到期应支付的款项中扣缴企业所得税。

到期应支付的款项，是指支付人按照权责发生制原则应当计入相关成本、费用的应付款项。

扣缴义务人每次代扣代缴税款时，应当向其主管税务机关报送“中华人民共和国扣缴企业所得税报告表”（以下简称扣缴表）及相关资料，并自代扣之日起7日内缴入国库。

上述所称支付人，是指依照有关法律规定或者合同约定对非居民企业直接负有支付相关款项义务的单位或者个人。

上述所称支付，包括现金支付、汇拨支付、转账支付和权益兑价支付等货币支付和非货币支付。

上述所称到期应支付的款项，是指支付人按照权责发生制原则应当计入相关成本、费用的应付款项。

对非居民企业在中国境内取得工程作业和劳务所得应缴纳的所得税，税务机关可以指定工程价款或者劳务费的支付人为扣缴义务人。

扣缴义务人对外支付或者到期应支付的款项为人民币以外货币的，在申报扣缴企业所得税时，应当按照扣缴当日国家公布的人民币汇率中间价，折合成人民币计算应纳税所得额。

（三）非居民企业所得税核定征收办法

非居民企业因会计账簿不健全，资料不完善难以查账，或者其他原因不能准确计算并据实申报其应纳税所得额的，根据企业能提供资料的情况不同，税务机关有权采取以下相应方法核定其应纳税所得额。

（1）按收入总额核定应纳税所得额，适用于能够正确核算收入或通过合理方法推定收入总额，但不能正确核算成本费用的非居民企业。其计算公式如下：

应纳税所得额 = 收入总额 × 经税务机关核定的利润率

（2）按成本费用核定应纳税所得额，适用于能够正确核算成本费用，但不能正确核算收入总额的非居民企业。其计算公式如下：

应纳税所得额 = 成本费用总额 ÷（1 - 经税务机关核定的利润率）× 经税务机关核定的利润率

（3）按经费支出换算收入核定应纳税所得额，适用于能够正确核算经费支出总额，但不能正确核算收入总额和成本费用的非居民企业。其计算公式如下：

应纳税所得额 = 经费支出总额 ÷（1 - 经税务机关核定的利润率 - 营业税税率）× 经税务机关核定的利润率

（4）非居民企业的利润率可参照以下标准确定：

①从事承包工程作业、设计和咨询劳务的，利润率为15% ~30%。

②从事管理服务的，利润率为30%～50%。

③从事其他劳务或劳务以外经营活动的，利润率不低于15%。

税务机关有根据认为非居民企业的实际利润率明显高于上述标准的，可以按照比上述标准更高的利润率核定其应纳税所得额。

第七节　特别纳税调整

特别纳税调整，是指对于企业与其关联方之间的业务往来，不符合独立交易原则而减少企业或其关联方应纳税收入或者所得额的，税务机关按照合理方法进行的调整。

一、关联方的认定

按照企业所得税法的规定，关联方是指与企业有下列关联关系之一的企业、其他组织或者个人：

（1）在资金、经营、购销等方面存在直接或者间接的控制关系；

（2）直接或者间接的同为第三者控制；

（3）在利益上具有相关联的其他关系。

一般来说，关联方之间业务往来的类型及其内容主要包括：

（1）有形财产的购销、转让和使用，包括房屋建筑物、交通工具、机器设备、工具、商品（产品）等有形财产的购销、转让和租赁业务；

（2）无形财产的转让和使用，包括土地使用权、版权（著作权）、商标、牌号、专利和专有技术等特许权以及工业品外观设计或实用新型等工业产权的所有权转让和使用权的提供业务；

（3）融通资金，包括各类长短期资金拆借和担保、有价证券的买卖及各类计息预付款和延期付款等业务；

（4）提供劳务，包括市场调查、行销、管理、行政事务、技术服务、维修、设计、咨询、代理、科研、法律、会计事务等服务的提供。

二、独立交易原则及关联方业务调整

企业与其关联方之间进行关联业务往来时，应按照独立交易原则定价。独立交易原则，是指没有关联关系的交易各方，按照公平成交价格和营业常规进行业务往来所遵循的原则。税法规定，企业与其关联方之间的业务往来，不符合独立交易原则而减少企业或者其关联方应纳税收入或者所得额的，税务机关有权按照合理方法调整，即所说的特别纳税调整。调整方法包括：

（1）可比非受控价格法，是指按照没有关联关系的交易各方进行相同或者类似业务往来的价格进行定价的方法。

（2）再销售价格法，是指按照从关联方购进商品再销售给没有关联关系的交易方的价

格，减除相同或者类似业务的销售毛利而进行定价的方法。

（3）成本加成法，是指按照成本加合理的费用和利润进行定价的方法。

（4）交易净利润法，是指按照没有关联关系的交易各方进行相同或者类似业务往来取得的净利润水平确定利润的方法。

（5）利润分割法，是指将企业与其关联方的合并利润或者亏损在各方之间采用合理标准进行分配的方法。

（6）其他符合独立交易原则的方法。

企业与其关联方共同开发、受让无形资产，或者共同提供、接受劳务发生的成本，在计算应纳税所得额时应当按照独立交易原则进行分摊。

企业与其关联方分摊成本时，应当按照成本与预期收益相配比的原则进行分摊，并在税务机关规定的期限内，按照税务机关的要求报送有关资料。

企业与其关联方分摊成本时违反以上规定的，其自行分摊的成本不得在计算应纳税所得额时扣除。

三、预约定价安排

企业可以向税务机关提出与其关联方之间业务往来的定价原则和计算方法，税务机关与企业协商、确认后，达成预约定价安排。

预约定价安排，是指企业就其未来年度关联交易的定价原则和计算方法，向税务机关提出申请，与税务机关按照独立交易原则协商、确认后达成的协议。

四、报送资料的要求与核定征收

（一）报送资料要求

企业向税务机关报送年度企业所得税纳税申报表时，应当就其与关联方之间的业务往来，附送年度关联业务往来报告表。

税务机关在进行关联业务调查时，企业及其关联方，以及与关联业务调查有关的其他企业，应当按照规定提供相关资料。相关资料包括：

（1）与关联业务往来有关的价格、费用的制定标准、计算方法和说明等同期资料；

（2）关联业务往来所涉及的财产、财产使用权、劳务等的再销售（转让）价格或者最终销售（转让）价格的相关资料；

（3）与关联业务调查有关的其他企业应当提供的与被调查企业可比的产品价格、定价方式以及利润水平等资料；

（4）其他与关联业务往来有关的资料。

（二）核定征收方法

企业不提供与其关联方之间业务往来资料，或者提供虚假、不完整资料，未能真实反映其关联业务往来情况的，税务机关有权依法核定其应纳税所得额。核定方法有：

（1）参照同类或者类似企业的利润率水平核定；

（2）按照企业成本加合理的费用和利润的方法核定；

（3）按照关联企业集团整体利润的合理比例核定；

（4）按照其他合理方法核定。

企业对税务机关按照前款规定的方法核定的应纳税所得额有异议的，应当提供相关证据，经税务机关认定后，调整核定的应纳税所得额。

五、利润分配要求

由居民企业，或者由居民企业和中国居民控制的设立在实际税负明显低于25%的税率水平的国家（地区）的企业，并非由于合理的经营需要而对利润不作分配或者减少分配的，上述利润中应归属于该居民企业的部分，应当计入该居民企业的当期收入。所指控制包括：

（1）居民企业或者中国居民直接或者间接单一持有外国企业10%以上有表决权股份，且由其共同持有该外国企业50%以上股份；

（2）居民企业，或者居民企业和中国居民持股比例没有达到第（1）项规定的标准，但在股份、资金、经营、购销等方面对该外国企业构成实质控制。

上述所指的实际税负明显偏低，是指实际税负明显低于企业所得税法规定的25%税率的50%。

六、债权性投资比例要求

企业从其关联方接受的债权性投资与权益性投资的比例超过规定标准而发生的利息支出，不得在计算应纳税所得额时扣除。企业间接从关联方获得的债权性投资，包括：

（1）关联方通过无关联第三方提供的债权性投资；

（2）无关联第三方提供的、由关联方担保且负有连带责任的债权性投资；

（3）其他间接从关联方获得的具有负债实质的债权性投资。

上述所说规定标准：金融企业为5∶1，其他企业为2∶1。

权益性投资，是指企业接受的不需要偿还本金和支付利息，投资人对企业净资产拥有所有权的投资。债权性投资，是指企业直接或者间接从关联方获得的，需要偿还本金和支付利息或者需要以其他支付利息性质的方式予以补偿的融资。

七、母子公司间提供服务支付费用的要求

母公司为其子公司提供各种服务而发生的费用，应按照独立企业之间公平交易原则确定服务的价格，作为企业正常的劳务费用进行税务处理。母子公司未按照独立企业之间的业务往来收取价款的，税务机关有权予以调整。

母公司向其子公司提供各项服务，双方应签订服务合同或协议，明确规定提供服务的内容、收费标准及金额等，凡按上述合同或协议规定所发生的服务费，母公司应作为营业收入申报纳税，子公司作为成本费用在税前扣除。母公司向其多个子公司提供同类项服务，其收取的服务费可以采取分项签订合同或协议收取的，也可以采取服务分摊协议的方式。

母公司以管理费形式向子公司提取费用，子公司因此支付给母公司的管理费，不得在税前扣除。

子公司申报税前扣除向母公司支付的服务费用，应向主管税务机关提供与母公司签订的服务合同或者协议等与税前扣除该项费用相关的材料。不能提供相关材料的，支付的服务费用不得税前扣除。

八、不具商业目的的安排及加收利息

企业实施其他不具有合理商业目的的安排而减少其应纳税收入或者所得额的，税务机关有权按照合理方法调整。不具有合理商业目的，是指以减少、免除或者推迟缴纳税款为主要目的。

税务机关依照规定进行特别纳税调整后，除了应当补征税款外，还要按照国务院规定加收利息。

应当对补征的税款，自税款所属纳税年度的次年 6 月 1 日起至补缴税款之日止的期间，按日加收利息。加收的利息不得在计算应纳税所得额时扣除。

利息，应当按照税款所属纳税年度中国人民银行公布的与补税期间同期的人民币贷款基准利率加 5 个百分点计算。

企业依照《企业所得税法》规定，在报送年度企业所得税纳税申报表时，附送了年度关联业务往来报告表的，可以只按规定的人民币贷款基准利率计算利息。

企业与其关联方之间的业务往来，不符合独立交易原则，或者企业实施其他不具有合理商业目的安排的，税务机关有权在该业务发生的纳税年度起 10 年内，进行纳税调整。

第八节　企业所得税的征收管理

一、纳税申报及纳税期限

企业所得税按年计征，分月或者分季预缴，年终汇算清缴，多退少补。

企业所得税的纳税年度按公历年度，1 月 1 日起至 12 月 31 日为一个纳税年度。企业在一个纳税年度的中间开业，或者由于合并、关闭等原因终止经营活动，使该纳税年度的实际经营期不足 12 个月的，应当以其实际经营期为 1 个纳税年度。企业清算时，应当以清算期间作为 1 个纳税年度。

企业按月或按季预缴的，应当自月份或者季度终了之日起 15 日内，向税务机关报送预缴企业所得税纳税申报表，预缴税款。

企业应当自年度终了之日起 5 个月内，向税务机关报送年度企业所得税纳税申报表，并汇算清缴，结清应缴、应退税款。

企业在报送企业所得税纳税申报表时，应当按照规定附送财务会计报告和其他有关资料。

企业在年度中间终止经营活动的，应当自实际经营终止之日起60日内，向税务机关办理当期企业所得税汇算清缴。

企业应当在办理注销登记前，就其清算所得向税务机关申报并依法缴纳企业所得税。

依照《企业所得税法》缴纳的企业所得税，以人民币计算。所得以人民币以外的货币计算的，应当折合成人民币计算并缴纳税款。

企业在纳税年度内无论盈利或者亏损，都应当依照《企业所得税法》第五十四条规定的期限，向税务机关报送预缴企业所得税纳税申报表、年度企业所得税纳税申报表、财务会计报告和税务机关规定应当报送的其他有关资料。

二、纳税地点

除税收法律、行政法规另有规定外，居民企业以企业登记注册地为纳税地点；登记注册地在境外的，以实际管理机构所在地为纳税地点。企业注册登记地，是指企业依照国家有关规定登记注册的住所地。

居民企业在中国境内设立不具有法人资格的营业机构的，应当汇总计算并缴纳企业所得税。企业汇总计算并缴纳企业所得税时，应当统一核算应纳税所得额，具体办法由国务院财政、税务主管部门另行制定。

非居民企业在中国境内设立机构、场所的，应当就其所设机构、场所取得的来源于中国境内的所得，以及发生在中国境外但与其所设机构、场所有实际联系的所得，以机构、场所所在地为纳税地点。非居民企业在中国境内设立两个或者两个以上机构、场所的，经税务机关审核批准，可以选择由其主要机构、场所汇总缴纳企业所得税。

非居民企业在中国境内未设立机构、场所的，或者虽设立机构、场所但取得的所得与其所设机构、场所没有实际联系的所得，以扣缴义务人所在地为纳税地点。

除国务院另有规定外，企业之间不得合并缴纳企业所得税。

三、跨地区经营汇总纳税企业所得税征收管理

居民企业在中国境内跨地区（指跨省、自治区、直辖市和计划单列市，下同）设立不具有法人资格的营业机构、场所的，该居民企业为汇总纳税企业，除另有规定外，实行统一计算、分级管理、就地预缴、汇总清算、财政调库的企业所得税征收管理办法。具体规定参见根据《中华人民共和国企业所得税法》及其实施条例、《财政部、国家税务总局、中国人民银行关于印发（跨省市总分机构企业所得税分配及预算管理暂行办法）的通知》（财预〔2008〕10号）的有关规定。

统一计算，是指企业总机构统一计算包括企业所属各个不具有法人资格的营业机构、场所在内的全部应纳税所得额、应纳税额。

分级管理，是指总机构、分支机构所在地的主管税务机关都有对当地机构进行企业所得税管理的责任，总机构和分支机构应分别接受机构所在地主管税务机关的管理。

就地预缴，是指总机构、分支机构应按本办法的规定，分月或分季分别向所在地主管税务机关申报预缴企业所得税。

汇总清算，是指在年度终了后，总机构负责进行企业所得税的年度汇算清缴，统一计算企业的年度应纳所得税额，抵减总机构、分支机构当年已就地分期预缴的企业所得税款后，多退少补税款。

财政调库，是指财政部定期将缴入中央国库的跨地区总、分机构企业所得税待分配收入，按照核定的系数调整至地方金库。

企业应根据当期实际利润额，按照财预〔2008〕10号规定的预缴分摊方法计算总机构和分支机构的企业所得税预缴额，分别由总机构和分支机构分月或者分季就地预缴。

在规定期限内按实际利润额预缴有困难的，经总机构所在地主管税务机关认可，可以按照上一年度应纳税所得额的1/12或1/4，由总机构、分支机构就地预缴企业所得税。

预缴方式一经确定，当年度不得变更。

总机构和分支机构应分期预缴的企业所得税，50%在各分支机构间分摊预缴，50%由总机构预缴。总机构预缴的部分，其中25%就地入库，25%预缴入中央国库，按照财预〔2008〕10号文件的有关规定进行分配。

四、纳税申报表

本纳税申报表适用于实行查账征收企业所得税的居民纳税人填报。纳税人应根据《中华人民共和国企业所得税法》及其实施条例、相关税收政策，以及国家统一会计制度（企业会计制度、企业会计准则、小企业会计制度、分行业会计制度、事业单位会计制度和民间非营利组织会计制度）的规定，填报计算纳税人利润总额、应纳税所得额、应纳税额和附列资料等有关项目。本表有关项目填报说明如下。

（一）表头项目

（1）“税款所属期间”：正常经营的纳税人，填报公历当年1月1日至12月31日；纳税人年度中间开业的，填报实际生产经营之日的当月1日至同年12月31日；纳税人年度中间发生合并、分立、破产、停业等情况的，填报公历当年1月1日至实际停业或法院裁定并宣告破产之日的当月月末；纳税人年度中间开业且年度中间又发生合并、分立、破产、停业等情况的，填报实际生产经营之日的当月1日至实际停业或法院裁定并宣告破产之日的当月月末。

（2）“纳税人识别号”：填报税务机关统一核发的税务登记证号码。

（3）“纳税人名称”：填报税务登记证所载纳税人的全称。

（二）表体项目

本表是在纳税人会计利润总额的基础上，加减纳税调整额后计算出纳税调整后所得（应纳税所得额）。会计与税法的差异（包括收入类、扣除类、资产类等差异）通过纳税调整项目明细表集中体现。

本表包括利润总额计算、应纳税所得额计算、应纳税额计算和附列资料四个部分。

（1）“利润总额计算”中的项目，按照国家统一会计制度口径计算填报。实行企业会计准则的纳税人，其数据直接取自损益表；实行其他国家统一会计制度的纳税人，与本表不一致的项目，按照其利润表项目进行分析填报。

(2)“应纳税所得额计算”和“应纳税额计算”中的项目，除根据主表逻辑关系计算的外，通过附表相应栏次填报。

(3)“附列资料”填报用于税源统计分析的上一纳税年度税款在本纳税年度抵减或入库金额。

(三) 行次说明

(1) 第1行“营业收入”：填报纳税人主要经营业务和其他经营业务取得的收入总额。本行根据“主营业务收入”和“其他业务收入”科目的数额计算填报。

(2) 第2行“减：营业成本”项目：填报纳税人主要经营业务和其他经营业务发生的成本总额。本行根据“主营业务成本”和“其他业务成本”科目的数额计算填报。

(3) 第3行“营业税金及附加”：填报纳税人经营活动发生的营业税、消费税、城市维护建设税、资源税、土地增值税和教育费附加等相关税费。本行根据“营业税金及附加”科目的数额计算填报。

(4) 第4行“销售费用”：填报纳税人在销售商品和材料、提供劳务的过程中发生的各种费用。本行根据“销售费用”科目的数额计算填报。

(5) 第5行“管理费用”：填报纳税人为组织和管理企业生产经营发生的管理费用。本行根据“管理费用”科目的数额计算填报。

(6) 第6行“财务费用”：填报纳税人为筹集生产经营所需资金等发生的筹资费用。本行根据“财务费用”科目的数额计算填报。

(7) 第7行“资产减值损失”：填报纳税人计提各项资产准备发生的减值损失。本行根据“资产减值损失”科目的数额计算填报。

(8) 第8行“加：公允价值变动收益”：填报纳税人交易性金融资产、交易性金融负债，以及采用公允价值模式计量的投资性房地产、衍生工具、套期保值业务等公允价值变动形成的应计入当期损益的利得或损失。本行根据“公允价值变动损益”科目的数额计算填报。

(9) 第9行“投资收益”：填报纳税人以各种方式对外投资确认所取得的收益或发生的损失。本行根据“投资收益”科目的数额计算填报。

(10) 第10行“营业利润”：填报纳税人当期的营业利润。本行根据“营业利润”科目的数额计算填报。

(11) 第11行“加：营业外收入”：填报纳税人发生的与其经营活动无直接关系的各项收入。本行根据“营业外收入”科目的数额计算填报。

(12) 第12行“减：营业外支出”：填报纳税人发生的与其经营活动无直接关系的各项支出。本行根据“营业外支出”科目的数额计算填报。

(13) 第13行“利润总额”：填报纳税人当期的利润总额。

(14) 第14行“加：纳税调整增加额”：填报纳税人会计处理与税收规定不一致，进行纳税调整增加的金额。

(15) 第15行“减：纳税调整减少额”：填报纳税人会计处理与税收规定不一致，进行纳税调整减少的金额。

(16) 第16行“其中：不征税收入”：填报纳税人计入利润总额但属于税收规定不征

税的财政拨款、依法收取并纳入财政管理的行政事业性收费、政府性基金，以及国务院规定的其他不征税收入。

（17）第17行“免税收入”：填报纳税人计入利润总额但属于税收规定免税的收入或收益，包括国债利息收入；符合条件的居民企业之间的股息、红利等权益性投资收益；从居民企业取得与该机构、场所有实际联系的股息、红利等权益性投资收益；符合条件的非营利组织的收入。

（18）第18行“减计收入”：填报纳税人以《资源综合利用企业所得税优惠目录》规定的资源作为主要原材料，生产国家非限制和禁止并符合国家和行业相关标准的产品取得收入10%的数额。

（19）第19行“减、免税项目所得”：填报纳税人按照税收规定减征、免征企业所得税的所得额。

（20）第20行“加计扣除”：填报纳税人开发新技术、新产品、新工艺发生的研究开发费用，以及安置残疾人员及国家鼓励安置的其他就业人员所支付的工资，符合税收规定条件的准予按照支出额一定比例，在计算应纳税所得额时加计扣除的金额。

（21）第21行“抵扣应纳税所得额”：填报创业投资企业采取股权投资方式投资于未上市的中、小高新技术企业2年以上的，可以按照其投资额的70%在股权持有满2年的当年抵扣该创业投资企业的应纳税所得额。当年不足抵扣的，可以在以后纳税年度结转抵扣。

（22）第22行“加：境外应税所得弥补境内亏损”：填报纳税人根据税收规定，境外所得可以弥补境内亏损的数额。

（23）第23行“纳税调整后所得”：填报纳税人经过纳税调整计算后的所得额。

当本表第23行<0时，即为可结转以后年度弥补的亏损额；当本表第23行>0时，继续计算应纳税所得额。

（24）第24行“减：弥补以前年度亏损”：填报纳税人按照税收规定可在税前弥补的以前年度亏损的数额。

（25）第25行“应纳税所得额”：金额等于本表第23－24行。

本行不得为负数。本表第23行或者按照上述行次顺序计算结果本行为负数，本行金额填零。

（26）第26行“税率”：填报税法规定的税率25%。

（27）第27行“应纳所得税额”：金额等于本表第25×26行。

（28）第28行“减：减免所得税额”：填报纳税人按税收规定实际减免的企业所得税额，包括小型微利企业、国家需要重点扶持的高新技术企业、享受减免税优惠过渡政策的企业，其法定税率与实际执行税率的差额，以及其他享受企业所得税减免税的数额。

（29）第29行“减：抵免所得税额”：填报纳税人购置用于环境保护、节能节水、安全生产等专用设备的投资额，其设备投资额的10%可以从企业当年的应纳所得税额中抵免的金额；当年不足抵免的，可以在以后5个纳税年度结转抵免。

（30）第30行“（实际）应纳税额”：金额等于本表第27－28－29行。

（31）第31行“加：境外所得应纳所得税额”：填报纳税人来源于中国境外的所得，

按照《企业所得税法》及其实施条例以及相关税收规定计算的应纳所得税额。

（32）第32行“减：境外所得抵免所得税额”：填报纳税人来源于中国境外所得依照中国境外税收法律，以及相关规定应缴纳并实际缴纳的企业所得税性质的税款，准予抵免的数额。

企业已在境外缴纳的所得税额，小于抵免限额的，境外所得抵免所得税额按其在境外实际缴纳的所得税额填报；大于抵免限额的，按抵免限额填报，超过抵免限额的部分，可以在以后5个年度内，用每年度抵免限额抵免当年应抵税额后的余额进行抵补。

（33）第33行“（境内外）实际应纳所得税额”：填报纳税人当期的实际应纳所得税额。

（34）第34行“减：本年累计实际已预缴的所得税额”：填报纳税人按照税收规定本纳税年度已在月（季）度累计预缴的所得税款。

（35）第35行“其中：汇总纳税的总机构分摊预缴的税额”：填报汇总纳税的总机构按照税收规定已在月（季）度在总机构所在地累计预缴的所得税款。

附报“中华人民共和国企业所得税汇总纳税分支机构企业所得税分配表”。

（36）第36行“汇总纳税的总机构财政调库预缴的税额”：填报汇总纳税的总机构按照税收规定已在月（季）度在总机构所在地累计预缴在财政调节专户的所得税款。

附报“中华人民共和国企业所得税汇总纳税分支机构企业所得税分配表”。

（37）第37行“汇总纳税的总机构所属分支机构分摊的预缴税额”：填报汇总纳税的分支机构已在月（季）度在分支机构所在地累计分摊预缴的所得税款。

附报“中华人民共和国企业所得税汇总纳税分支机构企业所得税分配表”。

（38）第38行“合并纳税（母子体制）成员企业就地预缴比例”：填报经国务院批准的实行合并纳税（母子体制）的成员企业按照税收规定就地预缴税款的比例。

（39）第39行“合并纳税企业就地预缴的所得税额”：填报合并纳税的成员企业已在月（季）度累计预缴的所得税款。

（40）第40行“本年应补（退）的所得税额”：填报纳税人当期应补（退）的所得税额。

（41）第41行“以前年度多缴的所得税额在本年抵减额”：填报纳税人以前纳税年度汇算清缴多缴的税款尚未办理退税，并在本纳税年度抵缴的所得税额。

（42）第42行“以前年度应缴未缴在本年入库所得税额”：填报纳税人以前纳税年度损益调整税款、上一纳税年度第四季度预缴税款和汇算清缴的税款，在本纳税年度入库所得税额。

“中华人民共和国企业所得税年度纳税申报表（A类）”的格式与内容，见表12－3。

表 12－3　中华人民共和国企业所得税年度纳税申报表（A 类）

税款所属期间：　　年　　月　　日至　　年　　月　　日

纳税人识别号：□□□□□□□□□□□□□□□□□□□□

纳税人名称：　　　　　　　　　　　　　　　　　　金额单位：元（列至角分）

类别	行次	项目	金额
利润总额计算	1	一、营业收入	
	2	减：营业成本	
	3	营业税金及附加	
	4	销售费用	
	5	管理费用	
	6	财务费用	
	7	资产减值损失	
	8	加：公允价值变动收益	
	9	投资收益	
	10	二、营业利润	
	11	加：营业外收入	
	12	减：营业外支出	
	13	三、利润总额（10＋11－12）	
应纳税所得额计算	14	加：纳税调整增加额	
	15	减：纳税调整减少额	
	16	其中：不征税收入	
	17	免税收入	
	18	减计收入	
	19	减、免税项目所得	
	20	加计扣除	
	21	抵扣应纳税所得额	
	22	加：境外应税所得弥补境内亏损	
	23	纳税调整后所得（13＋14－15＋22）	
	24	减：弥补以前年度亏损（填附表四）	
	25	应纳税所得额（23－24）	
应纳税额计算	26	税率（25%）	
	27	应纳所得税额（25×26）	
	28	减：减免所得税额	
	29	减：抵免所得税额	
	30	（实际）应纳税额（27－28－29）	

（续上表）

类别	行次	项目	金额
应纳税额计算	31	加：境外所得应纳所得税额	
	32	减：境外所得抵免所得税额	
	33	（境内外）实际应纳所得税额（30＋31－32）	
	34	减：本年累计实际已预缴的所得税额	
	35	其中：汇总纳税的总机构分摊预缴的税额	
	36	汇总纳税的总机构财政调库预缴的税额	
	37	汇总纳税的总机构所属分支机构分摊的预缴税额	
	38	合并纳税（母子体制）成员企业就地预缴比例	
应纳税额计算	39	合并纳税企业就地预缴的所得税额	
	40	本年应补（退）的所得税额（33－34）	
附列资料	41	以前年度多缴的所得税额在本年抵减额	
	42	以前年度应缴未缴在本年入库所得税额	

纳税人公章： 经办人： 申报日期：　　年　月　日	代理申报中介机构公章： 经办人及执业证件号码： 代理申报日期：　　年　月　日	主管税务机关受理专用章： 受理人： 受理日期：　　年　月　日

本章小结

企业所得税是对企业的生产经营所得和其他所得为征税对象征收的一种税。我国企业所得税的纳税人分为居民企业和非居民企业，它们承担的纳税义务范围不同。居民企业，是指依法在中国境内成立，或者依照外国（地区）法律成立但实际管理机构在中国境内的企业。非居民企业，是指依照外国（地区）法律成立且实际管理机构不在中国境内，但在中国境内设立机构、场所的，或者在中国境内未设立机构、场所，但有来源于中国境内所得的企业。

企业所得税的征税对象，是指企业的生产经营所得、其他所得和清算所得。企业所得税实行比例税率。基本税率为25%。企业所得税按年计征，分月或者分季预缴，年终汇算清缴，多退少补。

关键术语和概念

企业所得税　居民企业　非居民企业　应纳税所得额　相关性原则　确定性原则　合理性原则　高新技术企业　小型微利企业　直接抵免法　间接抵免法　独立交易原则　特别纳税调整　预约定价安排

复习思考题

1. 什么是企业所得税？企业所得税有何特点？
2. 我国的居民企业和非居民企业是如何认定的？它们分别承担怎样的纳税义务？
3. 应纳税所得额如何计算？
4. 简述企业所得税税前扣除原则和范围。
5. 税法规定哪些项目不得在税前扣除？
6. 企业所得税法采取了哪些税收优惠方式？
7. 什么是特别纳税调整？

【拓展阅读】

中华人民共和国政府和美利坚合众国政府
关于对所得避免双重征税和防止偷漏税的协定

中华人民共和国政府和美利坚合众国政府，愿意缔结关于对所得避免双重征税和防止偷漏税的协定，达成协议如下：

第一条　人的范围

本协定适用于缔约国一方或者双方居民的人。

第二条　税种范围

一、本协定适用于下列税种：

（一）在中华人民共和国：

1. 个人所得税；
2. 中外合资经营企业所得税；
3. 外国企业所得税；
4. 地方所得税。

（以下简称“中国税收”）

（二）在美利坚合众国：

根据国内收入法征收的联邦所得税。

（以下简称“美国税收”）

二、本协定也适用于本协定签订之日后增加或者代替第一款所列税种的相同或者实质相似的税收。缔约国双方主管当局应将各自有关税法所作的实质变动，在适当时间内通知对方。

第三条　一般定义

一、在本协定中，除上下文另有规定的以外：

（一）“中华人民共和国”一语用于地理概念时，是指有效行使有关中国税收法律的所有中华人民共和国领土，包括领海，以及根据国际法，中华人民共和国有管辖权和有效行使有关中国税收法律的所有领海以外的区域，包括海底和底土。

（二）“美利坚合众国”一语用于地理概念时，是指有效行使有关美国税收法律的所有美利坚合众国领土，包括领海，以及根据国际法，美利坚合众国有管辖权和有效行使有关美国税收法律的所有领海以外的区域，包括海底和底土。

（三）“缔约国一方”和“缔约国另一方”的用语，按照上下文，是指中华人民共和国或者美利坚合众国。

（四）“税收”一语，按照上下文，是指中国税收或者美国税收。

（五）“人”一语包括个人、公司、合伙企业和其他团体。

（六）“公司”一语是指法人团体或者在税收上视同法人团体的实体。

（七）“缔约国一方企业”和“缔约国另一方企业”的用语，分别指缔约国一方居民经营的企业和缔约国另一方居民经营的企业。

（八）“国民”一语是指具有缔约国一方国籍的所有个人和按照该缔约国现行法律取得其地位的所有法人、合伙企业和团体。

（九）“主管当局”一语，在中华人民共和国方面是指财政部或其授权的代表；在美利坚合众国方面是指财政部长或其授权的代表。

二、缔约国一方在实施本协定时，对于未经本协定明确定义的用语，除上下文另有规定的以外，应当具有该缔约国关于适用本协定税种的法律所规定的含义。

第四条　居民

一、本协定中“缔约国一方居民”一语是指按照该缔约国法律，由于住所、居所、总机构、注册所在地，或者其他类似的标准，在该缔约国负有纳税义务的人。

二、由于第一款的规定，同时为缔约国双方居民的个人，双方主管当局应协商确定该人为本协定中缔约国一方的居民。

三、由于第一款的规定，同时为缔约国双方的居民公司，双方主管当局应协商确定该公司为本协定中缔约国一方的居民。如经协商不能确定时，该公司不应作为任何一方的居民按照本协定享受优惠。

四、由于第一款的规定，美利坚合众国的居民公司根据中华人民共和国和第三国的税收协定，同时为第三国居民时，该公司不应作为美利坚合众国的居民按照本协定享受优惠。

第五条　常设机构

一、本协定中“常设机构”一语是指企业进行全部或部分营业的固定营业场所。

二、“常设机构”一语特别包括：

（一）管理场所。

（二）分支机构。

（三）办事处。

（四）工厂。

（五）作业场所。

（六）矿场、油井或气井、采石场或者其他开采自然资源的场所。

三、“常设机构”一语还包括：

（一）建筑工地，建筑、装配或安装工程，或者与其有关的监督管理活动，仅以连续超过六个月的为限。

（二）为勘探或开采自然资源所使用的装置、钻井机或船只，仅以使用期三个月以上的为限。

（三）企业通过雇员或者其他人员，在该国内为同一个项目或有关项目提供的劳务，包括咨询劳务，仅以在任何十二个月中连续或累计超过六个月的为限。

四、虽有第一款至第三款的规定，“常设机构”一语应认为不包括：

（一）专为储存、陈列或者交付本企业货物或者商品的目的而使用的设施。

（二）专为储存、陈列或者交付的目的而保存本企业货物或者商品的库存。

（三）专为另一企业加工的目的而保存本企业货物或者商品的库存。

（四）专为本企业采购货物或者商品，或者搜集情报的目的所设的固定营业场所。

（五）专为本企业进行任何其他准备性或辅助性活动的目的所设的固定营业场所。

（六）专为本款第（一）项至第（五）项活动的结合所设的固定营业场所，如果由于这种结合使该固定营业场所全部活动属于准备性质或辅助性质。

五、虽有第一款和第二款的规定，当一个人在缔约国一方代表缔约国另一方的企业进行活动，有权并经常行使这种权力代表该企业签订合同，除适用于第六款的独立代理人以外，这个人为该企业进行的任何活动，应认为该企业在该缔约国一方设有常设机构。除非这个人通过固定营业场所进行的活动仅限于第四款的规定，按照该款规定，不应认为该固定营业场所是常设机构。

六、缔约国一方企业仅通过按常规经营本身业务的经纪人、一般佣金代理人或者任何其他独立代理人在缔约国另一方进行营业，不应认为在该缔约国另一方设有常设机构。但如果这个代理人的活动全部或几乎全部代表该企业，该代理人和该企业之间的交易表明不是根据正常条件进行的，不应认为是本款所指的独立代理人。

七、缔约国一方居民公司，控制或被控制于缔约国另一方居民公司或者在该缔约国另一方进行营业的公司（不论是否通过常设机构），此项事实不能据以使任何一方公司构成另一方公司的常设机构。

第六条　不动产所得

一、缔约国一方居民从位于缔约国另一方的不动产取得的所得，可以在该缔约国另一方征税。

二、“不动产”一语应具有财产所在地的缔约国的法律所规定的含义。该用语在任何情况下应包括附属于不动产的财产，农业和林业所使用的牲畜和设备，一般法律规定的适用于地产的权利，不动产的用益权以及由于开采或有权开采矿藏、水源和其他自然资源取得的不固定或固定收入的权利。船舶和飞机不应视为不动产。

三、第一款的规定适用于从直接使用、出租或者任何其他形式使用不动产取得的所得。

四、第一款和第三款的规定也适用于企业的不动产所得和用于进行独立个人劳务的不动产所得。

第七条　营业利润

一、缔约国一方企业的利润应仅在该缔约国征税，但该企业通过设在缔约国另一方常设机构在该缔约国另一方进行营业的除外。如果该企业通过设在该缔约国另一方的常设机构在该缔约国另一方进行营业，其利润可以在该缔约国另一方征税，但应仅以属于该常设机构的利润为限。

二、从属于第三款的规定，缔约国一方企业通过设在缔约国另一方的常设机构在该缔约国另一方进行营业，如果该常设机构是一个独立和分设的企业，在相同或相似情况下从事相同或相似活动，并完全独立地同其所隶属的企业进行交易，该常设机构在缔约国各方可能得到的利润应属于该常设机构。

三、确定常设机构的利润时，应允许扣除其进行营业发生的各项费用，包括行政和一般管理费用，不论其发生于常设机构所在国或者其他任何地方。但是，常设机构支付给企业总机构或该企业其他办事处的特许权使用费或其他类似款项，以及因借款所支付的利息，都不作任何扣除（属于偿还代垫实际发生的费用除外）。同样，在确定常设机构的利润时，也不考虑该常设机构从企业总机构或该企业其他办事处取得的特许权使用费或其他类似款项，以及贷款给该企业总机构或该企业其他办事处所收取的利息（属于偿还代垫实际发生的费用除外）。

四、如果缔约国一方的税法规定，对于某具体行业，在核定利润基础上确定属于常设机构的利润，则第二款并不妨碍该缔约国执行其法律的规定。但是所得到的结果，应与本条所规定的原则一致。

五、不应仅由于常设机构为企业采购货物或商品，将利润归属于该常设机构。

六、在第一款至第五款中，除有适当的和充分的理由需要变动外，每年应采用相同的方法确定属于常设机构的利润。

七、利润中如果包括本协定其他各条单独规定的所得项目时，本条规定不应影响其他各条的规定。

第八条　联属企业

一、（一）缔约国一方企业直接或者间接参与缔约国另一方企业的管理、控制或资本，或者

（二）同一人直接或者间接参与缔约国一方企业和缔约国另一方企业的管理、控制或资本，在上述任何一种情况下，两个企业之间的商业或财务关系不同于独立企业之间的关系，因此，本应由其中一个企业取得，但由于这些情况而没有取得到的利润，可以计入该企业的利润，并据以征税。

二、缔约国一方将缔约国另一方已征税的企业利润，而这部分利润本应由该缔约国一方企业取得的，包括在该缔约国一方企业的利润内，并且加以征税时，如果这两个企业之间的关系是独立企业之间的关系，该缔约国另一方应对这部分利润所征收的税额加以调整。在确定上述调整时，应适当考虑本协定的其他规定，如有必要，缔约国双方主管当局应相互协商。

第九条　股息

一、缔约国一方居民公司支付给缔约国另一方居民的股息，可以在该缔约国另一方征税。

二、然而，这些股息也可以在支付股息的公司是其居民的缔约国，按照该缔约国的法律征税。但是，如果收款人是该股息受益所有人，则所征税款不应超过该股息总额的10%。

本款规定，不应影响对该公司支付股息前的利润所征收的公司利润税。

三、本条"股息"一语是指从股份或者非债权关系分享利润的权利取得的所得，以及按照分配利润的公司是其居民的缔约国税法，视同股份所得同样征税的其他公司权利取得的所得。

四、如股息受益所有人是缔约国一方居民，在支付股息的公司是其居民的缔约国另一方，通过设在该缔约国另一方的常设机构进行营业或者通过设在该缔约国另一方的固定基地从事独立个人劳务，据以支付该股息的股份或其他公司权利与该常设机构或固定基地有实际联系的，不适用第一款和第二款的规定。在这种情况下，应视具体情况适用第七条或第十三条的规定。

五、缔约国一方居民公司从缔约国另一方取得利润或所得，该缔约国另一方不得对该公司支付的股息征收任何税收。但支付给该缔约国另一方居民的股息或者据以支付股息的股份或其他公司权利与设在该缔约国另一方的常设机构或固定基地有实际联系的除外。对于该公司的未分配的利润，即使支付的股息或未分配的利润全部或部分是发生于该缔约国另一方的利润或所得，该缔约国另一方也不得征税。

第十条　利息

一、发生于缔约国一方而支付给缔约国另一方居民的利息，可以在该缔约国另一方征税。

二、然而，这些利息也可以在该利息发生的缔约国，按照该缔约国的法律征税。但是，如果收款人是该利息受益所有人，则所征税款不应超过利息总额的10%。

三、虽有第二款的规定，发生在缔约国一方而为缔约国另一方政府、行政区、地方当局、中央银行或者完全为其政府所有的金融机构取得的利息；或者为该缔约国另一方居民取得的利息，其债权是由该缔约国另一方政府、行政区、地方当局、中央银行或者完全为其政府所有的金融机构间接提供资金的，应在该缔约国一方免税。

四、本条"利息"一语是指从各种债权取得的所得，不论其有无抵押担保或者是否有权分享债务人的利润；特别是从公债、债券或者信用债券取得的所得，包括其溢价和奖金。

五、如果利息受益所有人是缔约国一方居民，在该利息发生的缔约国另一方，通过设在该缔约国另一方的常设机构进行营业或者通过设在该缔约国另一方的固定基地从事独立个人劳务，据以支付该利息的债权与该常设机构或者固定基地有实际联系的，不适用第一款、第二款和第三款的规定。在这种情况下，应视具体情况适用第七条或第十三条的规定。

六、如果支付利息的人为缔约国一方政府、行政区、地方当局或该缔约国居民，应认为该利息发生在该缔约国。然而，当支付利息的人不论是否为缔约国一方居民，在该缔约国一方设有常设机构或者固定基地，支付该利息的债务与该常设机构或者固定基地有联系，并由其负担这种利息，上述利息应认为

发生于该常设机构或固定基地所在缔约国。

七、由于支付利息的人与受益所有人之间或者他们与其他人之间的特殊关系，就有关债权支付的利息数额超出支付人与受益所有人没有上述关系所能同意的数额时，本条规定应仅适用于后来提及的数额。在这种情况下，对该支付款项的超出部分，仍应按各缔约国的法律征税，但应适当考虑本协定的其他规定。

第十一条　特许权使用费

一、发生于缔约国一方而支付给缔约国另一方居民的特许权使用费，可以在该缔约国另一方征税。

二、然而，这些特许权使用费也可以在其发生的缔约国，按照该缔约国的法律征税。但是，如果收款人是该特许权使用费受益所有人，则所征税款不应超过特许权使用费总额的10%。

三、本条“特许权使用费”一语是指使用或有权使用文学、艺术或科学著作，包括电影影片、无线电或电视广播使用的胶片、磁带的版权，专利、专有技术、商标、设计、模型、图纸、秘密配方或秘密程序所支付的作为报酬的各种款项，也包括使用或有权使用工业、商业、科学设备或有关工业、商业、科学经验的情报所支付的作为报酬的各种款项。

四、如果特许权使用费受益所有人是缔约国一方居民，在该特许权使用费发生的缔约国另一方，通过设在该缔约国另一方的常设机构进行营业或者通过设在该缔约国另一方的固定基地从事独立个人劳务，据以支付该特许权使用费的权利或财产与该常设机构或固定基地有实际联系的，不适用第一款和第二款的规定。在这种情况下，应视具体情况适用第七条或第十三条的规定。

五、（一）如果支付特许权使用费的人是缔约国一方政府、行政区、地方当局或该缔约国居民，应认为该特许权使用费发生在该缔约国。然而，当支付特许权使用费的人不论是否为缔约国一方居民，在缔约国一方设有常设机构或者固定基地，支付该特许权使用费的义务与该常设机构或者固定基地有联系，并由其负担特许权使用费，上述特许权使用费应认为发生于该常设机构或者固定基地所在缔约国。

（二）如果根据第（一）项，特许权使用费不发生于缔约国双方的任何一方，但该特许权使用费与在缔约国双方的一方使用或有权使用该权利或财产有关，上述特许权使用费应认为发生于该缔约国。

六、由于支付特许权使用费的人与受益所有人之间或他们与其他人之间的特殊关系，就有关使用权利或情报支付的特许权使用费数额超出支付人与受益所有人没有上述关系所能同意的数额时，本条规定应仅适用于后来提及的数额。在这种情况下，对该支付款项的超出部分仍应按各缔约国的法律征税，但应适当考虑本协定的其他规定。

第十二条　财产收益

一、缔约国一方居民转让第六条所述位于缔约国另一方的不动产取得的收益，可以在该缔约国另一方征税。

二、转让缔约国一方企业在缔约国另一方的常设机构营业财产部分的动产，或者缔约国一方居民在缔约国另一方从事独立个人劳务的固定基地的动产取得的收益，包括转让该常设机构（单独或者随同整个企业）或者该固定基地取得的收益，可以在该缔约国另一方征税。

三、缔约国一方居民转让从事国际运输的船舶或飞机，或者转让属于经营上述船舶、飞机的动产取得的收益，应仅在该缔约国一方征税。

四、转让一个公司股本的股票取得的收益，该公司的财产又主要直接或者间接由位于缔约国一方的不动产所组成，可以在该缔约国征税。

五、转让第四款所述以外的其他股票取得的收益，该项股票又相当于参与缔约国一方居民公司的股权的25%，可以在该缔约国征税。

六、缔约国一方居民转让第一款至第五款所述财产以外的其他财产取得的收益，发生于缔约国另一方的，可以在该缔约国另一方征税。

第十三条　独立个人劳务

一、缔约国一方居民的个人由于专业性劳务或者其他独立性活动取得的所得，应仅在该缔约国征税，除非该居民在缔约国另一方为从事上述活动的目的设有经常使用的固定基地，或者在该缔约国另一方有关历年中连续或累计停留超过 183 天。如果该居民拥有上述固定基地或在该缔约国另一方连续或累计停留上述日期，其所得可以在该缔约国另一方征税，但仅限归属于该固定基地的所得，或者在该缔约国另一方上述连续或累计期间取得的所得。

二、“专业性劳务”一语特别包括独立的科学、文学、艺术、教育或教学活动，以及医师、律师、工程师、建筑师、牙医师和会计师的独立活动。

第十四条　非独立个人劳务

一、除适用第十五条、第十七条、第十八条、第十九条和第二十条的规定以外，缔约国一方居民因受雇取得的薪金、工资和其他类似报酬，除在缔约国另一方受雇的以外，应仅在该缔约国一方征税。在该缔约国另一方受雇取得的报酬，可以在该缔约国另一方征税。

二、虽有第一款的规定，缔约国一方居民因在缔约国另一方受雇取得的报酬，同时具有以下三个条件的，应仅在该缔约国一方征税：

（一）收款人在有关历年中在该缔约国另一方停留连续或累计不超过 183 天；

（二）该项报酬由并非该缔约国另一方居民的雇主支付或代表雇主支付；

（三）该项报酬不是由雇主设在该缔约国另一方的常设机构或固定基地所负担。

第十五条　董事费

缔约国一方居民作为缔约国另一方居民公司的董事会成员取得的董事费和其他类似款项，可以在该缔约国另一方征税。

第十六条　艺术家和运动员

一、虽有第十三条和第十四条的规定，缔约国一方居民，作为表演家，如戏剧、电影、广播或电视艺术家、音乐家或者作为运动员，在缔约国另一方从事其个人活动取得的所得，可以在该缔约国另一方征税。

然而，如果该缔约国一方居民作为表演家或运动员，按照缔约国双方政府同意的文化交流的特别计划从事这些活动，该项所得在该缔约国另一方应予免税。

二、虽有第七条、第十三条和第十四条的规定，表演家或运动员从事其个人活动取得的所得，并非归属表演家或运动员本人，而是归属于其他人，可以在该表演家或运动员从事其活动的缔约国征税。然而，如果这些活动是按照缔约国双方政府同意的文化交流的特别计划从事，该项所得在该缔约国应予免税。

第十七条　退休金

一、除适用第十八条第二款的规定以外，因以前的雇佣关系支付给缔约国一方居民的退休金和其他类似报酬，应仅在该缔约国一方征税。

二、虽有第一款的规定，缔约国一方政府、行政区或地方当局根据其社会保险制度或公共福利计划支付的退休金和其他款项，应仅在该缔约国征税。

第十八条　政府服务

一、（一）缔约国一方政府、行政区或地方当局对向其提供服务的个人支付退休金以外的报酬，应仅在该缔约国征税。

（二）但是，如果该项服务是在缔约国另一方提供，而且提供服务的个人是该缔约国另一方的居民，并且该居民：

①是该缔约国国民；或者

②不是为了提供该项服务的目的，而成为该缔约国的居民，该项报酬，应仅在该缔约国另一方征税。

二、（一）缔约国一方政府、行政区、地方当局支付的或者从其建立的基金中对向其提供服务的个人支付的退休金，应仅在该缔约国征税。

（二）但是，如果提供服务的个人是缔约国另一方居民，并且是其国民的，该项退休金应仅在该缔约国另一方征税。

三、第十四条、第十五条、第十六条和第十七条的规定，应适用于为缔约国一方政府、行政区或地方当局进行营业提供服务所取得的报酬和退休金。

第十九条　教师和研究人员

任何个人是或者在直接前往缔约国一方之前曾是缔约国另一方居民，主要由于在该缔约国一方的大学、学院、学校或其他公认的教育机构和科研机构从事教学、讲学或研究的目的暂时停留在该缔约国一方，其停留时间累计不超过三年的，该缔约国一方应对其由于教学、讲学或研究取得的报酬，免予征税。

第二十条　学生和实习人员

学生、企业学徒或实习生是或者在直接前往缔约国一方之前曾是缔约国另一方居民，仅由于接受教育、培训或者获取特别的技术经验的目的，停留在该缔约国一方，对于下列款项，该缔约国应免予征税：

（一）为了维持生活、接受教育、学习、研究或培训的目的，从国外收到的款项；

（二）政府、科学、教育或其他免税组织给予的赠款或奖金；

（三）在该缔约国从事个人劳务的所得，在任何纳税年度数额不超过 5 000 美元或等值的人民币。

根据本条提供的优惠，仅延伸到为完成接受教育或培训所必要的合理时期。

第二十一条　其他所得

一、缔约国一方居民的各项所得，不论在什么地方发生，凡本协定上述各条未作规定的，应仅在该缔约国征税。

二、第六条第二款规定的不动产所得以外的其他所得，如果所得的收款人是缔约国一方居民，通过设在缔约国另一方的常设机构在该缔约国另一方进行营业，或者通过设在该缔约国另一方的固定基地在该缔约国另一方从事独立个人劳务，据以支付所得的权利或财产与该常设机构或固定基地有实际联系，不适用第一款的规定。在这种情况下，应视具体情况适用第七条或第十三条的规定。

三、虽有第一款和第二款的规定，缔约国一方居民的各项所得，凡本协定上述各条未作规定，而发生在缔约国另一方的，可以在该缔约国另一方征税。

第二十二条　消除双重征税

一、在中华人民共和国，消除双重征税如下：

（一）中国居民从美国取得的所得，按照本协定规定对该项所得缴纳的美国所得税，应允许在对该居民征收的中国税收中抵免。但是，抵免额不应超过对该项所得按照中国税法和规章计算的中国税额；

（二）从美国取得的所得是美国居民公司支付给中国居民公司的股息，同时该中国居民公司拥有支付股息公司股份不少于10%的，该项抵免应考虑支付该股息公司对于从中支付股息的利润向美国缴纳的所得税。

二、在美利坚合众国，按照美国法律规定，美国应允许其居民或公民在对所得征收的美国税收中抵免：

（一）该居民或公民或代表该居民或公民向中国缴纳的所得税；

（二）在美国公司拥有中国居民公司的选举权不少于百分之十，并且该美国公司从该公司取得股息的情况下，分配公司或代表该分配公司对于从中支付股息的利润向中国缴纳的所得税。

本协定第二条的第一款第（一）项和第二款中所述的税种应认为是本款所述的所得税。

三、缔约国一方居民取得的，按照本协定可以在缔约国另一方征税的所得，应认为发生于该缔约国另一方。

第二十三条　无差别待遇

一、缔约国一方国民在缔约国另一方负担的税收或者有关条件，不应与缔约国另一方国民在相同情况下，负担或可能负担的税收或者有关条件不同或比其更重。虽有第一条的规定，本款规定也适用于不是缔约国一方或者双方居民的人。

二、缔约国一方企业在缔约国另一方的常设机构税收负担，不应高于该缔约国另一方对其本国进行同样活动的企业。本规定不应被理解为缔约国一方由于民事地位、家庭负担给予本国居民税收上的个人扣除、优惠和减税也必须给予缔约国另一方居民。

三、除适用第八条、第十条第七款或第十一条第六款规定外，缔约国一方居民支付给缔约国另一方居民的利息、特许权使用费和其他款项，在确定该缔约国一方居民应纳税利润时，应与在同样情况下支付给该缔约国一方居民同样予以扣除。

四、缔约国一方企业的资本全部或部分，直接或间接为缔约国另一方一个或一个以上的居民拥有或控制，该企业在该缔约国一方负担的税收或者有关条件，不应与该缔约国一方其他同类企业的负担或可能负担的税收或者有关条件不同或比其更重。

第二十四条　协商程序

一、当一个人认为，缔约国一方或者双方的措施，导致或将导致对其不符合本协定规定的征税时，可以不考虑各缔约国国内法律的补救办法，将案情提交本人为其居民的缔约国主管当局；或者如果其案情属于第二十三条第一款，可以提交本人为其国民的缔约国主管当局。该项案情必须在不符合本协定规定的征税措施第一次通知之日起，三年内提出。

二、上述主管当局如果认为所提意见合理，又不能单方面圆满解决时，应设法同缔约国另一方主管当局相互协商解决，以避免不符合本协定的征税。达成的协议应予执行，而不受各缔约国国内法律的时间限制。

三、缔约国双方主管当局应通过协议设法解决在解释或实施本协定时发生的困难或疑义，也可以对本协定未作规定的消除双重征税问题进行协商。

四、缔约国双方主管当局为达成第二款和第三款的协议，可以相互直接联系。为有助于达成协议，双方主管当局可以进行会谈，口头交换意见。

第二十五条　情报交换

一、缔约国双方主管当局应交换为实施本协定的规定所必需的情报，或缔约国双方关于本协定所涉及的税种的国内法律所必需的情报（以根据这些法律征税与本协定不相抵触为限），特别是防止税收欺诈、偷漏税的情报。情报交换不受第一条的限制。缔约国一方收到的情报应作密件处理，仅应告知与本协定所含税种有关的查定、征收、管理、执行或起诉、裁决上诉的有关人员或当局（包括法院和行政管理部门）。上述人员或当局应仅为上述目的使用该情报，但可以在公开法庭的诉讼程序或法庭判决中透露有关情报。

二、第一款的规定在任何情况下，不应被理解为缔约国一方有以下义务：

（一）采取与该缔约国或缔约国另一方法律或行政惯例相违背的行政措施；

（二）提供按照该缔约国或缔约国另一方法律或正常行政渠道不能得到的情报；

（三）提供泄漏任何贸易、经营、工业、商业、专业秘密、贸易过程的情报或者泄漏会违反公共政策的情报。

第二十六条　外交代表和领事官员

本协定应不影响按国际法一般规则或特别协定规定的外交代表或领事官员的财政特权。

第二十七条　生效

缔约国双方应在完成各自使本协定生效的法律程序后，通过外交途径书面通知对方。本协定自最后一方的通知发出之日后第30天生效，并对次年1月1日或以后开始的纳税年度中取得的所得有效。

第二十八条　终止

本协定应长期有效。但缔约国任何一方可以在本协定生效之日起五年后任何历年 6 月 30 日或以前，通过外交途径书面通知对方终止本协定。在这种情况下，本协定对终止通知发出后次年 1 月 1 日或以后开始的纳税年度中取得的所得停止有效。

本协定于 1984 年 4 月 30 日在北京签订，一式两份，每份都用中文和英文写成，两种文本具有同等效力。

中华人民共和国政府	美利坚合众国政府
代　表	代　表
赵紫阳	罗纳德·里根

第十三章　个人所得税

【学习要点】

◆个人所得税的概念、分类与特点

◆个人所得税的纳税义务人和征税对象

◆个人所得税的税率与应纳税所得额的计算

◆个人所得税应纳税额的计算

◆个人所得税特殊情况的计税

◆个人所得税税收优惠

◆个人所得税的征收管理

第一节　个人所得税概述

一、个人所得税的概念及分类

（一）个人所得税的概念

个人所得税是以个人（自然人）取得的各项所得为征税对象征收的一种所得税。

个人所得的含义有狭义和广义之分。狭义的个人所得是指每年经常发生、反复发生的所得；而广义的个人所得包括在一定时期内个人取得的所有利益，不管其来源与方式，不论是偶然的还是临时的，不论是货币、有价证券还是实物，均包含在内。世界各国大多采用广义含义的个人所得进行征税。

（二）个人所得税的分类

各国在征收个人所得税的实践中，逐步形成了一些成熟的征收方式，归纳起来大致可分成三种类型的个人所得税制。

1. 分类征收制

分类征收制是对个人各种不同性质的所得进行分类，分别规定不同的税率进行课征的一种所得税。这种类型的所得税可以对不同性质的所得实行区别对待，分别课征，但是不能按照纳税人真正的纳税能力课征，无法有效贯彻税收公平原则。

2. 综合征收制

综合征收制是把个人的各种不同形式的所得加以汇总，综合计征的一类所得税。这种类型的所得税可以对纳税人的全部所得一视同仁进行征税，从收入的角度体现税收公平原则，但它不利于针对不同的收入进行调节，不利于体现国家的有关经济政策。

3. 混合征收制

混合征收制是对部分所得进行分类，按比例税率征收分类所得税；对部分所得综合汇总，按累进税率征收综合所得税。它兼有分类所得税和综合所得税的优点，是被广泛采用的一种个人所得课税类型。

二、我国个人所得税制的建立和发展

我国个人所得税的演变，大致经历了从试验到设立、补充、完善四个阶段。

第一阶段：从新中国成立初期到 1980 年，试验阶段。

1950 年 1 月，前政务院颁布的《全国税政实施要则》中包含了属于个人所得税性质的“薪给报酬所得税”和“存款利息所得税”，但由于种种原因，薪给报酬所得税直到 20 世纪 80 年代还没有开征；而存款利息所得税试行了不到 10 年也停征了。

第二阶段：从 1981 年至 1985 年，设税阶段。

我国自 1978 年开始实行改革开放政策以后，对外经济交往与技术交流不断扩大，外籍人员来华工作并取得各种收入的情况日益增多。为了维护我国的税收权益，我国于 1980 年制定了《中华人民共和国个人所得税法》并于 1981 年 1 月 1 日开始实施，建立了一个完整的个人所得税制。

第三阶段：从 1986 年到 1993 年，补充阶段。

成功设立了第一个个人所得税法以后，针对我国城市经济体制改革后出现的国内个人收入的提高，国务院于 1986 年颁布了《中华人民共和国城乡个体工商户所得税暂行条例》和《中华人民共和国个人收入调节税暂行条例》，规定仅适用于本国居民，而个人所得税法则仅适用于从中国取得个人所得的外籍人员和其他个人。这样，就形成了对内、对外两套个人所得税制。

第四阶段：从 1994 年至今，完善阶段。

进入 20 世纪 90 年代，我国开始建立社会主义市场经济体制，原来内外有别的个人所得税制已越来越不能适应新形势的要求，为了理顺分配关系，建立公平、公正的税收体制，全国人大于 1993 年 10 月颁布了修改后的《中华人民共和国个人所得税法》（以下简称《个人所得税法》），将原来的个人所得税、城乡个体工商户所得税、个人收入调节税三税合并，自 1994 年 1 月 1 日起施行。此后，个人所得税法经过了多次修改，不断完善。

三、我国个人所得税的特点

（一）实行分类征收法

我国现行个人所得税法采用分类征收制，将个人取得的各种所得划分为 11 类，根据各类所得的特点分别制定不同的费用扣除标准、不同的税率和不同的计税周期。分类征收可以广泛采用源泉扣缴办法，简化征收手续，也有利于国家对不同的所得采取不同的税收政策。

（二）比例税率和累进税率并用

从理论上来说，分类所得税制一般采用比例税率，而综合所得税制一般采用累进税率。比例税率体现效率，累进税率体现公平；比例税率能简化计算，累进税率能调节收入。我国现行个人所得税分类设计税率，能充分利用两种税率的优点。

（三）各类所得采用统一费用扣除法

我国现行个人所得税对各类所得分别规定了费用减除方法，同一类所得采用统一的费用扣除法，计算简便，但是不能按照每个个体的实际情况给予不同的照顾，过于粗略。

（四）采用自行申报和代扣代缴两种征纳方法

我国现行个人所得税法规定，凡是可以在应税所得的支付环节扣缴个人所得税的，均由扣缴义务人履行代扣代缴税额的义务，即所谓源泉扣缴；对于年所得 12 万元以上、从中国境内两处以上取得工资薪金所得的、从中国境外取得所得的、没有扣缴义务人等情况，采取由纳税人自行申报纳税的办法。

第二节　个人所得税的纳税义务人与征税对象

一、个人所得税的纳税义务人

个人所得税的纳税义务人，是指在中国境内有住所，或者虽无住所但在境内居住满 1 年，以及无住所又不居住或居住不满 1 年，但有从中国境内取得所得的个人。

个人所得税的纳税人包括中国公民、个体工商户、个人独资企业、合伙企业投资者、在中国有所得的外籍人员和香港、澳门、台湾同胞。

为了结合税收管辖权的行使，我国根据国际惯例，把个人所得税的纳税义务人按照国际通用的住所和居住时间两个标准，区分为居民纳税人和非居民纳税人，分别承担不同的纳税义务。

（一）居民纳税义务人

居民纳税义务人，是指在中国境内有住所，或者无住所而在中国境内居住满 1 年的个人。

住所标准是以个人在一国境内是否拥有住所作为确定其居民归属的判断标准。住所分为永久性住所和习惯性住所，我国采用的住所标准是习惯性住所标准。

个人所得税法规定，在中国境内有住所的个人，是指因户籍、家庭、经济利益关系，而在中国境内习惯性居住的个人。

上述所说的习惯性居住，是判定纳税人是居民纳税人还是非居民纳税人的一个重要因素。它是指个人因学习、工作、探亲、旅游等原因消除后，没有理由在中国境外继续居留时，所要回到的地方，而不是指实际居住或在某一特定时期内的居住地。所以可能某纳税义务人在一个纳税年度内，甚至连续几个纳税年度中，都未在中国境内居住过一天，但他只要符合习惯性居住标准，就仍然是中国的居民纳税义务人。

居住时间标准是以个人在一国境内居住的时间长短来确定其居民归属的判定标准。居住时间是指个人在一国境内实际居住的日数。对于在一国境内无住所，也无经常性居住地，但又在该国居住一定日数的个人，各国在征税实践中逐步形成了以个人居住时间来衡量其是否居民身份的居住时间标准，但各国在日数规定上不一定相同。

我国税法规定，在境内居住满 1 年，是指在一个纳税年度内，在中国境内居住满 365 日。在计算居住日数时，对临时离境应视同在华居住，不扣减其在华居住的天数。临时离境，是指在一个纳税年度内，一次不超过 30 日或者多次累计不超过 90 日的离境。

住所标准和居住时间标准属于并列式标准，个人只要具备或达到其中任何一个标准，就可以被认定为中国居民纳税人。

（二）非居民纳税义务人

非居民纳税义务人，是指在中国境内无住所又不居住或者无住所而在境内居住不满 1 年的个人。也就是说，非居民纳税义务人，是指习惯性居住地不在中国境内，而且不在中国居住，或者在一个纳税年度内，在中国境内居住不满 1 年的个人。实际上，习惯性居住地不在中国境内的个人，只有外籍人员、华侨或香港、澳门和台湾同胞。因此，非居民纳税义务人，只能是在一个纳税年度中，没有在中国境内居住，或者在中国境内居住不满 1 年的外籍人员、华侨或香港、澳门和台湾同胞。

对在中国境内无住所的个人，需要计算确定其在中国境内居住天数，以便判定其属于居民还是非居民纳税义务人，在中国境内居住天数均应以该个人实际在华逗留天数计算。上述个人入境、离境、往返或多次往返境内外的当日，均按 1 天计算其在华实际逗留天数。

对在中国境内、境外机构同时担任职务或仅在境外机构任职的境内无住所的个人，在按规定计算其境内工作期间时，对其入境、离境、往返或多次往返境内外的当日，均按半天计算为在华实际工作天数。

二、居民纳税义务人与非居民纳税义务人的纳税义务

居民纳税义务人负有无限纳税义务，应就其取得的来源于中国境内境外的全部应纳税所得，向中国缴纳个人所得税。

非居民纳税义务人承担有限纳税义务，仅就其来源于中国境内的所得，向中国缴纳个人所得税。

非居民纳税义务人的情况比较复杂，涉及的所得来源及其支付形式多种多样，为了维护我国的税收权益，同时兼顾有关国家的财政利益，我国税法根据国际惯例和我国对外签订的避免双重征税协定的有关规定，对在中国境内无住所的个人由于在中国境内公司、企业、经济组织或外国企业在中国境内设立的机构、场所以及税收协定所说常设机构担任职务，或者由于受雇或履行合同而在中国境内从事工作，取得的工资、薪金所得征税问题，视不同情况作了明确规定。

（1）工资、薪金所得来源地的确定。

根据规定，属于来源于中国境内的工资薪金所得应为个人实际在中国境内工作期间取得的工资、薪金，具体为：个人实际在中国境内工作期间取得的工资、薪金，不论是由中国境内还是境外企业或个人雇主支付，均属来源于中国境内的所得；个人实际在中国境外工作期间取得的工资、薪金，不论是由中国境内还是境外企业或个人雇主支付，均属于来源于中国境外的所得。

（2）对于在中国境内无住所而在一个纳税年度中在中国境内连续或累计居住不超过90日或在税收协定规定的期间中在中国境内连续或累计居住不超过183日的个人纳税义务的确定。

税法规定，对这类个人由中国境外雇主支付并且不是由该雇主的中国境内机构负担的工资、薪金，免于申报缴纳个人所得税。对这类个人应仅就其实际在中国境内工作期间由中国境内企业或个人雇主支付或者由中国境内机构负担的工资、薪金所得申报纳税。凡是该中国境内企业、机构属于采取核定利润方法计征企业所得税或没有营业收入而不征收企业所得税的，在该中国境内企业、机构任职、受雇的个人实际在中国境内工作期间取得的工资、薪金，不论是否在该中国境内企业、机构会计账簿中有记载，均应视为该中国境内企业支付或由该中国境内机构负担的工资、薪金。

（3）对于在中国境内无住所而在一个纳税年度中在中国境内连续或累计居住超过90日或在税收协定规定的期间中在中国境内连续或累计居住超过183日但不满1年的个人纳税义务的确定。

税法规定，对这类个人，其实际在中国境内工作期间取得的由中国境内企业或个人雇主支付和由境外企业或个人雇主支付的工资、薪金所得，均应申报缴纳个人所得税；其在中国境外工作期间取得的工资、薪金所得，除中国境内企业或高层管理人员，不予征收个人所得税。

（4）对于在中国境内无住所但在境内居住满1年而不超过5年的个人纳税义务的确定。

自2004年7月1日起，在中国境内无住所但在境内居住满1年而不超过5年的个人，其在中国境内工作期间取得的由中国境内企业或个人雇主支付和由中国境外企业或个人雇主支付的工资、薪金，均应申报缴纳个人所得税；其在《实施条例》第三条所说的临时离境工作期间的工资、薪金所得，仅就由中国境内企业或个人雇主支付的部分申报纳税，凡是中国境内企业机构属于采取核定利润方法计征企业所得税或没有营业收入而不征收企业所得税的，在中国境内企业、机构任职、受雇的个人取得的工资、薪金，不论是否在中国境内企业、机构会计账簿中有记载，均应视为由其任职的中国境内企业、机构支付。

上述个人，在1个月中既有在中国境内工作期间的工资、薪金所得，也有在临时离境期间由境内企业或个人雇主支付的工资、薪金所得的，应合并计算当月应纳税款，并按税法规定的期限申报缴纳。

（5）中国境内企业董事、高层管理人员纳税义务的确定。

担任中国境内企业董事或高层管理职务的个人，其取得的由该中国境内企业支付的董事费或工资薪金，不适用前述第（2）、（3）项的规定，而应自其担任该中国境内企业董事或高层管理职务起，至其解除上述职务止的期间，不论其是否在中国境外履行职务，均应申报缴纳个人所得税；其取得的由中国境外企业支付的工资、薪金，应依照前述规定确定纳税义务。

(6) 不满1个月的工资、薪金所得计税的确定。

属于前述情况中的个人，凡应仅就不满1个月期间的工资、薪金所得申报纳税的，均应按全月工资、薪金所得计算实际应纳税额。

三、个人所得税的征税对象

个人所得税以个人取得的各项所得为征税对象。对于范围宽广的个人所得项目如何征税的问题，世界各国一般有三种课征方法：一是分类课征法，即对纳税人取得的不同所得项目分项分率征税；二是综合课征法，即对纳税人一定时期内取得的各项所得综合申报，汇总计算征收；三是混合课征法，即有些项目分类课征，有些项目综合课征。目前我国个人所得税采用分类课征法。

根据个人所得税法的规定，个人所得税的征税对象分为下列11项个人所得。

（一）工资、薪金所得

工资、薪金所得，是指个人因任职或者受雇而取得的工资、薪金、奖金、年终加薪、劳动分红、津贴、补贴以及与任职或者受雇有关的其他所得。

一般来说，工资、薪金所得属于非独立个人劳动所得。所谓非独立个人劳动，是指个人所从事的是由他人指定、安排并接受管理的劳动。非独立劳动者从其工作或服务的公司、工厂、行政事业单位取得的劳动报酬，即以工资、薪金的形式体现。

奖金、年终加薪、劳动分红、津贴、补贴也属于工资、薪金范畴。其中，年终加薪、劳动分红不分种类和取得情况，一律按工资、薪金所得课税。津贴、补贴等则有例外，对于一些不属于工资、薪金性质的补贴、津贴或者不属于纳税人本人工资、薪金所得项目的收入，不予征税。这些项目包括：

(1) 独生子女补贴。

(2) 执行公务员工资制度未纳入基本工资总额的补贴、津贴差额和家属成员的副食品补贴。

(3) 托儿补助费。

(4) 差旅费津贴、误餐补助。其中，误餐补助是指按照财政部规定，个人因公在城区、郊区工作，不能在工作单位或返回就餐的，根据实际误餐顿数，按规定的标准领取的误餐费。单位以误餐补助名义发给职工的补助、津贴不能包括在内。

奖金，是指所有具有工资性质的奖金，免税奖金的范围在税法中另有规定。

公司职工取得的用于购买企业国有股权的劳动分红，按“工资、薪金所得”项目计征个人所得税。

出租汽车经营单位对出租车驾驶员采取单车承包或承租方式运营，出租车驾驶员从事客货营运取得的收入，按工资、薪金所得征税。

（二）个体工商户的生产、经营所得

个体工商户的生产、经营所得，是指：

（1）个体工商户从事工业、手工业、建筑业、交通运输业、商业、饮食业、服务业、修理业及其他行业取得的所得。

（2）个人经政府有关部门批准，取得执照，从事办学、医疗、咨询以及其他有偿服务活动取得的所得。

（3）上述个体工商户和个人取得的与生产、经营有关的各项应税所得。

（4）个人因从事彩票代销业务而取得所得。

（5）从事个体出租车运营的出租车驾驶员取得的收入。

出租车属个人所有，但挂靠出租汽车经营单位或企事业单位，驾驶员向挂靠单位缴纳管理费的，或出租汽车经营单位将出租车所有权转移给驾驶员的，出租车驾驶员从事客货运营取得的收入，比照个体工商户的生产、经营所得项目征税。

（6）个体工商户和从事生产、经营的个人，取得与生产、经营活动无关的其他各项应税所得，应分别按照其他应税项目的有关规定，计算征收个人所得税。如取得银行存款的利息所得、对外投资取得的股息所得，应按“股息、利息、红利”税目的规定单独计征个人所得税。

（7）个人独资企业、合伙企业的个人投资者以企业资金为本人、家庭成员及其相关人员支付与企业生产经营无关的消费性支出及购买汽车、住房等财产性支出，视为企业对个人投资者利润分配，并入投资者个人的生产经营所得，依照“个体工商户的生产、经营所得”项目计征个人所得税。

（8）其他个人从事个体工商业生产、经营取得的所得。

（三）对企事业单位的承包经营、承租经营的所得

对企事业单位的承包经营、承租经营所得，是指个人承包经营或承租经营以及转包、转租取得的所得。承包项目包括生产经营、采购、销售、建筑安装等各种承包。转包包括全部转包或部分转包。

（四）劳务报酬所得

劳务报酬所得，指个人独立从事各种非雇佣的劳务所取得的所得。内容包括：设计、装潢、安装、制图、化验、测试、医疗、法律、会计、咨询、讲学、新闻、广播、翻译、审稿、书画、雕刻、影视、录音、录像、演出、表演、广告、展览、技术服务、介绍服务、经纪服务、代办服务以及其他劳务。

自 2004 年 1 月 20 日起，对商品营销活动中，企业和单位对其营销业绩突出的非雇员以培训班、研讨会、工作考察等名义组织旅游活动，通过免收差旅费、旅游费对个人实行的营销业绩奖励（包括实物、有价证券等），应根据所发生费用的全额作为该营销人员当期的劳务收入，按照“劳务报酬所得”项目征收个人所得税，并由提供上述费用的企业和单位代扣代缴。

工资、薪金所得与劳务报酬所得的区别在于：工资、薪金所得是属于非独立个人劳务活动，即在机关、团体、学校、部队、企事业单位及其他组织中任职、受雇而得到的报酬；而劳务报酬所得，则是个人独立从事各种技艺、提供各项劳务取得的报酬。

（五）稿酬所得

稿酬所得，是指个人因其作品以图书、报刊形式出版、发表而取得的所得。稿酬从性质上讲应属于劳务报酬，但是考虑到出版、发表作品的特殊性，一方面它是一种依靠较高智力创作的精神产品，对促进社会主义精神文明和物质文明建设有积极作用；另一方面它的报酬又相对偏低，因此，将稿酬所得单独列项，并给予适当优惠照顾。

（六）特许权使用费所得

特许权使用费所得，是指个人提供专利权、商标权、著作权、非专利技术以及其他特许权的使用权取得的所得。提供著作权的使用权取得的所得，不包括稿酬所得。

专利权，是由国家专利主管机关依法授予专利申请人或其权利继承人在一定期间内实施其发明创造的专有权。个人提供和转让专利权取得的所得，均列入“特许权使用费所得”征收个人所得税。

商标权，即商标注册人享有的商标专用权。

著作权，即版权，是作者依法对文学、艺术和科学作品享有的专有权。

个人提供或转让商标权、著作权、专有技术或技术秘密、技术诀窍取得的所得，应当依法缴纳个人所得税。

（七）利息、股息、红利所得

利息、股息、红利所得，是指个人拥有债权、股权而取得的利息、股息、红利所得。

利息，是指个人拥有债权而取得的利息，包括存款利息、贷款利息和各种债券的利息。按税法规定，个人取得的利息所得，除国债和国家发行的金融债券利息外，应当依法缴纳个人所得税。

股息、红利，是指个人拥有股权取得的股息、红利。按照一定的比率对每股发给的息金叫股息；公司、企业应分配的利润，按股份分配的叫红利。股息、红利所得，除另有规定外，都应当缴纳个人所得税。

按税法规定，个人取得的利息所得，除国债和国家发行的金融债券利息外，应当依法缴纳个人所得税。自2008年10月9日起暂免征收储蓄存款利息的个人所得税。

除个人独资企业、合伙企业以外的其他企业的个人投资者，以企业资金为本人、家庭成员及其相关人员支付与企业生产经营无关的消费性支出及购买汽车、住房等财产性支出，视为企业对个人投资者的红利分配，依照“利息、股息、红利所得”项目计征个人所得税。企业的上述支出不允许在所得税前扣除。

纳税年度内个人投资者从其投资企业（个人独资企业、合伙企业除外）借款，在该纳税年度终了后既不归还又未用于企业生产经营的，其未归还的借款可视为企业对个人投资者的红利分配，依照“利息、股息、红利所得”项目计征个人所得税。

（八）财产租赁所得

财产租赁所得，是指个人出租建筑物、土地使用权、机器设备、车船以及其他财产取得的所得。

个人取得的财产转租收入，属于“财产租赁所得”的征税范围，由财产转租人缴纳个人所得税。在确认纳税义务人时，应以产权凭证为依据；对无产权凭证的，由主管税务机关根据实际情况确定。产权所有人死亡，在未办理产权继承手续期间，该财产出租而有租金收入的，以领取租金的个人为纳税义务人。

酒店产权式经营业主在约定的时间内提供房产使用权与酒店进行合作经营，如房产产权未归属新的经济实体，业主按照约定取得的固定收入和分红收入均应视为租金收入，按“财产租赁所得”项目征收个人所得税。

（九）财产转让所得

财产转让所得，是指个人转让有价证券、股权、建筑物、土地使用权、机器设备、车船以及其他财产取得的所得。

财产转让所得性质特殊，需要单独列举项目征税。对个人取得的各项财产转让所得，除股票转让所得外，都要征收个人所得税。具体规定为：

1. 股票转让所得

对股票转让所得暂不征收个人所得税。

2. 量化资产股份转让

对职工个人以股份形式取得的拥有所有权的企业量化资产，暂缓征收个人所得税；待个人将股份转让时，就其转让收入额，减除个人取得该股份时实际支付的费用支出和合理转让费用后的余额，按“财产转让所得”项目计征个人所得税。

3. 个人出售自有住房

（1）个人出售自有住房取得的所得应按照“财产转让所得”项目征收个人所得税。应纳税所得税额按下列原则确定：

①个人出售除已购公有住房以外的其他自有住房，其应纳税所得额按照个人所得税法的有关规定确定。

②个人出售已购公有住房，其应纳税所得额为个人出售已购公有住房的销售价，减除住房面积标准的经济适用房价款、原支付超过住房面积标准的房价款、向财政或原产权单位缴纳的所得收益以及税法规定的合理费用后的余额。

已购公有住房，是指城镇职工按照成本价（或标准价）购买的公有住房。

经济适用住房价格按县级（含县级）以上地方人民政府规定的标准确定。

③职工以成本价（或标准价）出资的集资合作建房、安居工程住房、经济适用住房以及拆迁安置住房，比照已购公有住房确定应纳税所得额。

（2）为鼓励个人换购住房，对出售自有住房并拟在现住房出售后1年内按市场价重新购房的纳税人，其出售现住房所应缴纳的个人所得税，视其重新购房的价值可全部或部分予以免税。具体办法为：

①个人出售现住房所应缴纳的个人所得税税款，应在办理产权过户手续前，以纳税保证金形式向当地主管税务机关缴纳。税务机关在收取纳税保证金时，应向纳税人正式开具“中华人民共和国纳税保证金收据”，并纳入专户存储。

②个人出售现住房后1年内重新购房的，按照购房金额大小相应退还纳税保证金。

购房金额大于或等于原住房销售额（原住房为已购公有住房的，原住房销售额应扣除已按规定向财政或原产权单位缴纳的所得收益，下同）的，全部退还纳税保证金；购房金额小于原住房销售额的，按照购房金额占原住房销售额的比例退还纳税保证金，余额作为个人所得税缴入国库。

③个人出售现住房后1年内未重新购房的，所缴纳的纳税保证金全部作为个人所得税

缴入国库。

④个人在申请退还纳税保证金时，应向主管税务机关提供合法、有效的售房、购房合同和主管税务机关要求提供的其他有关证明材料，经主管税务机关审核确认后方可办理纳税保证金退还手续。

⑤跨行政区域售、购住房又符合退还纳税保证金条件的个人，应向纳税保证金缴纳地方主管税务机关申请退还纳税保证金。

（3）企事业单位将自建住房以低于购置或建造成本价格销售给职工的个人所得税的征税规定。

①国家机关、企事业单位及其他组织在住房制度改革期间，按照所在地县级以上人民政府规定的房改成本价格向职工出售公有住房，职工因支付的房改成本价格低于房屋建造成本价格或市场价格而取得的差价收益，免征个人所得税。

②除上述符合规定的情形外，单位按低于购置或建造成本价格出售住房给职工，职工因此而少支出的差价部分，属于个人所得税应税所得，应按照“工资、薪金所得”项目缴纳个人所得税。

其中“差价部分”，是指职工实际支付的购房价款低于该房屋的购置或建造成本价格的差额。

③对职工取得的上述应纳税所得额，比照全年一次性奖金的征税办法，计算征收个人所得税。此前未征税款不再追征，已征税款不予退还。

（4）对个人转让自用5年以上并且是家庭唯一生活用房取得的所得，免征个人所得税。

（5）个人现自有住房房产证登记的产权人为1人，在出售后1年内又以产权人配偶名义或产权人夫妻双方名义按市场价重新购房的，产权人出售住房所得应缴纳的个人所得税，可以按照规定，全部或部分予以免税；以其他人名义按市场价重新购房的，产权人出售住房所得应缴纳的个人所得税，不予免税。

（十）偶然所得

偶然所得，是指个人得奖、中奖、中彩以及其他偶然性质的所得。

得奖是指参加各种有奖竞赛活动，取得名次得到的奖金；中奖、中彩是指参加各种有奖活动，如有奖销售、有奖储蓄，或者购买彩票，经过规定程序，抽中、摇中号码而取得的奖金。

偶然所得应缴纳的个人所得税税款，一律由发奖单位或机构代扣代缴。

（十一）经国务院财政部门确定征税的其他所得

除上述列举的各项个人应税所得外，其他确有必要征税的个人所得，由国务院财政部门确定。

个人取得的所得，难以界定应纳税所得项目的，由主管税务机关确定。

第三节　个人所得税税率与应纳税所得额的确定

一、个人所得税税率

个人所得税法按不同的个人所得项目制定税率，采用超额累进税率和比例税率两种形式。

（一）工资、薪金所得适用税率

工资、薪金所得，适用3%～45%的七级超额累进税率（见表13-1）。

表13-1　工资、薪金所得个人所得税税率表

级数	全月应纳税所得额	税率（%）	速算扣除数
1	不超过1 500元的	3	0
2	超过1 500～4 500元的部分	10	105
3	超过4 500～9 000元的部分	20	555
4	超过9 000～35 000元的部分	25	1 005
5	超过35 000～55 000元的部分	30	2 755
6	超过55 000～80 000元的部分	35	5 505
7	超过80 000元的部分	45	13 505

注：本表所称全月应纳税所得额，是指依照税法的规定，以每月收入额减除费用3 500元后的余额或者再减除附加减除费用后的余额。

（二）个体工商户的生产、经营所得和对企事业单位的承包经营、承租经营所得适用税率

（1）个体工商户的生产、经营所得和对企事业单位的承包经营、承租经营所得，适用5%～35%的五级超额累进税率（见表13-2）。

表13-2　个体工商户的生产、经营所得和对企事业单位的承包经营、承租经营所得个人所得税税率表

级数	全年应纳税所得额	税率（%）	速算扣除数
1	不超过15 000元的	5	0
2	超过15 000～30 000元的部分	10	750
3	超过30 000～60 000元的部分	20	3 750
4	超过60 000～100 000元的部分	30	9 750
5	超过100 000元的部分	35	14 750

注：本表所称全年应纳税所得额，对个体工商户的生产、经营所得来源，是指以每一纳税年度的收入总额，减除成本、费用、相关税费以及损失后的余额；对企事业单位的承包经营、承租经营所得来源，

是指以每一纳税年度的收入总额，减除必要费用后的余额。

由于目前实行承包（租）经营的形式较多，分配方式也不相同，因此，国家税务总局特发布《关于承包、承租经营取得所得征税的通知》，通知规定承包、承租人按照承包、承租经营合同（协议）规定取得所得的适用税率为：

①承包、承租人对企业经营成果不拥有所有权，仅是按合同（协议）规定取得一定所得的，其所得按“工资、薪金”所得项目征税，适用3% ~45%的七级超额累进税率。

②承包、承租人按合同（协议）的规定只向发包、出租方交纳一定费用后，企业经营成果归其所有的，承包、承租人取得的所得，按“对企事业单位的承包经营、承租经营”所得项目，适用5% ~35%的五级超额累进税率征税。

（2）个人独资企业和合伙企业的个人投资者取得的生产经营所得，也适用表13－2所示的5% ~35%的五级超额累进税率。

（三）稿酬所得适用税率

稿酬所得，适用20%的比例税率，并按应纳税额减征30%。实际税率为14%。

（四）劳务报酬所得适用税率

劳务报酬所得，适用20%的比例税率。对劳务报酬所得一次收入畸高的，可以实行加成征收。

劳务报酬所得一次收入畸高是指个人一次取得劳务报酬，其应纳税所得额超过20 000元。对应纳税所得额超过20 000 ~ 50 000元的部分，依照税法规定计算应纳税额后再按照应纳税额加征五成；超过50 000元的部分，加征十成。因此，劳务报酬所得实际上适用20%、30%、40%的三级超额累进税率（见表13－3）。

表13－3　劳务报酬所得个人所得税税率表

级数	每次应纳税所得额	税率（%）
1	不超过20 000元的部分	20
2	超过20 000~50 000元的部分	30
3	超50 000元的部分	40

注：本表所称每次应纳税所得额，是指每次收入额减除费用后的余额。（每次收入额不超过4 000元时减除800元费用，每次收入额超过4 000元时减除收入的20%费用）

（五）特许权使用费所得，利息、股息、红利所得，财产租赁所得，财产转让所得，偶然所得和其他所得适用税率

特许权使用费所得，利息、股息、红利所得，财产租赁所得，财产转让所得，偶然所得和其他所得，适用20%的比例税率。

从2007年8月15日开始，居民储蓄利息所得适用税率调整为5%，自2008年10月9日起暂免征收储蓄存款利息所得的个人所得税。

对个人出租住房取得的所得减按10%的税率征收个人所得税。

二、个人所得税应纳税所得额的确定

个人所得税的计税依据是应纳税所得额。一般来说，应纳税所得额，是指个人的应税收入减去必要成本或费用后的余额。所得税征收原理认为，个人在取得收入或所得的过程中，通常需支付一些必要的成本或费用，应允许纳税人从其收入或所得总额中扣除必要的费用，仅就扣除费用后的余额征收，即以个人的纯收入为计税依据。有所得征，无所得不征。世界各国在个人所得税的扣除标准、扣除方法上不尽相同。我国现行个人所得税采用分项计征，分项规定扣除标准和方法。按照不同的项目，分别实现定额、定率和会计核算扣除三种扣除法。具体如下：

（一）一般费用减除标准

（1）工资、薪金所得，以每月收入额减除费用3 500元后的余额为应纳税所得额。

个人按国家和地方政府规定比例实际缴纳的住房公积金、医疗保险金、基本养老保险金、失业保险金在计税时应予以扣除。

（2）个体工商户的生产、经营所得，以每一纳税年度的收入总额，减除成本、费用以及损失后的余额，为应纳税所得额。

成本、费用，是指纳税义务人从事生产、经营所发生的各项直接支出和分配计入成本的间接费用以及销售费用、管理费用、财务费用；所称的损失，是指纳税义务人在生产、经营过程中发生的各项营业外支出。

从事生产、经营的纳税义务人未提供完整、准确的纳税资料，不能正确计算应纳税所得额的，由主管税务机关核定其应纳税所得额。

个人独资企业的投资者以全部生产经营所得为应纳税所得额；合伙企业的投资者按照合伙企业的全部生产经营所得和合伙协议约定的分配比例，确定应纳税所得额，合伙协议没有约定分配比例的，以全部生产经营所得和合伙人数量平均计算每个投资者的应纳税所得额。

上述所称生产经营所得，包括企业分配给投资者个人的所得和企业当年留存的所得(利润)。

（3）对企事业单位的承包经营、承租经营所得，以每一纳税年度的收入总额，减除必要费用后的余额，为应纳税所得额。

每一纳税年度的收入总额，是指纳税义务人按照承包经营、承租经营合同规定分得的经营利润和工资、薪金性质的所得；减除必要费用，是指按月减除3 500元。

（4）劳务报酬所得、稿酬所得、特许权使用费所得、财产租赁所得，每次收入不超过4 000元的，减除费用800元；4 000元以上的，减除20%的费用，其余额为应纳税所得额。

（5）财产转让所得，以转让财产的收入额减除财产原值和合理费用后的余额，为应纳税所得额。

财产原值，是指：

①有价证券，为买入价以及买入时按照规定交纳的有关费用。

②建筑物，为建造费或者购进价格以及其他有关费用。

③土地使用权，为取得土地使用权所支付的金额，开发土地的费用以及其他有关费用。

④机器设备、车船，为购进价格、运输费、安装费以及其他有关费用。

⑤其他财产，参照以上方法确定。

纳税义务人未提供完整、准确的财产原值凭证，不能正确计算财产原值的，由主管税务机关核定其财产原值。

合理费用，是指卖出财产时按照规定支付的有关费用。

（6）利息、股息、红利所得，偶然所得和其他所得，以每次收入额为应纳税所得额。

自 2005 年 6 月 13 日起，个人从上市公司取得的股息、红利所得按以下规定处理：

①对个人投资者从上市公司取得的股息、红利所得，自 2005 年 6 月 13 日起暂减按 50% 计入个人应纳税所得额，依照现行税法规定计征个人所得税。

②对证券投资基金从上市公司分配取得的股息、红利所得，扣缴义务人在代扣代缴个人所得税时，减按 50% 计算应纳税所得额。

（二）附加减除费用标准及适用的范围

前述一般费用减除标准是对所有纳税人在计算个人应纳税所得额时普遍适用的扣除标准。而对外籍人员和在境外工作的中国公民的工资、薪金所得，现行税法给予了附加减除费用的照顾。税法规定，对在中国境内无住所而在中国境内取得工资、薪金所得的纳税义务人和在中国境内有住所而在中国境外取得工资、薪金所得的纳税义务人，可以根据其平均收入水平、生活水平以及汇率变化情况确定附加减除费用，附加减除费用适用的范围和标准由国务院规定。

国务院在发布的《个人所得税法实施条例》中，对附加减除费用适用的范围和标准作了具体规定：

（1）附加减除费用适用的范围，包括：

①在中国境内的外商投资企业和外国企业中工作取得工资、薪金所得的外籍人员。

②应聘在中国境内的企事业单位、社会团体、国家机关中工作取得工资、薪金所得的外籍专家。

③在中国境内有住所而在中国境外任职或者受雇取得工资、薪金所得的个人。

④财政部确定的取得工资、薪金所得的其他人员。

（2）附加减除费用标准。

从 2011 年 9 月 1 日起，上述适用范围内的人员每月工资、薪金所得在减除 3 500 元费用的基础上，再减除 1 300 元。

（3）华侨和香港、澳门、台湾同胞参照上述附加减除费用标准执行。

三、个人所得项目关于次数的规定

我国个人所得税采用分项计税法，不同的征税项目计征方法也有所不同。征税方法有按年计征、按月计征、按次计征三种。在按次计征的情况下，由于每次费用扣除需根据应纳税所得额的大小，确定应采用定额还是定率扣除法，这样对次数的确定就很重要。按次计征的有7个项目，分别为：劳务报酬所得，稿酬所得，特许权使用费所得，财产租赁所得，利息、股息、红利所得，偶然所得和其他所得。《个人所得税法实施条例》对各项目的次数作了明确规定。

（1）劳务报酬所得，分两种情况：

①只有一次性收入的，以取得该项收入为一次。

②属于同一事项连续取得收入的，以1个月内取得的收入为一次。

（2）稿酬所得，以每次出版、发表取得的收入为一次。具体又分为：

①同一作品再版取得的所得，应视作另一次稿酬所得计征个人所得税。

②同一作品先在报刊上连载，然后再出版；或先出版，再在报刊上连载的，应视为两次稿酬所得征税。即连载作为一次，出版作为另一次。

③同一作品在报刊上连载取得收入的，以连载完成后取得的所有收入合并为一次，计征个人所得税。

④同一作品在出版和发表时，以预付稿酬或分次支付稿酬等形式取得的稿酬收入，应合并计算为一次。

⑤同一作品出版、发表后，因添加印数而追加稿酬的，应与以前出版、发表时取得的稿酬合并计算为一次，计征个人所得税。

（3）特许权使用费所得，以某项使用权的一次转让所取得的收入为一次。更明确地说，是以每一项使用权的每次转让所取得的收入为一次。如果该次转让取得的收入是分笔支付的，则应将各笔收入相加为一次的收入，计征个人所得税。

（4）财产租赁所得，以1个月内取得的收入为一次。

（5）利息、股息、红利所得，以支付利息、股息、红利时取得的收入为一次。

（6）偶然所得，以每次收入为一次。

（7）其他所得，以每次收入为一次。

四、应纳税所得额的其他规定

（1）个人将其所得通过中国境内的社会团体、国家机关向教育和其他社会公益事业以及遭受严重自然灾害地区、贫困地区捐赠，捐赠额未超过纳税义务人申报的应纳税所得额30%的部分，可以从其应纳税所得额中扣除。

纳税人通过中国人口福利基金会、光华科技基金会的公益、救济性捐赠，可在应纳税所得额的30%内扣除。

个人通过非营利的社会团体和国家机关向农村义务教育的捐赠，准予在缴纳个人所得税前的所得额中全额扣除。

（2）个人的所得（不含偶然所得和经国务院财政部门确定征税的其他所得）用于资助非关联的科研机构和高等学校研究开发新产品、新技术、新工艺所发生的研究开发经费，经主管税务机关确定，可以全额在下月（工资、薪金所得）或下次（按次计征的所得）或当年（按年计征的所得）计征个人所得税时，从应纳税所得额中扣除，不足抵扣的，不得结转抵扣。

（3）个人取得的应纳税所得，包括现金、实物和有价证券。所得为实物的，应当按照取得的凭证上所注明的价格计算应纳税所得额；无凭证的实物或者凭证上所注明的价格明显偏低的，由主管税务机关参照当地的市场价格核定应纳税所得额。所得为有价证券的，由主管税务机关根据票面价格和市场价格核定应纳税所得额。

第四节　个人所得税应纳税额的计算

个人所得税各项所得的应纳税额的计算方法如下：

一、工资、薪金所得应纳税额的计算

工资、薪金所得应纳税额的计算公式为：

应纳税额 = 应纳税所得额 × 适用税率 − 速算扣除数

　　　　 =（每月收入额 − 3 500 元或 4 800 元）× 适用税率 − 速算扣除数

工资、薪金所得在计算应纳个人所得税额时，适用的是超额累进税率，计算比较烦琐。为简化计算过程，可运用速算扣除数计算法。

【例 13 − 1】某纳税人 2012 年 10 月含税工资收入 5 600 元，该纳税人不适用附加减除费用的规定。请计算其当月应纳个人所得税税额。

【解答】

（1）应纳税所得额 = 5 600 − 3 500 = 2 100（元）

（2）应纳税额 = 2 100 × 10% − 105 = 105（元）

【例 13 − 2】某外国专家为非居民纳税人，在中国境内外商投资企业工作，2013 年 2 月份取得由该企业发放的含税工资收入 16 000 元人民币。请计算其应纳个人所得税税额。

【解答】

（1）应纳税所得额 = 16 000 − 4 800 = 11 200（元）

（2）应纳税额 = 11 200 × 25% − 1 005 = 1 795（元）

二、个体工商户的生产、经营所得应纳税额的计算

个体工商户的生产、经营所得应纳税额的计算公式为：

应纳税额 = 应纳税所得额 × 适用税率 − 速算扣除数

　　　　 =（全年收入总额 − 成本、费用以及损失）× 适用税率 − 速算扣除数

（一）个体工商户个人所得税计算征收的有关规定

（1）自 2011 年 9 月 1 日起，个体工商户业主的费用扣除标准统一确定为 42 000 元/年，

即3 500元/月。

（2）个体工商户向其从业人员实际支付的合理的工资、薪金支出，允许在税前据实扣除。

（3）个体工商户拨缴的工会经费、发生的职工福利费、职工教育经费支出分别在工资薪金总额2%、14%、2.5%的标准内据实扣除。

（4）个体工商户每一纳税年度发生的广告费和业务宣传费用不超过当年销售（营业）收入15%的部分，可据实扣除；超过部分，准予在以后纳税年度结转扣除。

（5）个体工商户每一纳税年度发生的与其生产经营业务直接相关的业务招待费支出，按照发生额的60%扣除，但最高不得超过当年销售（营业）收入的5‰。

（6）个体工商户在生产、经营期间借款利息支出，凡有合法证明的，不高于按金融机构同类、同期贷款利率计算的数额的部分，准予扣除。

（7）个体工商户或个人专营种植业、养殖业、饲养业、捕捞业，应对其所得计征个人所得税。兼营上述四业并且四业的所得单独核算的，对属于征收个人所得税的，应与其他行业的生产、经营所得合并计征个人所得税；对于四业的所得不能单独核算的，应就其全部所得计征个人所得税。

（8）个体工商户和从事生产、经营的个人，取得与生产、经营活动无关的各项应税所得，应分别适用各应税项目的规定计算征收个人所得税。

（二）个人独资企业和合伙企业个人所得税计算征收的规定

个人独资企业和合伙企业生产经营所得应纳税额的计算有两种方法：查账征税和核定征收。

1. 查账征税方式

确定应纳税所得额时有关成本费用扣除的规定如下：

（1）自2011年9月1日起，个人独资企业和合伙企业投资者的生产经营所得依法计征个人所得税时，个人独资企业和合伙企业投资者本人的费用扣除标准统一确定为42 000元/年，即3 500元/月。投资者的工资不得在税前扣除。

（2）投资者及其家庭发生的生活费用不允许在税前扣除。投资者及其家庭发生的生活费用与企业生产经营费用混合在一起，并且难以划分的，全部视为投资者个人及其家庭发生的生活费用，不允许在税前扣除。

（3）企业生产经营和投资者及其家庭生活共用的固定资产，难以划分的，由主管税务机关根据企业的生产经营类型、规模等具体情况，核定准予在税前扣除的折旧费用的数额或比例。

（4）企业向其从业人员实际支付的合理的工资、薪金支出，允许在税前据实扣除。

（5）企业实际发生的工会经费、发生的职工福利费、职工教育经费支出分别在工资薪金总额2%、14%、2.5%的标准内据实扣除。

（6）企业每一纳税年度发生的广告费和业务宣传费用不超过当年销售（营业）收入15%的部分，可据实扣除；超过部分，准予在以后纳税年度结转扣除。

（7）企业每一纳税年度发生的与其生产经营业务直接相关的业务招待费支出，按照发生额的60%扣除，但最高不得超过当年销售（营业）收入的5‰。

（8）企业计提的各种准备金不得扣除。

2. 核定征收方式

核定征收方式，包括定额征收、核定应税所得率征收以及其他合理的征收方式。

有下列情形之一的，主管税务机关应采取核定征收方式征收个人所得税：企业依照国家有关规定应当设置但未设置账簿的；企业虽设置账簿，但账目混乱或者成本资料、收入凭证、费用凭证残缺不全，难以查账的；纳税人发生纳税义务，未按照规定的期限纳税申报，经税务机关责令限期申报，逾期仍不申报的。

实行核定应税所得率征收方式的，应纳所得税额的计算公式如下：

（1）应纳所得税额＝应纳税所得额×适用税率

（2）应纳税所得额＝收入总额×应税所得率

＝成本费用支出额÷（1－应税所得率）×应税所得率

应税所得率应按表13－4规定的标准执行。

表13－4　个人所得税应税所得率表

行业	应税所得率（%）
工业、交通运输业、商业	5～20
建筑业、房地产开发业	7～20
饮食服务业	7～25
娱乐业	20～40
其他行业	10～30

企业经营多业的，无论其经营项目是否单独核算，均应根据其主营项目确定其适用的应税所得率。

实行核定征税的投资者，不能享受个人所得税的优惠政策。

实行查账征税方式的个人独资企业和合伙企业改为核定征税方式后，在查账征税方式下认定的年度经营亏损未弥补完的部分，不得再继续弥补。

三、对企事业单位的承包经营、承租经营所得应纳税额的计算

对企事业单位的承包经营、承租经营所得，以每一纳税年度的收入总额，减除必要费用后的余额为应纳税所得额。其个人所得税应纳税额的计算公式为：

应纳税额＝应纳税所得额×适用税率－速算扣除数

＝（纳税年度收入总额－必要费用）×适用税率－速算扣除数

在一个纳税年度中，承包经营或者承租经营期限不足1年的，以其实际经营期为纳税

年度。

对企事业单位的承包经营、承租经营所得适用的速算扣除数，同个体工商户的生产、经营所得适用的速算扣除数。值得注意的是，如前所述，根据承包（承租）经营合同或协议规定的不同，规定适用的税率不同，因此其适用的速算扣除数，要注意与它所适用的税率相一致。

【例13-3】2013年美食城餐饮服务公司将其所属三个分店分别进行承包、承租经营：赵先生从3月份起至12月承包经营A分店（工商登记为企业），每月从分店领取工资及奖金10 000元，经营成果归服务公司所有。钱先生从当年5月份至12月承包经营B分店（工商登记为企业），上交承包费后其经营成果归自己所有，钱先生在承包期内取得承包经营收入500 000元，当年上交承包费150 000元。孙小姐从当年1月至12月承租经营C分店（工商登记为个体户），孙小姐全年取得销售收入600 000元，期间发生的营业成本为310 000元，管理费用48 000元，财务费用20 000元。请计算赵先生、钱先生和孙小姐在2012年各自应纳个人所得税税额。

【解答】

(1) 赵先生承包经营的A分店工商登记为企业，赵先生对经营成果不拥有所有权，按照税法规定，赵先生取得的工资及奖金应按"工资、薪金所得"项目计税。

每月应纳税所得额＝10 000－3 500＝6 500（元）

每月应纳税额＝6 500×20%－555＝745（元）

当年应纳个人所得税＝745×10＝7 450（元）

(2) 钱先生承包经营的B分店工商登记为企业，钱先生对B分店的经营成果拥有所有权，按照税法规定，钱先生取得的承包经营收入应按"对企事业单位承包经营、承租经营所得"项目计税。

应纳税所得额＝500 000－150 000－3 500×8＝322 000（元）

应纳税额＝322 000×35%－14 750＝97 950（元）

(3) 孙小姐承租经营的C分店工商登记为个体户，按照税法规定，孙小姐承租经营C分店的所得，应按"个体工商户的生产经营所得"项目计税。

应纳税所得额＝600 000－310 000－48 000－20 000－42 000＝180 000（元）

应纳税额＝180 000×35%－14 750＝48 250（元）

四、劳务报酬所得应纳税额的计算

劳务报酬所得个人所得税应纳税额的计算公式为：

(1) 每次收入不足4 000元的：

应纳税额＝应纳税所得额×适用税率＝（每次收入额－800）×20%

(2) 每次收入在4 000元以上的：

应纳税额＝应纳税所得额×适用税率＝每次收入额×（1－20%）×20%

（3）每次收入的应纳税所得额超过 20 000 元的：

应纳税额 = 应纳税所得额 × 适用税率 − 速算扣除数
　　　　 = 每次收入额 ×（1 − 20%）× 适用税率 − 速算扣除数

劳务报酬所得适用的税率和速算扣除数见表 13 − 5。

表 13 − 5　劳务报酬所得适用的速算扣除数表

级数	每次应纳税所得额	税率（%）	速算扣除数（元）
1	不超过 20 000 元的部分	20	0
2	超过 20 000 ~ 50 000 元的部分	30	2 000
3	超过 50 000 元的部分	40	7 000

【例 13 − 4】歌星陈某应邀参加演出，一个月内出演两场，每场收入 30 000 元。请计算其该月演出收入应纳个人所得税税额。

【解答】

该歌星一个月内演出两场，应视为同一事项的连续性收入，以两次合计数为一次劳务报酬收入，计征个人所得税。

应纳税所得额 = 每次收入额 ×（1 − 20%）= 60 000 ×（1 − 20%）= 48 000（元）

一次收入的所得额超过 20 000 元，适用加成征收。

应纳税额 = 应纳税所得额 × 适用税率 − 速算扣除数
　　　　 = 48 000 × 30% − 2 000 = 12 400（元）

五、稿酬所得应纳税额的计算

稿酬所得个人所得税应纳税额的计算公式为：

（1）每次收入不足 4 000 元的：

应纳税额 = 应纳税所得额 × 适用税率 ×（1 − 30%）
　　　　 =（每次收入额 − 800）× 20% ×（1 − 30%）

（2）每次收入在 4 000 元以上的：

应纳税额 = 应纳税所得额 × 适用税率 ×（1 − 30%）
　　　　 = 每次收入额 ×（1 − 20%）× 20% ×（1 − 30%）

【例 13 − 5】某作家出版一部小说，取得稿酬收入 60 000 元，之后该小说又在报刊上连载，每个月得稿酬3 000元，连载共获稿酬12 000元。请计算该作家应缴纳的个人所得税税额。

【解答】

按照规定，小说出版和连载，应视为两次计征个人所得税。小说连载应以连载完后取得的所有收入合并为一次计税。

小说出版时：

应纳税额 = 应纳税所得额 × 适用税率 × （1 − 30%）

= 60 000 × （1 − 20%） × 20% × （1 − 30%） = 6 720（元）

小说连载完成时：

应纳税额 = 应纳税所得额 × 适用税率 × （1 − 30%）

= 12 000 × （1 − 20%） × 20% × （1 − 30%） = 1 344（元）

六、特许权使用费所得应纳税额的计算

特许权使用费所得个人所得税应纳税额的计算公式为：

（1）每次收入不足4 000元的：

应纳税额 = 应纳税所得额 × 适用税率 = （每次收入额 − 800） × 20%

（2）每次收入在4 000元以上的：

应纳税额 = 应纳税所得额 × 适用税率 = 每次收入额 × （1 − 20%） × 20%

七、利息、股息、红利所得应纳税额的计算

对于利息、股息、红利所得，没有费用扣除，其个人所得税应纳税额的计算公式为：

应纳税额 = 应纳税所得额 × 适用税率 = 每次收入额 × 20%

八、财产租赁所得应纳税额的计算

财产租赁所得按次计税，以1个月内取得的收入为一次。每次收入不超过4 000元，定额减除费用800元；每次收入在4 000元以上，定率减除20%的费用。

在确定财产租赁的应纳税所得额时，纳税人在出租财产过程中缴纳的税金和教育费附加，可持完税（缴款）凭证，从其财产租赁收入中扣除。准予扣除的项目除了规定费用和有关税费外，还准予扣除能够提供有效、准确凭证，证明由纳税人负担的该出租财产实际开支的修缮费用。允许扣除的修缮费用，以每次800元为限。一次扣除不完的，准予在下一次继续扣除，直到扣完为止。

个人出租财产取得的财产租赁收入，在计算缴纳个人所得税时，应依次扣除以下费用：

（1）财产租赁过程中缴纳的税费；

（2）由纳税人负担的该出租财产实际开支的修缮费用；

（3）税法规定的费用扣除标准。

个人将承租房屋转租取得的租金收入，属于个人所得税应税所得，应按“财产租赁所得”项目计算缴纳个人所得税。取得转租收入的个人向房屋出租方支付的租金，凭房屋租赁合同和合法支付凭据允许在计算个人所得税时，从该项转租收入中扣除。

财产租赁所得适用20%的比例税率。但对个人按市场价格出租的居民住房取得的所得，自2001年1月1日起暂减按10%的税率征收个人所得税。

应纳税所得额的计算公式为：

（1）每次（月）收入不超过4 000元的：

应纳税所得额＝每次（月）收入额－准予扣除项目－修缮费用（800元为限）－800元

（2）每次（月）收入超过4 000元的：

应纳税所得额＝［每次（月）收入额－准予扣除项目－修缮费用（800元为限）］×（1－20%）

应纳税额的计算公式为：

应纳税额＝应纳税所得额×适用税率

【例13－6】我国居民钱先生于2012年1月将其自有的一套房屋按市场价格出租给他人居住，租期1年。每月租金3 000元，每月缴纳营业税和房产税165元，持有完税凭证（假定其他税费忽略不计）。1月份发生修缮费1 200元。计算钱先生1、2两个月租金收入应缴纳的个人所得税。

【解答】

（1）1月份房屋租赁收入应纳个人所得税额为：

应纳税额＝（3 000－165－800－800）×10%＝123.5（元）

（2）2月份房屋租赁收入应纳个人所得税额为：

应纳税额＝（3 000－165－400－800）×10%＝163.5（元）

九、财产转让所得应纳税额的计算

（一）一般情况下财产转让所得应纳税额的计算

财产转让所得应纳税额的计算公式为：

应纳税额 = 应纳税所得额 × 适用税率

= (收入总额 − 财产原值 − 合理税费) ×20%

(二)个人住房转让所得应纳税额的计算

自2006年8月1日起，个人转让住房所得应纳个人所得税计算按以下规定执行：

(1)征收个人所得税时，以实际成交价格为转让收入。纳税人申报的住房成交价格明显低于市场价格且无正当理由的，征收机关依法有权根据有关信息核定其转让收入，但必须保证各税种计税价格一致。

(2)计算应纳税所得额时，纳税人可凭原购房合同、发票等有效凭证，经税务机关审核后，允许从其转让收入中减除房屋原值、转让住房过程中缴纳的税金及有关合理费用。

①房屋原值视不同情况分别为：

a. 商品房：购置该房屋时实际支付的房价款及缴纳的相关税费。

b. 自建住房：实际发生的建造费用及建造和取得产权时实际缴纳的相关税费。

c. 经济适用房（含集资合作建房、安居工程住房）：原购房人实际支付的房价款及相关税费，以及按规定缴纳的土地出让金。

d. 已购公有住房：原购公有住房标准面积按当地经济适用房价格计算的房价款，加上原购公有住房超标准面积实际支付的房价款以及按规定向财政部门（或原产权单位）缴纳的所得收益及相关税费。已购公有住房，是指城镇职工根据国家和县级（含县级）以上人民政府有关城镇住房制度改革政策规定，按照成本价（或标准价）购买的公有住房。经济适用房价格按县级（含县级）以上地方人民政府规定的标准确定。

e. 城镇拆迁安置住房，其原值分别为：房屋拆迁取得货币补偿后购置房屋的，为购置该房屋实际支付的房价款及缴纳的相关税费；房屋拆迁采取产权调换方式的，所调换房屋原值为《房屋拆迁补偿安置协议》注明的价款及缴纳的相关税费；房屋拆迁采取产权调换方式，被拆迁人除取得所调换房屋，又取得部分货币补偿的，所调换房屋原值为《房屋拆迁补偿安置协议》注明的价款和缴纳的相关税费，减去货币补偿后的余额；房屋拆迁采取产权调换方式，被拆迁人取得所调换房屋，又支付部分货币的，所调换房屋原值为《房屋拆迁补偿安置协议》注明的价款，加上所支付的货币及缴纳的相关税费。

②转让住房过程中缴纳的税金，是指纳税人在转让住房时实际缴纳的营业税、城市维护建设税、教育费附加、土地增值税、印花税等税金。

③合理费用，是指纳税人按照规定实际支付的住房装修费用、住房贷款利息、手续费、公证费等费用。

a. 住房装修费用。纳税人能提供实际支付装修费用的税务统一发票，并且发票上所列付款人姓名与转让房屋产权人一致的，经税务机关审核，其转让的住房在转让前实际发生的装修费用，可在以下规定比例内扣除：已购公有住房、经济适用房，最高扣除限额为房屋原值的15%；商品房及其他住房，最高扣除限额为房屋原值的10%。纳税人原购房为装修房，即合同注明房价款中含有装修费（铺装了地板，装配了洁具、厨具等）的，不得再重复扣除装修费用。

b. 住房贷款利息。纳税人出售以按揭贷款方式购置的住房，其向贷款银行实际支付的住房贷款利息，凭贷款银行出具的有效证明据实扣除。

c. 纳税人按照有关规定实际支付的手续费、公证费等，凭有关部门出具的有效证明据实扣除。

（3）纳税人未提供完整、准确的房屋原值凭证，不能正确计算房屋原值和应纳税额的，税务机关可按规定对其实行核定征税，即按纳税人住房转让收入的一定比例核定应纳个人所得税额。具体比例由省级地方税务局或者省级地方税务局授权的地市级地方税务局根据纳税人出售住房的所处区域、地理位置、建造时间、房屋类型、住房平均价格水平等因素，在住房转让收入1%～3%的幅度内确定。

（4）主管税务机关要在房地产交易场所设置税收征收窗口，个人转让住房应缴纳的个人所得税，应与转让环节应缴纳的营业税、契税、土地增值税等税收一并办理；地方税务机关暂没有条件在房地产交易场所设置税收征收窗口的，应委托契税征收部门一并征收个人所得税等税收。

（三）个人销售无偿受赠不动产应纳税额的计算

个人将受赠不动产对外销售征收个人所得税的具体规定如下：

受赠人取得赠与人无偿赠与的不动产后，再次转让该项不动产的，在缴纳个人所得税时，以财产转让收入减除受赠、转让住房过程中缴纳的税金及有关合理费用后的余额为应纳税所得额，按20%的适用税率计算缴纳个人所得税。税务机关不得核定征收。

个人转让住房和受赠住房涉及的其他税金，按相关的规定处理。

十、偶然所得应纳税额的计算

偶然所得以个人每次收入额为应纳税所得额，不扣除任何费用。除特殊规定外，每次收入额就是应纳税所得额。因此，对于偶然所得，其个人所得税应纳税额的计算公式为：

应纳税额＝应纳税所得额×适用税率＝每次收入额×20%

十一、其他所得应纳税额的计算

其他所得以个人每次收入额为应纳税所得额，不扣除任何费用。其他所得应纳税额的计算公式为：

应纳税额＝应纳税所得额×适用税率＝每次收入额×20%

第五节　个人所得税特殊情况的计税方法

一、境外所得已纳税额抵免的计税方法

对于中国的居民纳税人，应就其境内、境外的所得缴纳个人所得税。但实际上，居民纳税人的境外所得往往已在来源国家或者地区缴纳了所得税。为了避免同一纳税人的同一所得遭受不同国家双重征税，同时也为了维护我国的税收权益，我国税法规定，在对纳税人的境外所得行使税收管辖权征税时，对该所得在境外已纳税额，准予其在向我国政府纳税时扣除已在境外缴纳的个人所得税，但扣除额不得超过该纳税义务人境外所得依照我国税法规定计算的应纳税额。

对于境外所得已纳税额抵免的计算，有几点需要说明：

（1）已在境外缴纳的个人所得税税额，是指纳税义务人从中国境外取得的所得，依照该所得来源国家或者地区的法律应当缴纳并且实际已经缴纳的税额。

（2）抵免限额，我国对个人境外所得已纳税额抵免采用限额抵免法，分国不分项计算。准予抵免的限额为该纳税义务人境外所得依照我国税法规定计算的应纳税额（抵免限额或扣除限额）。

依照我国税法规定计算的应纳税额，是指纳税义务人从中国境外取得的所得，区别不同国家或者地区和不同应税项目，依照我国税法规定的费用减除标准和适用税率计算的应纳税额；同一国家或者地区内不同应税项目，依照我国税法计算的应纳税额之和，为该国家或者地区的扣除限额。

（3）超限额或不足限额的处理。纳税义务人在中国境外一个国家或者地区实际已经缴纳的个人所得税税额，低于依照上述规定计算出的该国家或者地区扣除限额的，应当在中国缴纳差额部分的税款；超过该国家或者地区扣除限额的，其超过部分不得在本纳税年度的应纳税额中扣除，但是可以在以后纳税年度的该国家或者地区扣除限额的余额中补扣，补扣期限最长不得超过5年。

（4）申请抵免。境外已纳税款的抵免必须由纳税人提出申请。纳税义务人依照税法的规定申请扣除已在境外缴纳的个人所得税税额时，应当提供境外税务机关填发的完税凭证原件。

【例13－7】某居民纳税人2013年取得来自A、B两国的应税收入。其中，在A国取得工资、薪金收入96 000元，特许权使用费收入20 000元，该两项收入在A国缴纳个人所得税5 800元；在B国取得利息收入10 000元，并在B国缴纳该项收入的个人所得税1 000元。请计算其可抵免的税额和应纳税额。

【解答】

1. A国所得已纳税款的抵减

（1）工资、薪金所得按我国税法计算的应纳税额：

每月应纳税额为：（96 000÷12－4 800）×10%－105＝215（元）

全年应纳税额为：215×12=2 580（元）

（2）特许权使用费所得按我国税法计算的应纳税额：

应纳税额：20 000×（1-20%）×20%（税率）=3 200（元）

A国抵免限额=2 580+3 200=5 780元

在A国实际缴纳个人所得税5 800元，超出抵减限额20元，不能在本年度扣除，但可在以后5个纳税年度的该国扣除限额的余额中补减。

2. B国所得已纳税款的抵减

从B国取得的利息收入按我国税法计算应纳税额：

应纳税额=10 000×20%=2 000（元）

即其抵扣限额为2 000元。该纳税义务人的利息所得在B国实际缴纳个人所得税1 000元，低于抵减限额，可以全额抵扣，并需在中国补缴差额部分的税款1 000元（2 000-1 000）。

综合上述计算结果，该纳税义务人在本纳税年度中的境外所得，应在中国补缴个人所得税1 000元。其在A国缴纳的个人所得税未抵减完的20元，可按我国税法规定的前提条件下补减。

二、个人取得全年一次性奖金计算征收个人所得税的方法

全年一次性奖金，是指行政机关、企事业单位等扣缴义务人根据其全年经济效益和对雇员全年工作业绩的综合考核情况，向雇员发放的一次性奖金。一次性奖金也包括年终加薪、实行年薪制和绩效工资办法的单位根据考核情况兑现的年薪和绩效工资。

纳税人取得全年一次性奖金，单独作为一个月工资、薪金所得计算纳税，自2005年1月1日起按以下计税办法，由扣缴义务人发放时代扣代缴：

（1）先将雇员当月取得的全年一次性奖金除以12个月，按其商数确定适用税率和速算扣除数。

如果在发放年终一次性奖金的当月，雇员当月工资、薪金所得低于税法规定的费用扣除额，应将全年一次性奖金减除"雇员当月工资、薪金所得与费用扣除额的差额"后的余额，按上述办法确定全年一次性奖金的适用税率和速算扣除数。

（2）将雇员个人当月取得的全年一次性奖金，按上述第（1）条规定的适用税率和速算扣除数计算征税。

①如果雇员当月工资、薪金所得高于（或等于）税法规定的费用扣除额的，其适用计税公式为：

应纳税额=雇员当月取得全年一次性奖金×适用税率-速算扣除数

②如果雇员当月工资、薪金所得低于税法规定的费用扣除额的，其适用计税公式为：

应纳税额=（雇员当月取得全年一次性奖金-雇员当月工资、薪金所得与费用扣除额的限额的差额）×适用税率-速算扣除数

（3）在一个纳税年度内，对每一个纳税人，该计税办法只允许采用一次。

（4）实行年薪制和绩效工资的单位，个人取得年终兑现的年薪和绩效工资按上述第（2）、（3）条规定执行。

（5）雇员取得除全年一次性奖金以外的其他各种名目奖金，如半年奖、季度奖、加班奖、先进奖、考勤奖等，一律与当月工资、薪金收入合并，按税法规定缴纳个人所得税。

（6）对无住所个人取得上述第（5）条所述的各种名目奖金，如果该个人当月在我国境内没有纳税义务，或者该个人由于出入境原因导致当月在我国工作时间不满1个月的，仍按照《国家税务总局关于在我国境内无住所的个人取得奖金征税问题的通知》（国税发〔1996〕183号）计算应纳税额。

三、取得不含税全年一次性奖金个人所得税计算的方法

如果雇主为雇员负担全年一次性奖金部分个人所得税款，属于雇员又额外增加的收入，应将雇主负担的这部分税款并入雇员的全年一次性奖金，换算为应纳税所得额后，按照规定方法计征个人所得税。

（1）将不含税全年一次性奖金换算为应纳税所得额的计算方法。

①雇主为雇员定额负担税款的计算公式为：

应纳税所得额＝雇员取得的全年一次性奖金＋雇主替雇员定额负担的税款－当月工资薪金低于费用扣除标准的差额

②雇主为雇员按一定比例负担税款的计算公式：

a. 查找不含税全年一次性奖金的适用税率和速算扣除数。

将未含雇主负担税款的全年一次性奖金收入除以12，根据其商数查找出不合税级距对应的适用税率A和速算扣除数A。

b. 计算含税全年一次性奖金。

应纳税所得额＝（未含雇主负担税款的全年一次性奖金收入－当月工资薪金低于费用扣除标准的差额－不含税级距的速算扣除数A×雇主负担比例）÷（1－不含税级距的适用税率A×雇主负担比例）

（2）将上述应纳税所得额除以12，根据其商数找出对应的适用税率B和速算扣除数B，据以计算税款。其计算公式为：

应纳税额＝应纳税所得额×适用税率B－速算扣除数B

实际缴纳税额＝应纳税额－雇主为雇员负担的税额

（3）雇主为雇员负担的个人所得税款，应属于个人工资薪金的一部分。凡单独作为企

业管理费列支的，在计算企业所得税时不得税前扣除。

四、对在中国境内无住所的个人一次取得数月奖金或年终加薪、劳动分红的计税方法

对在中国境内无住所的个人一次取得数月奖金或年终加薪、劳动分红（不包括应按月支付的奖金），可单独作为1个月的工资、薪金所得计算纳税。由于对每月的工资、薪金所得计税时已按月扣除了费用，因此，对上述奖金不再减除费用，全额作为应纳税所得额直接按适用税率计算应纳税款，并且不再按居住天数进行划分计算。上述个人应在取得奖金月份的次月7日内申报纳税。

对于在中国境内无住所的个人在担任境外企业职务的同时，兼任该外国企业在华机构的职务，但并不实际或不经常到华履行该在华机构职务，对其一次取得的数月奖金中属于全月未在华的月份奖金，依照劳务发生地原则，可不作为来源于中国境内的奖金收入计算纳税。

五、特定行业职工取得的工资、薪金所得的计税方法

采掘业、远洋运输业、远洋捕捞业职工的工资、薪金收入，由于受季节、产量等因素的影响，会呈现较大幅度波动，为平衡其税负，对这三个特定行业的职工取得的工资、薪金所得，可按月预缴，年度终了后30日内，合计其全年工资、薪金所得，再按12个月平均计算实际应纳的税款，多退少补。其计算公式为：

应纳所得税额＝［（全年工资、薪金收入÷12－费用扣除标准）×税率－速算扣除数］×12

六、个人取得公务交通、通信补贴收入征税办法

按照规定，个人因公务用车和通信制度改革而取得的公务用车、通信补贴收入，扣除一定标准的公务费用后，按照“工资、薪金所得”项目计征个人所得税。按月发放的，并入当月“工资、薪金所得”计征个人所得税；不按月发放的，分解到所属月份并与该月份“工资、薪金所得”合并后计征个人所得税。

公务费用扣除标准，由省级地方税务局根据纳税人公务交通、通信费用实际发生情况调查测算，报经省级人民政府批准后确定，并报国家税务总局备案。

七、在外商投资企业、外国企业和外国驻华机构工作的中方人员取得的工资、薪金所得的征税办法

（1）在外商投资企业、外国企业和外国驻华机构工作的中方人员取得的工资、薪金收入，凡是由雇佣单位和派遣单位分别支付的，支付单位应按税法规定代扣代缴个人所得税。同时，按税法规定，纳税义务人应以每月全部工资、薪金收入减除规定费用后的余额为应纳税所得额。为了有利于征管，对雇佣单位和派遣单位分别支付工资、薪金的，采取

由支付者中的一方减除费用的方法，即只由雇佣单位在支付工资、薪金时，按税法规定减除费用，计算扣缴个人所得税；派遣单位支付的工资、薪金不再减除费用，以支付金额直接确定适用税率，计算扣缴个人所得税。

上述纳税义务人，应持两处支付单位提供的原始明细工资、薪金单（书）和完税凭证原件，选择并固定到一地税务机关申报每月工资、薪金收入，汇算清缴其工资、薪金收入的个人所得税，多退少补。具体申报期限，由各省、自治区、直辖市税务机关确定。

（2）对外商投资企业、外国企业和外国驻华机构发放给中方工作人员的工资、薪金所得，应全额征税。但对可以提供有效合同或有关凭证，能够证明其工资、薪金所得的一部分按照有关规定上缴派遣（介绍）单位的，可扣除其实际上缴的部分，按其余额计征个人所得税。

八、两人或两人以上共同取得同一项目收入的计税问题

两个或两个以上的纳税义务人共同取得同一项目收入的，采取“先分、后扣、再税”的办法，即先将共同收入分给每个人，然后对每个人分得的收入分别减除费用，并计算各自应纳的税款。

九、外币收入折合成人民币计算纳税的问题

根据国家税务总局 1995 年 9 月 12 日通知规定，企业和个人取得的收入和所得为美元、日元、港币的，仍统一使用中国人民银行公布的人民币对上述三种货币的基准汇价，折合成人民币计算缴纳税款；企业和个人取得的收入和所得为上述三种货币以外的其他货币的，应根据美元对人民币的基准汇价和国家外汇管理局提供的纽约外汇市场美元对主要外币的汇价进行套算，按套算后的汇价作为折合汇率计算缴纳税款。套算公式为：

某种货币对人民币的汇价 = 美元对人民币的基准汇价 ÷ 纽约外汇市场美元对该种货币的汇价

十、个人取得退职费收入征免个人所得税问题

（1）可以免征个人所得税的退职费，是指个人符合《国务院关于工人退休、退职的暂行办法》（国发〔1978〕104 号）规定的退职条件并按该办法规定的退职费标准所领取的退职费。

（2）个人取得的不符合上述办法规定的退职条件和退职费标准的退职费收入，应属于与其任职、受雇活动有关的工资、薪金性质的所得，应在取得的当月按工资、薪金所得计算缴纳个人所得税。但考虑到作为雇主给予退职人员经济补偿的退职费，通常为一次性发给，且数额较大，以及退职人员有可能在一段时间内没有固定收入等实际情况，依照《个人所得税法》有关工资、薪金所得计算征税的规定，对退职人员一次取得较高退职费收入的，可视为其一次取得数月的工资、薪金收入，并以原每月工资、薪金收入总额为标准，划分为若干月份的工资、薪金收入后，计算个人所得税的应纳税所得额及税额。但按上述

方法划分超过了6个月工资、薪金收入的，应按6个月平均划分计算。个人取得全部退职费收入的应纳税款，应由其原雇主在支付退职费时负责代扣，并于次月7日内缴入国库。个人退职后6个月内又再次任职、受雇的，对个人已缴纳个人所得税的退职费收入，不再与再次任职、受雇取得的工资、薪金所得合并计算补缴个人所得税。

十一、对个人因解除劳动合同取得的经济补偿金的征税方法

根据有关规定，自2001年10月1日起，个人因解除劳动合同取得的经济补偿金按以下规定处理：

（1）企业依照国家有关法律规定宣告破产，企业职工从该破产企业取得的一次性安置费收入，免征个人所得税。

（2）个人因与用人单位解除劳动关系而取得的一次性补偿收入（包括用人单位发放的经济补偿金、生活补助费和其他补助费用），其收入在当地上年职工平均工资3倍数额以内的部分，免征个人所得税；超过3倍数额部分的一次性补偿收入，可视为一次取得数月的工资、薪金收入，允许在一定期限内平均计算。计算方法为：以超过3倍数额部分的一次性补偿收入，除以个人在本企业的工作年限数（超过12年的按12年计算），以其商数作为个人的月工资、薪金收入，按照税法规定计算缴纳个人所得税。个人在解除劳动合同后又再次任职、受雇的，已纳税的一次性补偿收入不再与再次任职、受雇的工资薪金所得合并计算补缴个人所得税。

（3）个人领取一次性补偿收入时按照国家和地方政府规定的比例实际缴纳的住房公积金、医疗保险费、基本养老保险费、失业保险费，可以在计征其一次性补偿收入的个人所得税时予以扣除。

十二、个人取得有奖发票奖金征免个人所得税

个人取得单张有奖发票奖金所得不超过800元（含800元）的，暂免征收个人所得税；个人取得单张有奖发票奖金所得超过800元的，应全额按照《个人所得税法》规定的“偶然所得”项目征收个人所得税。税务机关或其指定的有奖发票兑奖机构，是有奖发票奖金所得个人所得税的扣缴义务人，应依法认真做好个人所得税代扣代缴工作。

第六节　个人所得税税收优惠

根据我国税法以及财政部、国家税务总局的若干规定，对个人所得项目的减免税优惠主要有以下几项。

一、免征个人所得税的优惠

个人取得的下列各项所得，免征个人所得税：

（1）省级人民政府、国务院部委和中国人民解放军军以上单位，以及外国组织颁发的

科学、教育、技术、文化、卫生、体育、环境保护等方面的奖金。

（2）国债和国家发行的金融债券利息。这里所称的国债利息，是指个人持有中华人民共和国财政部发行的债券而取得的利息所得；所称的国家发行的金融债券利息，是指个人持有经国务院批准发行的金融债券而取得的利息所得。

（3）按照国家统一规定发给的补贴、津贴。这里所称的补贴、津贴，是指按照国务院规定发给的政府特殊津贴和国务院规定免纳个人所得税的补贴、津贴。

发给中国科学院资深院士和中国工程院资深院士每人每年1万元的资深院士津贴免予征收个人所得税。

（4）福利费、抚恤金、救济金。这里所称的福利费，是指根据国家有关规定，从企事业单位、国家机关、社会团体提留的福利费或者工会经费中支付给个人的生活补助费；所称的救济金，是指国家民政部门支付给个人的生活困难补助费。

但下列收入不属于免税的福利费范围：

①以超出国家规定的比例或基数计提的福利费、工会经费中支付给个人的各种补贴、补助；

②从福利费和工会经费中支付给本单位职工的人人有份的补贴、补助；

③单位为个人购买汽车、住房、电脑等不属于临时性生活困难补助性质的支出。

（5）保险赔款。

（6）军人的转业费、复员费。

（7）按照国家统一规定发给干部、职工的安家费、退职费、退休工资、离休工资、离休生活补助费。

（8）发给见义勇为者的奖金。

（9）企业和个人按照省级以上人民政府规定的比例提取并缴付的住房公积金、医疗保险金、基本养老保险金、失业保险金，不计入个人当期的工资、薪金收入，免予征收个人所得税。超过规定的比例缴付的部分计征个人所得税。

（10）生育妇女按照县级以上人民政府根据国家有关规定制定的生育保险办法，取得的生育津贴、生育医疗费或其他属于生育保险性质的津贴、补贴，免征个人所得税。

（11）对延长离休、退休年龄的高级专家从其劳动人事关系所在单位取得的，单位按国家有关规定向职工统一发放的工资、薪金、奖金、津贴、补贴等收入，免征个人所得税。但这些高级专家从其劳动人事关系所在单位之外的其他地方取得的培训费、讲课费、顾问费、稿酬等各种收入，依法计征个人所得税。

（12）个人通过扣缴单位统一向灾区的捐赠，由扣缴单位凭政府机关或非营利组织开具的汇总捐赠凭据、扣缴单位记载的个人捐赠明细表等，由扣缴单位在代扣代缴税款时，依法据实扣除。

（13）依照我国有关法律规定应予免税的各国驻华使馆、领事馆的外交代表、领事官员和其他人员的所得。中国政府参加的国际公约以及签订的协议中规定免税的所得。

（14）外籍个人以非现金形式或实报实销形式取得的住房补贴、伙食补贴、搬迁费、洗衣费。外籍个人按合理标准取得的境内、外出差补贴。

（15）外籍个人取得的探亲费、语言训练费、子女教育费等，经当地税务机关审核批准为合理的部分。可以享受免征个人所得税优惠的探亲费，仅限于外籍个人在我国的受雇地与其家庭所在地（包括配偶或父母居住地）之间搭乘交通工具，且每年不超过两次的费用。

（16）外籍个人从外商投资企业取得的股息、红利所得。

（17）凡符合下列条件之一的外籍专家取得的工资、薪金所得可免征个人所得税：

①根据世界银行专项贷款协议由世界银行直接派往我国工作的外国专家；

②联合国组织直接派往我国工作的专家；

③为联合国援助项目来华工作的专家；

④援助国派往我国专为该国无偿援助项目工作的专家；

⑤根据两国政府签订文化交流项目来华工作 2 年以内的文教专家，其工资、薪金所得由该国负担的；

⑥根据我国大专院校国际交流项目来华工作 2 年以内的文教专家，其工资、薪金所得由该国负担的；

⑦通过民间科研协定来华工作的专家，其工资、薪金所得由该国政府机构负担的。

（18）个人转让自用达 5 年以上并且是唯一的家庭居住用房取得的所得。

（19）股权分置改革中非流通股股东通过对价方式向流通股股东支付的股份、现金等收入，暂免征收流通股股东应缴纳的个人所得税。

（20）对被拆迁人按照国家有关城镇房屋拆迁管理办法规定的标准取得的拆迁补偿款，免征个人所得税。

（21）经国务院财政部门批准免税的所得。

二、减征个人所得税的优惠

个人有下列情形之一的，经批准可以减征个人所得税：

（1）残疾、孤老人员和烈属的所得。

（2）因严重自然灾害造成重大损失的。

（3）其他经国务院财政部门批准减税的。

三、非居民纳税人的减免税优惠

根据规定，非居民纳税人可享受下列减免税优惠：

（1）在中国境内无住所，但是居住 1 年以上 5 年以下的个人，其来源于中国境外的所得，经主管税务机关批准，可以只就由中国境内公司、企业以及其他经济组织或者个人支付的部分缴纳个人所得税；居住超过 5 年的个人，从第 6 年起，应当就其来源于中国境内、外的全部所得缴纳个人所得税。

关于 5 年期限的计算问题，财政部、国家税务总局作了明确规定：

①个人在中国境内居住满 5 年，是指个人在中国境内连续居住满 5 年，即在连续 5 年中的每一纳税年度内均居住满 1 年。

②个人在中国境内居住满 5 年后，从第 6 年起的以后年度中，凡在境内居住满 1 年

的，应当就其来源于境内、境外的所得申报纳税；凡在境内居住不满1年的，则仅就该年内来源于境内的所得申报纳税。

③个人在境内是否居住满5年，自1994年1月1日起开始计算。

（2）在中国境内无住所，但是在一个纳税年度中在中国境内连续或者累计居住不超过90日的个人，其来源于中国境内的所得，由境外雇主支付并且不由该雇主在中国境内的机构、场所负担的部分，免予缴纳个人所得税。

第七节　个人所得税的征收管理

个人所得税的纳税办法，有自行申报纳税和代扣代缴两种。对两种纳税办法涉及的纳税义务人、纳税期限、申报方式及申报地点等，国家都有明确规定。

一、自行申报纳税

自行申报纳税，是由纳税人自行在税法规定的纳税期限内，向税务机关申报取得的应税所得项目和数额，如实填写个人所得税纳税申报表，并按照税法规定计算应纳税额，据此缴纳个人所得税的一种方法。

（一）自行申报纳税的纳税义务人

纳税义务人有下列情形之一的，应当按照规定到主管税务机关办理纳税申报：

（1）年所得12万元以上的（自2006年1月1日起）；

（2）从中国境内两处或者两处以上取得工资、薪金所得的；

（3）从中国境外取得所得的；

（4）取得应税所得，没有扣缴义务人的；

（5）国务院规定的其他情形。

税法所说年所得12万元以上的纳税人，不包括在中国境内无住所，且在一个纳税年度中在中国境内居住不满1年的个人；从中国境外取得所得的纳税人，是指在中国境内有住所，或者无住所而在一个纳税年度中在中国境内居住满1年的个人。

需注意的是，年所得12万元以上的纳税人，无论取得的各项所得是否已足额缴纳了个人所得税，均应当按照本办法的规定，于纳税年度终了后向主管税务机关办理纳税申报；其他情形的纳税人，均应当按照自行申报纳税管理办法的规定，于取得所得后向主管税务机关办理纳税申报。

构成12万元的所得包括：工资、薪金所得，个体工商户的生产、经营所得，对企事业单位的承包经营、承租经营所得，劳务报酬所得，稿酬所得，特许权使用费所得，利息、股息、红利所得，财产租赁所得，财产转让所得，偶然所得，经国务院财政部门确定征税的其他所得。

（二）自行申报纳税的申报期限

一般情况下，纳税人取得各项所得需申报纳税的，在取得所得的次月15日内向主管税务机关办理纳税申报。下列情况按相应规定处理：

（1）年所得12万元以上的纳税人，在纳税年度终了后3个月内向主管税务机关办理纳税申报。

（2）个体工商户和个人独资、合伙企业投资者取得的生产、经营所得应纳的税款，分月预缴的，纳税人在每月终了后15日内办理纳税申报；分季预缴的，纳税人在每个季度终了后15日内办理纳税申报；纳税年度终了后，纳税人在3个月内进行汇算清缴，多退少补。

（3）纳税人年终一次性取得对企事业单位的承包经营、承租经营所得的，自取得所得之日起30日内办理纳税申报；在1个纳税年度内分次取得承包经营、承租经营所得的，在每次取得所得后的次月15日内申报预缴；纳税年度终了后3个月内汇算清缴，多退少补。

（4）从中国境外取得所得的纳税人，在纳税年度终了后30日内向中国境内主管税务机关办理纳税申报。

纳税人不能按照规定的期限办理纳税申报，需要延期的，按照税收征管法及其实施细则的规定办理。

（三）自行申报纳税的申报方式

纳税人可以由本人也可以委托有税务代理资质的中介机构或者他人代为办理纳税申报；可以采取数据电文、邮寄等方式申报，也可以直接到主管税务机关申报，或者采取符合主管税务机关规定的其他方式申报。纳税人采取邮寄方式申报的，以邮政部门挂号信函收据作为申报凭据，以寄出的邮戳日期为实际申报日期。

（四）自行申报纳税的申报地点

申报地点一般为收入来源地的主管税务机关，其中：

（1）在中国境内有任职、受雇单位的，向任职、受雇单位所在地主管税务机关申报。

（2）在中国境内有两处或者两处以上任职、受雇单位的，选择并固定向其中一处单位所在地主管税务机关申报。

（3）从两处或两处以上取得工资、薪金所得的，选择并固定向其中一处单位所在地主管税务机关申报。

（4）中国境外取得所得的，向中国境内户籍所在地主管税务机关申报。

（5）个体工商户向实际经营所在地主管税务机关申报。

（6）个人独资、合伙企业投资者兴办两个或两个以上企业的，一般应当向取得所得所在地主管税务机关申报。

纳税人不得随意变更纳税申报地点，因特殊情况变更纳税申报地点的，须报原主管税务机关备案。

二、代扣代缴纳税

代扣代缴，是指按照税法规定负有扣缴税款义务的单位或者个人，在向个人支付应纳税所得时，应计算应纳税额，从其所得中扣除并缴入国库，同时向税务机关报送扣缴个人所得税报告表。这种方法有利于控制税源、防止漏税和逃税。

为了加强对个人所得税代扣代缴的管理，国家税务总局制定了《个人所得税代扣代缴暂行办法》，自1995年4月1日起执行。该暂行办法对扣缴义务人和代扣代缴的范围、扣缴义务人的义务及应承担的责任、代扣代缴期限等作了明确规定。

（一）扣缴义务人和代扣代缴的范围

（1）扣缴义务人。凡支付个人应纳税所得的企业（公司）、事业单位、机关、社团组织、军队、驻华机构、个体户等单位或者个人，为个人所得税的扣缴义务人。

这里所称的驻华机构，不包括外国驻华使领馆和联合国及其他依法享有外交特权和豁免的国际组织驻华机构。我国税法规定，对这些机构的人员所得免征个人所得税。

（2）代扣代缴的范围。扣缴义务人向个人支付下列所得，应代扣代缴个人所得税：工资、薪金所得，对企事业单位的承包经营、承租经营所得，劳务报酬所得，稿酬所得，特许权使用费所得，利息、股息、红利所得，财产租赁所得，财产转让所得，偶然所得，经国务院财政部门确定征税的其他所得。

扣缴义务人向个人支付应纳税所得（包括现金、实物和有价证券）时，不论纳税人是否属于本单位人员，均应代扣代缴其应纳的个人所得税税款。

（二）扣缴义务人的义务及应承担的责任

（1）扣缴义务人应指定支付应纳税所得的财务会计部门或其他有关部门的人员为办税人员，由办税人员具体办理个人所得税的代扣代缴工作。确定办税人员或办税人员发生变动时，应将名单及时报告主管税务机关。

（2）扣缴义务人的法人代表（或单位主要负责人）、财会部门的负责人及具体办理代扣代缴税款的有关人员，共同对依法履行代扣代缴义务负法律责任。

（3）同一扣缴义务人的不同部门支付应纳税所得时，应报办税人员汇总。

（4）扣缴义务人在代扣税款时，必须向纳税人开具税务机关统一印制的代扣代收税款凭证，并详细注明纳税人姓名、工作单位、家庭住址和居民身份证或护照号码（无上述证件的，可用其他能有效证明身份的证件）等个人情况。对工资、奖金所得和利息、股息、红利所得等，经主管税务机关同意，可不开具代扣代收税款凭证，但应通过一定形式告知纳税人已扣缴税款。纳税人为持有完税依据而向扣缴义务人索取代扣代收税款凭证的，扣缴义务人不得拒绝。

扣缴义务人应主动向税务机关申领代扣代收税款凭证，据以向纳税人扣税。非正式扣税凭证，纳税人可以拒收。

（5）扣缴义务人对纳税人的应扣未扣的税款，其应纳税款仍然由纳税人缴纳，扣缴义务人应承担应扣未扣税款50%以上至3倍的罚款。

（6）扣缴义务人应设立代扣代缴税款账簿，正确反映个人所得税的扣缴情况，并如实填写扣缴个人所得税报告表及其他有关资料。

（三）代扣代缴期限

扣缴义务人每月所扣的税款，应当在次月15日内缴入国库，并向主管税务机关报送扣缴个人所得税报告表、代扣代收税款凭证和包括每一纳税人姓名、单位、职务、收入、税款等内容的支付个人收入明细表以及税务机关要求报送的其他有关资料。

扣缴义务人违反上述规定不报送或者报送虚假纳税资料的，一经查实，其未在支付个人收入明细表中反映的向个人支付的款项，在计算扣缴义务人应纳税所得额时不得作为成本费用扣除。

扣缴义务人因有特殊困难不能按期报送扣缴个人所得税报告表及其他有关资料的，经县级税务机关批准，可以延期申报。

本章小结

个人所得税是以个人（自然人）取得的各项所得为征税对象征收的一种所得税。个人所得税的纳税义务人分为居民纳税人和非居民纳税人，分别承担不同的纳税义务。居民纳税义务人是指在中国境内有住所，或者无住所而在中国境内居住满 1 年的个人。非居民纳税义务人是指在中国境内无住所又不居住或者无住所而在境内居住不满 1 年的个人。

个人所得税以个人取得的各项所得为征税对象。我国个人所得税的征税对象分为 11 项个人所得，税法按不同的个人所得项目制定税率，采用超额累进税率和比例税率两种形式。我国现行个人所得税采用分项计征，分项规定扣除标准和方法。按照不同的项目，分别实现定额、定率和会计核算扣除三种扣除法。

关键术语和概念

个人所得税　住所标准　居住时间标准　居民纳税义务人　非居民纳税义务人　工资薪金所得　劳务报酬所得　自行申报纳税

复习思考题

1. 我国个人所得税有何特点？
2. 我国居民纳税义务人和非居民纳税义务人是如何认定的？
3. 我国个人所得税的征税对象有哪些？你认为这些征税对象的选择是否合理？
4. 你对个人所得税的税率设置有何看法和建议？
5. 简述个人所得税一般费用减除标准。
6. 个人取得全年一次性奖金如何计算缴纳征收个人所得税？
7. 个人所得项目关于次数的规定是怎样的？
8. 按照个人所得税税法规定，哪些人需自行申报纳税？

【拓展阅读】

个税改革大事记

时间	重要举措
2011年7月27日	中国发布修改后《中华人民共和国个人所得税法实施条例》。
2011年6月30日	全国人大常委会30日下午表决通过了《关于修改个人所得税法的决定》，将个税起征点提高到3 500元。修改后的个税法将于2011年9月1日起施行。
2011年6月27日至29日	《个人所得税法修正案（草案）》27日提交全国人大常委会再次审议，对于起征点，再审稿维持了初审稿的意见，仍拟从现行2 000元提高至3 000元，同时将个税税率第一级由一审稿规定的5%调降至3%。
2011年4月25日	《中华人民共和国个人所得税法修正案（草案）》及草案全文公布，向社会征集意见。主要是把个人工薪所得税免征额由此前的每月2 000元上调至3 000元，并取消了15%和40%两档税率，税率由9级减至7级，征税级距也作了相应调整。
2011年3月	国务院召开常务会，原则通过《个税法修正案（草案）》。会议认为有必要对个人所得税法进行修改，提高工资、薪金所得减除费用标准，调整工资、薪金所得税率级次级距，并相应调整个体工商户生产经营所得和承包承租经所得税率级距。
2009年8月	国家税务总局颁发《关于明确个人所得税若干政策执行问题的通知》，取消“双薪制”计税办法。
2008年3月	新修订的《中华人民共和国个人所得税法》和《中华人民共和国所得税法实施条例》同日实施，将工资、薪金所得减除费用标准由1 600元/月提高到2 000元/月。
2007年12月29日	十届全国人大常委会第三十一次会议表决通过了《关于修改〈个人所得税法〉的决定》。个人所得税起征点自2008年3月1日起由1 600元提高到2 000元。
2007年6月29日	第十届全国人民代表大会常务委员会第二十八次会议通过了《关于修改〈中华人民共和国个人所得税法〉的决定》，对个人所得税法进行了第四次修正。
2005年10月27日	第十届全国人大常委会第十八次会议再次审议《个人所得税法修正案草案》，会议表决通过全国人大常委会关于修改个人所得税法的决定，起征点1 600元于2006年1月1日起施行。
2005年8月23日	在京举行的全国人大常委会第十七次会议将首次审议《个人所得税法修正案（草案）》。
2005年7月26日	前国务院总理温家宝26日主持召开国务院常务会议，讨论并原则通过了《中华人民共和国个人所得税法修正案（草案）》。
2005年初	广东财政再次对个税起征点提高进行调研，以便为中央尽快出台税改政策提供参考依据。
2003年10月22日	商务部提出取消征收利息税，提高个人收入所得税免征额等多项建议。

（续上表）

时间	重要举措
2003 年 7 月	财政部公布了一份名为《我国居民收入分配状况及财税调节政策》的报告，建议改革现行的个人所得税税制，适度提高个人所得税起征点，同时对中等收入阶层采取低税率政策。
2002 年 1 月 1 日	个人所得税收入实行中央与地方按比例分享。
1999 年 8 月 30 日	九届人大第十一次会议通过了《关于修改〈中华人民共和国个人所得税法〉的决定》，把个税法第四条第二款“储蓄存款利息”免征个人所得税项目删去，而开征了《个人储蓄存款利息所得税》。
1993 年 10 月 31 日	八届人大第四次会议通过了《关于修改〈中华人民共和国个人所得税法〉的决定》的修正案，规定不分内、外，所有中国居民和有来源于中国所得的非居民，均应依法缴纳个人所得税。
1986 年 9 月	针对我国国内个人收入发生很大变化的情况，国务院发布了《中华人民共和国个人收入调节税暂行条例》，规定对本国公民的个人收入统一征收个人收入调节税。
1980 年 9 月 1 日	五届人大第三次会议通过并公布了《中华人民共和国个人所得税法》。我国的个人所得税制度至此方始建立。

2011 年个税修正前后对照表

《中华人民共和国个人所得税法》	
修正前	修正后
第六条应纳税所得额的计算：一、工资、薪金所得，以每月收入额减除费用 2 000 后的余额，为应纳税所得额。	第六条应纳税所得额的计算：一、工资、薪金所得，以每月收入额减除费用 3 500 元后的余额，为应纳税所得额。
第九条	第九条
扣缴义务人每月所扣的税款，自行申报纳税人每月应纳的税款，都应当在次月 7 日内缴入国库，并向税务机关报送纳税申报表。	扣缴义务人每月所扣的税款，自行申报纳税人每月应纳的税款，都应当在次月 15 日内缴入国库，并向税务机关报送纳税申报表。
工资、薪金所得应纳的税款，按月计征，由扣缴义务人或者纳税义务人在次月 7 日内缴入国库，并向税务机关报送纳税申报表。特定行业的工资、薪金所得应纳的税款，可以实行按年计算、分月预缴的方式计征，具体办法由国务院规定。	工资、薪金所得应纳的税款，按月计征，由扣缴义务人或者纳税义务人在次月 15 日内缴入国库，并向税务机关报送纳税申报表。特定行业的工资、薪金所得应纳的税款，可以实行按年计算、分月预缴的方式计征，具体办法由国务院规定。

（续上表）

<table>
<tr><td colspan="6">《中华人民共和国个人所得税法》</td></tr>
<tr><td colspan="3">修正前</td><td colspan="3">修正后</td></tr>
<tr><td colspan="3">个体工商户的生产、经营所得应纳的税款，按年计算，分月预缴，由纳税义务人在次月七日内预缴，年度终了后三个月内汇算清缴，多退少补。</td><td colspan="3">体工商户的生产、经营所得应纳的税款，按年计算，分月预缴，由纳税义务人在次月15日内预缴，年度终了后3个月内汇算清缴，多退少补。</td></tr>
<tr><td colspan="3">对企事业单位的承包经营、承租经营所得应纳的税款，按年计算，由纳税义务人在年度终了后30日内缴入国库，并向税务机关报送纳税申报表。纳税义务人在1年内分次取得承包经营、承租经营所得的，应当在取得每次所得后的7日内预缴，年度终了后3个月内汇算清缴，多退少补。</td><td colspan="3">对企事业单位的承包经营、承租经营所得应纳的税款，按年计算，由纳税义务人在年度终了后30日内缴入国库，并向税务机关报送纳税申报表。纳税义务人在1年内分次取得承包经营、承租经营所得的，应当在取得每次所得后的15日内预缴，年度终了后3个月内汇算清缴，多退少补。</td></tr>
<tr><td colspan="3">个人所得税税率表1
（工资、薪金所得适用）以前为：</td><td colspan="3">个人所得税税率表1
（工资、薪金所得适用）修改为：</td></tr>
<tr><td>级数</td><td>全月应纳税所得额</td><td>税率（%）</td><td>级数</td><td>全月应纳税所得额</td><td>税率（%）</td></tr>
<tr><td>1</td><td>不超过500元的</td><td>5</td><td>1</td><td>不超过1 500元的</td><td>3</td></tr>
<tr><td>2</td><td>超过500元至2 000元的部分</td><td>10</td><td>2</td><td>超过1 500元至4 500元的部分</td><td>10</td></tr>
<tr><td>3</td><td>超过2 000元至5 000元的部分</td><td>15</td><td>3</td><td>超过4 500元至9 000元的部分</td><td>20</td></tr>
<tr><td>4</td><td>超过5 000元至20 000元的部分</td><td>20</td><td>4</td><td>超过9 000元至35 000元的部分</td><td>25</td></tr>
<tr><td>5</td><td>超过20 000元至40 000元的部分</td><td>25</td><td>5</td><td>超过35 000元至55 000元的部分</td><td>30</td></tr>
<tr><td>6</td><td>超过40 000元至60 000元的部分</td><td>30</td><td>6</td><td>超过55 000元至80 000元的部分</td><td>35</td></tr>
<tr><td>7</td><td>超过60 000元至80 000元的部分</td><td>35</td><td>7</td><td>超过80 000元的部分</td><td>45</td></tr>
<tr><td>8</td><td>超过80 000元至100 000元的部分</td><td>40</td><td colspan="3" rowspan="3">（注：本表所称全月应纳税所得额是指依照本法第六条的规定，以每月收入额减除费用3 500元后的余额或者减除附加减除费用后的余额）</td></tr>
<tr><td>9</td><td>超过100 000元的部分</td><td>45</td></tr>
<tr><td colspan="3">（注：本表所称全月应纳税所得额是指依照本法第六条的规定，以每月收入额减除费用2 000元后的余额或者减除附加减除费用后的余额）</td></tr>
</table>

（续上表）

<table>
<tr><td colspan="3">个人所得税税率表2（个体工商户的生产、经营所得和对企事业单位的承包经营、承租经营所得适用）以前为：</td><td colspan="3">个人所得税税率表2（个体工商户的生产、经营所得和对企事业单位的承包经营、承租经营所得适用）修改为：</td></tr>
<tr><td>级数</td><td>全年应纳税所得额</td><td>税率（%）</td><td>级数</td><td>全年应纳税所得额</td><td>税率（%）</td></tr>
<tr><td>1</td><td>不超过5 000元的</td><td>5</td><td>1</td><td>不超过15 000元的</td><td>5</td></tr>
<tr><td>2</td><td>超过5 000元至10 000元的部分</td><td>10</td><td>2</td><td>超过15 000元至30 000元的部分</td><td>10</td></tr>
<tr><td>3</td><td>超过10 000元至30 000元的部分</td><td>20</td><td>3</td><td>超过30 000元至60 000元的部分</td><td>20</td></tr>
<tr><td>4</td><td>超过30 000元至50 000元的部分</td><td>30</td><td>4</td><td>超过60 000元至100 000元的部分</td><td>30</td></tr>
<tr><td>5</td><td>超过50 000元的部分</td><td>35</td><td>5</td><td>超过100 000元的部分</td><td>35</td></tr>
<tr><td colspan="3">（注：本表所称全年应纳税所得额是指依照本法第六条的规定，以每一纳税年度的收入总额，减除成本、费用以及损失后的余额）</td><td colspan="3">（注：本表所称全年应纳税所得额是指依照本法第六条的规定，以每一纳税年度的收入总额，减除成本、费用以及损失后的余额）</td></tr>
</table>

资料来源：税务频道—和讯网，http：//tax. hexun. com/2011/gstzfa/.

参考文献

1. 中国注册会计师协会 . 2012 年度注册会计师全国统一考试辅导教材·税法 . 北京：经济科学出版社，2012.

2. 刘颖 . 2012 年注册会计师考试应试指导及全真模拟测试·税法 . 北京：北京大学出版社，2012.

3. 於鼎丞，魏朗，高艳荣 . 中国税制 . 广州：暨南大学出版社，2010.

4. 国家税务总结与税收科学研究所 . 中国税收研究报告 . 北京：中国财政经济出版社，2011.

5. 中国国际税收研究会 . 中外税收比较研究 . 北京：中国税务出版社，2010.

6. 邢树东 . 税收弹性——基于中国数据的实证分析 . 北京：经济科学出版社，2011.

7. 国家税务总局 . 中国税收发展报告 2006—2011. 北京：中国税务出版社，2011.

8. 汤贡亮 . 中国税收发展报告 2010—2011. 北京：中国税务出版社，2011.

9. 汤贡亮 . 税收理论与政策 . 北京：经济科学出版社，2012.

10. 杨志勇 . 税收经济学 . 大连：东北财经大学出版社，2011.

11. 贺志东 . 中国税收制度 . 北京：清华大学出版社，2005.

12. 蔡昌，刘玉章 . 中国税制 . 北京：清华大学出版社，2009.

13. 刘怡 . 财政学 . 北京：北京大学出版社，2010.

14. 陈共 . 财政学 . 北京：中国人民大学出版社，2012.

15. 谷成 . 中国税制 . 北京：清华大学出版社，2010.

16. 安体富，王海勇 . 当期中国税制改革研究 . 北京：中国税务出版社，2006.

17. 刘佐 . 中国税制改革理论前沿 . 北京：中国税务出版社，2007.

18. 邵学峰 . 马克思主义利益观、公平分配与中国税制改革 . 理论前沿，2008（2）.

19. 刘佐 . 新中国税制 60 年 . 北京：中国财政经济出版社，2009.

20. 刘佐 . 2011 年中国税制概览 . 北京：经济科学出版社，2011.